U0475459

[法] 奥利维耶·维德迈尔·毕加索 著
胡博乔 译

毕加索 伟大而隐秘的一生

PICASSO PORTRAIT INTIME

目录
SOMMAIRE

前言	I
1. 毕加索与女性	1
2. 毕加索与政治	125
3. 毕加索与家庭	161
4. 毕加索与金钱	233
5. 毕加索与死亡	285
6. 毕加索与永恒	309
附录	330
原文注解	331
年表	335
参考资料	340
版权声明	343
主要的毕加索博物馆	344
致谢	345

前言

对我而言，巴勃罗·毕加索诞生于 1973 年 4 月 8 日。是的，在我心中，我的外祖父诞生于他去世的那天。

那日之前，无论是在梦里还是现实中，外祖父毕加索对我来说都是不存在的，他仅存在于墙上的油画中，既贴近，又模糊。他是一个旁人偶尔提到、我却从未见过的人。上中学的时候，每个同学都有外祖父，他们周日常常与他们的外祖父聚在一起，而我却没有。奇怪的是，对于外祖父，我并没抱有什么期待。别的小伙伴们都有全家福照片，而我只有家人的肖像画：我母亲儿时的肖像，我外祖母的那些令人困惑的肖像，还有一些画着各种"死物"的画——我真不明白，一个咖啡壶、一片面包，为什么还会有"生"和"死"？①

然而，1973 年 4 月 8 日那天，一切都改变了。所有这些"死物"，全部复活了。

那是一个周日的下午。像大部分的周日那样，吃过午餐，我的妈妈玛雅，当时还是婴儿的妹妹戴安娜，以及仅仅十来岁的我，我们一起看着电视中播放的电影。爸爸皮埃尔带着弟弟理查德出门去了。

电影快要结束的时候，屏幕上突然出现了一条新闻特报，我知道这种新闻意味着什么，它代表着灾难、恐怖袭击的发生，或是某位名人去世了。电视上并未播放画面，却响起了一个单调的声音："今天早上，著名画家巴勃罗·毕加索在位于蓝色海岸的居所中去世。他被誉为开创了二十世纪艺术的伟大艺术家。"

随后，电视节目重新开始播放。然而，整间屋子的气氛仿佛凝重起来。我对这则新闻没有任何反应，除了感到有些疑惑——刚刚提到的这个人，我似乎应该认识他，却全然不识。这是一种似是而非的印象，仿佛既与这件事有关，同时又毫无关联。我看到妈妈一言不发地从扶手椅中站起，缓慢而机

---

① 法语中，静物画中的"静物"被称为"la nature morte"，意思就是"死亡的实物"或"死物"。——译者注（本书脚注均为译者注，原文注解为尾注。）

《毕加索自画像》(*Autoportrait Yo Picasso*),
巴黎,1901 年春,布面油彩,73.5 厘米 ×60.5 厘米,私人收藏。

械地走向隔壁屋子的电话。她拨通了住在布瓦热卢城堡的兄弟保罗的电话。我知道布瓦热卢城堡，那是在巴黎附近的吉索尔的一处住宅。我听见妈妈说："保罗你好，我是玛雅。告诉我，你有爸爸的消息吗？"

之后妈妈告诉我，保罗对她说，昨晚他曾经给他们的爸爸打过一个电话，爸爸的声音听上去很疲倦，其他就没什么了。

很明显，保罗还不知道这个消息。妈妈没有勇气告知他新闻里播报的事情。他们聊了几句，随后就挂了电话。后来我知道，几天后，从蓝色海岸打来的一通简短电话告诉了保罗这个消息。保罗回到巴黎，在住所的楼下遇到了看门人，看门人对他说："噢！先生，您那可怜的父亲！"

之后，保罗就去了奥利机场，乘飞机赶赴蓝色海岸的小镇穆然。

1973年4月8日。

一切都与从前不同了。

首先，接踵而来的，是各大报刊头条对伟大艺术家死讯的报道和对他非凡的艺术旅程的回顾，继而是官方的致辞与哀悼，表达对大师逝去的惋惜，随后是"毕加索之谜"时间。接下来的这年，充满了被媒体认为"必不可少"的司法程序。之后，《快报》于1977年发表了一篇名为《十二亿五千一百六十七万三千二百新法郎：世纪遗产》的头条文章（对于这个数字，我们一头雾水），并配了一张巴勃罗·毕加索的黑白照片。这篇文章传遍了我就读的中学，仿佛揭示了我从此属于不同的世界……富有才干的律师们的辛苦工作、政府的介入，肯定还有继承人的良好愿望，在多方努力下，最终迅速达成了一笔遗产金额的清算，为这桩无论是艺术上还是经济上都十分重大的事件画下了圆满的句号。至此之后，毕加索对于我们全家而言，只有精神层面上的意义了。毕加索从"遗产继承"变成了"精神权利共有"[1]。

这个时期存留在我脑海中的记忆，是妈妈给我讲述的数之不清的财产清算——计算价格、反复斟酌、仔细挑选。我的外祖父——这个滑稽诙谐、创造力极强的"陌生人"，为我们留下了非常庞大的馈赠。每幅被编入目录的作品都配有多个数字组成的编号，还带着一个估算的价格。在中学校园，我一度成为大家好奇的焦点，仿佛我被授勋或赢得大奖一样。毕加索的外孙，一定"与众不同"！

然而生活还在继续。继承的程序尘埃落定，属于国家公有的部分也全部到位。1985 年，法国总统弗朗索瓦·密特朗主持建造的毕加索博物馆在巴黎开幕，这意味着毕加索的艺术作品正式成为了国家文物，而毕加索本人，也成为了法兰西共和国制度中的一个象征形象。

随后，毕加索被展出的作品经历了多个不同的时期，从获得官方荣誉和学者们纷纷研究解构的时期，一直到上世纪八十年代中期，批判的时期来临了：这是对毕加索"严格审视"的年代。作品不再仅限于作品，人们不再关心他的作品，而是用"普遍的标准"去比照这位天才——将艺术进行如此"摧毁"的人，必然也是个摧毁一切的人。

对这些观点，我们家人大多持无所谓的态度，依靠数之不清的诉讼来反驳是没用的，只会增添丑闻的热度。我从法律专业毕业后，成为了一个多媒体视听产品的制作人，1994 年底，我决定为我的外祖父巴勃罗·毕加索制作第一张 CD 碟片。面对市面上的文章、书籍和电影中对他辛辣的讨伐之辞，我坚持突出他充满创造力的才赋。这套碟片于 1996 年 9 月份出版，里面包含了毕加索非同凡响的艺术作品的详尽目录，这是一个由两千多张互动式页面组成的理想的数字博物馆，我与制作团队决定将注意的焦点集中在他的艺术作品之上，将一幅幅的作品与他的人生轨迹和每个时期的事件连接起来。

在本书中，我致力于向毕加索的信息大厦中增添一些全新的材料。作为他的外孙，我将揭开那些曾经令我困惑的日常生活中的蛛丝马迹。除了查阅了为数众多的书面资料，我还有一个优势——我认识那些了解毕加索的人们，其中许多人从未公开发声，至少从没像这样与其他的家庭成员聊过关于毕加索的事情。我追溯他们的记忆，他们都曾经与毕加索分享了一些幸福的或不确定是否幸福的时光，我的外祖父曾给予他们信任，他们日复一日地旁观了毕加索的生活，甚至他的死亡，或者其他并不为人知的事件。因此，接下来的文字所描写的，就是这个男人的肖像，既有他的优点，也有他的缺点。有他的际遇，他的拼斗，他的伴侣，他的儿女，他的朋友，他的家庭。还有他的疑惑，他的恐惧，他的遗憾，以及他的笃定，他的行动，他那独一无二的胆大妄为，他的忠诚与背叛，他的幸福，偶尔还有他的争吵和他的愤怒。这些文字里，包含了我肆无忌惮地大胆求索，和为之付出的不曾间断的努力。

  归根结底，我想要对我了解甚少的外祖父进行揭秘，这就是我撰写本书的初衷。在他去世的四十多年以来，因为他的传奇人生和艺术作品，他没有一天不活在人们的缅怀和思念之中。

"我在这个世界上做的第一件事情就是画图,就像其他所有的小孩子一样,然而他们中的许多人都不再继续下去了。"

1
毕加索 与 **女性**
PICASSO ET
LES FEMMES

"我不寻找,我只发现!"[2]
——巴勃罗·毕加索

毕加索的传奇令他成为了二十世纪最富魅力的男性之一。然而,他并不具有传统意义上"大众情人"的特征:他个子不高,大约一米六五,身体粗壮有力。对于"人生中是否还缺点什么"的问题,他回答道:"是的,我还缺五厘米!"

他在其他方面弥补了这个缺陷。

确实,在某个时间段,他在穿衣打扮上表现出了极好的优雅品位,尤其是从 1915 年经济状况好转之后,至少在二十年里,他都衣着得体,老朋友们打趣地称这段时间是他的"公爵夫人时期"。在三十年代初期,摄影师塞西尔·比顿有次在一间凌乱的画室的窗边等候拍摄大街上的一个吉普赛人,这时,他看到毕加索从街上走来,系着丝绸的领带,穿着一套海军蓝的奢华西装,走入他位于波蒂埃大街那套具有摄政时期优雅气质的整洁到几乎无瑕的套房里。这样"过分"的"雅致"装扮,好似从伦敦著名的"萨维尔街"定制的高级服装,表明他获得了不少的财富,进入了一个新的阶层。后来,他逐渐改变了这样过分华丽的装扮,保持了自己的个人风格(著名的"海军衫"和属于"战后时尚"风格的休闲短裤)以及一些巧妙的穿搭(用不同布料进行搭配,如天鹅绒和粗花呢,或者不同颜色和印花的搭配),一直到他辞世。

毕加索喜欢倾听,在非必要的情况下不怎么讲话。然而,倘若开口讲话,他的热情和魅力就会征服所有人,尤其能够引起女性的兴趣。只需一个锐利的眼神,几句直接而率性的话语,他就能获得女人们的强烈好感……

毕加索的风流韵事日益增多。四十年代初,毕加索那自然覆盖额头的棕色厚发绺已经消失,稀疏的灰发在他的头上如神圣光环一般,勾起了女性的幻想,当然还有男性的妒忌。不过也有几位男士为表达对这位艺术大师的"热爱",主动向其献出自己的妻子,却大多被毕加索拒绝……

毕加索的双眼是如此的阴郁、锐利、专注,又透着朦胧,有一种催眠的魔力。这样的眼神给毕加索带来灵动的活力,首先是一丝羞赧,更本能的是原始的吸引力和百发百中的穿透人心的"利箭"。

毕加索的爱情经历是他艺术作品的"必要条件"。即使有的作品表现的仅仅是政治主题，比如《格尔尼卡》（Guernica），其人物形态的构图，也是受到了他当时所爱的女性的影响和启发。

女性对于毕加索，就好像画笔对于画布一样，有着不可分割、必不可少、至关重要的联系。毕加索为这个时代奉献出了最为非凡绝伦的女性肖像画，这些肖像画风格多变，从最纯粹的古典主义到最富有争议性的解构主义，不断循环往复，他画这些肖像画不遵循任何原则，仅服从于原始本能，以及爱的本能。这种本质性的爱，永远存在于毕加索的创作之中——即使每次所爱的对象都不尽相同。毕加索像疯子一样地去爱，不顾一切地去寻找可以滋养他的艺术的"缪斯"以及他关于永恒的梦想。对每一个新的伴侣，为了吸引她、控制她，毕加索都会展开一场仿佛"接纳其进入自己的宗教"般的历程，付出激情四射、充满艺术感的追求，在她身上汲取灵感与创造的源泉，直到情爱枯萎、灵感被榨干，他就抛弃她，再从一个新伴侣的身上重复这一过程，再不断重复……很少有人能够抵抗他的魔力。我的外祖父了解他自己的光环。他有着弥诺陶洛斯的眼睛[①]，既强大又温柔，既诱人又无情，既想要征服，又想要被驯服，混合着最高尚与最卑劣的气质……

画家的画笔是多么犀利的武器，它总能让女性的眼眸在画布上得到升华，女性，就此获得了永恒。

当我参观我外祖父的画展，或者阅读关于他作品的书籍，我无法想象有任何一幅作品是没有带着爱、带着其他人的影子的。正是这些"爱"与"人性"所构成的鲜活的原始材料，让毕加索成为了一个与众不同的存在。在六十年代接受电视采访时，他不是曾经说过吗，"最重要的就是爱，如果没有人可以爱，那就随便爱什么东西，哪怕一个门把手也行！"

毕加索对于他人有着一种激情。如果没有他们，毕加索的作品就是空虚的，没有线条，没有笔触，没有画布……甚至没有意义！我的外祖父对于爱有着巨大的需求，他日复一日地乞求爱，乞求那种有效的爱的证据，如果说他透过他的画作去看这个世界，那么他是透过他身边的人去看他的画作。

[①] 弥诺陶洛斯，希腊神话中一个著名的半人半牛怪物。

安格丽丝·门德·基尔

儿时在马拉加[1]，毕加索被他的母亲、姐妹和阿姨们围绕着，在这个被忠于职守的女性保护起来的领域，毕加索就像一个被宠溺的小王子，沉浸在他人的关注与爱护之中。就算他对学业漠不关心，也丝毫没有惹恼他的双亲。他的母亲唐娜·玛莉亚狂热地爱着自己的儿子，他的父亲唐·何塞也能够理解这个怪诞的孩子。

毕加索在小时候就表现出对图画的天分，并且得到了身为美术老师的父亲和叔叔的无条件支持。小时候的他从来不会为调皮捣蛋而感到脸红，因为他表现出来的天赋，所以在犯错时总会得到大人的宽恕。在对周围的人观察透了之后，在能够完美地描绘出他爸爸带来的鸽子或者公牛之后，1894 年，13 岁的毕加索，开始了第一次爱情的骚动，以及第一次被爱所伤。

我的外祖父毕加索生于 1881 年 10 月 25 日，出生在伊比利亚半岛之南的安达卢西亚的马拉加。1891 年，全家迁至西班牙西北部的被风雨笼罩的海滨城市拉科鲁尼亚。毕加索就在这里，与一个同班同学坠入了爱河，那是一位叫作安格丽丝·门德·基尔的姑娘，她出身于一个非常殷实的资产阶级家庭。他画画送给她，并在画上将自己的姓名首字母与她的姓名首字母混在一起，就像很多年后，在二十世纪二十年代末，他对我的外祖母玛丽-德蕾莎所做的那样。

在两个家族的眼皮子底下，两个人维持着秘密的关系。然而当安格丽丝的父母发现女儿跟这个出身庸凡的男孩之间的浪漫爱情后，立刻就将安格丽丝送往另外一个城市。这场爱情就此结束。当时还是青少年的毕加索心碎了，他的骄傲受到了最高程度的伤害。

在"地狱般"的大西洋沿岸度过一段时间后，毕加索一家终于迁到了地中海的天堂——巴塞罗那。在这里，毕加索经历了 14 岁之前的第一次冒险。他进入美术学院后，就认识了一个小伙伴帕利亚雷斯，他们成为了一生的挚友（毕加索逝世于 1973 年，帕利亚雷斯逝世于 1974 年）。

帕利亚雷斯比毕加索年长 5 岁，他将毕加索介绍给他在酒吧和妓院的朋

---

[1] 马拉加是位于西班牙南部安达卢西亚、地中海太阳海岸的一个城市，毕加索的童年在此度过。

友们，不多时，毕加索就沉浸在突如其来的生活的真实感中，从奔放的浪漫主义，一头扎进最直接的情欲里。

他最初的性经验，短促而廉价的激情约会，导致他一生都无法停止被极具诱惑与魅力的肉体所吸引，这是生命和青春的象征，他后来的那些含有情色意味的画作频繁而反复地表现着这种力量。

1897 年，他出发去马德里修学圣费尔南多皇家学院的课程。很快，他的那些翘课行为和频繁的夜生活，让他的赞助人——叔叔唐·萨尔瓦多终止了对他的经济赞助。毕加索的父亲只能给他寄一些微薄的资助，用以维持生活和租房子。于是，毕加索进入了难以为继的时期。

与此同时，毕加索生病了，他患上了猩红热，这或许是他寻欢作乐的生活的代价……

带着空空的口袋和黑黑的眼圈，毕加索回到了巴塞罗那的家中，随后又跟他的至交好友帕利亚雷斯一起，出发去了奥尔塔的村落（*Horta de Ebro*，如今被叫作 *Horta de Sant Joan*）。那里是帕利亚雷斯的老家，毕加索想在那里休养生息、恢复精力。而帕利亚雷斯则想在那边躲起来，以逃避征兵入伍（当时西班牙在跟美国打仗）。

奥尔塔在那个时候是个有两千多居民的大村子。人们从马路进村后，就只能步行。仅在城市中待过的毕加索，觉得在巴旦杏树和橄榄树田中的生活非常吸引人，这里安静祥和，具有乡村风情，有朴实的牧场和沙漠风光。毕加索在这里遇到了一群习惯于劳作、奉献和团结的人。在这里，他建立了与人与物之间的联系。即使以后功成名就，获得财富，他始终对这里的质朴和单纯难以忘怀。在岁月的流逝中，他总是不忘为这里居民的幸福做出一些自己的贡献。

毕加索和帕利亚雷斯这两位挚友在这个村庄待了将近八个月的时间，他们走遍了附近的丘陵和山岗，去那里画画写生。他们过着简单的生活，在山洞中和星空下席地而眠，每两三天才回去一次。帕利亚雷斯的弟弟萨尔瓦多给他们送吃的。毕加索的父亲寄来一些画布和画框给他的儿子。

美国传记作家阿丽亚娜引用了弗朗索瓦斯·吉罗在八十年代的一次采访，认为当时还有第三个人，一个年轻的茨冈人陪伴着毕加索和帕利亚雷斯。

《卡萨吉玛斯的自杀》（*Le Suicide de Casagemas*），
1901年夏天，木板油彩，27厘米×35厘米，巴黎毕加索博物馆。

"那个茨冈人比毕加索小两岁，也是画家。他们每天大部分的时间用来画画。他们（毕加索与这个茨冈人）观察奇迹一般的日出，并长时间地散步。不久之后，他们就结下了炽热的友谊。"

阿丽亚娜补充道："毕加索爱上了这个茨冈人，也爱上了这个世界！"[3]这个对毕加索的同性恋行为的暗示，并没有在任何人那里获得证实，弗朗索瓦斯·吉罗也没有承认过这一点。

不过毕加索经常与一些茨冈人来往，从他们那儿，他学会了用鼻孔抽烟，会跳入门的弗拉明戈舞蹈，这些都不为他的家人所知。

毕加索曾经很神秘地透露："我不会把那些茨冈人教会我的玩意儿全说出来。"在这种纯洁无瑕的娱乐中，诞生了一幅坐着的茨冈人画像，是毕加索在1898年的奥尔塔所绘，属于当时最纯粹的学院派风格，画中人一丝不挂，如同当时学院里的模特一样。这必定属于当时圣费尔南多学院里教授绘画的传统。

另外一位传记作家约翰·理查德森，也记载了一位茨冈画家在"洗衣船"（*Bateau-Lavoir*）[4]中的短暂出现，他叫法比安·德加斯特罗。理查德森曾写道："法比安多半是人们认为跟毕加索有过私情的那个茨冈画家。"他曾经与毕加索一起露天而眠，躺在同一块石头上，但是理查德森补充道："没有证据能证明他们两个曾有过性行为。"[5]

除此之外，在毕加索所有表达情色主题的作品中，我们再也没有发现他对男同性恋行为感兴趣的蛛丝马迹。就像许多纯粹的异性恋男性那样，毕加索非常喜爱他年轻时在妓院中看到的女同性恋相互嬉戏的场景，那时他画了许多素描以重现这个画面。

毕加索是一个异性恋，这是事实。

然而，这对许多女性来说是个悲剧。

毕加索是阴沉之美的典型，他身体结实，有着浓郁的拉丁风情，任谁都无法忽略他的存在。当他望向某个女性，他不仅仅盯着她看，目光也不仅仅停留在她的外貌上，他可以穿透她，用目光侵犯她，有意无意地惹起他能够善加利用的骚动。毕加索也有一些同性恋朋友，在那个并不宽容的年代中，毫无疑问，毕加索曾经给予他们支持，但是如果说毕加索对同性恋感兴趣的话，那么他真正感兴趣的，也是女同性恋。

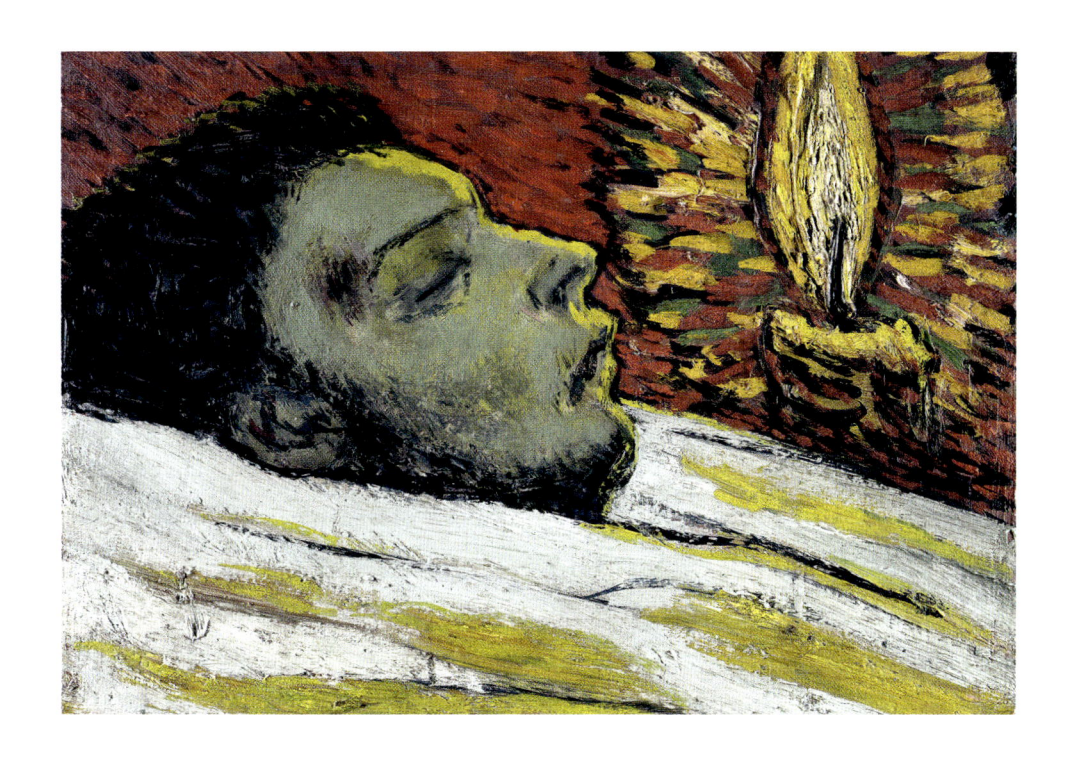

热尔曼

1881—1948

  毕加索第一次去巴黎是在 1900 年的 10 月份，是与他的朋友，也是他在巴塞罗那的室友卡尔斯·卡萨吉玛斯一道去的，在那里，他参观了世界博览会，并住在他的朋友、加泰罗尼亚画家伊西德·雷诺内尔那里，地址是蒙马特高地的加百利街 49 号，毕加索与这位画家是在巴塞罗那的四只猫咖啡馆中认识的。很快，他们就搬进了位于拉维尼昂大街 13 号的"洗衣船"。在那里，他们找到了像他们一样的在巴黎居住的加泰罗尼亚人群体：卡萨斯、乌狄、丰博纳、伊瑟恩、皮德勒斯、朱尼当……

  他们在那里认识了两个年轻的姑娘：奥黛特和热尔曼·皮乔特。热尔曼随后成为了毕加索的朋友卡萨吉玛斯的朋友。她是洗衣工，同时也当蒙马特高地的画家们的模特，她与这个年轻人组成的画家群体过从甚密，尽管已经结婚，但是她却毫不羞涩。卡萨吉玛斯对他们之间的关系充满了希冀，想要跟她展开一场柏拉图之恋。但是很快，两人的关系开始恶化，热尔曼并不希望与卡萨吉玛斯的交往超越单纯的友谊关系，然而，先天性无能的卡萨吉玛斯却幻想着两人能发展出爱情故事。每一天，现实都摧残着卡萨吉玛斯的心智，一个晚上，当着奥黛特和帕利亚雷斯以及加泰罗尼亚雕刻家马诺洛的面，卡萨吉玛斯从口袋中掏出手枪，向热尔曼开枪射击。他喊道："这是为你准备的！"然而子弹打偏了，爆炸声吓到了热尔曼，她瘫倒在地。卡萨吉玛斯以为自己杀掉了心爱的女人，于是将手枪对准自己的脑袋，喊道："这是为我准备的！"然后扣动扳机，子弹射穿了他的太阳穴。[6]

此后，热尔曼将注意力转向了别人。

1901年6月，毕加索回到了巴黎，住在克里希大街30号，与西班牙移民住在一起。那时，他的好友马诺洛成为了热尔曼的正式情人，不过，毕加索很快就取而代之了。作家皮埃尔·戴描述道："毕加索通过画漫画的形式，向在巴塞罗那的朋友乌狄汇报新的进展，在漫画中，他表达了对马诺洛的嫉妒。画面上，他在床上画画，身旁躺着热尔曼，对面站着愤怒的奥黛特。"

毕加索似乎对这场横刀夺爱十分骄傲，这是否是一种方式，来靠近他逝去的朋友卡萨吉玛斯的灵魂，与他分享这个他心爱的女性的魅力，以弥补他生前遭到拒绝的遗憾呢？

在"洗衣船"的日子，无论是在绘画上还是在生活习惯上，都是一段交流和探索的时期。毕加索脱离了清教徒的清规戒律，生活得轻松而自在。那时，我的外祖父与他的朋友们参加了一场文艺运动，他们当时没有预料到这场运动会在世界上产生什么影响，以及对其他的自由运动有着怎样的先兆性。在真正的思想解放的数年之前，他们就已经解放了自己的欲望。

多情的天性，好奇而不专情的性格，孕育了他们丰富的创造力，他们崇尚自由，坚决与学院派决裂。

毕加索丰富着他的艳遇，并把每场成功的艳遇展现在作品之中。他的许多模特就是这样被画在画幅之上的，她们摆着姿势，来来去去，就像让娜或者某位被称为"小白"的姑娘一样，与毕加索有过短暂但激烈的私情。

对于这些如流莺般来去的女孩子，毕加索曾说过："一开始，你只是想画她们。之后，你才会想其他的事情……"事实也是如此，他与姑娘做了其他的事情，然后再换下一个姑娘。

玛德莱娜

1902到1904年间，毕加索的感情居无定所，在巴黎，他曾多次与热尔

1904年的费尔南德和毕加索。

曼约会，然而同时他也与另一个叫玛德莱娜的模特过从甚密。他是在蒙马特的一个著名的小酒馆"敏捷的兔子"里认识这位模特的。

1904年的时候，毕加索想要跳过交往的阶段，直接跟玛德莱娜生一个孩子。对于他们的关系，人们所知甚少。皮埃尔·戴曾经写道："我们之所以对这段关系不甚了解，是因为他们的恋情，只有马克斯·雅各布知道，然而，他对朋友毕加索的风流韵事缄口不语，这也许是因为他饱受嫉妒的折磨。另外，毕加索也害怕惹怒费尔南德，她是他的第一个情人，一直想要成为'毕加索夫人'。为了不招来费尔南德的埋怨，一直到她去世之后，他才向外界透露与玛德莱娜曾有的私情。似乎毕加索的西班牙移民朋友都知晓这件事，然而他们都守口如瓶。"[7]

在感情世界里，我的外祖父很早就明白，"谨慎"是他最好的"伙伴"。这并不是因为他热爱猎艳，并把"猎物"玩弄于股掌间，而是尽管他与情人已经明确地分手，他总是保留着与对方的关联，一种仅仅属于艺术层面的关联。在开始一段新的关系时，旧的关系往往还持续着……

费尔南德·奥利维耶
1881—1966

费尔南德生于1881年6月6日，与毕加索同年，实际上她叫作埃梅里·兰格。1899年，她嫁给了一个职业是银行职员的粗暴的佩尔什人。这场被强迫的婚姻是不幸的，费尔南德被这个暴力的男人彻底激怒，不久就离开了他，与蒙马特的雕刻家洛朗·德比恩生活在了一起。那时，她靠给多名画家当模特为生。很快，在当时还是个小山丘的蒙马特，她就化身成为一个众所周知的美丽形象。

1904年夏天，她遇到了毕加索。那时她也住在"洗衣船"中。一个狂

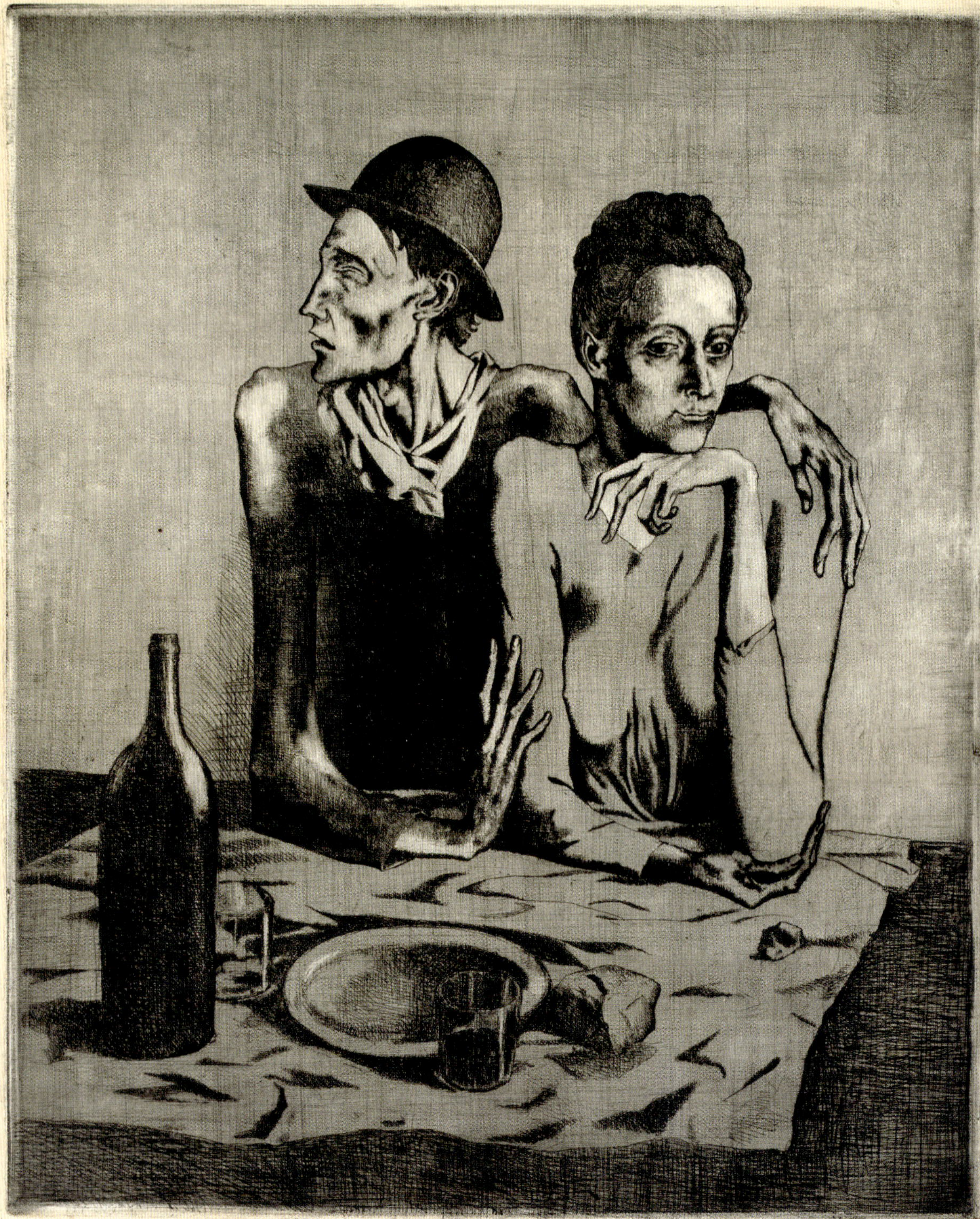

左页:《粗茶淡饭》(Le Repas frugal),1904年9月,蚀刻版画(第一版),46厘米×37.5厘米,巴黎毕加索博物馆。

左:《安伯斯·瓦拉德肖像(III)》(Portrait d'Ambroise Vollard III),1937年3月4日,蚀刻版画,巴黎毕加索博物馆。

风暴雨的夜晚,在入口处的小门廊,他们相遇了,于是她就去毕加索屋里避雨。

她既单纯又憨厚。他们的关系从相遇的第一夜就开始了,然而费尔南德同时还与西班牙画家约阿希姆·桑尼亚保持着关系,毕加索也跟玛德莱娜过从甚密,这还没算他与艾莉丝·潘塞的一段露水情缘,艾莉丝后来成为画家德兰的妻子……

我们难以理清这些错综复杂的爱情关系,但是它们证明了一点:即使这些艺术家当时生活在难以描述的贫困之中,他们依然能够寻找到活着的真切乐趣。

"洗衣船",这个破破烂烂的主要由木头、铅、脏玻璃和乱七八糟堆起的炉灶管道组成的建筑物,是否已经老旧不堪?[8]

这里只有一间卫生间,一个冷水龙头,却要给30间画室供水。人们常常要去拉维尼昂广场的小喷泉那里饮水。在这个脏乱不堪的地方,弥漫着一股难闻的味道,混合了霉味、猫屎味和颜料的味道。冬天,这里寒冷不堪,夏天这里又会变成一座火炉,就像在马德里那样。

此时的毕加索生活在绝对的贫困之中,他的日常空间,就是一个破破烂烂的床绷和一个充当椅子的旧箱子。他从没忘记过这些箪食瓢饮的日子,即便在他富有得连究竟有多少钱都数不过来的时候,他仍旧过着简单而节省的生活,而且常常认真审慎地施行慷慨之举。

从1905年开始,费尔南德就搬来跟他一起住了。后来,她在书中满怀不舍地回忆并讲述了那段虽然在物质上极端贫困、内心却充满幸福的日子。

"毕加索是否还记得当时为他充当模特的那位女友?那个时候,因为没有鞋子穿,她几个月都不出门。他是否还记得冬天的那些日子?因为没有钱

《端坐的丑角》（Arlequin assis），1905 年，纸板水彩，57 厘米 ×41 厘米，国家美术馆，伯格鲁恩博物馆，柏林。

去买煤，让冰窖一般的屋子温暖起来，她只能整天待在床上。他是否还记得那些被迫挨饿的日子？那些在殉道者街的旧书商那里买来的成堆的书？因为毕加索是个有着病态的妒忌心的家伙，他把我幽禁在那里，食物对我来说如此必要。然而，虽然只有一些茶、一堆书、一个长沙发、一点家务活，我却感到幸福，幸福无比。"[9]

在毕加索的这种令费尔南德难以忍受的独占欲中，不难看到他之后对待我的外婆玛丽-德蕾莎的影子，也不难理解，他之后将弗朗索瓦斯·吉罗安置在位于大奥古斯丁街的画室楼上的小公寓里的行为了。像"将鸟因于爱巢中"一般对待女人，毕加索的这个特质，是不是一种与生俱来的"收藏家"的本性呢？或者是来自他青少年时的遭遇——他不想像失去安格丽丝那样失去其他的女人？还是他把"将画面框在画布上"与"将女人囚在生活里"相混淆了？

费尔南德和毕加索的生活状况从 1905 年的 11 月份开始得到了改善，因为美国收藏家雷昂·斯坦和他的妹妹格特鲁德对毕加索的画作产生了兴趣。随后的 1906 年 5 月，著名商人安伯斯·瓦拉德一反常态，购买了毕加索的二十多幅重要的画作。要知道，在此之前，从 1901 年起，安伯斯并没有购买过毕加索的任何画（当时毕加索的第一次画展虽然收获好评，但是安伯斯却一点都不喜欢毕加索"蓝色时期"后几年的作品）。

卖画得来的积蓄，让毕加索和费尔南德这对情侣出发去西班牙旅行。他们首先去了巴塞罗那探望在那里的加泰罗尼亚的朋友们，然后去了戈索尔，毕加索欣喜而狂热地在那儿作画。在这个人们骑在驴背上进入的异常偏僻的加泰罗尼亚小村庄，毕加索仿佛回到了之前他在奥尔塔的美好时光。

我的外祖父有一个嗜好，在他的一生之中，他喜欢带自己的女伴去他小时候曾经待过的地方。他带奥尔加去了巴塞罗那，与玛丽-德蕾莎也去了那里（这是他人生中最后一次去西班牙），他还带弗朗索瓦斯去了蒙马特高地和波蒂埃大街。毕加索向情人们展示，他是由他的过去塑造而成。女伴们必须接受这一点，在他身上，永远有个"自由的领域"，而她们都无法进入那片领域。

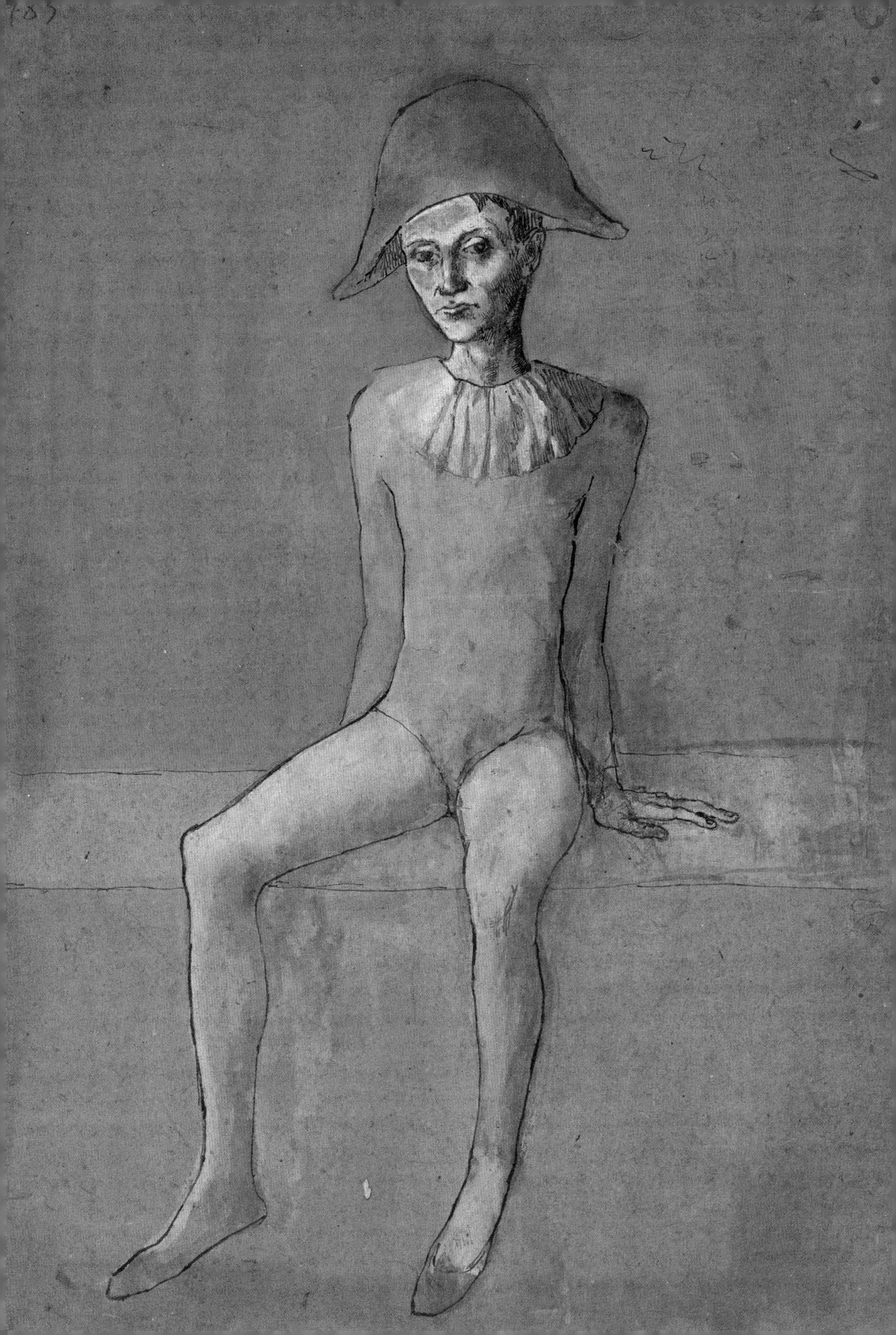

下：《戴白纱的费尔南德》（*Fernande à la mantille blanche*），1906 年春夏交接，戈索尔，木炭画，63.1 厘米 ×47.4 厘米，巴黎毕加索博物馆。

右：费尔南德、毕加索与哈辛托在瓜亚拉，巴塞罗那，1906 年。

那时，毕加索全身心地投入他的绘画中。深受野兽派的影响，他又重新开始大幅度地使用颜色。当时，因为德兰、马蒂斯等人的作品参展，野兽派在 1905 年的独立沙龙上激起了公愤。

毕加索画了许多裸体，这是他用画笔表现欲望的起点。1906 年春天，他画了《头发中的裸体》（*Nu à la chevelure tirée*），1907 年秋，他画了一幅《帷幔中的裸体》（*Nu à la draperie*）。随后，雕刻和部落艺术带给毕加索很大的震撼，于是，他就将晕线和隔面加入绘画作品之中。

这个时候，费尔南德对一位前来蒙马特定居的、名叫凯斯·凡·东根的年轻荷兰画家颇感兴趣，并为他担任裸体模特。这激起了毕加索的嫉妒和狂怒。确信自己遭到背叛，毕加索向费尔南德宣布分手。费尔南德告诉了格特鲁德·斯坦这个消息，后者却对两人这样戏剧化的决裂表示怀疑。格特鲁德是对的，两个月后，毕加索和费尔南德又恢复了情侣关系，重新住在了一起。

费尔南德费尽心机想要吸引毕加索的注意，然而毕加索只是全情投入艺术创作之中，甚至不惜令他们的关系逐渐淡化，对毕加索来说，艺术就是一切，其他的，无论人与物，都不能将他从艺术创作中吸引过来。

"当不知名的非洲艺术家创作的雕塑的那种无上崇高的美出现在我眼前的时候，我感受到了最为浓烈的艺术激情。"

右:"洗衣船"中的毕加索,1908 年。
右页:《自画像》(*Autoportrait*),1906 年,布面油彩,65 厘米×54 厘米,巴黎毕加索博物馆。

在费尔南德离开的日子里,毕加索对他自 1906 年秋天以来的艺术探索做出了总结概括。他受到了高更画笔下的身材粗厚的塔希提人的启发,此外,他去参观人类博物馆,看到众多黑人艺术,也令他受益匪浅。

经过长时间的构图和探寻的过程,1907 年 6 月,他终于创作出了一幅后来成为现代艺术标志性作品的油画:《阿维尼翁的少女》(*Les Demoiselles d'Avignon*)。正是这幅画,令他成为了那个一直在等待着他的新时代的开创者。然而,直到问世九年之后,这幅画才得以展出。之前,仅有几位幸运者在毕加索的画室中看到这幅作品。不过其中大多数的人并没有被它吸引,反而冷笑嘲讽。即使雷昂·斯坦、德兰、阿波利奈尔或布拉克对它也并不欣赏。"尽管你做了那么多解释,看你的这幅画,我们仿佛吃了废麻,喝了煤油,再往火里吐口唾沫。"费尔南德在记忆中甚至对这幅大作没有丝毫印象!格特鲁德·斯坦是唯一对这幅作品心醉神迷的人,只有她感受到了这历史上伟大的一刻。

有个叫作丹尼尔-亨利·康维勒的德国艺术商人见证了毕加索绘画生涯初期的这一辉煌盛举。是他的德国同学向他提起了毕加索,他与毕加索第一次见面,就同时发现了这位不世出的天才和这幅现代艺术的代表作,他被毕加索和他的画深深吸引。

于是,他开始购买了毕加索的几幅重要油画,这令毕加索和他的女友的生活得到了改善。与此同时,毕加索与布拉克开始了艺术上的交流,这场互动至少持续到了 1914 年,他们的共同合作,开创了之后被称作"立体主义"的艺术流派。

费尔南德有两个主要的优点:她欣赏毕加索的那些艺术的伙伴,并且会整理房间来迎接他们。即使毕加索对画画的那种如饥似渴的热情占用了越来

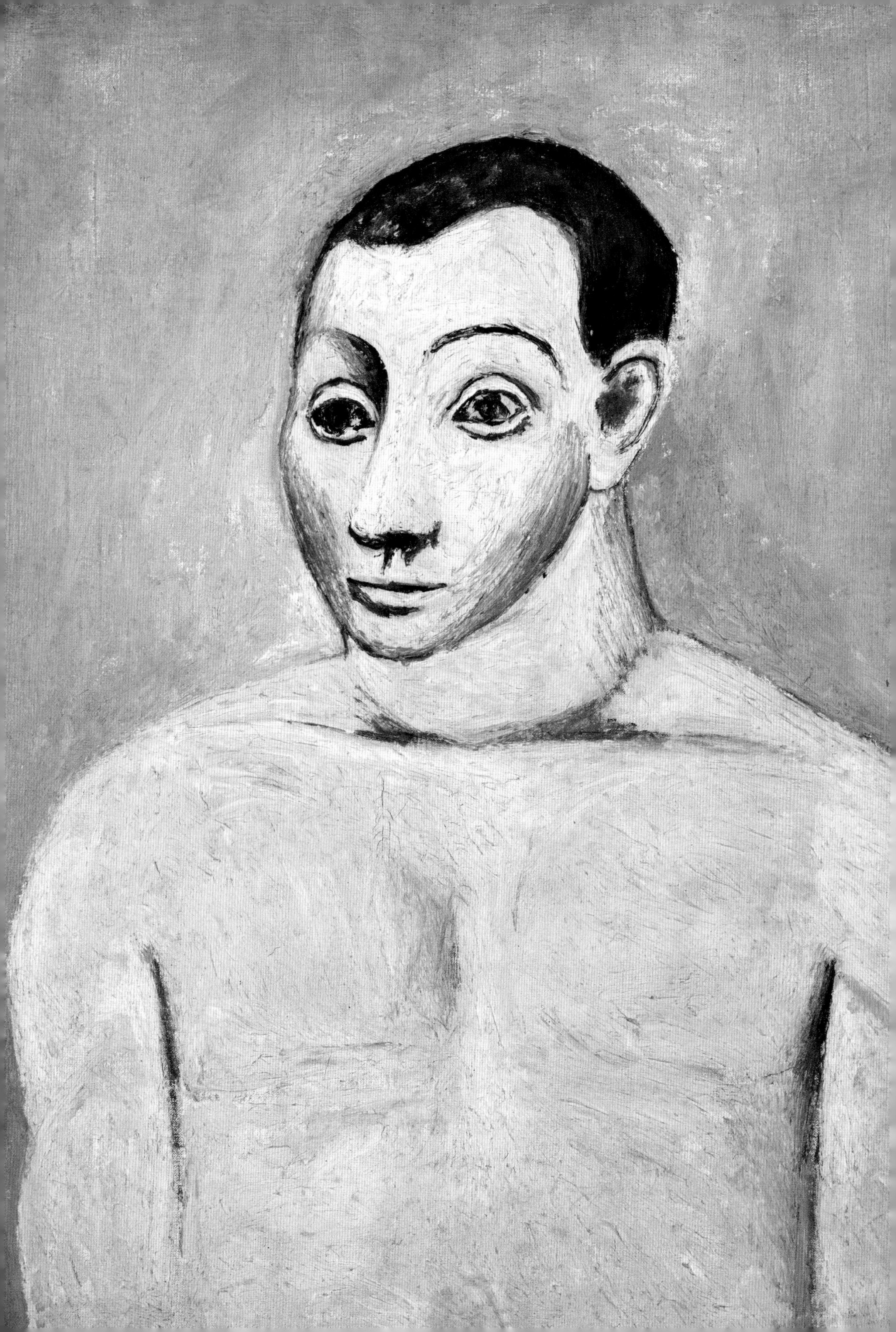

《树下的三个身影》(Trois figures sous un arbre)，接近 1907 年，布面油彩，99 厘米×99 厘米。普罗旺斯艾克斯地区格兰特博物馆馆长布鲁诺埃利，是 2009 年《毕加索，塞尚》展览的专员，他说："塞尚的作品伴随着毕加索的一生。从他年轻的岁月，最初的表现主义到玫瑰时期，直到他收购了塞尚画中的风景——沃韦纳尔盖城堡。如果没有塞尚的《大浴女》，就没有毕加索的《阿维尼翁的少女》。"当时的毕加索还不知道，一个世纪之后，他的作品会跟他崇拜的塞尚的作品一起展览。

越多的时间和空间，即使毕加索日常行为习惯中有许多可憎之处，费尔南德依然十分乐意与他共同接待他的好伙伴们。诗人阿波利奈尔，当然还有安德烈·萨尔蒙、马克斯·雅各布和其他许多画家都是拉维尼昂大街的常客。但是这个纵情声色的艺术家小团体，随着时间的变化，渐渐成为了一个巴黎式的社团，过于形式化地聚集了一些艺术家、文人、画家和作家。毕加索常常对此感到遗憾，在这里他已经感到非常不自在了。

1908 年的夏天，毕加索在距巴黎 40 公里左右的克雷伊附近的德布瓦街租了一栋房子。他与费尔南德在这里住了下来，带着他养的一只大狗和即将生崽的猫咪。这种在小村庄里暂时的与世隔绝，是毕加索所喜欢的，他之后多次重复了这样的生活：与奥尔加在枫丹白露，与玛丽-德蕾莎在布瓦热卢城堡或勒特朗布莱，与弗朗索瓦斯在梅内尔伯村。

随后，毕加索回巴黎参加了秋季沙龙（巴黎的秋季沙龙从 1903 年开始，自 1905 年为毕加索所注意）。在那里，他发现了布拉克在马赛旁的埃斯塔克过夏天时创作的作品，评论家路易·沃克塞尔批评道："这些扭曲的金属小塑像，是一种令人羞耻的简化。"他说，布拉克"蔑视形态。那些风景、地点、房子和人，都被他简化成了几何图形，变成了一些立方体"。于是，"立体主义"就诞生了。但是，在那个时候，毕加索的那幅立体主义的奠基之作《阿维尼翁的少女》尚不为人所知。

1908 年 11 月，毕加索结识了著名的"海关关税员卢梭"[1]，卢梭通过中间人欧仁·苏里耶购买了毕加索的油画《女子肖像》(Portrait de femme)[10]。毕加索为他准备了一场难忘的晚宴。卢梭一辈子将这幅《女子肖像》细心保

---

[1] 法国人习惯性称亨利·卢梭（Henri Rousseau）为"海关关税员卢梭"(le Douanier Rousseau)。

纪尧姆·阿波利奈尔在克里希大街11号毕加索的画室中,1910年。

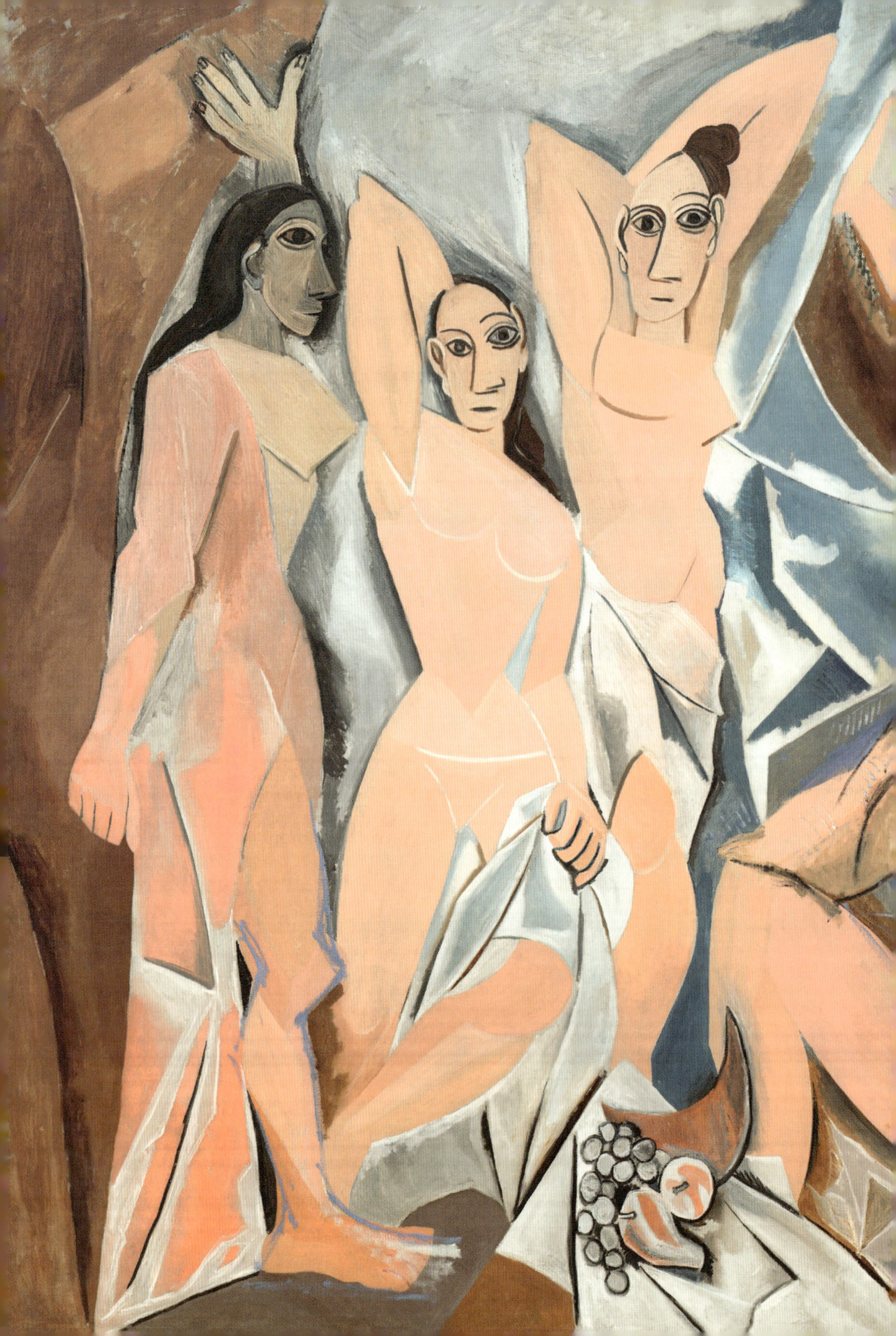

《阿维尼翁的少女》，1907年，布面油彩，244厘米×234厘米，纽约现代艺术博物馆。

馆长格兰洛瑞说："纽约现代艺术博物馆收藏了1300多件毕加索作品，而《阿维尼翁的少女》无疑是博物馆的收藏中最宝贵的作品，是二十世纪的主要画作之一。"

存，从未让这幅画离开过自己的身边。[11]

　　这样的宴会是"洗衣船"里的艺术家们的标志性活动，充满了天性自发的欢愉。与此相关的记载表达了外祖父毕加索对用真诚打动他的人的全然的热情。在"洗衣船"毕加索的房间里，费尔南德尽情发挥她作为主妇的才华，迎接"毕加索帮"的朋友们。

　　1909年的夏天，毕加索又与费尔南德一起去了西班牙。在巴塞罗那短暂停留期间，他看望了家人，随后，毕加索回到了著名的奥尔塔度假。这里的加泰罗尼亚风景给予了他新的启发，让他创作出了立体主义的新作品，这些作品属于我们称之为塞尚立体主义的风格，所表现的物体和背景都被置于同一平面之中，用同样的构图方法来处理，由许多棱柱、刻面和立方体构成。这些作品的颜色与塞尚的静物画和风景画的颜色非常相近，塞尚成为了毕加索充满感情的"参照物"。

　　在奥尔塔，毕加索又与他人生首次旅行的伙伴们重逢了，当然其中包括帕利亚雷斯。就在这个时候，费尔南德病倒了，毕加索突然间变得脾气十分恶劣且不可理喻，这是他惧怕疾病和死亡的最初表现。面对病倒的费尔南德，他大发雷霆，并且无法控制自己的厌恶。死亡带走了他的小妹妹孔奇塔，那个时候他还是个孩子。对毕加索而言，疾病，就等同于死亡。他对疾病的这种执念式的抗拒，没有任何理性和逻辑可言，并且很快变成了一种慢性心理恐惧。为什么费尔南德偏偏要在奥尔塔这个充满幸福的伊甸园生病？这是不是一个不好的征兆？对于毕加索这个浸泡在各种各样迷信想法里的男人来说，他表现出了与平时完全不相称的无理性的一面。

　　此外，这个夏天，毕加索还因为巴塞罗那的一场社会骚乱的传闻而感到担忧，他本想去那里的。在那个年代，信息的传播是很缓慢的，他性格的另一面渐渐成型了，那就是他十分关心政治。

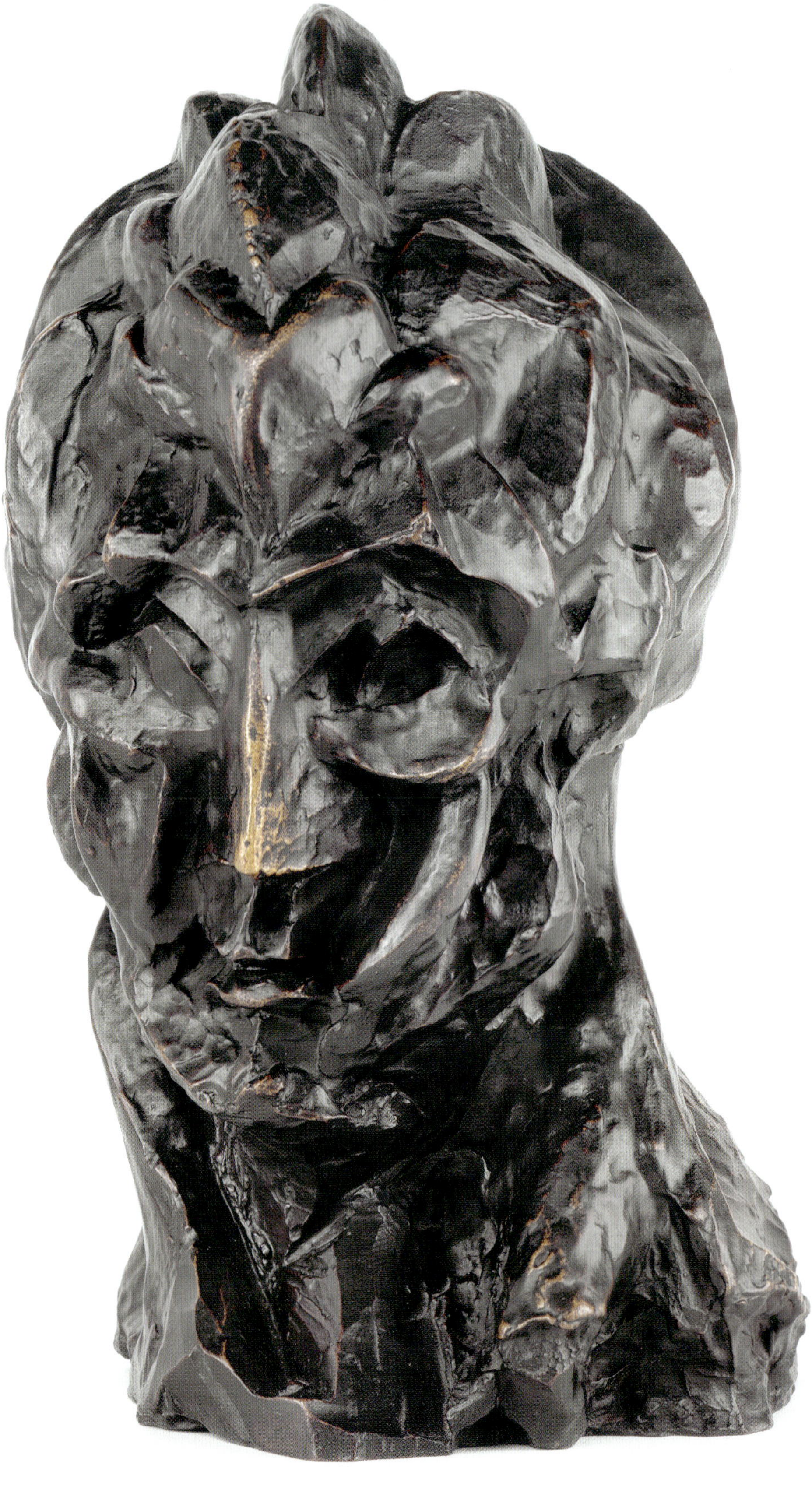

左页：《女性头像》（Tête de femme，费尔南德），1909 年秋天，青铜雕像，40.5 厘米 ×23 厘米 ×26 厘米，巴黎毕加索博物馆。

左：《女性头像草图》（Étude pour Tête de femme，费尔南德），1909 年，奥尔塔，黑色铅笔速写，62.8 厘米 ×48 厘米，巴黎毕加索博物馆。

  毕加索与费尔南德从 9 月起就回到了巴黎，从"洗衣船"中搬了出来，搬到了位于克里希大街 11 号的舒适的新公寓里。

  过着波西米亚式放荡不羁生活的艺术家渐渐褪去了他的天然背景，这对情侣的生活方式渐渐变得越来越资产阶级化。费尔南德说："我们在餐厅里吃饭，被围着白色围裙的侍者服侍。这里有桃花心木做成的古老家具。我们在一间适合休憩的卧室里睡觉，睡在一张带有方形铜柱的矮床上。"[12]

  费尔南德很快就重新变成了一个真正的巴黎小资产阶级女人，沉醉在她终于获得的舒适生活之中。然而毕加索却提出了要求：倘若没有得到他的允许，谁也不能打扫他的房间。在"安定"的生活中获得安全感，与他需要进行持续不断的创作，这两者是互相悖逆的，他的创作本能与他所获得的新身份互相违背。费尔南德想要孩子，渴望有秩序的生活，毕加索则是一个破坏者，渐渐摧毁了古典艺术的结构，坚持不懈地创造新的艺术。

  费尔南德有时很难理解毕加索对于创作的热情，她更喜欢毕加索那些保守的画作。这对似乎天造地设的恋人正在渐行渐远，1910 年和 1911 年之间，他们之间的矛盾加剧了。这段时间，唯一令毕加索离开他的画室的原因，就是去位于罗什舒瓦尔大街的艾米特咖啡馆。

  1909 年，就是在这里，毕加索认识了波兰画家马库锡，也认识了这位画家的女伴艾娃·古尔。无疑，后者让他产生了更多的兴趣。

  毕加索与艾娃·古尔几乎是一见钟情，当两人目光交错的时候，命运就已经注定。这个新的女人开始出现在毕加索的作品里，渐渐地取代了他的"官方情人"费尔南德，然而，毕加索还是与费尔南德在 1910 年的夏天一起去

《山上的房子》（*Des maisons sur une colline*），1909 年，布面油彩，65 厘米 × 81 厘米，伯格鲁恩博物馆，柏林。

毕加索的立体主义分为两个阶段：分析立体主义和综合立体主义。在第一阶段，艺术家力求在画面上透露所有可能出现的可视点，解放观看的视线，将三维空间分解，最终达到对所表现的主体的几乎抽象的描绘。

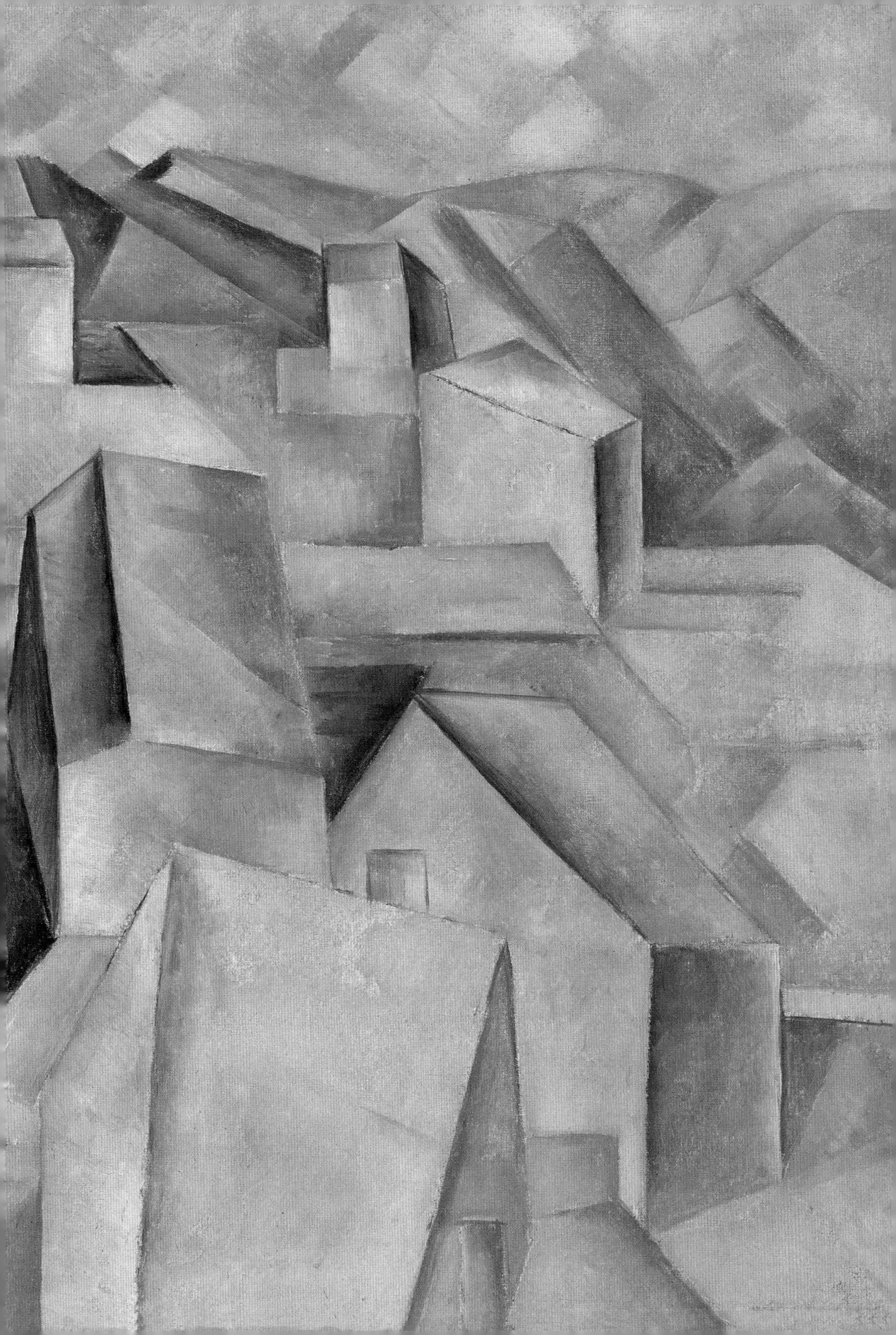

左:《小提琴手》(Violoniste), 1912年夏天, 素描, 30.7厘米×19.5厘米, 巴黎毕加索博物馆。
右:《弹曼陀林的男子》(Homme à la mandoline), 1911年秋天, 布面油彩, 162厘米×71厘米, 巴黎毕加索博物馆。

了法国南部的塞雷。在塞雷的风景中, 毕加索找到了他喜欢的西班牙的情调, 在这里他也认识了不少朋友。他非常喜爱临近的比利牛斯山的魅力风情, 也认识了其他同来度假的艺术家们。

与费尔南德"田园牧歌"式的爱情已经成为过去, 然而费尔南德依然是毕加索承认的"官方情人"。费尔南德难过地看到毕加索的眼神中不再出现热情, 于是她自己也发生了几段风流韵事。而对毕加索来说, 自秋天开始, 他的眼中只有艾娃一个人。接下来的时间里这一点更加得到了证实, 1912年, 毕加索以创作大型画作需要大的空间为借口, 在"洗衣船"中租了一个新的画室。实际上, 他在这里与艾娃展开了秘密的恋爱关系。费尔南德猜到了这一点, 并率先展开了行动: 她离开了毕加索, 投入了另一个人的怀抱。

皮埃尔·戴讲述道: "我们从毕加索对布拉克说的话中得知了这一点, 费尔南德与翁巴尔多·奥皮在一起了。宠物狗佛利卡交给热尔曼抚养。康维勒负责取回克里希大街公寓中的画作和绘画材料, 毕加索9月底就从那里搬了出来, 住进拉斯巴侬大街228号, 与艾娃住在了一起。"[13]

在1912年6月, 事情发生了决定性的一幕, 被艾娃抛弃的马库锡在《巴黎生活报》上发表了一幅讽刺漫画, 漫画上毕加索拉扯着艾娃, 脚上戴着镣

《藤椅上的静物》(*Nature morte à la chaise cannée*)，1912 年春天，布面油彩，29 厘米 ×37 厘米，巴黎毕加索博物馆。

在毕加索立体主义的第二阶段，即所谓的综合立体主义中，艺术家展示了一些文字和图像，从而摆脱了视觉模仿，提出了对形状和空间的新解释。阿波利奈尔回顾了他和毕加索关于立体主义的谈话："立体主义，就是一种描绘事物整体的新艺术，它借助的不是视觉看到的现实，而是知识领悟的现实。"

铐，而马库锡本人却快乐地跳了起来！马库锡用这幅讽刺画结束了他与艾娃的关系。

毕加索带着艾娃远赴塞雷。热尔曼与罗曼将费尔南德带去塞雷，想要劝说他离开艾娃，与费尔南德复合。但是这对激情满满的情侣却及时避开了他们，离开了塞雷，去了索尔格。在那里，毕加索找回了给他灵感的艺术家式的生活，他活在了本能的激情中，没有清规戒律，没有人为算计，也不再为日常生活而操心。艾娃理解他，在创作上不断激励他，就在这个时期，毕加索创造了被人们称之为"综合立体主义"的风格。他将艺术创作的能量与他的情人一起分享。

在索尔格，这对"避世"的情侣遇见了布拉克和他刚刚娶的妻子马塞尔。此时毕加索的生活过得美好安定，他与布拉克有颇多共同话题，尤其是对于黑人艺术，他们相谈甚欢。这两对情侣游览了马赛和附近的地方。

艾娃·古尔，1912 年。

毕加索生活的新一页展开了。他的生活在遵守惯例和放荡不羁中摆荡，在学院派和自由主义中往返，在沉着自律和狂妄自大间转换。

对于每一次的改变，每一个不同的时代，他都充满了一种真正的狂喜。当他发现有改变的可能时，就会毫不犹豫地果断抛弃之前的生活，丝毫不因循守旧。

费尔南德终于彻底走出了毕加索的感情世界。从三十年代起，在他后来发表的回忆录中，就不再谈论与费尔南德有关的事。

然而，毕加索从未忘记费尔南德在他困难时期提供的帮助，在五十年代时，对于几乎流落街头的费尔南德，毕加索也伸出了援手。

出于友谊和礼貌，毕加索在费尔南德去世之后，才对外公布了他曾经与玛德莱娜的恋爱关系，此时已经是 1966 年 1 月 26 日。

艾娃·古尔
1885—1915

艾娃的本名叫作马塞尔·亨伯特。她似乎是 1909 年在艾米特咖啡馆遇到毕加索的。那个时候，毕加索与费尔南德一起住在克里希大街上，经常去这家咖啡馆跟他的"未来主义者"朋友们进行辩论。皮埃尔·戴认为："艾娃与费尔南德无论是在外貌上还是在生活里，是迥然相反的两个女人。艾娃瘦小、精致、聪明，她既不喜欢放荡不羁的生活，也从来不在金钱和奢侈品上挥霍。她给毕加索带来了一些有规律的生活习惯，同时，她是个烹饪的行家，当毕加索需要的时候，她可以令他的心灵安静下来。"[14]

与艾娃在一起的生活是非常幸福的，陷入爱河的毕加索快乐地表达着他的幸福。在他这段时间的作品中，艾娃的符号无处不在：她的名字、名字缩写、外号，以及当时流行的标题——"我的美人"。在他们首次同居之前，毕加索的所有充满色彩的作品，都透露着一种爱情的甜蜜。

1912 年秋天，这对恋人一同住进了蒙帕纳斯的拉斯巴依大街，毕加索离开了蒙马特，投入了新情人住的街区。

在接下来的夏天里，布拉克开始实践新的创作：将一些纸粘贴融入绘有另一些纸片的画布上。毕加索对此也兴趣盎然，并仿效布拉克的做法。

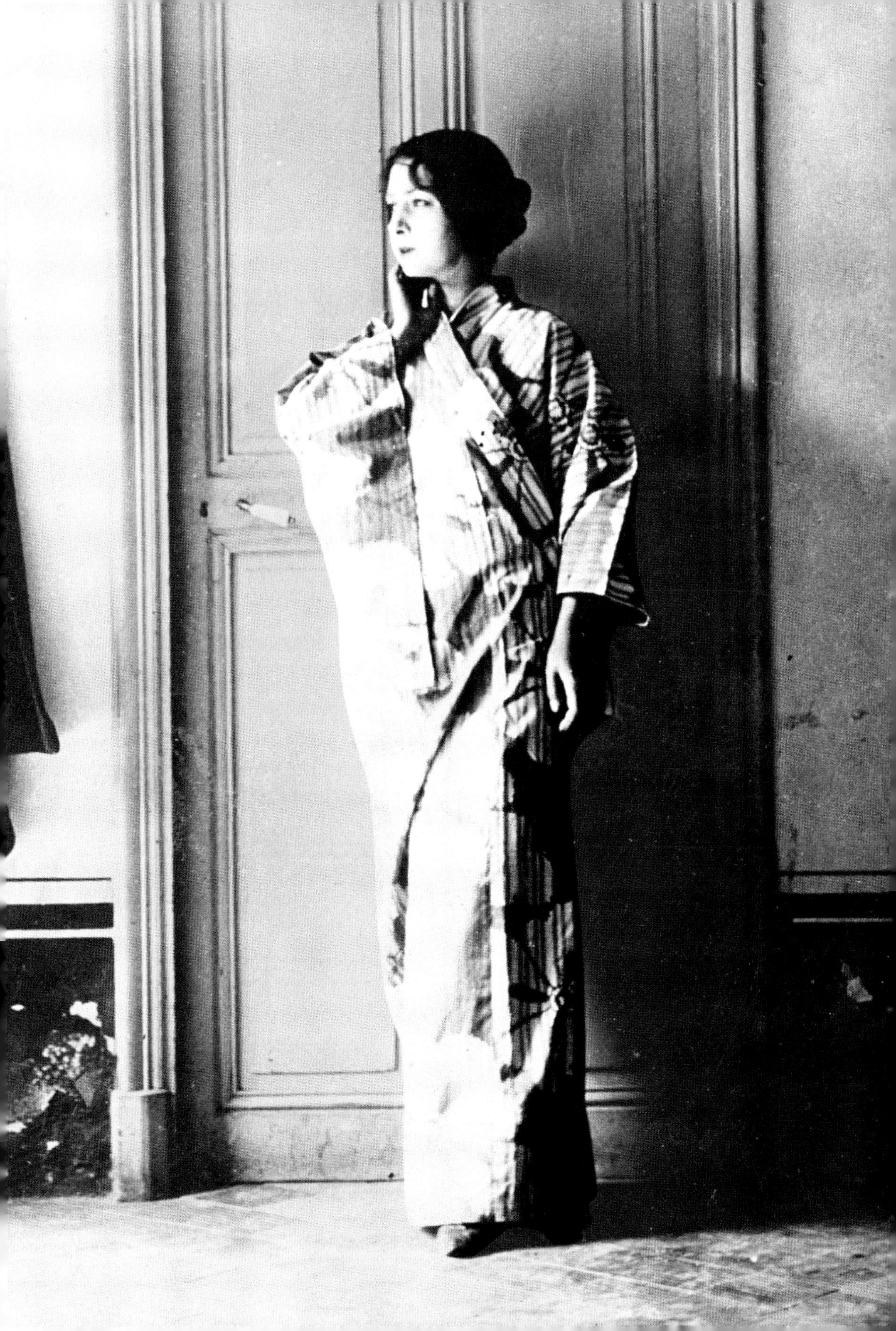

上：马克斯·雅各布与毕加索，在蒙帕纳斯大街圆亭咖啡馆前摄，1916 年。
右页：毕加索与《靠在桌子上的男人》(*Homme accoudé sur une table*)，摄于舍尔谢尔大街的画室中，1916 年。

    毕加索实验着许多不同的材料：木头、胶水、绳子、沙子。他给挚友布拉克的信上这样写道："我使用了你最新的那种纸和粉尘的创作手法……"他们共同开创了拼贴和造型的建构和堆砌的艺术之路，这些创举直到今天还被广泛应用于艺术创作之中。

    1912 年 12 月，因为对塞雷朝圣般的热爱，毕加索又一次将艾娃带去了那里，然后两人又一起去了巴塞罗那，毕加索带艾娃参观了他的故乡，并骄傲地向她介绍了他的加泰罗尼亚朋友们。这样的仪式又一次地开始了。

    回来之后，两个人的生活如胶似漆，幸福无比。1913 年春天，他们又一次去了塞雷。毕加索的朋友、同时也是竞争对手的胡安·格里斯前来拜访他们，马克斯·雅各布也来了。毕加索的小圈子其乐融融。

    1913 年，对毕加索来说是糟糕的一年，他的父亲唐·何塞在 5 月初去世了。毕加索在旅行的途中得知了这个噩耗：他失去了他人生中唯一的导师，失去了他一心一意想要超越的人。父亲的死亡给毕加索种下了悲观的种子，并且加重了他宿命论的观点。

    刚从巴塞罗那的葬礼回来，毕加索就感染了伤寒（也许更有可能是痢疾），这差点要了他的命，并让他在床上躺了整整一个月。此时，艾娃的疾病首次出现了症状，更不用提这个时候出现的欧洲大争端（一战）的预兆了。

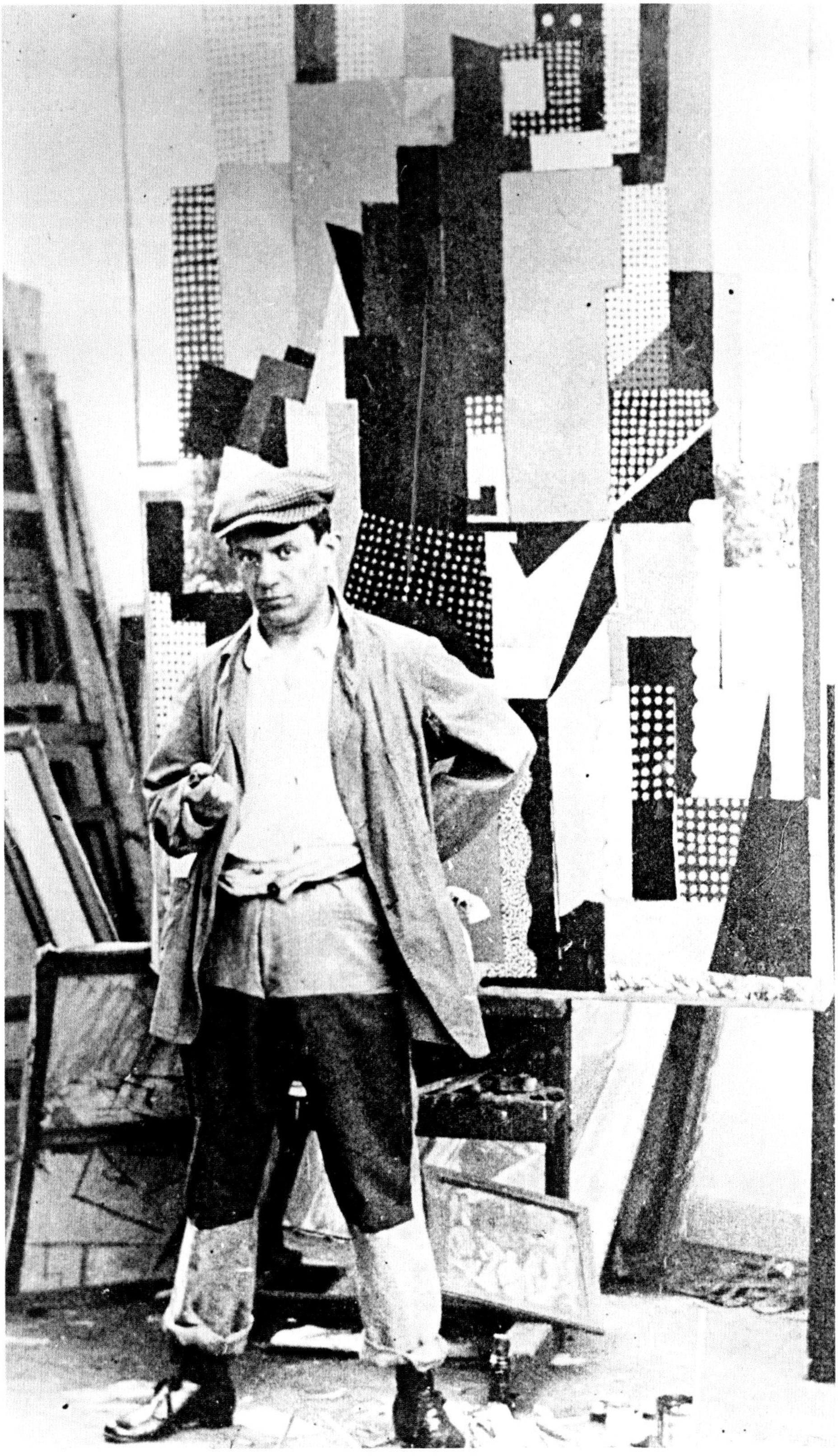

艾娃成为了毕加索创作的中心:《我爱艾娃》(*J'aime Éva*,1912 年秋),《穿衬衫坐在椅子上的女人》(*Femme en chemise dans un fauteuil*,1913 年底至 1914),《画家与他的年轻女模特》(*Peintre et son modèle et Portrait de jeune fille*,1914 年夏天,他们在阿维尼翁舒适的旅行中创作而成)。在巴黎,在艾娃这里,毕加索开始了全新的社交生活,并且跻身名流之中。

战争爆发了,布拉克与德兰奔赴前线。阿波利奈尔斗志昂扬地启程,为能够"献身战斗"而愉快不已。所幸的是,毕加索的朋友中,马克斯·雅各布没有走,毕加索成为了他改信天主教的介绍人——他的"教父"。在这场战争中,西班牙处于中立位置,因此,西班牙籍的毕加索没有去前线,他留在巴黎,与上战场的朋友的妻子们在一起,尤其是,此时他与艾娃在一起。毕加索处于西班牙裔的中立位置,内心充满苦涩,然而,这仅仅是他不幸的开始。

连续几周,艾娃都抱怨疼痛,此时病魔已经占据了她的身体。医生诊断出她罹患咽喉癌。她的健康在 1915 年春天进一步恶化,在夏天又变得更糟糕。此外,布拉克在战场中头部受了重伤。毕加索被悲伤打倒,感到十分孤独。为了救他心爱的女人,毕加索跑了一家又一家的医院,然而全部的床位都被战争中的伤员占据了。艾娃在奥特伊的一家私人诊所中度过了她人生的最后几周,1915 年 12 月 14 日,她去世了。

在大部分关于我外祖父的传记中,艾娃都被描写成一个"人生中重要的爱人",然而,艾娃绝对是他一生最大的绝望的根源。漂泊不定的毕加索曾向艾娃表达过跟她建立家庭的想法,他想要娶她,与她生孩子。然而,艾娃却在一场疾病中香消玉殒,这摧毁了毕加索对天长地久的梦想,他很难重新恢复过来。

不过,从另一个方面来说,这段短暂的爱情在毕加索这里得到了升华。与其他情人不同的是,艾娃给予毕加索的灵感还没有来得及枯竭,她就与世长辞了。因此,他们两个人的爱情故事,无论是在情感上,还是艺术上,都注定是一件未完成的杰作。

绝望透顶的毕加索,想要通过新的恋情来忘记这一切,艾娃死后,他追求了许多女性,甚至一度没头没脑地想向她们求婚,却都没有成功。这一段段连续绯闻的女主角分别是：嘉比·拉佩尔，后来变成了莱斯皮纳斯夫人；艾琳·拉格特，毕加索的邻居，也是他在舍尔谢尔大街的挚友，1912年，毕加索曾与艾娃住在那里；埃尔维拉·帕拉迪尼，以尤尤这个昵称被人所熟识……好像还有一个叫作艾米莉安娜·帕克雷特的女人，她是当时的时尚楷模，毕加索在她身上发现了对女性的视觉形象的理想补充。毕加索周旋在一段段的绯闻关系中，这些恋情差不多是同时进行的，约莫在1916年整年和1917年初的时候。

1916年10月，毕加索从舍尔谢尔大街搬走，去了蒙鲁日，以逃开对艾娃挥之不去的想念。在那里，他常常不间断地去圆亭咖啡馆，这是一个非常时髦的咖啡馆，从文人和艺术家们纷纷从蒙马特搬到蒙帕纳斯之后，这个酒吧就格外地受欢迎。在那里，他交到了新朋友，比如玛丽·瓦西里耶夫，尤其是1915年底，他遇到了热衷社交、性格疯癫的诗人让·科克托，这个人为他的生活打开了新的视野。在那时，让·科克托这个日后创作出《地狱机器》（*La Machine infernale*）的作家，带领毕加索进入了更广阔的世界，并且介绍他这个新朋友认识了尤金尼亚·埃拉朱里兹。

埃拉朱里兹夫人出生于1860年的智利，她是巴黎社交圈的名人，是许多人文化生活的资助者，其中，俄罗斯芭蕾舞团的创始人狄亚基列夫首屈一指。对于毕加索这个她可以用自己的母语交流的人，她以向导的身份，将他带入了上流社会和世界主义者们的圈子。因此，毕加索结识了艾蒂安·德·博蒙特伯爵和他的妻子，伯爵是个杰出人物，夫妻俩以组织最引人注目的巴黎上流生活的聚会而声名远播。1916年10月，毕加索被邀请参加了这对伉俪举办的令人难忘的"巴别塔之夜"。

一种全新的生活开始了，按照他的朋友马克斯·雅各布的说法，毕加索开始了他的"公爵夫人时期"。

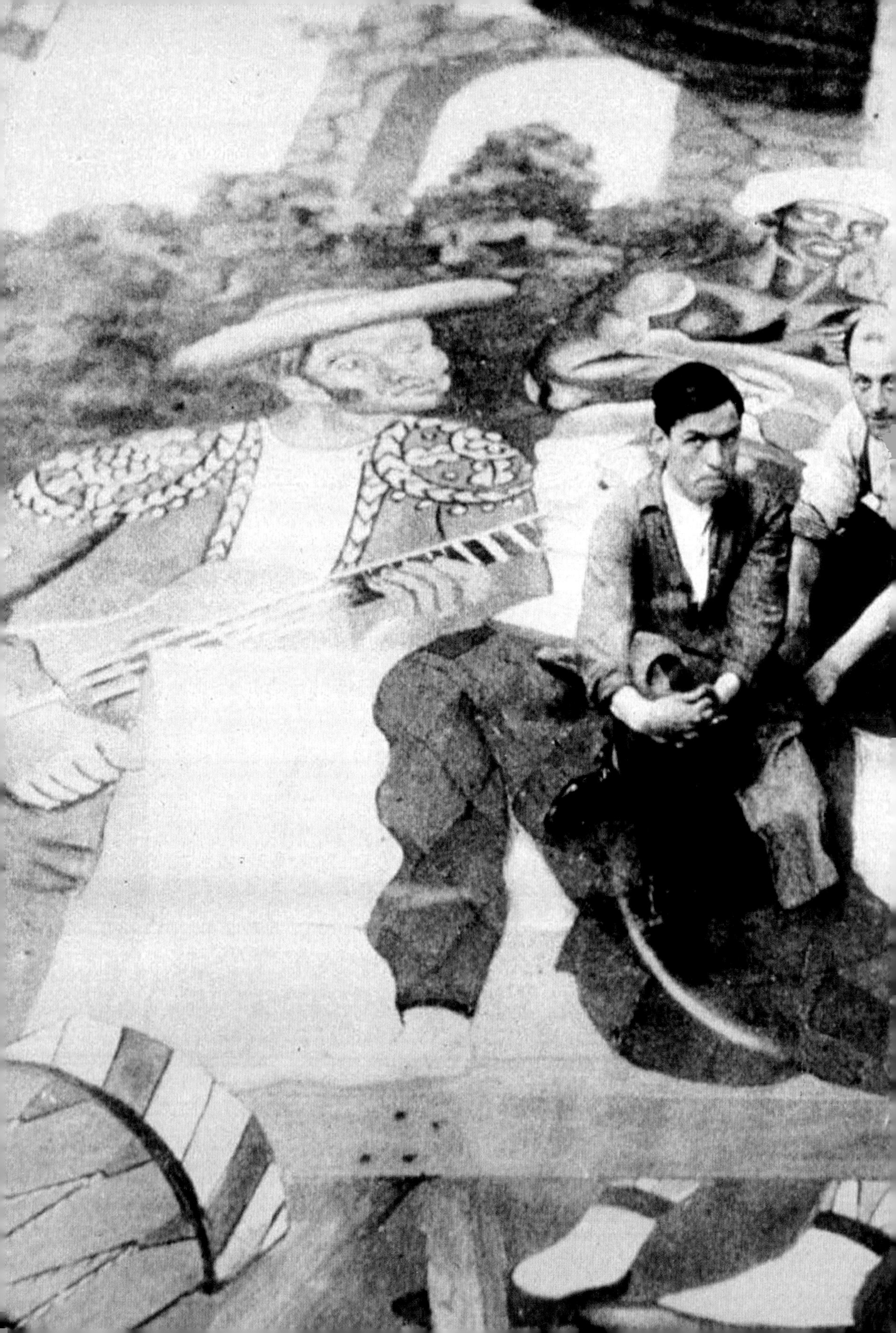

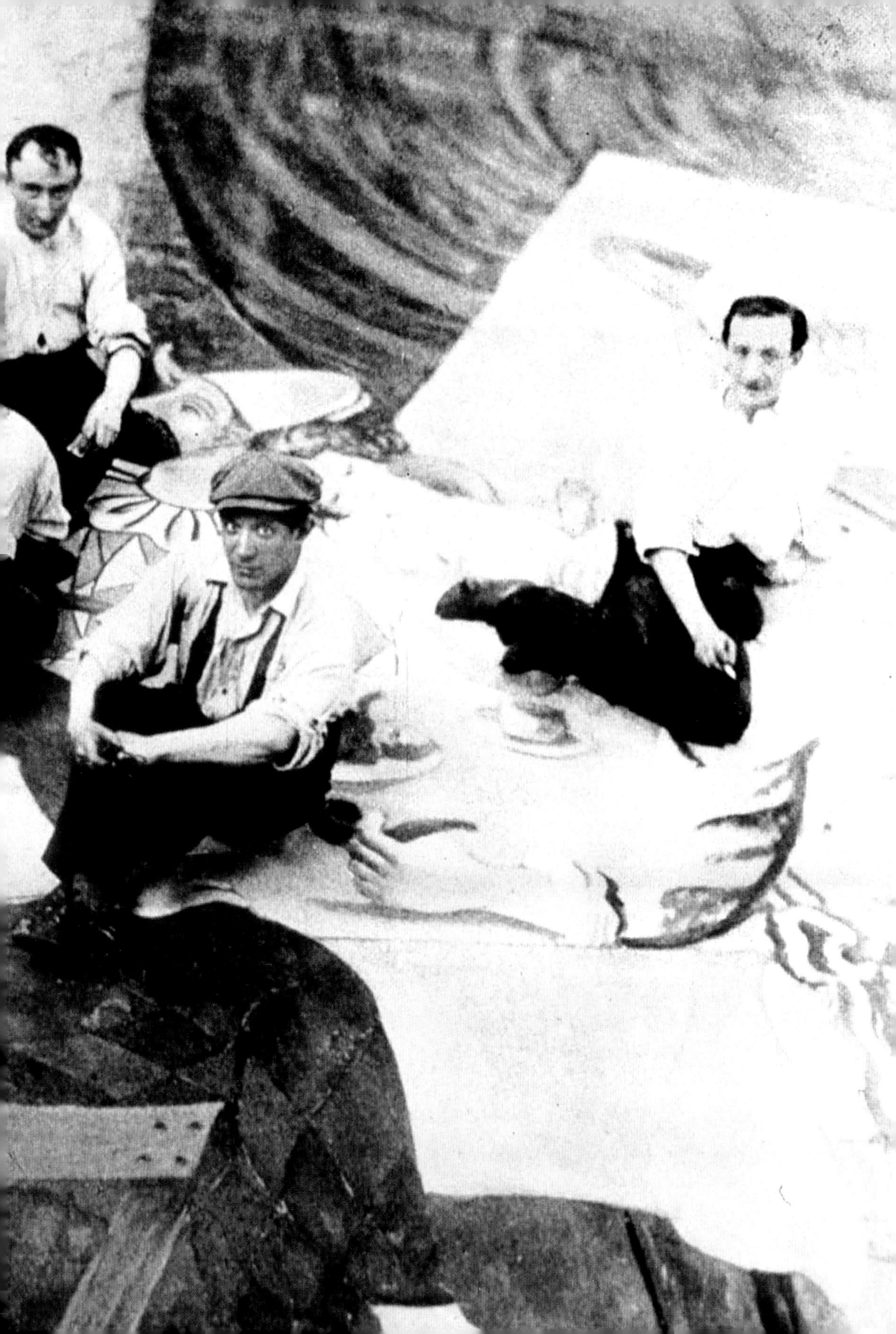

前页：毕加索在为芭蕾舞剧《游行》设计幕布，1917年，罗马。

上：芭蕾舞剧《游行》的幕布，1917年，悬挂的油画，10.5米×16.4米，国家现代艺术博物馆，乔治·蓬皮杜中心，巴黎。

奥尔加·霍克洛瓦
1891—1955

1917 年初，科克托说服毕加索为芭蕾舞剧《游行》（Parade）工作，这是一个单幕的芭蕾舞剧，作者是科克托自己。他想将当时所有最为知名的艺术家聚集在这个计划里，比如作曲家埃里克·萨蒂、编舞者列昂尼德·马辛、狄亚基列夫的俄罗斯芭蕾舞团，当然还有毕加索。毕加索负责美术设计、装饰以及服装设计。

对于已经过了很长时间的既无激情、又无艺术的无聊日子的毕加索来说，这无疑是期待已久的一个强刺激。

他加入了狄亚基列夫和舞者们的行列，在舞团内部，他认识了一个 26 岁的年轻舞者，奥尔加·霍克洛瓦。

根据迈克尔·C. 菲茨杰拉德所说，奥尔加不是一个刚刚加入舞台世界的新雏，1911 年的时候，20 岁的她就已经加入了俄罗斯芭蕾舞团，并且参加了狄亚基列夫最早期的芭蕾舞表演，演员表上写着她自己的名字。她的父亲是帝国陆军上校斯蒂芬尼·霍克洛瓦，母亲是丽迪雅·文琴科。她曾经在圣彼得堡的芭蕾专业学校学习，直到 1911 年，才正式开始自己的职业生涯。[15]

许多传记作者对奥尔加的记录堆叠在一起，给这个年轻的女子画出了漫画般的肖像。在毕加索的众多情人之中，从未有一个人像她这样引起如此大的分歧。

然而，对于奥尔加的描述，很少有直接的证据，传记作者们笔下的她，要么是一个冷血的人，没有再多评价，要么是一个紧张易怒的人。很明显，她的性格来自她曾经受到的充满规则、限制和教条的严苛教育。奥尔加与毕加索在 1935 年正式宣布分手，两人在激烈的暴力中分开，这给奥尔加的形象蒙上了一层阴影，甚至令人遗忘了他们两个人爱情关系的开始是多么的幸福。

真正吸引毕加索的，是不是她的含蓄与谨慎，以及她的礼貌举止呢？是不是她的特殊出身——俄罗斯裔，混合了令人激动的布尔什维克革命和正在倾塌的沙皇帝国统治的双重特色呢？

奥尔加是一个谜，不仅仅是她本身成谜，她所代表的一切也令人感到神秘。她最后是否实现愿望成为芭蕾舞家，这对毕加索而言并不重要，她给予了毕加索另外的一种灵感来源，只有她能带给毕加索这样的灵感。毕加索有一些艺术上的需求，而只有奥尔加能够帮他实现。他们两人之间存在十分明显的矛盾冲突，却在此时成为了一种真正的互相补充。

毕加索跟随舞团去了巴黎、马德里，最终到了巴塞罗那，在那里他把他最新的情人奥尔加介绍给了他的母亲，他的母亲建议奥尔加不要嫁给毕加索，她说："我不相信能有任何一个女性可以从他那里获得幸福。"[16]

同时，唐娜·玛莉亚也反过来嘱咐她亲爱的儿子，不要娶这个女人。在她看来，奥尔加的出身会打击到毕加索。"一个俄罗斯人，娶了她，压力会有多大！"

于是毕加索对待奥尔加的态度非常微妙，他习惯性地向她展露自己的吸引力，而他最大的武器就是他的画作。在巴塞罗那，俄罗斯人奥尔加打扮得像个西班牙女人，用西班牙式头巾伪装自己。毕加索为她创作了采用点画法技术的画像，就像是在向她求婚一样……毕加索将她画得很像一个西班牙女人，这无疑是想让奥尔加融入西班牙的谱系，画像令奥尔加很满意，也令唐娜·玛莉亚满意，后者将这幅画像收藏在了巴塞罗那。

"奥尔加时期"在毕加索的创作风格上标志着新古典主义风格的回归。在罗马，毕加索被历史悠久的城市、纪念性建筑和雕像所震撼。拉丁人生活氛围的庄严与简朴十分符合他的审美个性。他还对庞贝古城的遗址热衷不已。

自从艾娃死后，毕加索一度意志消沉，拒绝交际，不想明天。而如今的他，恢复了对安详生活的向往，灵魂和心灵得到了复苏。他被才华横溢的人们包围，美丽的天气和愉悦的心情激发了他的灵感。与奥尔加在一起创作艺术，对她施以男人的魅力攻势，这激发了毕加索活着的幸福感。这是一次重生，让他过上另一种生活！他回到巴塞罗那，回到家人之中，这难道不是他结束自己作为一个年轻人的生涯，开始想要建立家庭的时候了吗？

奥尔加渴望一种资产阶级式的世俗生活，这与她所接受的教育是相一致的。当这对情侣离开巴塞罗那时，她选择放弃自己作为舞者的职业生涯，跟毕加索在一起，想要成为给毕加索带来一生幸福的女人。事实上，奥尔加之后仍参加过一些演出，包括1922年的演出。1917年11月底，这对情侣搬到了毕加索位于蒙鲁日的画室。奥尔加负责照顾家庭，从此以后，她开始监管毕加索的生活秩序。而毕加索则告别了波西米亚式的流浪生活——这片曾给他带来灵感源泉的沃土，现在已经暂时不受他的欢迎了。随后，革命在俄国爆发了。奥尔加明白，她再也不会见到她的国家了，她又成了一名流亡者。

在第一次世界大战之后，在布尔什维克革命之后，二十世纪的世界发生了变化，艺术革命在此时发生，同时，法国社会和习俗也经历了剧变。而奥尔加所梦想的，是一个已经不复存在的世界。在她眼里，毕加索是跟科克托和狄亚基列夫竞争谁更优雅的男人，是懂得去讨好她的男人。因为有这样的印象，她始终循规蹈矩，维持着良好的风度举止。她忽略了其他的一切，尤其是她本身所具备的创造性的艺术天赋，以及她内心隐隐的痛苦。

必须承认，毕加索对这个美丽的世界充满好奇，他似乎愿意和许多其他男人一样，绞尽脑汁来征服一个上流社会的年轻女人。无论如何，他都在尝试这样的实验。在他们情投意合的交往初期，毕加索就决定用所需的全部尊重来绘制奥尔加的肖像：总之，她想要为人所识。在毕加索绘制的多幅奥尔加肖像画中，她陷入沉思，甚至是在呆呆出神，这些特征是如此规律地出现在奥尔加的形象中……通过这些作品，我们看出，毕加索已经清空了他的生活，他几乎清空了他的艺术，一切推翻重来。

1918年7月12日，在世界大战最后的苟延残喘中，毕加索和奥尔加于达鲁街的俄罗斯教堂举行婚礼。证婚人是让·科克托、马克斯·雅各布和阿波利奈尔。

婚姻所带来的惬意只维持了短暂的一段时间。他们去了比亚里茨度蜜月，住在毕加索的挚友埃拉朱里兹夫人家中。然而，自从蜜月的第一天开始，毕加索就没有表现出一个年轻新郎应有的热情。这段时间，他选择与朋友们在一起，没有选择与奥尔加单独相处，这是否犯了一个错误呢？在这些被认为是新婚的日子里，埃拉朱里兹夫人向毕加索介绍了几位他未来的代理商，他们是乔治·威尔登斯坦和保尔·罗森博格（莱翁斯·罗森博格的兄弟，也是商人，毕加索已经与他共事过了）。但毕加索却觉得索然无趣。他用值得玩味的笔触给他的朋友们写信，信中描述了他的日常活动。他画了一些小的简笔画，勾勒出房子里的一个房间。没什么令他感到兴奋，他在给阿波利奈尔的信中承认："我并不是很不开心……"

毕加索和马辛，1917 年。

　　回到巴黎，奥尔加和毕加索就去寻找新的公寓。奥尔加希望回到在蒙鲁日的住处，然而，那里虽然干净整洁，却已经不再适合他们住了，因为显得寒酸，不够像样。保尔·罗森博格为他们寻找了理想的住处——位于巴黎第八区的波蒂埃大街 23 号，就在他的豪华画廊旁边。这个区域享有盛名，坐落在香榭丽舍大街，有皮草商店、艺术画廊和豪华酒店。在蒙马特和蒙帕纳斯之后，毕加索再次发现，自己生活在了拥有好房子和高存款的艺术家们之中。

　　公寓正在大装修，需要等很久，于是奥尔加劝说毕加索在这段时间内住在鲁特西亚酒店，这是一家位于塞纳河左岸巴黎六区的拉斯巴伊大街的酒店，虽仍然靠近蒙帕纳斯和圣日耳曼德佩区，但已经算是在巴黎第七区的私人豪宅区域的边缘了。对奥尔加而言，毕加索终于能跟他的艺术家朋友保持一点距离了。"毕加索经常出现在那些美丽的街区……"在之后的日子里，他的艺术家朋友们这样心酸地说。

　　公寓终于装修好了，毕加索决定租下同一栋楼的四楼的公寓，将它变成了画室。他们的这处新居，既是一套被奥尔加装饰得富丽堂皇、用于接待来宾的完美无瑕的公寓（曾让摄影师塞西尔·比顿惊讶不已），同时又是毕加索整饬出来的、让他的"放荡不羁"得到充分发挥的工作室。在一段时间内，这里协调并融合了两人各自充满矛盾的装修灵感。上流社会的社交生活渐渐充斥了他们的生活。晚宴、派对、庆祝活动一个接着一个，而毕加索则继续努力进行艺术创作。

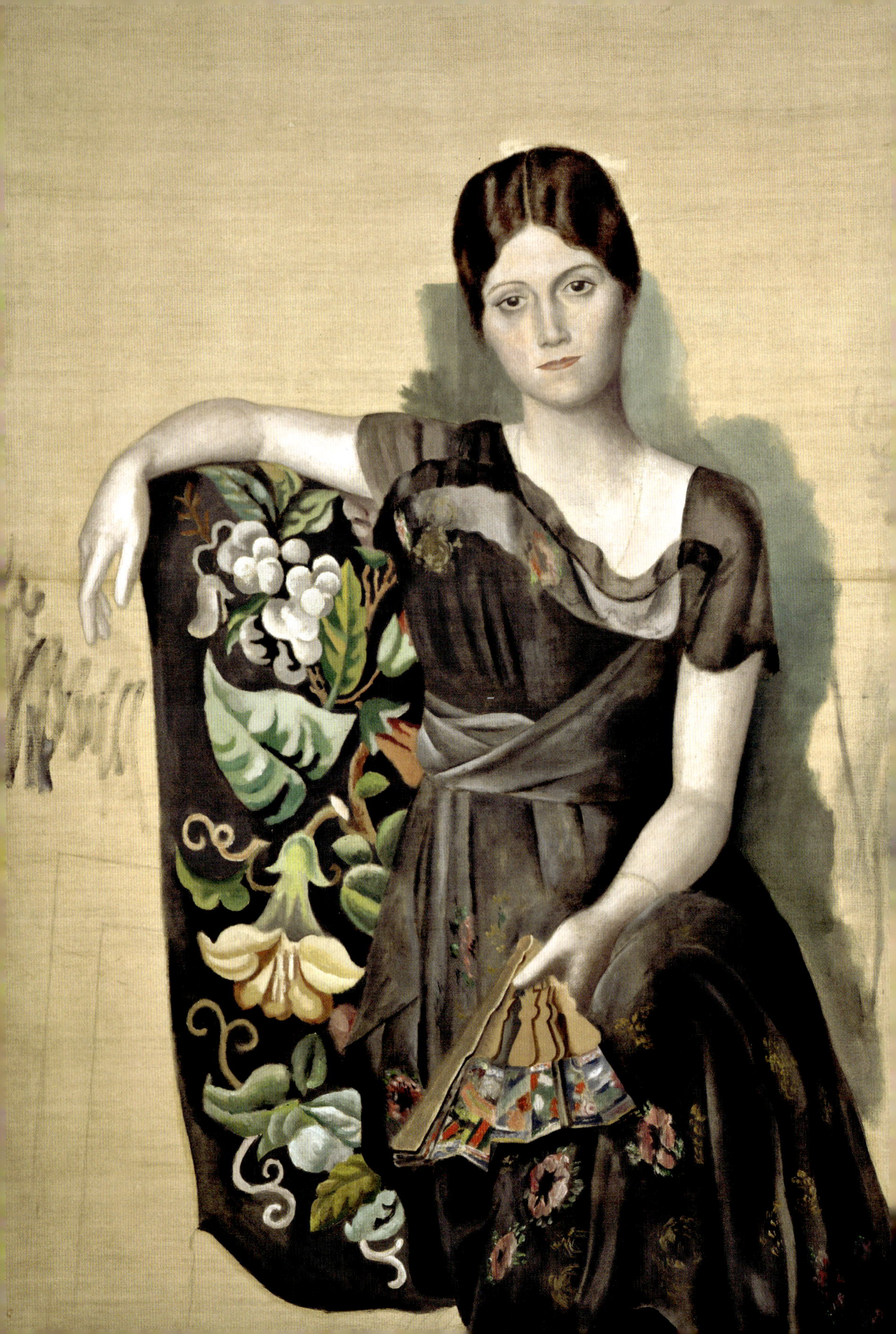

左页：《奥尔加在椅子上的肖像》（*Portrait d'Olga dans un fauteuil*），1917 年秋天，布面油彩，130 厘米 ×88.8 厘米，巴黎毕加索博物馆。

上：1917 年，奥尔加、毕加索和让·科克托在罗马。

1919 年初，毕加索和奥尔加一起去了伦敦。他们在那里待了差不多三个月，毕加索和狄亚基列夫以及马辛一起参与了全新的芭蕾舞剧《三角帽》（*Le Tricorne*）的创作，毕加索负责绘制舞台幕布。他们仍然并且总是受到各方人士的邀约。不过，毕加索却始终对外界的称赞和社会名流迷惑人心的甜言蜜语无动于衷。而奥尔加则优雅地陪伴在毕加索和他的荣耀之旁。

8 月，他们沿着从蓝色海岸到圣拉斐尔的上流人士的路线，一路旅行。1920 年 2 月，毕加索完成了芭蕾舞剧《普尔钦奈拉》（*Pulcinella*）的装饰和服装，这部剧由狄亚基列夫于 5 月在巴黎歌剧院演出。

这个时候，毕加索在保尔·罗森博格的画廊中售卖他的画作，这让他获得了丰厚的收入。战争结束后回到巴黎的丹尼尔 - 亨利·康维勒（在战争期间，法国人将他的收藏品称为"敌人的财产！"），在阿特鲁格街开了一家新画廊，并立即让毕加索在他这里售卖作品。由此，毕加索可以借这个机会，让他的两位代理商互相竞争。这样的策略让毕加索的作品行情看涨，并让他的收入越来越高。在毕加索作品的售卖上，罗森博格一直保持着优势，因为他可以与合作伙伴威尔登斯坦一起在美国推广毕加索的画作。正因如此，毕加索的名声开始传遍世界。

第二年的夏天，毕加索携奥尔加一同返回圣拉斐尔。这个时候，奥尔加怀孕了。她终于怀孕了！这个幸福事件的来临，为毕加索夫妇带来了新的动力。毕加索仿佛恢复了活力与创造力，以及对妻子奥尔加的感情。1921 年

1918年，奥尔加和毕加索在比亚里茨。　　　　　1925年，毕加索、保罗和奥尔加在蒙特卡洛。

  2月4日，儿子保罗的诞生，标志着毕加索人生的新阶段——他40岁时终于当上了父亲。于是，在毕加索的画布上，奥尔加那陷入沉思的脸孔，变成了关心孩子的母亲的面容。此时此刻，毕加索对艺术探索的所有动力，都是温柔的爱子之情。许多以"母亲"为主题的画作在这一时刻相继问世，特别是在1921年7月，毕加索夫妇带着孩子搬到枫丹白露的时候。对于奥尔加的肖像，毕加索设计出了一个意想不到的维度，线条与画面扭曲着呈现，肖像的表现力得到了升华。如果说，奥尔加在画面上的特征得到了转化，那就意味着，毕加索在画布上传递出了不同的情感强度。旅行的影响，尤其是在罗马的旅行中所看到的身形结实的舞者、海边的游泳者，让毕加索回忆起了他在拉科鲁尼亚度过童年时经常去的浴室。此外，奥尔加怀孕的身躯也给了他巨大的灵感，让他联想到一些壮观的形状。于是，毕加索的"巨人时期"到来了。

  同时，毕加索在罗森博格的画廊中看到了雷诺阿最后几年的作品，这带给了毕加索内心的悸动，印象派画家探索过的那些与真实偏差巨大的形体影响了毕加索，让他在创作中间接地融入了印象派的风格。雷诺阿的画中，女性保持着她们自己的色彩，而毕加索画中的女性则总是简朴严肃，一副陷入沉思的样子。由此，毕加索将古典主义与现代主义相连。

  毕加索打开了他艺术生涯的新局面，立体主义时期已经过去，波西米亚式的狂放不羁也告一段落。

1922年7月,毕加索与奥尔加在迪纳尔度过夏天,他的创作中出现了对人物运动的更加精准的表现。

"这些形状扭曲、正在玩球或跳绳的人物,在海滩的欢乐和自由的气氛中延伸出运动的形态。"[17]

此时,在毕加索的肖像创作中,人物的心理呈现得到了加强,灵感来源也变得多种多样。而奥尔加的面孔则变得模糊不清。

毕加索与奥尔加在夏天结束时返回巴黎,毕加索为科克托改编的戏剧《安提戈涅》(Antigone)设计舞台背景,该剧在工作室剧场上演。至于奥尔加,她一直致力于组织和追求社交生活,并比以往更多地督促她的丈夫毕加索融入社交。当然,对于这些上流聚会的魅力,毕加索也不能完全无动于衷。在这疯狂的二十年里,欧洲开始了自身的重建,同时法西斯力量也在逐步兴起。

那些狂欢到披头散发的派对常客,后来都变成了毕加索作品的买家……狂欢在不停地上演,无疑也在失去它自身的魅力。

在这些社交活动中,毕加索遇见了杰拉尔德·墨菲和他的妻子莎拉·墨菲,他们是住在波士顿的美国富翁。杰拉尔德·墨菲是一位画家,莎拉是一位出色的社交人物,就像人们用英语说的那样,是一位"名媛"。毕加索觉得她很漂亮,特别有趣。1923年夏天,毕加索在昂蒂布海角的海角酒店重遇了这对夫妇。正因为毕加索,这所酒店从此之后在夏天对外开放。毕加索的母亲唐娜·玛莉亚来这里与她的儿子相会,这是她第一次来法国,并在这里有机会目睹了她儿子所获得的体面和威望。此外,美丽的墨菲夫人十分喜欢充满创意的毕加索。

他们住在蒙特卡洛,在那里拍摄下了一些很美丽的家庭照片,上面有优雅漂亮的毕加索夫妇和他们的年幼的儿子保罗。

那个夏天,毕加索研究并创作了多幅《浴者》图,画出了《排箫》(La Flûte de Pan),并且依然在描绘奥尔加的肖像,画像中的她仍旧冷漠而思虑万千……她究竟在想什么呢?她是在想梦寐以求却尚未拥有的东西?或者她还希望能得到些什么?

此外,毕加索的摄影技术不断加强。多年来,他一直对摄影颇感兴趣,致力于分析照片洗印技术如何在灰度层级的变化和景深效果的重建中再现真实。因此,在毕加索这里,奥尔加、儿子保罗、狄亚基列夫,或几年前的阿

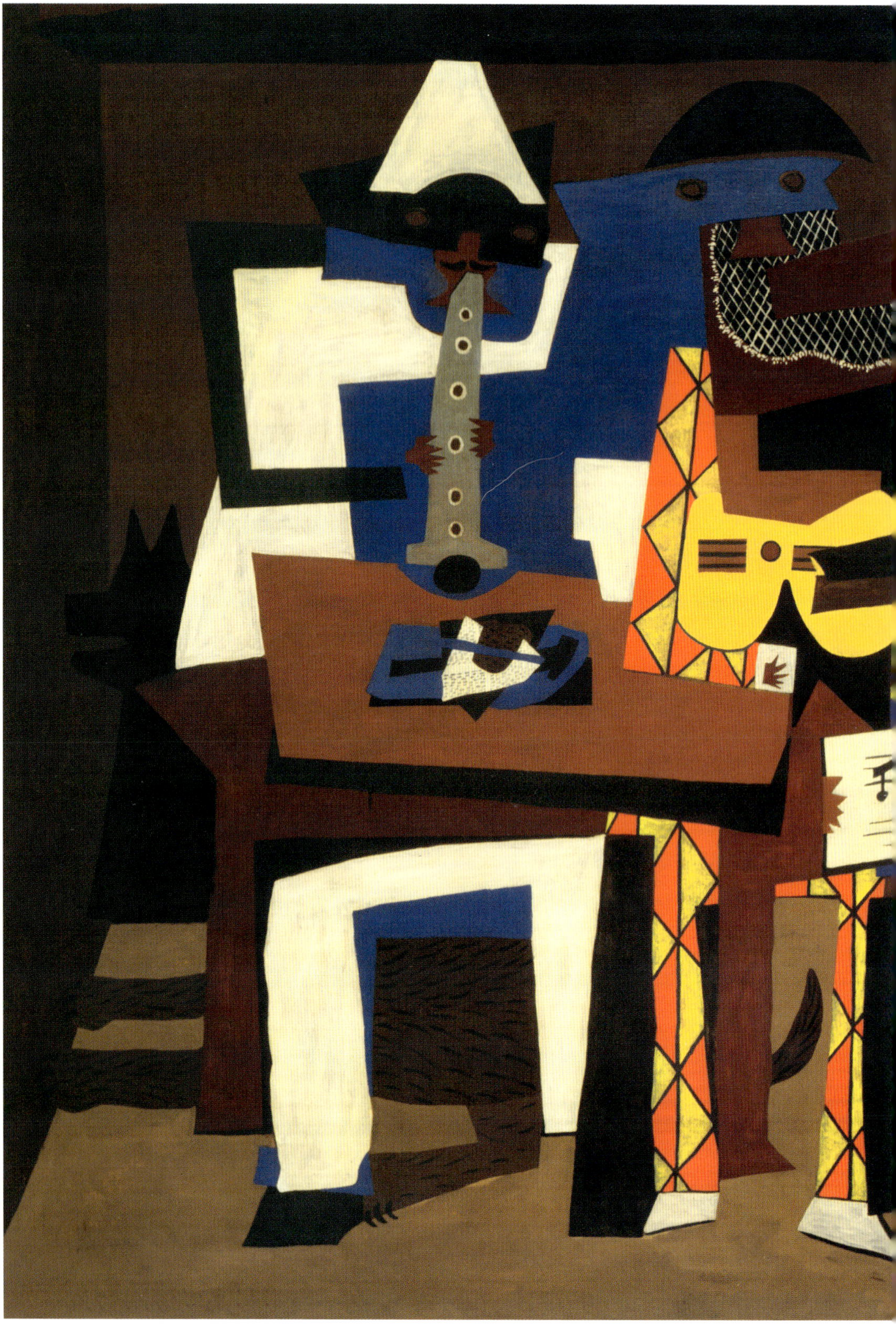

左：《三个音乐家》(Les Trois Musiciens)，1921年，布面油彩，200.7 厘米 ×222.9 厘米，纽约现代艺术博物馆，西蒙·古根海姆夫人基金。

波利奈尔，都在银盐显影中获得了永生。然后，毕加索根据他们的照片，重新绘制油画或素描。

在 1924 年，毕加索参与了马辛的芭蕾舞剧《墨丘利》(Mercure) 的创作。随后，又是狄亚基列夫的《蓝色列车》(Train bleu)。自 1916 年以来，毕加索总共参与了八场戏剧或舞蹈的创作。正如《游行》那样，《墨丘利》依然因为太过前卫而引起了舆论的抨击。毕加索即便是如今像资产阶级这般 "规规矩矩的样子"，内心也洋溢着一种永不熄灭的破坏与颠覆精神。他为当时兴起的最为激进的知识分子的运动感到由衷的开心。自 1920 年以来，在这些激进派的运动中，达达主义者排名第一。

那些无政府主义先锋派的充满创造性的姿态引诱了毕加索，让他想起了自己在巴塞罗那度过的那些大胆的童年时光。达达主义群体由诗人特里斯坦·特扎拉领导，其中包括一些著名的活动家，如保罗·艾吕雅、路易·阿拉贡和安德烈·布勒东，以及画家弗朗西斯·皮卡比亚和马克斯·恩斯特。然而，尽管他们十分欣赏毕加索的拼贴技术，却错误地认为，毕加索是 "商业" 立体派。他们的误解与轻蔑，无疑是因为毕加索的德国画商康维勒向买家展示作品的时间，比毕加索创作它们的时间大大滞后了。大众的步伐总是迟到的……

然而，这一次，在博蒙特伯爵为俄国的流亡者们，也就是布尔什维克革命的敌人们举办的晚会上，芭蕾舞剧《墨丘利》激起了一些超现实主义者的强烈抗议，这些超现实主义者由布勒东率领，刚刚脱离了达达主义。不过，他们并不讨厌毕加索为这部芭蕾舞剧创作的舞台装饰，毕加索也对他们的艺术理念表示认可。1924 年 6 月，超现实主义者群体向毕加索表达了敬意，并将他与芭蕾舞剧《墨丘利》引发的批判区分开来：毕加索不是第一个通过立体主义或拼贴创作，摆脱了学院派创作机制的先驱吗？

《两个女人在海滩上奔跑》（*Deux femmes courant sur la plage, La Course*），1922年夏天，迪纳尔，胶合板上的水粉画，32.5厘米×41.5厘米，巴黎毕加索博物馆。

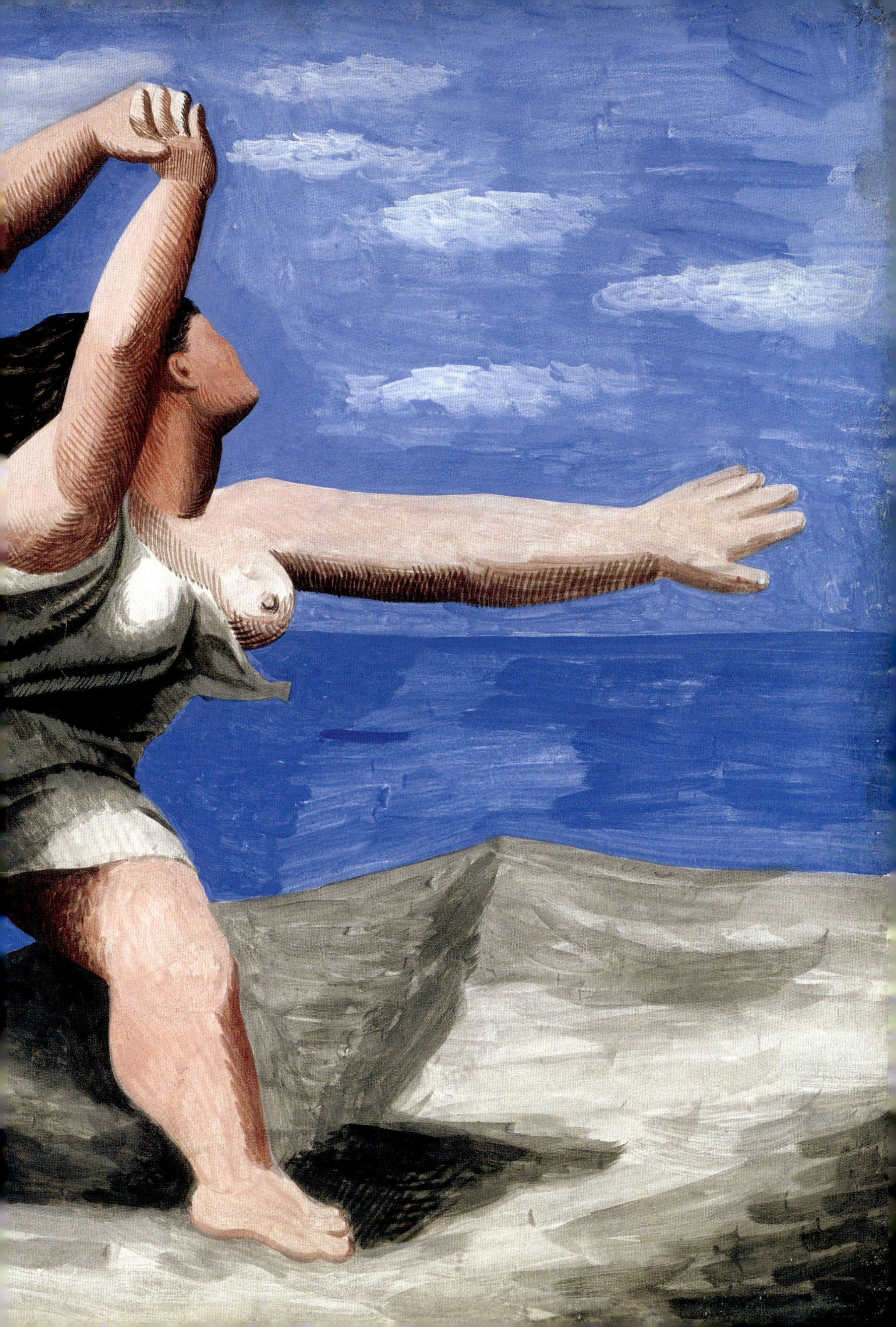

整个夏天，在蓝色海岸的胡安莱潘，毕加索仍沉浸在画儿子小保罗的乐趣中，他穿着不同的服装，成为毕加索绘画作品中最后的古典主义形象。然而，此时的毕加索，已经被超现实主义浪潮所深深吸引。对于安德烈·布勒东来说，"无论是现在还是将来，超现实主义者最珍视的目标应该是，将人类被特殊情感俘获的那个完美时刻进行人工再现"。毕加索十分赞同这个观点，并将其应用于他新作品的创作中。受到超现实主义的启发，在毕加索的作品里，人物和物品的外观逐渐消失。在此，他回想到了令他感到遗憾的朋友阿波利奈尔的观点（阿波利奈尔于六年前逝世）。阿波利奈尔在评论芭蕾舞剧《游行》的时候，发明了"超现实"这个词。

1925年，奥尔加、保罗和毕加索又启程前往蓝色海岸，这个仪式般的社交式旅行开始变得无聊。甚至连一向热衷社交的奥尔加似乎也有些不情不愿了。那些聚会不可避免地重新开始，不断重复，最常见的是在蒙特卡洛。与此同时，毕加索的内心冲突愈演愈烈。他重新思考了当前的状况，并意识到他此时此刻正在浪费时间：艺术和知识的革命正在其他地方火热进行着，而那里却没有他的参与。

于是，毕加索与奥尔加的生活变得越来越糟，矛盾重重。奥尔加意识到，她正在失去她的丈夫。充满微笑的家庭合照不再适合如今的状况，奥尔加很想要毕加索对她重新产生兴趣……但是，一切已经太晚了，争吵几乎是他们两个人的日常。奥尔加没有去思考他们之间矛盾纠纷的根本原因，反而拒绝去接受它们，因为这些是她自己所无法理解的。

1925年秋天，尽管毕加索早些时候已经决定不参加群展，但他还是同意在巴黎皮埃尔画廊的第一次超现实主义展览中展出自己的作品。

服装设计师兼收藏家雅克斯·杜塞特借出了他收购的毕加索作品《阿维尼翁的少女》。[18]这幅早在1907年就创作完成的画作，如今成了整个当代艺术的鼻祖。毕加索在这次展览中遇到了许多新生代艺术家，他再次成为了一个"当代人"。吸引所有人注意的是，毕加索完成了《舞蹈者》（*La Danse*），这是一个巨幅作品，标志着毕加索与新古典主义时期的最终决裂。随后，毕加索又创作了《吻》（*Le Baiser*），这是一幅引起争议、充满色情意味的作品，它令人难以理解，却毫不模棱两可，毕加索将这样的风格保

《排箫》，1923年夏天，布面油彩，20.5厘米×17.4厘米，巴黎毕加索博物馆。

持了一辈子。

他开始与那些年自己社交生活的形象划清界限，不是因为此时的他已经对社交不感兴趣了，而是因为社交削弱了他的艺术灵感，甚至让他产生了被阉割的感觉。

1925年1月，一名年轻人克里斯蒂安·泽沃斯创作了一本关于现代艺术的内部杂志《艺术手册》，并将他的首次研究献给了毕加索。克里斯蒂安·泽沃斯让毕加索为自己历年来的作品制作一个目录。从那时起，他们开始持续地互动，几乎每周，他们都在对毕加索过去的作品进行回顾，并一起研究"正在创作中的作品"。泽沃斯不知疲倦地对作品进行拍照，直到1970年他自己去世。他的这项繁琐的工作，整理出三十三卷极其重要的作品资料，这在艺术史上是前所未有的。然而，这还没有将毕加索作品全部包含在内！

1926年夏天，毕加索、奥尔加和保罗带着厨师和家庭教师在胡安莱潘居住下来。他们租了一座别墅"白篱笆"。这对感情陷入困局的情侣，仍时不时地接受来自拉里维埃拉的社交聚会的请求。

在接下来的10月，毕加索这个小家庭出发去了巴塞罗那。毕加索在加泰罗尼亚度过了几周与世隔绝的日子，这令他坚信，他需要一个生活上的改变。在当时风起云涌的政治环境下，在西班牙军事独裁、正在酝酿的欧洲法西斯和日益扩大的共产主义之间，巴勃罗不再是一个革命者，而是一个45岁的沉睡中的资产阶级。

《玛丽 - 德蕾莎的脸部外形》（*Le Visage de Marie-Thérèse de profil*），1931年，布面油彩和木炭画，111厘米×81厘米，私人收藏。
这部作品出现在了2012年秋季纽约古根海姆博物馆《毕加索，黑与白》展览的作品名录画册的封面上。

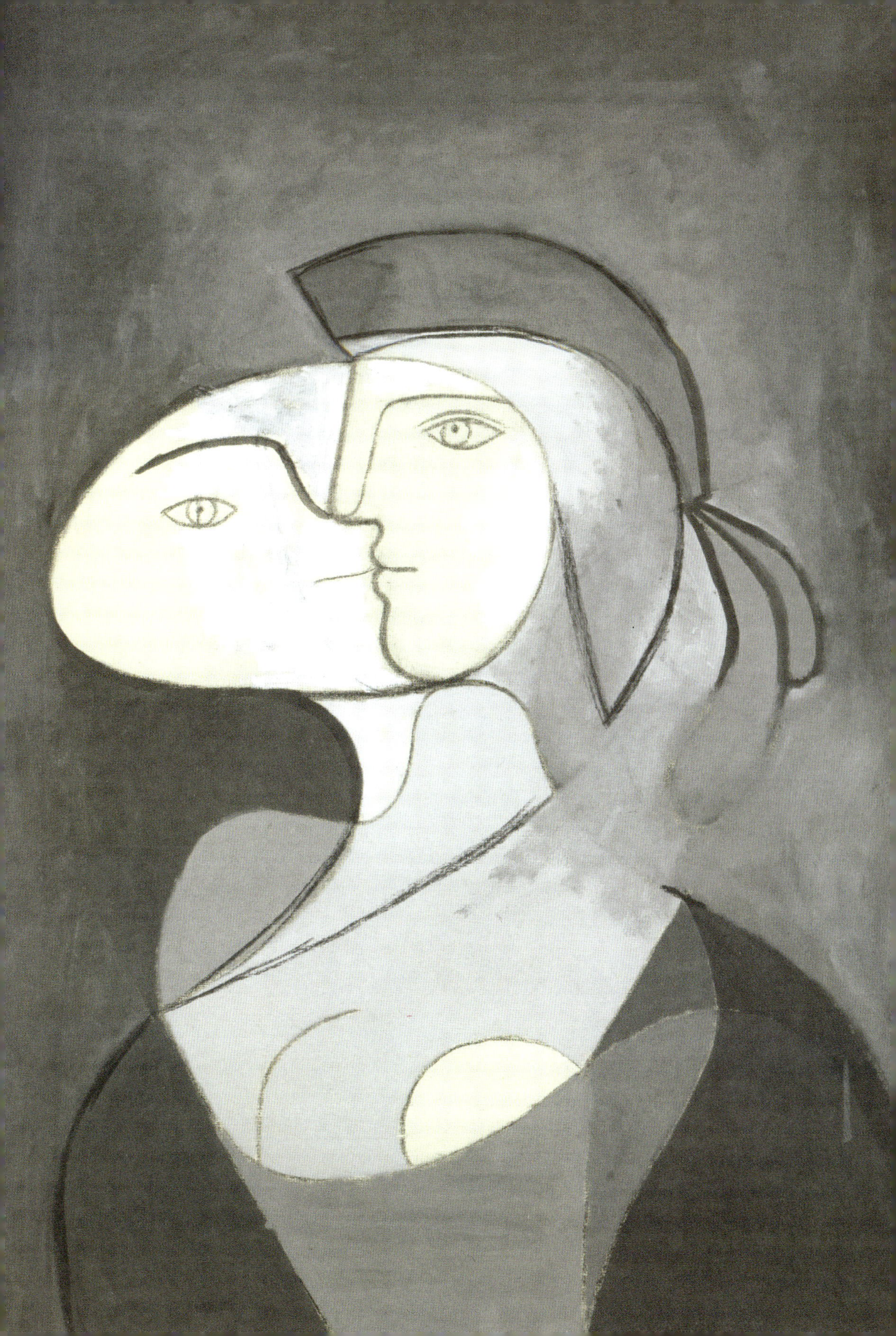

玛丽 - 德蕾莎·沃特
1909—1977

1927年1月8日星期六下午的晚些时候，毕加索透过老佛爷百货公司的窗户看到一个女孩。他看着她，等她出来，然后带着灿烂的笑容向她搭话。

"女士，您有一张很有趣的脸。我想为您画一张肖像画，"他补充道，"我觉得，我们会一起做很伟大的事情。我是毕加索。"他指着手上拿着的一本中文或日文的关于他的书，向她解释道。

"我想再见到您。我们在星期一上午11点的圣拉扎尔站见面好吗？"[19]

玛丽 - 德蕾莎·沃特，这个后来成为我外祖母的女人，刚刚认识了她生命中最重要的男人。

而毕加索，也即将经历他出生之后的第二次生命。

当时的玛丽 - 德蕾莎完全没有意识到毕加索是谁，但她注意到毕加索佩戴的华丽的红黑相间的领带，她在余生中一直保存着这条领带。

"以前，女孩们没有读报纸的习惯。所以，我对毕加索一无所知。是他的领带吸引了我，然后迷住了我……"

玛丽 - 德蕾莎在之后的日子里，珍重地把1927年的一个小日历收藏在一个红色皮革的爱马仕盒子里，盒子里还有毕加索的几束发绺，以及画在一张小纸上的毕加索本人的小像，这一切证实了1927年的这场相遇对她来说有着多么重要的象征性意义。

玛丽 - 德蕾莎准时去赴毕加索的约，她到了圣拉扎尔站时，发现这个"有些奇怪"的先生正等在那里。

半个世纪后，玛丽 - 德蕾莎讲述道："我是很偶然才决定去那里赴约的，

玛丽 - 德蕾莎在迪纳尔的海滩上，1928 年 8 月。

因为他的笑容很亲切，他带我去咖啡馆吃午饭，然后去了他的画室，他观察我，观察我的身影，看着我的脸，不久之后，我就离开了。他对我说，明天再来这里。然后，一天接着一天，我每天都去他的画室，我骗妈妈说我在外面工作。"

他们每天都有聊不完的话题。于是，毕加索——我未来的外祖父，以一种十分谨慎的态度，去拜访了我未来外祖母的家人。毕加索很快获得了玛格丽特即玛丽 - 德蕾莎的母亲的好感，因为这位先生恭敬有礼貌的言谈举止，让她觉得他十分可靠。玛丽 - 德蕾莎只会在波蒂埃大街的画室中出没，这是一个除了毕加索之外没人能进入的"无人地带"，就连奥尔加也不能去那里。正如玛丽 - 德蕾莎所说的那样："在那里，我不敢冒昧地四处张望，但那里真的是乱成一团……"

毕加索首先用古典主义的手法去描绘她。他告诉她，她"救了他的命"，而玛丽 - 德蕾莎当时并不懂这是什么意思。那时的她，还没有到达成年的年龄，因此必须尽力掩盖他们的关系，因为这在法律上属于"劫持未成年人"的犯罪行为！尽管他们的激情刚刚燃起，但是直到她 18 岁生日那天（合法年龄），他们的恋爱关系才正式地"生米煮成熟饭"。

从此之后，毕加索每晚都会回到波蒂埃大街，寻找他一度失去的充满温暖的情侣生活。对此，奥尔加没有多加过问，虽然她丈夫更频繁地不在家，回家的时间越来越晚，但是，她还是能在毕加索的一句"我出去了！"或者简单的一个"晚安"中获得满足。在奥尔加看来，只要毕加索能够回家，这份体面就可以保住。

与玛丽 - 德蕾莎的幸福恋爱，让我这位外祖父能够忍受他与奥尔加夫妻生活中的苦闷。奥尔加和毕加索，他们都对两人关系面临绝境选择了视而不见，然而这却是徒劳的。奥尔加陷入终日的苦闷，毕加索则变得漠不关心。

与此同时，毕加索非常频繁地用画笔描绘出甜蜜而温柔的玛丽 - 德蕾莎。这个时期毕加索创作了许多玛丽 - 德蕾莎的素描作品，但这些作品当时依然是匿名的，正如《未知的杰作》中的那些插图 [20]，这是毕加索对玛丽 - 德蕾莎爱恋的结晶，然而奥尔加对此却全然不知。这样将一切隐瞒下来，是出于对妻子的尊重吗？当时的西班牙不允许离婚，因此，西班牙国籍的毕加索对离婚这件事根本无法指望。

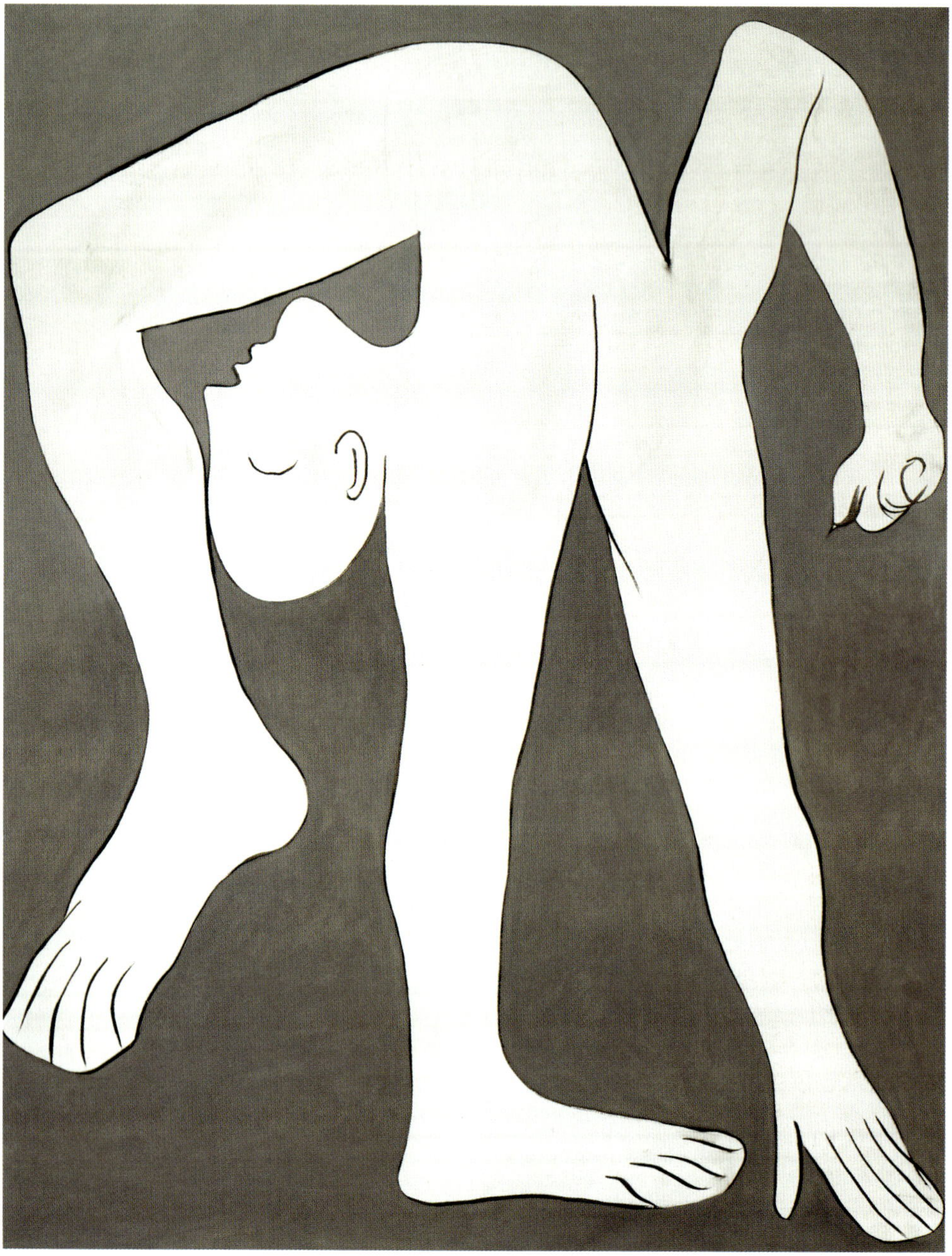

《杂技演员》(*L'Acrobate*),1930 年 1 月 18 日,
布面油彩,160 厘米×130 厘米,巴黎毕加索博物馆。

也许可以用一些小把戏,聊以自慰……

毕加索将自己姓名的首字母与玛丽-德蕾莎姓名的首字母温柔地交错画在一起,就像他之前对安格丽丝和艾娃所做的那样,这种字母游戏通常以吉他的样子呈现。这种小把戏给毕加索带来了很大的快乐,他找回了一度失去的无忧无虑的天性,重新变成了一个年轻的爱人。

我的外祖母回忆道:"与毕加索在一起的生活'非常令人振奋'。"毕加索用"爱、吻、嫉妒和赞美"包围着玛丽-德蕾莎。[21] 在毕加索看来,她与其他的女孩迥然不同,因为她的天真无邪,而且她从没有接触过艺术领域分毫,与经验丰富的毕加索相比,她是如此的年轻。我的外祖母没有丝毫的社交野心,她头脑中甚至连这个概念都没有。当时的她既苗条又热爱运动,她喜欢划船(确切地说是划小船),喜欢骑自行车和玩球(那种著名的健身实心球,这给我的外祖父带来很多灵感)。她还经常骑马,并喜欢在夏蒙尼登山。她是鲜嫩的,直率的,不害羞,但有些保守,读过书,却没有"接受过太多规训",当时的人们喜欢向女孩们过分强调她们的社会责任,而她却没有这个概念。对于毕加索来说,她与这个世俗的世界毫无关联。

她是纯洁的化身,毕加索很快就敏感地发现了这一点。毕加索终归是毕加索,他从来不会掩饰自己。

我的外祖父十分谨慎地建立了他梦想的爱巢。后来玛丽-德蕾莎说道:"我的生活一直都是他的秘密。如此静谧,无人打扰。我们没有对任何人说起这个秘密。我们很开心,这对我们来说已经足够了。"[22]

艺术家与他的专属模特一起,可以全身心地沉迷于艺术之中,没有任何物质上的担忧。这对恋人在象牙塔中与世隔绝,实际上是毕加索在掌控一切。他将玛丽-德蕾莎——这个他的无忧无虑的缪斯——禁锢起来,重建了曾经失去的人间天国,虽然,这个缪斯在之后的日子里为此付出了悲伤的代价。

专家们一致认为,在这个"玛丽-德蕾莎时期",毕加索创作出了许多杰出的素描和版画作品,这些作品既表现出了人物动人的力量,也表现出了画家浓厚的感情。毕加索描绘在画纸或画布上的,并不是玛丽-德蕾莎平静或安详的姿态,她真正给予毕加索灵感的,是她的面孔与曲线。正如她直率地承认的那样,他们两个人之间,有一个不变的仪式,这种仪式存在于男人与女人、模特和艺术家之间。

就像雷诺阿所说的那样，他先与女性发生关系，然后再将她画下来。[23] 作为一个顺从的情人，玛丽-德蕾莎为毕加索的创作提供造型，自愿地变成一个孩子，一个谨慎的女孩，一个畏缩的女人，委身在一个像神一般的男人的烈火般的热情中，这个神一半是人，一半是野兽。

玛丽-德蕾莎被她在毕加索身上所激发的灵感深深吸引，以至于深陷其中无法自拔。她在生命的尽头仍然坦率地承认，她从不了解"立体主义"这个词究竟是什么意思。蒙马特或蒙帕纳斯的艺术家、立体主义者、超现实主义者，这个小而独特的艺术圈子，知识分子或富有的社会名流圈子，玛丽-德蕾莎并不是其中的一员，对其一无所知。她只对毕加索有着绝对的崇拜。

同时，她对毕加索也一无所知。

在 1927 年至 1931 年间，玛丽慢慢地从秘密中浮出水面。而在毕加索的肖像画中，之前那个面孔沉静安然的妻子奥尔加，则变得常常大发雷霆，愤怒尖叫。奥尔加的形象为毕加索提供了另外一种形式的灵感，为毕加索的创作打开了另一个空间。毕加索常常在画布中描绘出他们两个人暴力争吵的情景。然而，这些争吵仅仅是在艺术层面上启发了毕加索。在感情层面上，他们已经走到了山穷水尽。毕加索的热情此时已经停留在了其他地方。

1927 年夏天的迪纳尔，毕加索带奥尔加和保罗在家庭海滩小屋附近度假玩耍，而离他们不远的地方，玛丽-德蕾莎就住在租来的寄宿公寓的小屋之中，这足以让毕加索在沙滩上懒洋洋地从一个世界走到另一个世界……在接下来的两个夏天，同样的情景也在重现。1928 年，毕加索参与了一座纪念碑的设计，这个建筑是为了向他十年前去世的朋友阿波利奈尔致敬。由此，毕加索终于重新开始了他于 1914 年放弃的雕塑创作。他充分吸取了各方的建议，并使用了雕刻家胡利奥·冈萨雷斯为他提供的位于蒙帕纳斯的工作室。毕加索是在巴塞罗那的四只猫咖啡馆认识这位雕刻家的。这个"不值一提的纪念碑"（根据阿波利奈尔生前的称呼）的四个小部件的创作，唤醒了毕加索对于创作材料的全新渴望。意大利之行后，在毕加索创作的作品中，我们可以发现，在玛丽-德蕾莎的清晰强烈的曲线和椭圆形的面孔之中，毕加索融入了一种全新的造型艺术的创作经验。1930 年 5 月，毕加索在巴黎附近的吉索尔购买了布瓦热卢城堡，因为毕加索看上了这里的马厩和一些附属建

后页：《弥诺陶洛斯抚摸睡眠者》（*Minotaure caressant une dormeuse*），1933 年 6 月 18 日，铜版雕刻图，22.9 厘米 ×36.5 厘米。瓦拉德收藏系列，巴勃罗·毕加索艺术博物馆，明斯特。

馆长马基斯·穆勒说："很显然，毕加索是二十世纪最多产的版画家。展现他天赋的真正领域是黑白艺术和构图艺术。瓦拉德系列是 1930 年的一系列不同风格的集大成之作，创作者毕加索本人也在他的个人神话中揭示了弥诺陶洛斯（人身牛头怪）这个形象。"

筑，并把它们改建成了自己的画室，同时，他也想将其作为玛丽 - 德蕾莎的住宅。然而，命运将另有决定……

在这里，毕加索全身心地投入创作之中，在雕塑和绘画之间自由交替，并探索两者所有可能的关系。这个时期，毕加索创作了一系列威严的女性半身雕塑，也绘制了许多肖像画，其中有那幅很有名的《梦》（*Rêve*）[24]。金发碧眼、轮廓流畅的玛丽 - 德蕾莎在这些作品中大放光芒。

然而，毕加索还需要"悲伤"地"例行公事"：他带着家人——奥尔加和保罗，在戛纳度过了 7 月的假期。8 月份，毕加索独自离开了戛纳，并偷带着秘密住在胡安莱潘的玛丽 - 德蕾莎，驾驶着他在 1927 年的汽车沙龙上购置的华丽豪车希斯巴诺 - 苏莎，回到了自己的家乡。西班牙的记者们发现了毕加索，但奇怪的是，他们并没有注意到玛丽 - 德蕾莎的存在。

回到巴黎，毕加索开始更进一步。他在波蒂埃大街 40 号租了一间大公寓，将玛丽 - 德蕾莎安置在那里，靠近他与奥尔加所住的公寓……玛丽 - 德蕾莎已经成年了，毕加索至少在法律上不会再冒任何受到刑罚的风险。

因此，事情的发展不可避免地迎来了必要的节点。继 1929 年的股市大崩盘之后，1931 年没有关于毕加索的任何特殊事情的记载。唯一有的，就是他与奥尔加之间夫妻感情在缓慢而悲惨地瓦解。另一方面，玛丽 - 德蕾莎对毕加索的创作灵感的影响越来越大，延伸到了所有的艺术门类之中。就像皮埃尔·戴所写的那样，"毕加索从未如此歌颂过一个女人"。[25] 而且，奇怪的是，似乎没有人意识到毕加索在他唯一的灵感缪斯上的这种两极分化。毕加索的两个代理商——保尔·罗森博格和威尔登斯坦，始终持续着他们之间众所周知的商业差距。

然而，在西班牙，政治事件已经匆匆忙忙地浮上台面。在这个拥有将近 2500 万居民的落后国家，近三分之一的民众都是文盲，并且生活在贫穷之中。在这里，神职人员扮演着统治者的角色，君主专制主义者和共和主义者常常发生冲突。国王阿尔方斯十三世和他的首相——普里·德·里维拉将军的继任者（他在一场宪法政变之后，于 1923 年强制将国家政体改为立宪制），于 1931 年 4 月 12 日举行了市政府选举。社会主义者、共和党、反君主主

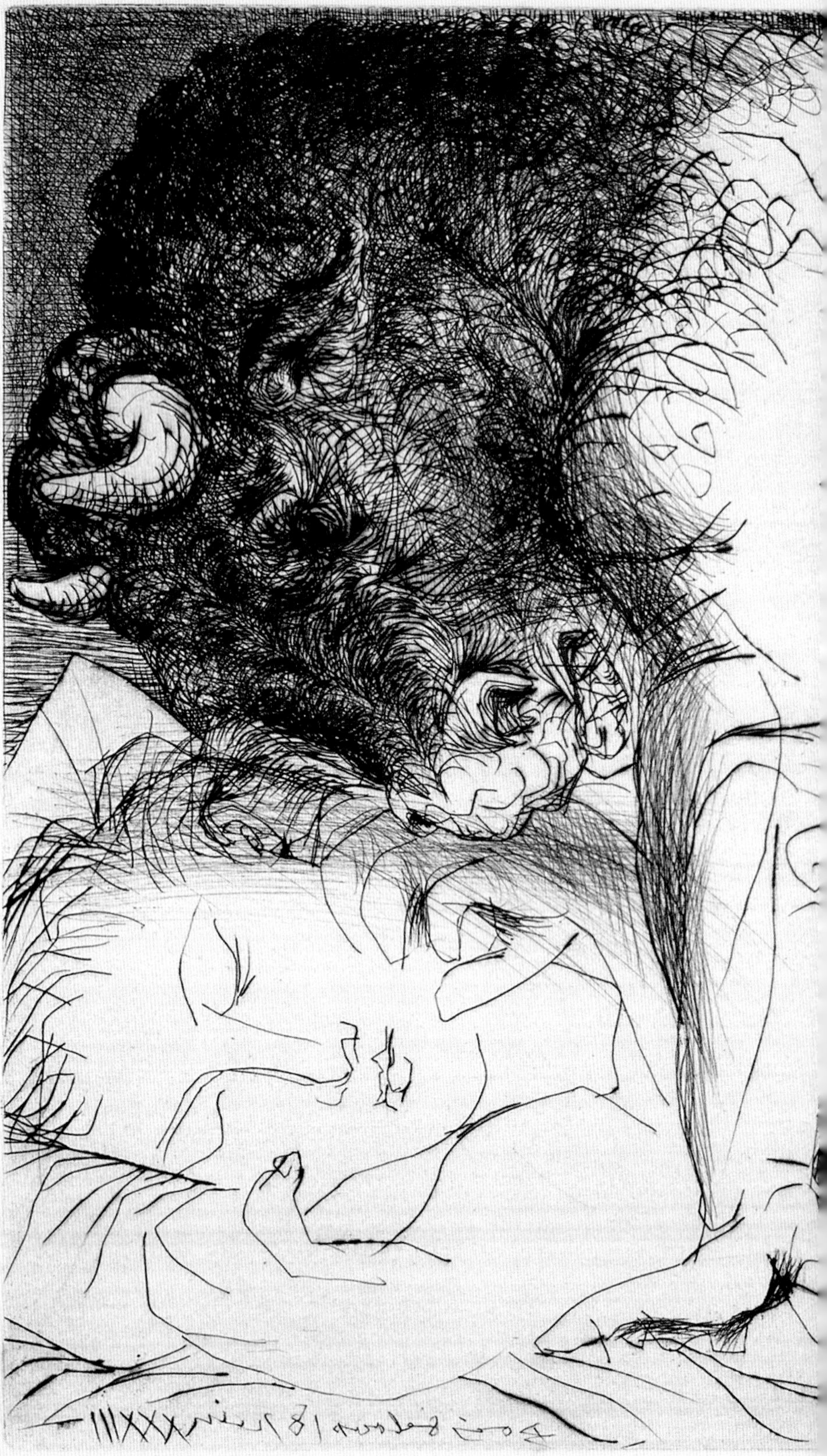

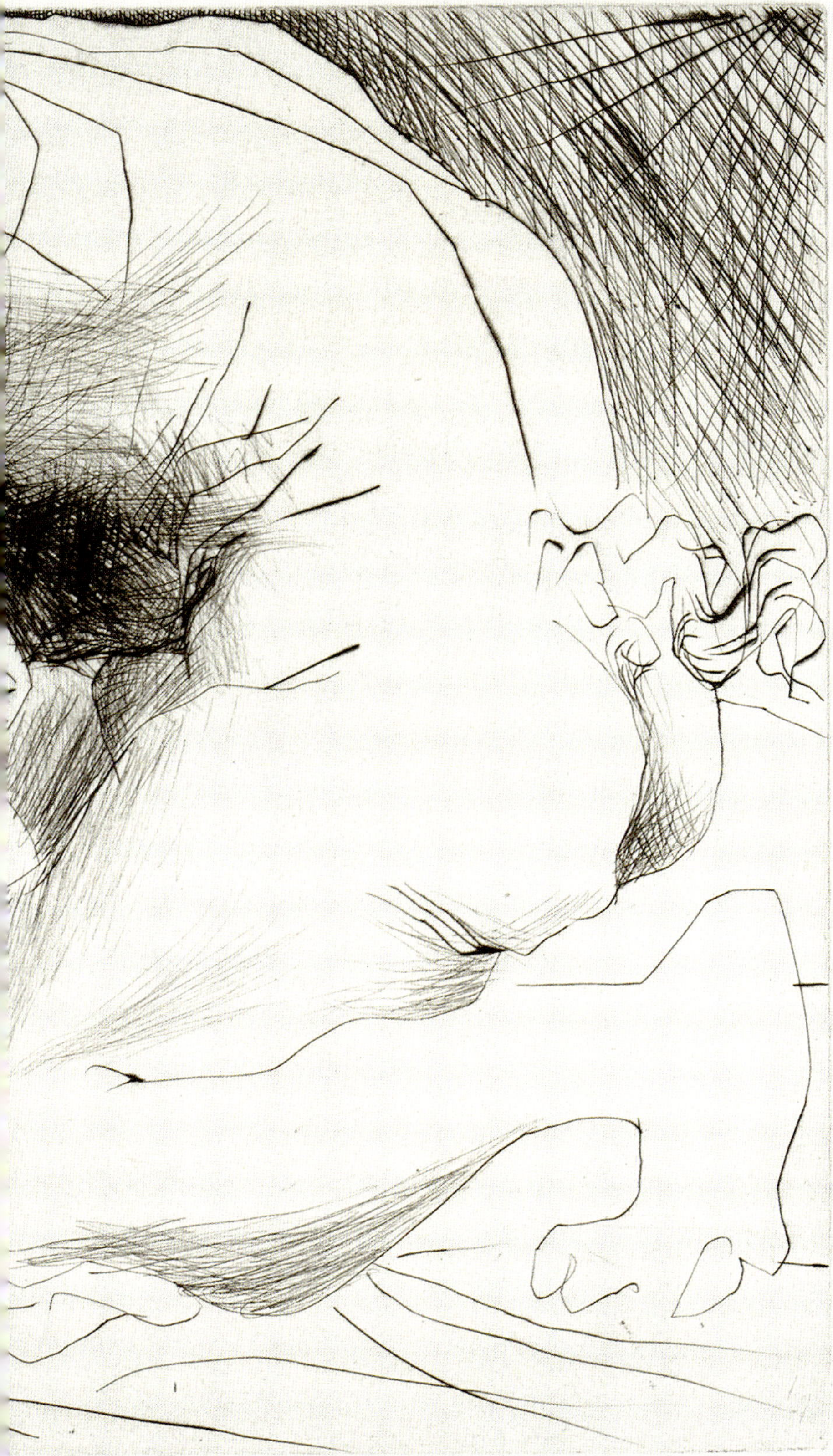

义者联盟占据上风，夺取了政权，并且在不废除君主制的情况下宣布西班牙共和国成立。国王为了避免内战，选择了逃亡。在教皇的支持下，军队和教会加入新成立的政府，并支持6月28日的立法选举，这是共和党和社会主义的高潮。

新的西班牙政府颁布了一部非常进步的全新宪法，其中包括妇女和士兵的投票权，学校的重组方案，土地的再分配政策和允许经过双方同意的离婚。所有这些事件，都将在毕加索的人生中发挥出重要的作用。

这年的秋天，毕加索开始热切地为第二年的一个重要展览做准备，他期待着得到应有的承认，希望能在荣耀的顶峰跟他的朋友马蒂斯一较高下——尤其是在美国。1932年的展览确实算得上是有史以来最大的毕加索作品回顾展。这场由伯海姆兄弟特别组织的展览，于6月16日至8月30日在小乔治画廊举行。在这场展览中，毕加索将他各个时期的225幅画作汇集，从"蓝色时期"甚至更早的作品，一直到他最近创作的还没有给任何人看过的玛丽-德蕾莎的肖像画。此外，还有七座雕塑和六本由毕加索绘制插图的书籍加入了展览。那些伟大的收藏家们，毫不犹豫地出借了自己收藏的毕加索的作品。他们是现代艺术的先锋、忠诚的信徒。对于他们来说，画商罗森博格和威尔登斯坦是"先知"，而毕加索是"神"。这是巴黎文化季的一场盛宴，也是一场前所未有的社交活动。然而，毕加索本人并没有出现在开幕典礼上。

在这个时期，他认识了布拉塞。布拉塞是匈牙利摄影师，他前来拍摄位于波蒂埃大街的毕加索画室，以及毕加索在布瓦热卢制作完成的令人难以置信的作品——那些完全出人意料的雕塑。[26]

除了这次历史性的回顾之外，毕加索的大多数雕塑作品，直到1974年清点毕加索的遗产的时候，才重现于人前（除了1966年在巴黎小皇宫举办的巴黎历史回顾展中展出了小部分经过选择的雕塑作品）。

1932年夏初，毕加索一家在布瓦热卢度过，毕加索将奥尔加与保罗草草安置在这里，为躲避当地农民传统的夏季进山游牧，毕加索携带了行李、各种工具和绘画所用的全部材料。之所以选择布瓦热卢，是因为毕加索不想再强迫自己参加蓝色海岸的社交，同时也不想将自己的画室弃置一旁。通过这种艺术的"奇迹"，奥尔加与毕加索度过了感情亲密的几个星期，然而这

《雕塑台上的裸女》（*Nu au plateau de sculpteurs*），1932 年，布面油彩，162.1 厘米×130 厘米，私人收藏。这幅以玛丽 - 德蕾莎为模特的伟大画作于 1932 年在小乔治画廊举办的回顾展中出现，这次展览向公众展示了毕加索在当时创作的最新风格的"匿名金发女子"的肖像画。2010 年 5 月这部作品在纽约佳士得拍卖的成交价超过 1.06 亿美元。

样的情感却看不见任何未来。

在这里的奥尔加，远离了她习以为常的巴黎上流社会的生活，以及蓝色海岸的那些社交娱乐，她发誓不想再这样继续下去，于是，8月份，她就带着保罗独自去了蓝色海岸的胡安莱潘。

另一方面，毕加索则开始了独自在巴黎和城堡之间的往返，这种"双重生活"被他安排得很妥当。

1933年夏天，奥尔加、保罗和毕加索又去了戛纳和巴塞罗那。这次的家庭旅行看起来像是一次官方的拜访：毕加索成为了不折不扣的名人，在加泰罗尼亚，整座城市都在向他致敬。无论如何，表面的光鲜与排场都令奥尔加感到快乐，在她的名人丈夫这里，她感到无限光荣。但是，风暴正在酝酿着。毕加索暗中让玛丽-德蕾莎也来到了这里，让她住在附近的一家酒店中。她是隐形的，却必不可少。

回到巴黎后，毕加索第一次与著名的律师亨利·罗伯特一起研究离婚的可能性，因为新成立的西班牙共和国已经可以授权西班牙公民合法离婚。此时此刻，奥尔加已经完全从毕加索的作品中消失了。而玛丽-德蕾莎却无处不在，素描、雕刻、油画、雕塑，都出现了她的影子，其中包括毕加索著名的雕塑《花瓶中的女人》（*La Femme au vase*），这件作品在1937年的巴黎世界博览会中被展示出来，如今它每天都守候着毕加索位于沃韦纳尔盖城堡的墓碑。

1934年夏天，毕加索与奥尔加、保罗重新踏上了去往西班牙的漫长旅程。玛丽-德蕾莎跟随在后。她仍然顺从地按照毕加索的安排行事，但他们之间产生了一种特殊的呼应关系，这种关系让他们前所未有地互相贴近。毕加索甚至将他这位年轻的情妇介绍给了他的妹妹萝拉。

秋天，在破碎的家里，充满了奥尔加因为毕加索缺席而产生的愤怒，更糟糕的则是长久的沉默。毕加索依然致力于绘画和雕塑的创作，令人感兴趣的是，在这些画作和雕塑中，有一个意象出现得越来越频繁：以玛丽-德蕾莎为外形的女孩指引着受伤的人身牛头怪。"人身牛头怪"是毕加索潜意识中的自画像，这些创作实验构成了著名的作品《米诺托之战》（*Minotauromachie*）的前奏。

然而，奥尔加的痛苦已令她不能再容忍。

《戴红色贝雷帽的玛丽-德蕾莎肖像》(*Portrait de Marie-Thérèse au béret rouge*),1937年1月15日,布面油彩和木炭画,55厘米×46厘米,私人收藏。

毕加索全家在巴塞罗那的合影，1934 年。从左至右：杰米、朱安、保罗、奥尔加、哈维尔、毕加索、萝拉（毕加索的妹妹）、帕伯林、维拉托和洛丽塔。

"有一天，我发现自己怀孕了，"玛丽 - 德蕾莎说道，"他跪了下来，开始哭泣，他告诉我，这是他一生中最大的幸福。"

这是在 1934 年 12 月 24 日。

"明天我就去离婚！"毕加索承诺道。他想要娶玛丽 - 德蕾莎，他现在终于可以这样做了。毕加索立刻开始着手办理离婚手续，这令奥尔加绝望不已，即便两个人的感情已经走到尽头，奥尔加还是不想与毕加索离婚。他们结婚时没有签署婚前协议，因此，在没有协议的情况下，他们受夫妻财产共有制约束（包括艺术品），必须面临分割财产的程序。为了等待负责处理离婚手续的律师罗伯特先生的消息，玛丽 - 德蕾莎与毕加索在蒙苏里公园度过了许多个下午。他们心急如焚，十分焦虑，因为玛丽 - 德蕾莎的肚子越来越大。1935 年 6 月 29 日，离婚程序的第一阶段落下了帷幕，法院的判决是不予和解。法院判决毕加索可以继续追诉他的离婚请求，并且将保罗的监护权让给奥尔加。执法的法警立刻前往夫妻二人以前的住处，按照法官的要求清点财产。奥尔加痛苦地昏了过去。

随后，奥尔加带着保罗搬出老宅，住进了位于香榭丽舍大街附近的贝里大街上的加利福尼亚酒店之中。

他们的昔日住处，23 号公寓，现在已经是一片沉寂。毕加索独自一人住在这里。玛丽 - 德蕾莎三个月后即将分娩。"你看，我获得自由了！"毕加索宣布。而玛丽 - 德蕾莎什么都没有过问。

1935 年 9 月 5 日，玛丽 - 德蕾莎生下了女儿玛雅。毕加索没有资格承认这个孩子，因为法律不允许。他不再作画了，与玛丽 - 德蕾莎以及他们的女儿住在一起。"他整天待在家里，"我的外祖母说，"是他洗衣服，做饭，

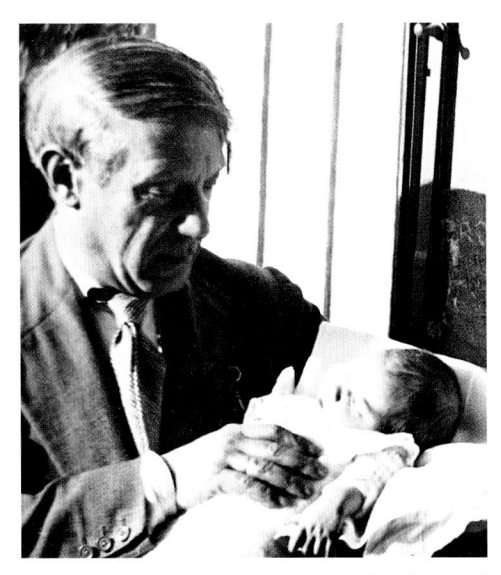

毕加索与女儿玛雅，在玛雅出生那日所摄，"望远台"医院，布洛涅-比扬古，1935年9月5日。

1942年夏天，毕加索、玛丽-德蕾莎和他们的女儿玛雅，在圣路易岛亨利四世大道的阳台上。

照顾玛雅，他做除了铺床之外的一切。"[27] 他甚至洗了婴儿的尿布。

毕加索希望离婚程序尽快完成，然而却陷入了困境。在离婚诉讼中，对于毕加索提出的所有事实，奥尔加都一一加以质疑。1937年4月，毕加索申请获得了一次官方的调查，以合法地确定他所遭受的损失。

在此期间，西班牙的政治事件仍在继续，丝毫没有缓解的迹象。1936年2月，人民阵线在科尔特斯议会的解体之后开始执政，而它随后的失败，导致了1936年7月的政变。接下来的10月1日，佛朗哥被想要掌权的军事委员会选为西班牙政府首脑。西班牙内战开始了。

1937年12月20日，毕加索将他崭新的小家庭安置于勒特朗布莱的安伯斯·瓦拉德的家中。"巴黎式的生活让我快疯了，"玛丽-德蕾莎回忆说，"我受不了了，我没有花园，我什么都没有。我看到毕加索很少出门……我理解他，所以我想也许我应该留在乡下。"[28]

与奥尔加离婚的纠纷仍在继续，然而，与此同时，在1938年3月，离婚政策被当时西班牙的统治者佛朗哥废除了，毕加索再一次失去离婚的权利，只能要求与奥尔加分居。1940年2月15日，法院批准了他们两个的这种合法分居关系，法院委托毕加索监护他们的儿子保罗，并令公证人为两人的财产做出分割，判定奥尔加支付全部的诉讼费。

当时法国正处于第二次世界大战的战争状态，由于毕加索的西班牙国籍，他享有中立的身份。毕加索向法国当局申请入籍——如果成为了法国人，他就可以申请离婚了……然而他的申请被驳回，原因是警察局内存留有1905年的一份档案，档案指出，毕加索与那些无政府主义者走得很近。

奥尔加对法院的分居裁决提出上诉。然而，高一级法院驳回了奥尔加的上诉，确认了他们的分居关系，并指出奥尔加"经常向丈夫施以暴力，令其没有办法好好生活，甚至阻止他从事工作和与朋友会面"。她继续提出上诉，想要撤销原判，然而最高法院在1943年1月5日确认了这一判决，不再更改。

鉴于奥尔加如火山一般的暴烈性格，我们不敢想象，倘若她知道玛丽-德蕾莎的事情，知道毕加索的另一段平行生活，又会发生怎样的悲剧。令人难以置信的是，奥尔加直到那个时候，竟然还是全然不知道玛丽-德蕾莎和玛雅的存在。直到1945年，也就是分居十年之后，他们的儿子保罗才告诉她这一点。

她大概对毕加索的这份谨慎有所感激吧，这让她能够保持体面，在曾经属于她的领地里，她没有低下高昂的头颅。奥尔加是个追求体面的女人，她所满足的，是保留已婚妇女的地位，以及这种表面的光环。她不要求法院撤回两人分居的裁决，也不要求获得她有权分割的夫妻的财产。她拒绝了财富，失去了在巴黎上流社会的地位。她所剩下的，仅仅只有"毕加索夫人"这个头衔了。

朵拉·玛尔

1907—1997

1935年底，有人将一位年轻的摄影师朵拉·玛尔介绍给毕加索。她是一个知识分子，一个独立的现代女人，与奥尔加或玛丽-德蕾莎截然不同的是，她在毕加索注意到她之前，就主动勾引了他。

这个时候，毕加索全身心关注的是玛丽-德蕾莎和玛雅。1936年春天，他秘密地带着她们一起去胡安莱潘度假三个月，先是住在宾馆，然后去了圣热纳维埃夫别墅。但是，第二年的夏天，毕加索将她们送到了卡布尔附近的弗朗斯维尔——当时流行把小孩子送去那个地方度假，让她们呼吸新鲜空气——至于毕加索本人，则在穆然与他的朋友保罗和努什·艾吕雅会面。他们建议他在圣特罗佩停留一下，在简朴的钓鱼港偷一阵子的闲。就在这里，他在萨兰别墅中，在一群朋友里，再次见到了朵拉。

毕加索给她讲述关于奥尔加、保罗、玛丽-德蕾莎和玛雅的事。在这场相互试探的游戏中，毕加索打的是一副明牌。而朵拉则选择了玩火。他们两个人都热爱这种"危险"，以及"危险"所带来的快感。

朵拉、毕加索和他们的朋友李·米勒，1937年在穆然。

  朵拉对于毕加索来说，完全是玛丽-德蕾莎的最理想的补充。

  玛丽-德蕾莎温柔而顺从，是个需要保护的小女孩。而朵拉则喜欢跟人作对，总爱提出质疑。这两个女人，一个对应着毕加索的细腻柔情，另一个对应着他的狂暴激情。毕加索，这个太阳星座和上升星座都是天蝎座的男人，永远都在寻求他内心的两个极端的满足感。他的感情生活是在玛丽-德蕾莎（一个秘密而简单的伴侣）和朵拉（一个富有经验的情妇）之间交叠的。前者忙于照顾孩子，给予毕加索充分的时间与自由，后者认为毕加索与她维持这样的关系，是对她作为一个自由的现代女性的热烈赞颂。

  朵拉为毕加索介入政治和社会做出了贡献，很多年来，毕加索一直游离于政治之外，而毕加索与朵拉的爱情，是在国家之间战争不断、政治充满动荡的时期发生的。西班牙内战正愈演愈烈，法国的人民阵线遭到强烈反对，墨索里尼控制了意大利，并在非洲发动战争，希特勒则将战争猛烈地升级。

  在毕加索身上体现着人类的二元性：他坚持将我的外祖母玛丽-德蕾莎隐藏起来，对奥尔加维持着尊敬，与此同时，他在圣日耳曼德佩与朵拉一起公开露面。在他的艺术作品中，玛丽-德蕾莎和朵拉可以毫无障碍地同时出现。画中人物的发型，也从多年来极具个人特色的金发，改成了打理得更加精细的黑发。《玛丽-德蕾莎在椅子上》的女性柔和而温婉的曲线，回应了《哭泣的女人》中线条的抽搐与尖锐。1939年1月21日，就在这同一天，他画了两幅画，画面上各自有一个女人，摆出相同的侧卧姿势，风格却大相径庭。这淋漓尽致地体现出了毕加索的双重性。

  朵拉想和毕加索同居一段时间，然而她很快就明白，她不可能住在毕加索位于波蒂埃大街的旧宅、这座曾经属于奥尔加的荒凉"陵墓"之中。事实上，毕加索让他的老朋友杰米·萨巴特到巴黎来与他相见，他招待杰米·萨巴特和他的妻子住进了这座宅子。杰米·萨巴特是毕加索的知己和密友，他知道毕加索所有的事情——和奥尔加之间的情感悲剧与法律纠纷，玛丽-德

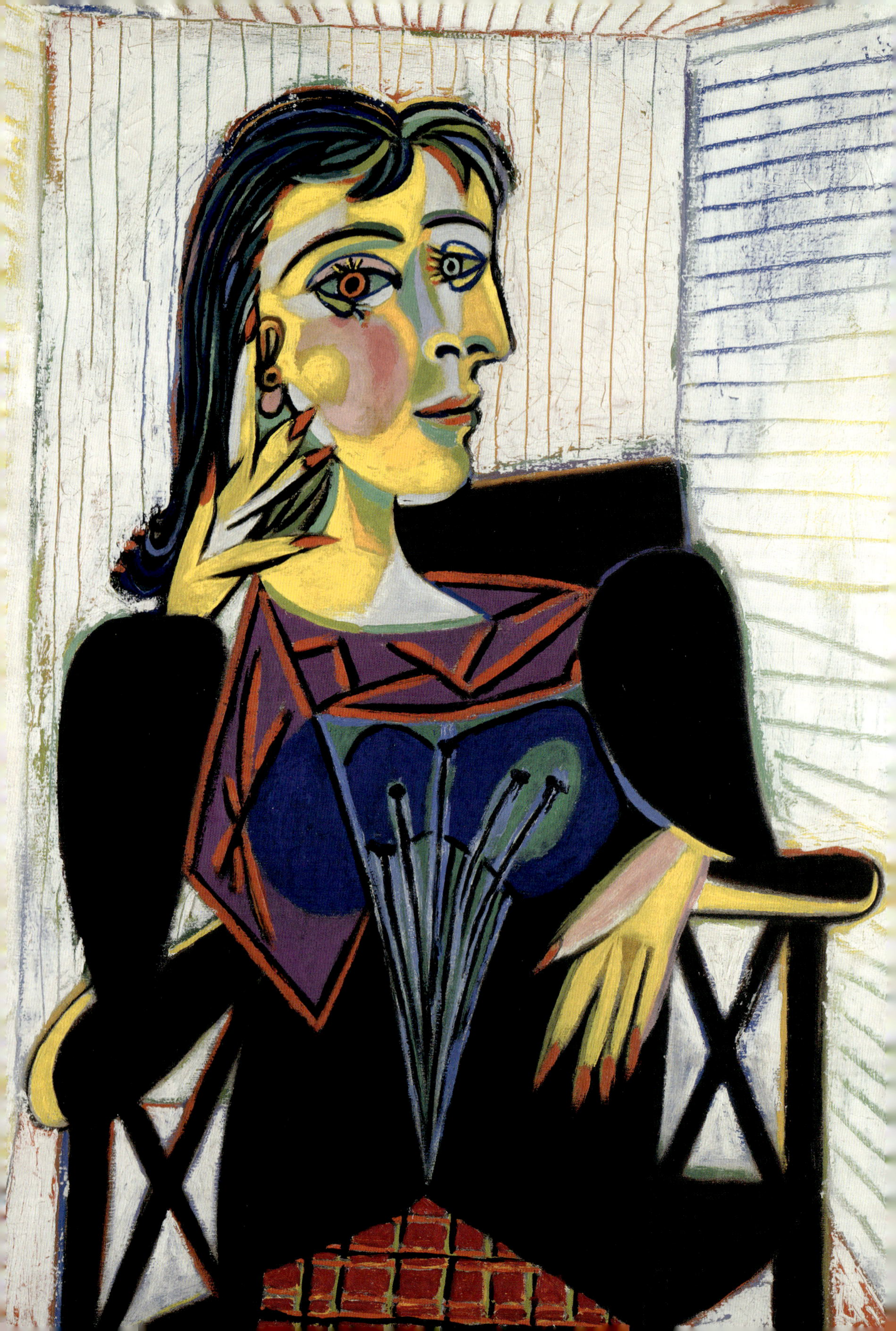

左页：《朵拉·玛尔的肖像》（*Portrait de Dora Maar*），1937 年，布面油彩，92 厘米 ×65 厘米，巴黎毕加索博物馆。

左：由毕加索配插图的巴尔扎克的小说《不为人知的杰作》，由安伯斯·瓦拉德在 1931 年编辑出版。

蕾莎和玛雅的存在——他是唯一对此事知情的人。杰米·萨巴特认识了玛丽-德蕾莎，对她非常欣赏，却不怎么喜欢朵拉，即便在朵拉面前，他也毫不掩饰自己对她的不快。他大概希望毕加索与朵拉仅仅是一段露水情缘而已。

当时的朵拉仍然住在位于巴黎六区的萨瓦街的父母家里。因此，她需要一块属于自己的领地。她在家附近发现了一个可出租的工作室，位于大奥古斯丁街，这里是巴尔扎克的小说《不为人知的杰作》（*Le Chef-d'œuvre inconnu*）的剧情发生地，而毕加索也曾为这部小说创作过插画。那些超现实主义者会说，这是多么巧合的"目标"啊！一座巨大的楼梯通往一个大房间，房间装有梁顶，由一座较小的楼梯连接到邻近的一间小公寓。朵拉带毕加索去参观她的新住处，毕加索立即欣然答应。

如今，她终于有了一个可让他们嬉戏欢乐的地方，更重要的是，他们可以在这里面创作出更多激情四射的艺术作品。

1936 年 7 月政变之后，西班牙内战爆发了。佛朗哥在摩洛哥指挥军队造反，武装反抗马德里共和政府的统治。第二天，军事政变在整个西班牙爆发了，政府被迫采取行动，进行抵抗。佛朗哥得到了意大利和纳粹德国的支持。而法国和英国则宣布自己的中立立场。内战一直持续到 1939 年 3 月，造成一百五十多万人死亡，其中大多数是平民。

在朵拉的协助下，毕加索立刻向共和政府给予了支持。作为回报，共和政府任命他为马德里普拉多博物馆馆长，这是西班牙第一个国家博物馆！然而这仅仅只是一个名誉头衔而已，因为正在溃逃的共和政府已经把馆内的藏品全部转移。

"我是一座空空如也的博物馆的馆长！"毕加索打趣地说道。

此时，奥尔加临时搬到了布瓦热卢城堡，法院给予了她这座城堡的居住权。玛丽-德蕾莎和她的女儿当时住在勒特朗布莱的瓦拉德的漂亮小房子里，就在凡尔赛旁。在这里，毕加索一刻不停地拍摄他的小女儿，在有数千朵鲜花簇拥的英式花园中，毕加索捕捉到了小女儿学会走路的第一步。

自从 1937 年春天以来，毕加索就住在大奥古斯丁街 7 号，他从位于波蒂埃大街的房子中搬了出来，将房子让给好友杰米·萨巴特夫妇居住。奥尔加被遗忘在了布瓦热卢，玛丽-德蕾莎被藏在巴黎附近，朵拉·玛尔成为陪伴毕加索经历战前黑暗岁月的女人，她也即将成为伟大画作《格尔尼卡》诞生的见证人，这幅作品是刚刚成立的西班牙共和政府委托毕加索创作的作品。

因为陪伴毕加索度过历史的风云巨变，朵拉·玛尔在她的镜头里捕捉到了毕加索进行艺术创作的不同状态。因此，她成功地在毕加索这里找到了自己的位置，她与毕加索肩并着肩，共同面对毕加索生命中唯一真正的伴侣——画布。

于是，毕加索的"政治"时期开始了，并且在毕加索之后的一生中始终没有结束。如今的毕加索，给予政治生活绝对的重要性，凌驾于家庭生活之上。

朵拉·玛尔的真名是雷奥·朵拉·马科维奇，她的父亲是克罗地亚裔建筑师，据说他曾在布宜诺斯艾利斯建造了奥地利-匈牙利大使馆。她母亲是法国人，主要居住在阿根廷，讲西班牙语。与被迫流亡国外的俄罗斯裔的奥尔加不同，朵拉这个异乡人，却是热切地想要探索新奇的流浪者。

自 1933 年底以来，她一直是超现实主义者们的"路伴"，但只算是边缘人物。她是乔治·巴塔耶的朋友。直到她遇见毕加索，才和毕加索一起参加了反抗组织。她学习了电影技术，并且学会了摄影。她认识了布勒东和艾吕雅，正是跟他们两个一起，朵拉才能在位于圣日耳曼德佩的双叟咖啡馆自然而然地遇到毕加索。弗朗索瓦斯·吉罗后来讲述了 1935 年秋天毕加索与朵拉第一次见面的情景："她戴着绣了小花的黑色手套，坐在桌前，摘下手套，拿起一把长尖刀，用尖刀在张开的五指缝隙间不断扎戳桌子。她在扎戳的时候，时不时偏差一毫米，于是，她的手上就沾满了血。毕加索被她迷住了。她的这个行为，让毕加索对这个女人充满了兴趣。他请求朵拉将手套送给他，后来，他将这副手套珍藏在大奥古斯丁街的住处的玻璃橱中，跟其他有纪念价值的物品放在一起。"[29]

朵拉 29 岁，而毕加索 55 岁，但是他们相处得极好。朵拉疯狂地爱上了毕加索，而毕加索则对她"很感兴趣"。

她为毕加索的艺术创作增添了一张硬朗的面孔，而这种类型的审美的加入，让毕加索的美学更加平衡了。

朵拉在毕加索作品里的每次出现都与政治事件相呼应。她以红色的指甲、黑色的眼睛、棕色的头发为特征，体现了反叛的个性，在她的身影旁，常常聚集了那些戏剧里的叛逆的女性角色。绘制朵拉的充满力量的画像，为毕加索打开了通往全新艺术形式创作的大门，布列吉特·莱亚尔对此说道：

"画面上的这张令人赞赏的痛苦而怪异的脸，给我们不可抗拒的吸引力。这种吸引力，来自这幅画所表达的感受与我们对身体的现代性感知的互相耦合，这种感知拥有三个层面，不稳定性、模糊性和怪异性。毫无疑问，当毕加索在勾勒这些肖像的同时，也为那些曾经统治人类审美的'完美之美'敲响了丧钟，并且开启了通往'恐怖与悲剧之美'的审美暴政的道路。这样的审美，是我们同时代的历史所造就的结果。"[30]

众所周知，1937 年 4 月 26 日，西班牙内战正值高潮的时候，为了试验纳粹制造的新型炸弹，西班牙、意大利和德国的联合空军，在巴斯克地区的格尔尼卡小镇上空，连续不停地轰炸了整整三个小时，最后将这座小镇夷为平地。

毕加索从朵拉给他的报纸照片中看到了这场大屠杀。他被这场屠杀深深地震惊了，于是，他决定重新创作西班牙共和政府委托他画的巨幅壁画，将主题换成格尔尼卡事件——虽然此时本来的壁画已经差不多成型了。在这幅作品中，他将屠杀的暴力与恐怖，以及被屠杀的无辜人群，都变成了象征符号。

在 5 月 1 日至 6 月 4 日之间，毕加索完成了 45 张前期草图的创作，并且确定了这幅巨型油画的构图，它宽 8 米，高 3.5 米。这一切都被朵拉用闪光灯和摄像头记录了下来。

朵拉的存在对于玛丽-德蕾莎已经不是秘密，然而，毕加索向玛丽-德蕾莎煞有介事地解释说，朵拉只是承担了他的摄影师的工作。朵拉总是早上，或者晚上很晚的时侯来毕加索的画室，而玛丽-德蕾莎总是下午去画室，常常和玛雅待在一起。

我的外祖母玛丽-德蕾莎在 1974 年 4 月的一次电台采访中亲口讲述了她与朵拉·玛尔的相遇："那个怪物（毕加索）让我们穿雅克·海姆同样款式的裙子，因为他从莲娜丽姿订购的粉红色丝绸套装和衬衫错送到我这里来了，我打电话给他，是女佣伊奈斯接的，她回答说，先生不在这里。我顺着衣服包裹上的地址——萨瓦街 6 号，找到了朵拉的住处。然后，我就去了那里。"[31]

当时，是朵拉给玛丽-德蕾莎开的门。于是，两人就开始了一段温和中带有刻薄的对话。朵拉向她非难，说她"生孩子是刻意为之"，玛丽-德蕾莎提醒她现在的状况是什么，向她显示自己作为年轻母亲的优势……

此时的毕加索无疑正躲在隔壁的房间里，不敢现身。玛丽-德蕾莎决定不破门而入，让毕加索向朵拉做出解释。

同样情景的滑稽剧重复上演。某个下午，玛丽-德蕾莎去位于大奥古斯丁街的画室，她质问毕加索，想搞清楚整件事情。毕加索感谢她终于将"女魔头"的爪子伸了出来（这是他的原话）。这时候，门铃响了：朵拉来了！窘迫万分的毕加索只得让她进来。朵拉进门之后，看到玛丽-德蕾莎也在，就开始追问毕加索："巴勃罗·毕加索，你究竟爱不爱我？爱不爱？"毕加索搂住了玛丽-德蕾莎的脖子、握着她的手，用一种温柔的语气说道："朵拉·玛尔，你知道我唯一喜欢的是玛丽-德蕾莎·沃特，她就在这里，我跟她是可以互相理解的人。"

玛丽-德蕾莎使劲抓住朵拉的肩膀，将她推向门边。同时，她也知道，这个明显的胜利，并不会改变任何事情。毕加索真是个可恶的魔鬼……

朵拉·玛尔对毕加索的诱惑，更多的是在知识和智力方面，而不是在外貌方面。像她这样的女性，气质与风度是清晰而直接的，而不是那种暗示和诱惑。朵拉无法生孩子，完全生活在对毕加索的爱慕中，以至于将毕加索最细小的动作和行为都视作是神圣的。骄傲而不嫉妒的她，接受了毕加索让她忍受的一切。因此，她开始经历情绪的大起大落。

毕加索很清楚，他对待朵拉的方式很残忍。但是，难道不是朵拉自己给予了毕加索这样残忍对待她的可能性吗？

"绘画并不是用来装饰公寓的……
它是对敌人进行战争的进攻和防御工具。"

下：《朵拉·玛尔坐像》（*Dora Maar assise*），1938年，墨汁、铅笔、纸板水粉，27厘米×21.9厘米，巴黎毕加索博物馆。

后页：《鲁瓦扬的咖啡馆》（*Café à Royan*），1940年8月15日，布面油彩，97厘米×130厘米，巴黎毕加索博物馆。

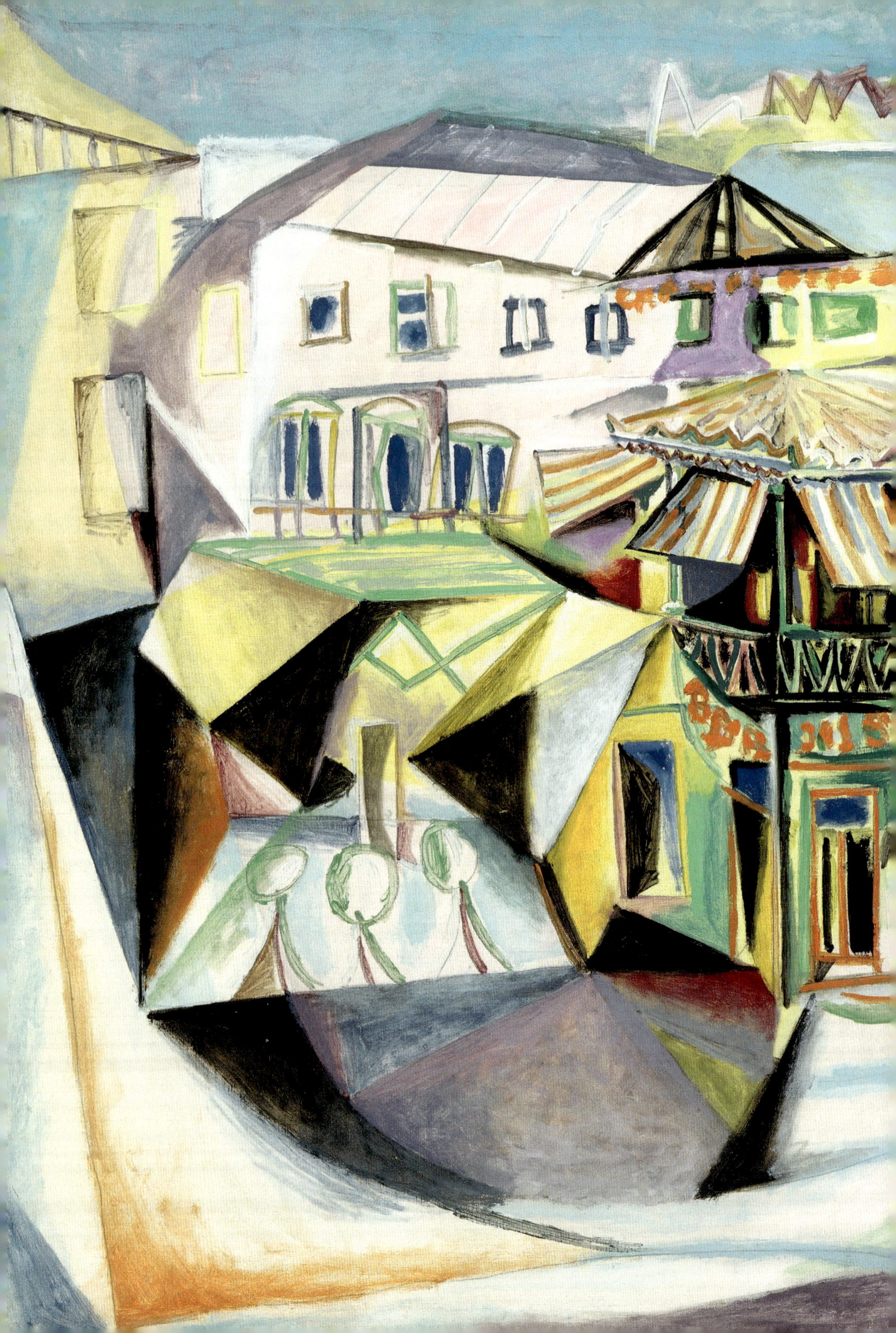

77

玛丽-德蕾莎与玛雅只了解毕加索作为伴侣和父亲的和蔼可亲的一面，自从玛雅开始上学之后，他们一起度过了每个周四和周末的时间。而朵拉却屈从于毕加索在她身上强加的各种仪式——那些任性与心血来潮。当毕加索想要见到她的时候，就会给她打电话，朵拉从来都不知道，她什么时候或是否应该与毕加索一起吃中饭或晚饭。但是她必须时刻准备好，随时回应毕加索的召唤。她越是屈服，越是感觉自己已经接近了可以忍受的极限。然而，在这种服从与统治之间，朵拉找到了一种明显的满足感。而对于毕加索来说，这种非正常的快感是他灵感的来源。

"对我来说，"毕加索说，"她是一个哭泣的女人。多年以来，我将她画成各种扭曲的形状，并不是出于虐待狂的倾向或者是快感。我只是把让我感受强烈的景象画出来而已，这就是关于朵拉的一种深层次的真实。"[32]

1939年9月初，当战争在法国打响，玛丽-德蕾莎、她的母亲玛格丽特和女儿玛雅正在鲁瓦扬度假。毕加索与她们一起住在那里，住在热比耶-德-容克别墅的二楼。1940年的冬天，他在风帆酒店里租了一个房间作为他的画室，并且让朵拉连续不断地住进老虎旅馆中与他相会。在鲁瓦扬的时候，毕加索总是在家庭别墅中过夜，而朵拉则拥有毕加索白天的时间。事到如今，生活在"绝对秘密"中的女人，轮到了朵拉，毕加索从来不会跟她一起在公众场合露面。

这样旋转木马式的生活一直持续到1941年春天，他们回到巴黎的时候。我的外祖母搬到了圣路易岛尽头的亨利四世大道的一套大公寓里，毕加索在其中整理出一个房间作为他的画室。

当时，法国正在经历第二次世界大战，每天需要排队领取配给、时刻都可能受到袭击、被盖世太保逮捕、遭受德国军队或维希政府警察的审讯、缺少可以供暖的煤炭、宵禁、诽谤性的检举揭发……所有人都在遭受着持续不断的威胁。尽管有大量的钱财，但毕加索和每一个法国人一样，每天都在担心食物和供暖。

黑市能够给他带来市场上紧缺的吃食，然而却没有足够的供暖材料。在西班牙画家的身份之下，他冒险地选择了"错误的方向"（根据法西斯的说法），全力支持抵抗运动。他的移民身份并没有让这些事情更加容易，受到监视的他不断面临着被驱逐回西班牙的危险……因为他的巨大名望和一些钦佩他的官员的友谊，才能允许他偶尔表达一些不敬之词。他向所有前来监视他的德国人分发印有《格尔尼卡》的明信片。当一名德国军官问他"这个东西（格尔尼卡）是不是你自己画的"时，毕加索回答他："记住，你们记住，这不是'这个东西'，这是你们干的好事！"

如今，眼前的这一切，都不能向毕加索提供振奋人心的灵感来源。

我曾经为我的外祖母玛丽 - 德蕾莎所叙述的关于这个时期的毕加索的一句话感到惊讶。她说："可怜的宝贝，他真的好冷！"

然而今天，我明白了，毕加索的这种抗争是必不可少的。这种因为要活下去而对食物的渴望，给予了他创作灵感，激发他在 1941 年 1 月写出了一部六幕悲喜剧的剧本。

剧中的角色十分滑稽，他们是馅饼、大脚、洋葱、沉默、痛苦、瘦……这部剧有着意味深长的标题：《抓住欲望的尾巴》（*Le Désir attrapé par la queue*）。[33] 它在 1944 年 3 月 19 日被他的朋友们表演了出来，那一天大家都非常开心。他们是米歇尔和路易斯·赖瑞斯，西蒙娜·德·波伏娃和让 - 保罗·萨特，雷蒙·格诺……还有朵拉·玛尔。阿尔贝·加缪负责舞台布置，布拉克和拉康当观众，布拉塞将这伟大的时刻凝固在了他的胶卷上。

这个团队，真的是空前绝后！

多年以来，毕加索一直在写作，特别是写诗歌。格特鲁德·斯坦警告他不要被写作分散了艺术创作的注意力，然而却无济于事。我的母亲玛雅拥有她的父亲毕加索专门为她创作的诗歌。这些诗歌的内容恳切而真挚，它们对一个小孩的"启蒙"魔法尤其令人感动。至少在这些诗歌中有各种的颜色，而此时，外面的一切都是永无休止的灰色。

那个时候，他们生活在被德军占领的巴黎。毕加索的作品证明了这一点：静物、阴暗的颜色、人类或动物的头盖骨……1939 年，纽约现代艺术博物馆（1929 年创立）在其颇具传奇性的馆长阿尔弗雷德·巴尔的推动下，组织了毕加索作品的第一次回顾展，并邀请毕加索热烈而隆重地在美国的十个大城市进行巡回。正因如此，毕加索的许多杰作得以从纳粹的魔爪之下逃出生天。喜爱颁发桂冠的美国人，令毕加索成为了二十世纪全世界最重要的画家。

然而，在巴黎，毕加索仅仅是一个享有特殊的中立地位的西班牙移民。诚然，他所获得的成就众所周知，但是他并不会在艺术领域得到官方的承认。

1943年1月，毕加索去朵拉家找她，带给她一本自己为瓦拉德绘制了插图的布丰的《自然史》。[34] 他为朵拉题词"*Per Dora Maar tan rebufon*"，这是他玩的一个加泰罗尼亚语的文字游戏，意思为："送给如此'*bufona*'（娇小迷人）又如此'*rebufant*'（气鼓鼓）的朵拉·玛尔。"

纵观两个人爱情关系的整个历程，如同对玛丽-德蕾莎一样，毕加索向朵拉提供了数百份"爱的证据"，油画、素描，特别是各种各样的小玩意儿。虽然它们可能毫不起眼，但是朵拉依然将它们珍而重之地收藏了一生。

几个月后，也就是1943年5月，当毕加索与朵拉以及朋友们一起在大奥古斯丁街画室对面的黑市小饭店吃饭的时候，他认识了一个非常美丽的年轻人。这个年轻的女孩自然而然地吸引了毕加索的目光。她坐在知名演员阿兰·库尼的身边，当时他出演的电影《夜间来客》（*Les Visiteurs du soir*）大获成功。毕加索走过去介绍自己，并知道了她的名字叫作弗朗索瓦斯·吉罗。

1944年2月，朵拉·玛尔和毕加索一起参加了纪念他们的老朋友——在德朗西拘留期间去世的马克斯·雅各布的宗教仪式。随后就是1944年的那次著名的《抓住欲望的尾巴》的内部表演。

然而，朵拉却不可避免地远离了毕加索的生活。

1944年8月，在巴黎解放运动如火如荼的时候，我的外祖父回到了亨利四世大道，与玛丽-德蕾莎和玛雅在一起。他冒着生命危险，徒步穿越了巴黎，德军狙击手射出的一发子弹甚至从他身上擦过。他做出了自己的选择，将朵拉·玛尔抛弃在了左岸，抛弃在无法想象的折磨中。至于奥尔加和他们的儿子保罗，他把他们交给了在瑞士的朋友伯纳德·盖瑟照顾。[35]

朵拉陷入了抑郁之中。

躁郁不安，再加上神秘的谵妄症，她终于在大街上发了疯，甚至被警方

1944年8月25日，在巴黎解放日，毕加索、女儿玛雅和他们的狗里琪在亨利四世大道的阳台上。

带到圣安妮医院，接受了使用电击的重症精神病治疗。人们将我的外祖父视为朵拉罹患精神分裂症的罪魁祸首。

这究竟是不是事实呢？

在毕加索的安排下，圣安妮医院立即停止了对发疯的朵拉的拘禁，毕加索将其交给他的精神分析师朋友雅克·拉康照顾。由此，毕加索筹划好了与朵拉"温柔"的分手。

然而，我们可以假设，朵拉的精神的逐渐恶化，其实是集体的责任。朵拉的这种胆大妄为的幻觉与谵妄，是被她的那些超现实主义者朋友们所推崇和支持的，他们一度鼓励朵拉继续进行这种非理性的探寻，在他们的眼中，这是在寻找真理的源泉。她与毕加索之间复杂又痛苦的关系，他们通过不停地探索和实践而寻求的精神化的性欲体验，也许是朵拉最后精神失常的催化剂。

1945年8月，毕加索与朵拉一起去昂蒂布住了几天，他在梅内尔伯买了一栋房子，朵拉就在这栋房子里度过了自己的余生。两个人的这次旅行，更像是一场病后的康复，而不是两人关系的继续——实际上，两个人的关系已经彻底结束了。在之后的日子里，朵拉依然尝试着与毕加索保持联系。例如1953年的某次，在他们共同的朋友道格拉斯库珀的位于加尔桥旁的卡斯蒂耶城堡中，两个人再次相遇。据朵拉说，毕加索当着这个美国朋友的面羞辱了她，又再一次地诱惑她。然而道格拉斯却完全不记得有这样的事情发生……

"艺术家不像人们所想象的那样自由。对于那些我为朵拉·玛尔而画的肖像画来说也是如此。对我来说，她是一个哭泣的女人。多年以来，我将她画成各种扭曲的形状，并不是出于虐待狂的倾向或者是快感。我只是把让我感受强烈的景象画出来而已，这就是关于朵拉的一种深层次的真实。你们看，一个艺术家是有他的限制的，并不总是像人们所想象的那样。"

右：1946 年夏天，毕加索与弗朗索瓦斯在昂蒂布的格里马尔迪城堡的画室中。

右页：《戴黄色项链的女子》（*Femme au collier jaune*，弗朗索瓦斯），1946 年，布面油彩，81 厘米 ×65 厘米，私人收藏。

这幅作品出现在 2012 年春天在纽约的高古轩画廊举办的展览《毕加索与弗朗索瓦斯·吉罗：从巴黎到瓦洛里，1943—1953》的画册封面。

弗朗索瓦斯·吉罗
1921

弗朗索瓦斯是个热情洋溢、充满活力的年轻女画家，对艺术家的圈子了若指掌。她曾违背父命，放弃学习法律，投身绘画事业。弗朗索瓦斯在 1943 年初遇毕加索时，就知道他是"现代艺术的活神"，并梦想着向他展示自己的作品。

他们最初的关系是含蓄的，弗朗索瓦斯懂得如何展现魅力，又刻意保持着自身的独立。她坚持用"您"来称呼毕加索，而这个称呼比学生对导师的尊敬包含着更多的意味。"您"的称呼从始至终贯穿了两人的整段关系，这种距离感在某类男女情爱里其实未尝不可。弗朗索瓦斯的聪慧与奇特让人印象深刻，此外，她那独具现代性的美貌也令她与众不同。在两人正式确定恋情前，弗朗索瓦斯就已经很快地出现在毕加索的画作中了——即使这些作品描绘的仍旧是玛丽-德蕾莎·沃特。毕加索惯常如此：所画的依然是旧伴侣，但是画中的人物却出现了一些新近征服的人的特征。

他将新欢与旧爱放在同一幅画之中，是因为害怕孤独，还是因为他对诱惑有着难以满足的需求？不过，至少他的艺术创作为此而获得了滋养。

玛丽-德蕾莎明白，她与毕加索的关系即将走到尽头。他们对彼此的依恋慢慢变成了习惯，变成了履行义务和枯燥乏味的日常惯例。只有他们的女儿玛雅仍旧得到了父亲没有冷却的爱，在 1942 到 1945 年间，毕加索不是还为玛雅创作了一本画满无数素描的画册吗？就是那本著名的《蓝色画册》。毕加索在 1944 年 7 月 13 日给玛丽-德蕾莎写了封信，这是两人众多通信中的一封，信中写道："你永远是最棒的女人。我全心全意地爱你和吻你。"毕加索用这样的方式表达了他的感激，同时也为这段感情画了圆满的句号。然而，在解放巴黎的时候，毕加索仍选择留在玛丽的身边。

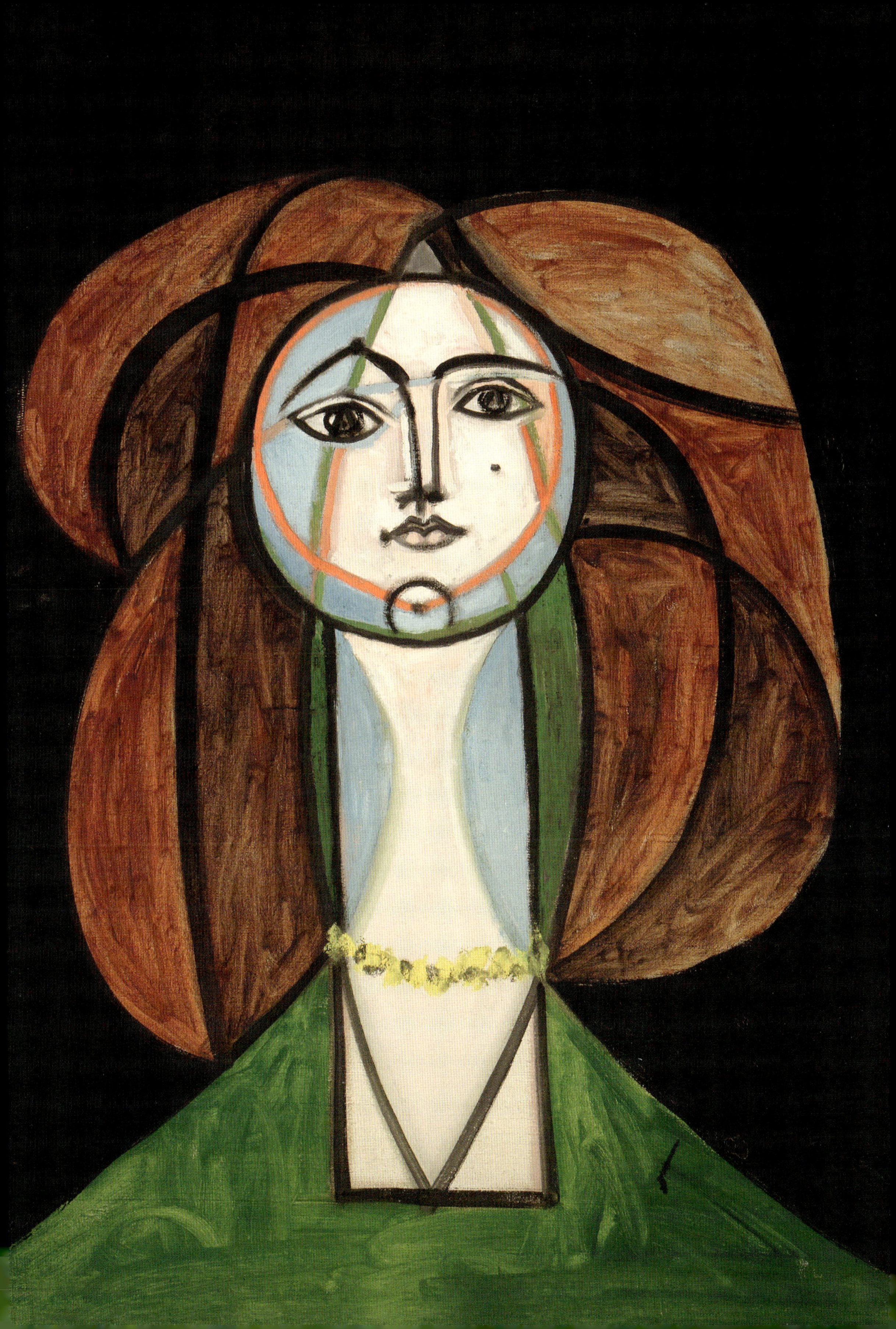

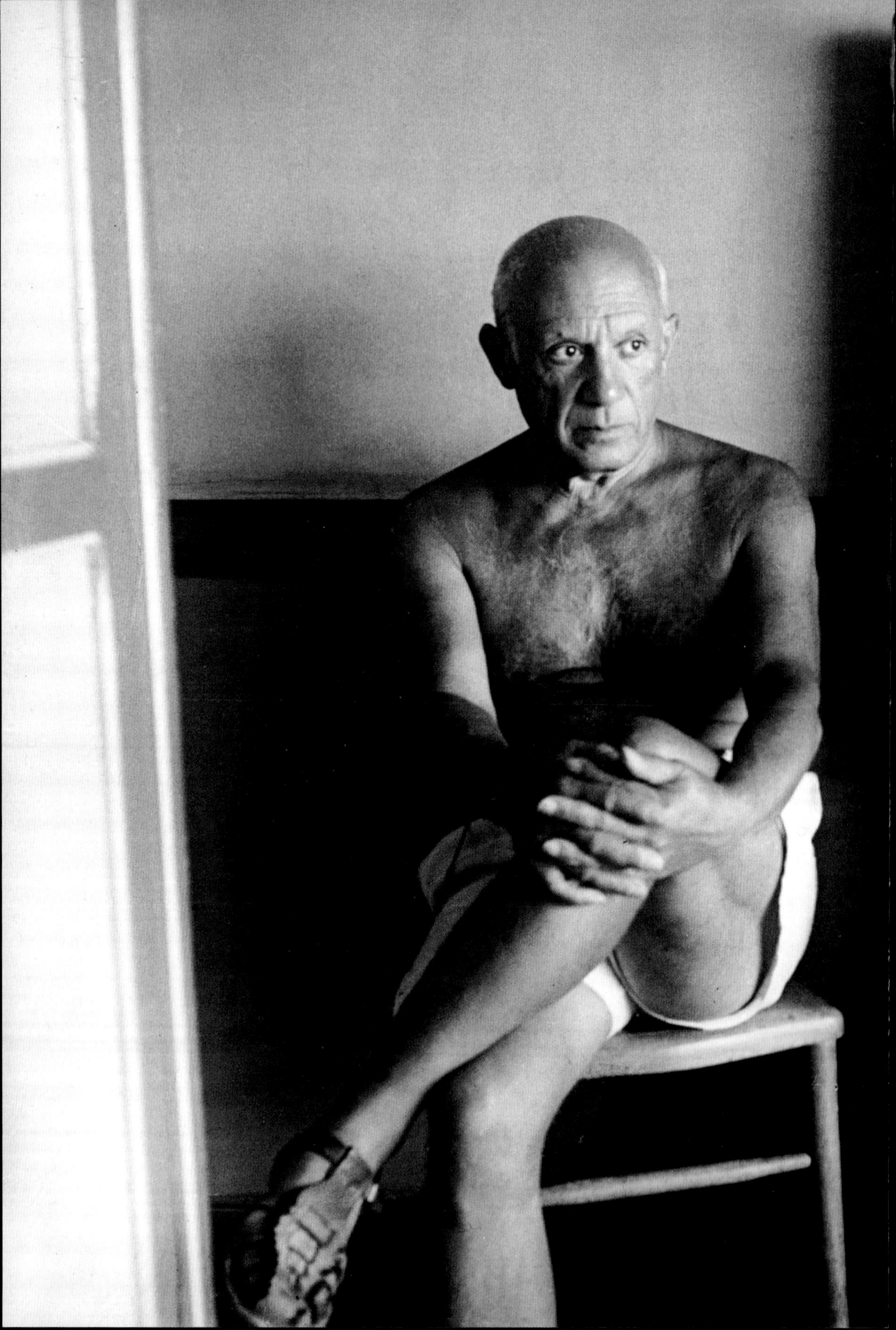

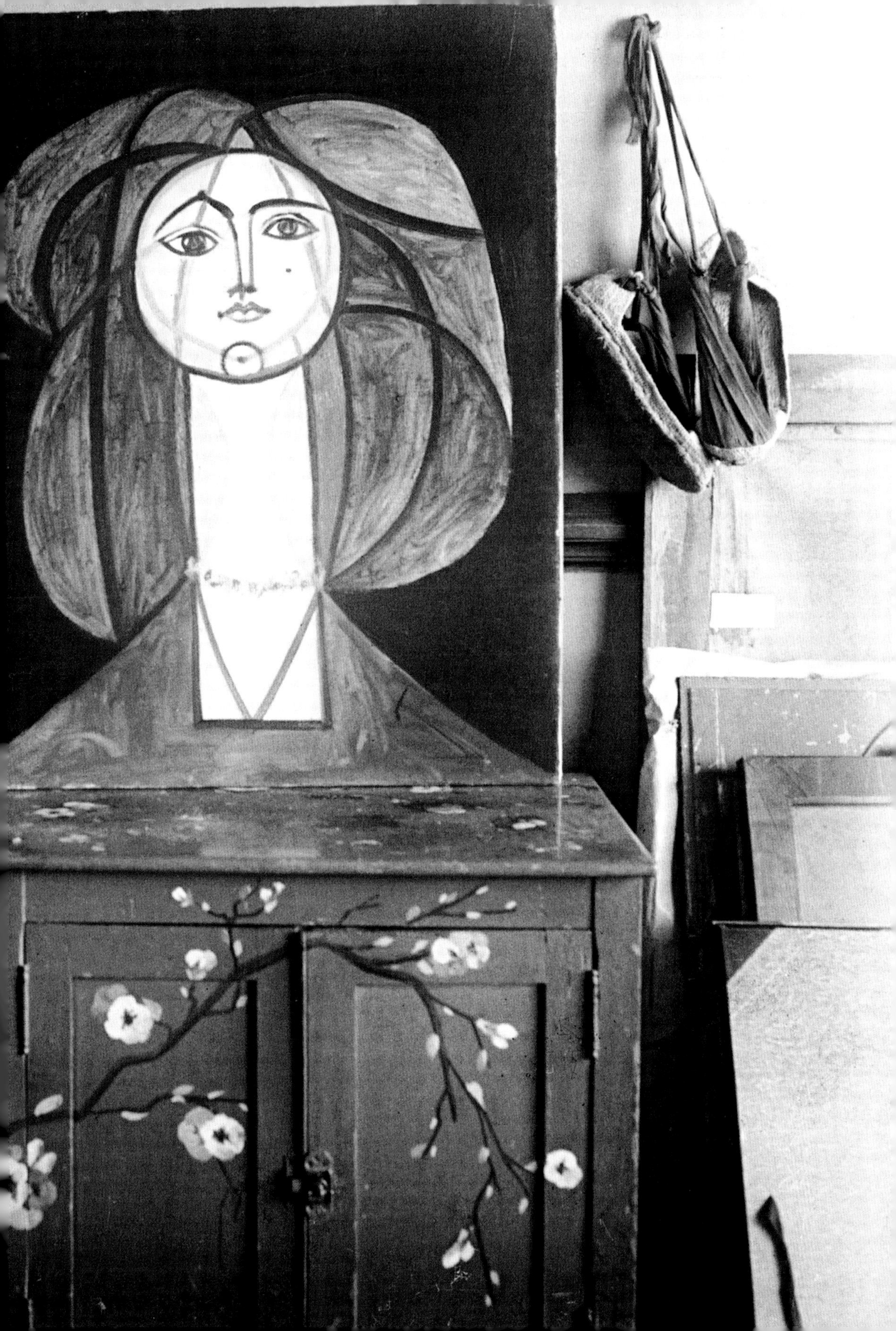

前页：毕加索与《戴黄色项链的女人》，在格里马尔迪城堡，1946 年夏。

右：《女人花》（*La Femme-fleur*），1946 年 5 月 5 日，布面油彩，146 厘米 ×89 厘米，私人收藏。

接下来的秋天，毕加索的作品在秋季沙龙中的展览，成为了这场爱情最后的庆典，"玛丽·德蕾莎时期"正式结束了。人们在毕加索的画作中，看到了一个获得升华却已然消逝的女性形象。

毕加索自遇到弗朗索瓦斯之后，便以指导她雕刻为借口，邀请她到大奥古斯丁街的画室中做客。弗朗索瓦斯随即明白了毕加索的情意。当毕加索为这位女客人的优雅盛装感到惊艳时，弗朗索瓦斯直言不讳地解释道："因为我清楚地明白，您根本没有任何教我雕刻的打算，因此，我做了我认为最合时宜的装扮。换句话说，我就试着打扮成最美的样子。"[36]

随后，两人进行了长时间亲密的谈话，在这过程中，毕加索体会到了弗朗索瓦斯的若即若离。她表现得谨慎持重，给自己时间细细思考。毕加索迫不及待地提出要她搬进画室楼上的小公寓居住，而这个提议却被弗朗索瓦斯不失礼貌地避开了。这个勇敢却不轻率的姑娘，毕加索是否觉得跟她在一起可以取代与玛丽 - 德蕾莎的爱情关系呢？

与玛丽 - 德蕾莎不同，弗朗索瓦斯没有那么单纯，而且时代也变了，她像所有人一样，很清楚毕加索究竟是谁。毕加索自己也心中有数，是许多其他的因素，增添了他的个人魅力。遭到拒绝后的毕加索有些失望，很快，他又为一个前来采

《绿色背景中的裸女坐像》（*Nu assis sur fond vert*），1946 年，木板画，165 厘米 ×147.5 厘米，收藏于昂蒂布的毕加索博物馆。

这幅作品见证了毕加索在以弗朗索瓦斯为灵感的系列作品中对绿色主色调的运用。画作揭露了毕加索之所以使用绿色和蓝色的秘密：有一次弗朗索瓦斯和毕加索去亨利·马蒂斯家做客，马蒂斯随即提出要为弗朗索瓦斯画一幅肖像，用绿色和蓝色来画。等到两人拜访完毕回到画室，毕加索因为马蒂斯长时间地望着自己的女伴而感到恼怒，于是他立刻开始为弗朗索瓦斯创作第一幅肖像，使用的就是他以后将会有规律地反复使用的绿色和蓝色，如同《绿色背景中的裸女坐像》一样。

上：《长笛手》（*Joueur de flûte*），1951 年，陶瓷盘，直径 25 厘米，有 40 件存世，玛都拉陶艺工坊制作，瓦洛里小镇。

在瓦洛里小镇的这些年里，毕加索制作出了 800 件富有创意的陶艺作品，由玛都拉陶艺工坊画廊制作。

瓷器在木炉中的焙烧过程中总会有一些偶然情况发生，毕加索对这样的不可预测性深感兴趣。他说："制作陶艺，就像是雕刻和焙烧，好像抽奖一样，只有最后出炉的时刻，你才知道自己做了些什么，你必须适应这一点，跟陶瓷在一起，你只有听天由命。"

右：1953 年，毕加索和于勒·阿卡尔，拍摄于瓦洛里小镇的玛都拉陶艺工坊画室，由安德烈·维莱拍摄。

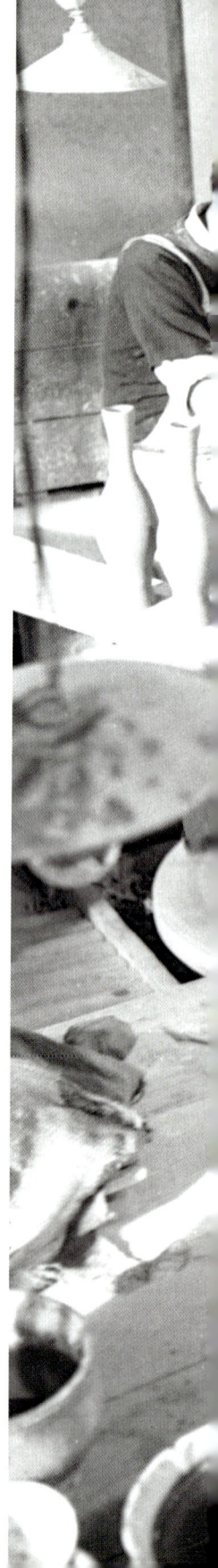

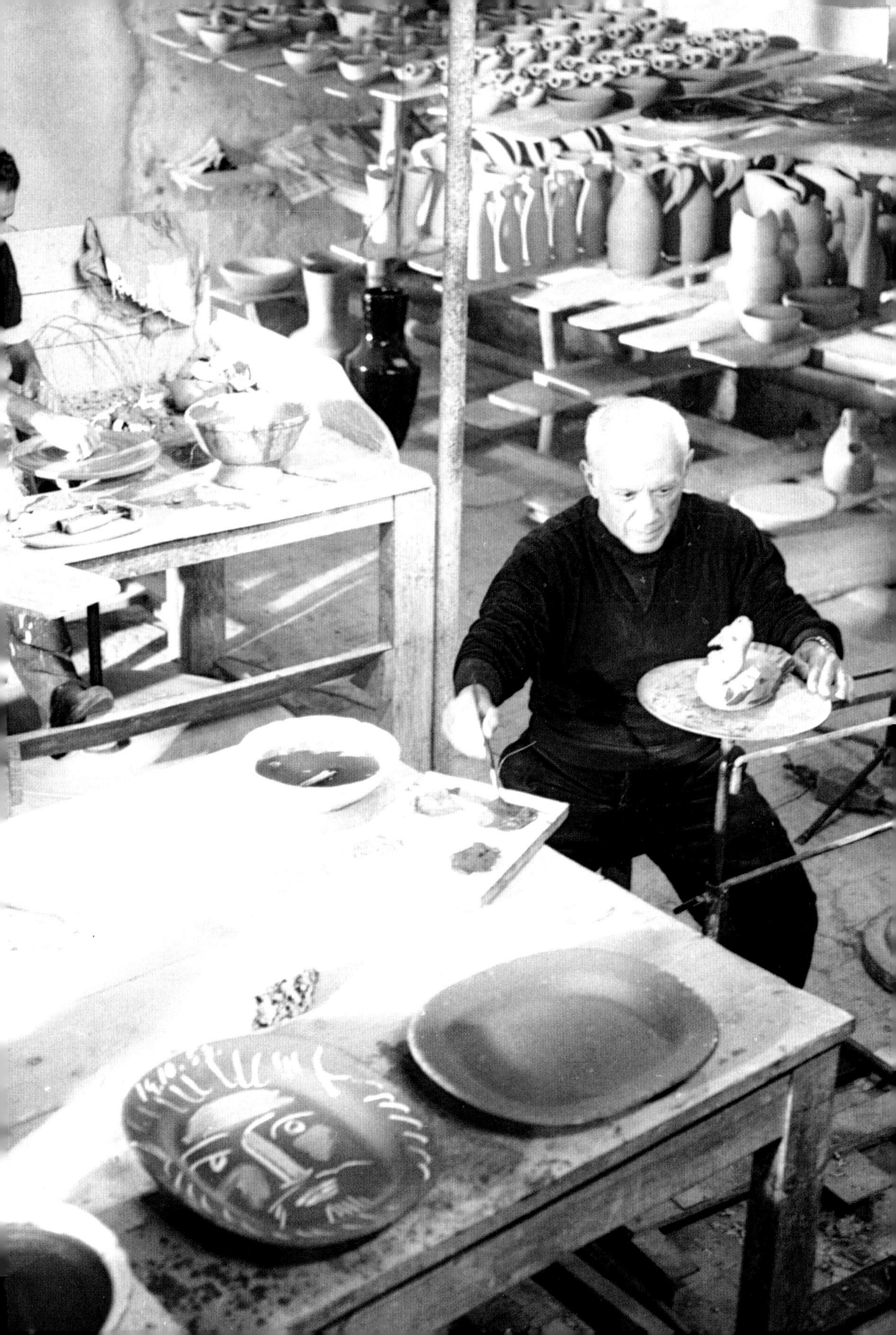

《裸女花瓶》（*Grand vase aux femmes nues*），1950 年，瓷艺作品，高 75.5 厘米，直径 31 厘米，有 25 件带有编号的作品存世，玛都拉陶艺工坊画廊，瓦洛里小镇。

访他的高中生感到兴奋。毕加索的秘书萨巴特被这位高中生的坦诚打动，为她安排了与艺术大师毕加索的会面。这是个只有 17 岁的女孩（就像以前的玛丽 - 德蕾莎），她的名字叫作热内维耶芙·拉波尔。她自称是诗人、共产主义者，尽管她很年轻，却声称与抵抗运动有联系。她有自己的王牌，能够立刻吸引心还摇摆不定的毕加索。聆听毕加索关于艺术的声明之后，她激动得满脸通红。[37]

与此同时，弗朗索瓦斯则十分大胆地间或冷淡毕加索，在几天、几个星期甚至个把月内完全不跟他联系……"我不想让他感到有负担……所以，我试着一周或者两周，完全不让他知道我是死是活。当我回来的时候，他就会像蜜一样甜了。"[38]

他们一起生活的开始，刚好与毕加索的作品《女人花》的完成时间相吻合（他于 1945 年 5 月 5 日开始创作这件作品）。这件作品是油画和拼贴的混合作品，标志着某种复苏与新生。毕加索在弗朗索瓦斯的眼皮底下完成了这件作品，而弗朗索瓦斯则向他询问关于灵感的问题，两人的关系充满了尊敬与智慧。

玛丽 - 德蕾莎不敢开口询问关于弗朗索瓦斯的事情，而弗朗索瓦斯也没有让自己成为咄咄逼人的障碍。毕加索的这位情人，变成了皮格马利翁与主教的综合体。弗朗索瓦斯热衷于毕加索进行艺术创作所使用的各种技术，她成为了特殊的见证人，见证了毕加索对陶瓷、雕刻和雕塑不同技术的探索。

不仅是缪斯、情妇、伴侣，她还是一个理想的聊天对象，从跟毕加索的对谈中搜集关于他旧日的浮光片影。在这个受过良好教育的年轻女人身上，毕加索找到了一个能够理解自己的灵魂和内心需要的知己。

毕加索倾心于向弗朗索瓦斯倾诉自己的过往，却忘记了他们需要继续向前走，创造属于他们两个的历史。毕加索带着她走遍了当年他与费尔南德、艾娃、奥尔加和朵拉的那些充满爱的回忆的地点，向她倾吐自己对玛丽 - 德蕾莎的热情。阅读着毕加索写的那些热情洋溢的信件，一时间，弗朗索瓦斯退缩了。

当然了，毕加索的这种态度，肯定会让不止一个女人逃跑的。为了保留自己完整的个性，也因为自尊心，弗朗索瓦斯最终决定离开伟大的毕加索。毕加索被她的决定吓坏了，拼命将她追回，并且答应跟她一起生个小孩，因为毕加索认为，弗朗索瓦斯需要一个孩子。

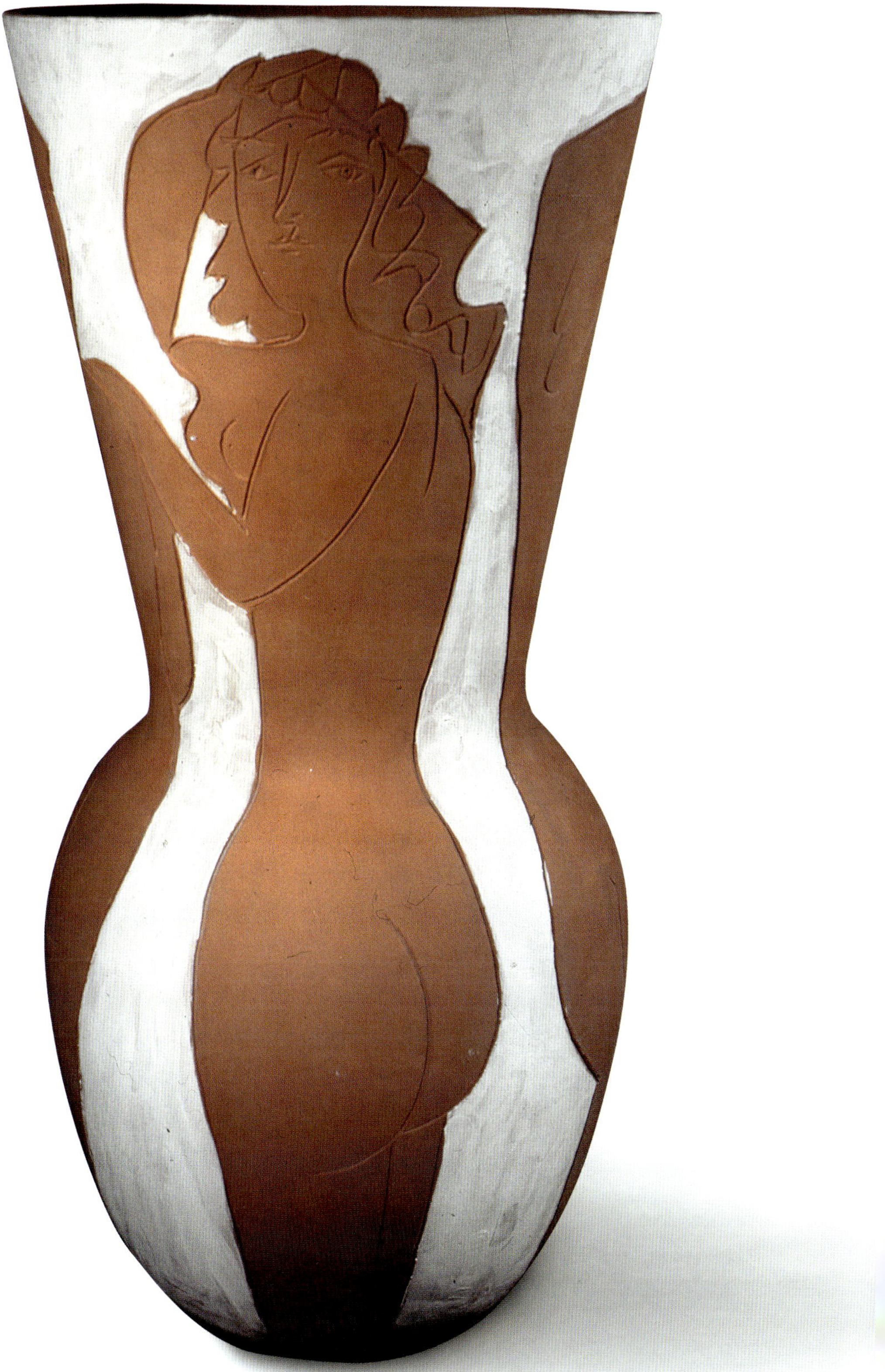

右:《正在画画的克洛德》(*Claude dessinant*),1951 年,布面油彩,46 厘米 ×38 厘米,私人收藏。
右页:《正在画画的克洛德,还有弗朗索瓦斯和帕洛玛》(*Claude dessinant, Françoise et Paloma*),1954 年 5 月 17 日,布面油彩,116 厘米 ×89 厘米,巴黎毕加索博物馆。

弗朗索瓦斯在战后时期,给毕加索带来了青春的复苏。

跟巴黎杰出的石版画家费尔南德·姆尔罗一起,毕加索重新发现了自己对雕刻和石版画的喜爱,随后,他丢下了都城巴黎,出发去了蓝色海岸。在这个充满跳动色彩的欢乐世界里,毕加索和弗朗索瓦斯开心地四处乱逛,不再像跟奥尔加一起时那样,穿梭在各种上流社会的夏季社交仪式之中。

于是毕加索有了一个想法:他想永远在这里作画。

他想定居在蓝色海岸。

1946 年,在拉索谢尔的邀请下,他将自己的画室搬到了位于昂蒂布的宏伟的格里马尔迪城堡中,至于怀孕的弗朗索瓦斯,则住在对面的戈尔夫瑞昂。

他在这里尽情描绘他的生活。并且创作出著名的画作《生活之乐》(*La Joie de vivre*,完成于 1946 年 10 月和 11 月之间)。

1947 年 5 月 15 日,弗朗索瓦斯分娩,克洛德在巴黎出生。毕加索再一次地成为了实实在在的父亲,一位重获青春的父亲。

在过去 65 年中,在艺术和政治之间,毕加索一直过着积极的生活——自 1944 年 10 月以来,他一直是共产党的成员。

由于他的巨大声誉,他的爱情生活已经在公众面前公开。奥尔加当年从儿子保罗处得知玛雅与她妈妈的存在,如今,她又从报纸上知道了毕加索的新欢弗朗索瓦斯。奥尔加陷入狂怒,搬到了距离毕加索和弗朗索瓦斯最近的地方居住,在戈尔夫瑞昂,奥尔加几乎每天都在不断地骚扰这对情侣,直到有一天,毕加索实在忍无可忍,报警驱逐奥尔加。

1937 年的时候,毕加索偶然间发现了瓦洛里小镇。1946 年,他带着弗朗索瓦斯回到了这里。他在这里度过了接下来的一年,在乔治·哈米耶和妻

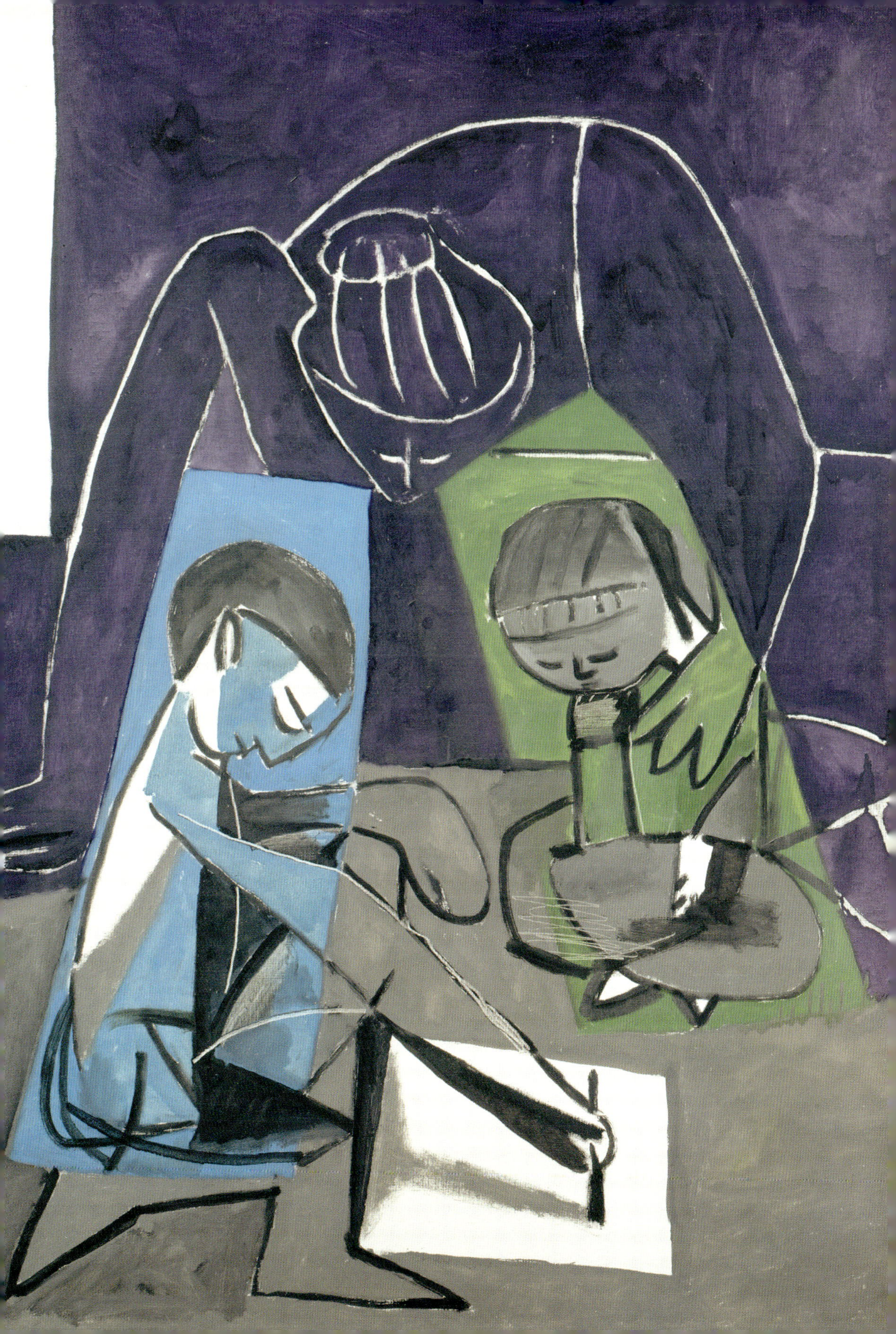

上:《蓝色的帕洛玛》(*Paloma en bleu*),1952 年,布面油彩,
81 厘米 ×65 厘米,私人收藏。

右:帕洛玛和毕加索,由爱德华·奎因拍摄。

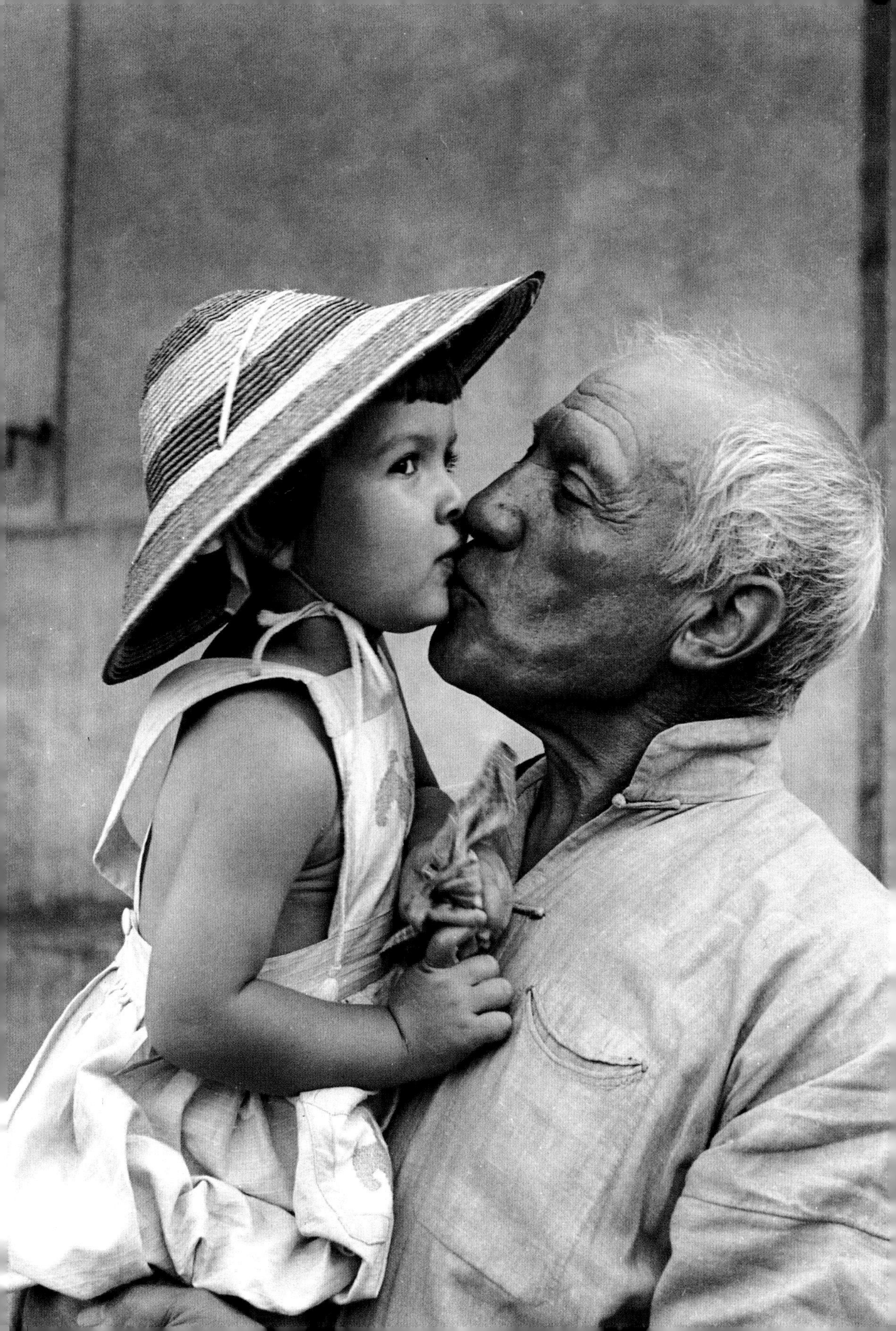

弗朗索瓦斯在公共场合骑马，毕加索在人群中。瓦洛里小镇竞技场，1954 年，由安德烈·维莱拍摄。

子苏珊娜的玛都拉陶艺工坊学习陶瓷艺术。他爱上了这个藏匿在戛纳腹地的小镇，就在戈尔夫瑞昂的上方。1948 年春天，他带着弗朗索瓦斯和克洛德住在这里，住在一栋小别墅"威尔士女人"之中。这房子在法律上归弗朗索瓦斯所有，因为它是她的祖母安娜购买的，祖母拒绝让自己的孙女住在某个外人的房子里……我们可以看出，弗朗索瓦斯的祖母与她在性格上有着隔代的遗传，弗朗索瓦斯继承了祖母的这种独立的精神。这一点触碰到了毕加索骄傲的神经，他以弗朗索瓦斯这个年轻女孩的名义，于 1949 年收购了一个古老的香水库，即福尔纳，将自己的画室安置在那里。后来两人分手的时候，弗朗索瓦斯将这里用相同的价格卖给了毕加索，因此，他为了这笔资产付了两次钱。再后来，我的妈妈玛雅翻修了这些宽大的房间（她要求继承福尔纳画室，作为她遗产的一部分），正是在这里，我与家人度过了许多个夏天。

弗朗索瓦斯和毕加索之间的关系是以一种非常特殊的权力关系为基础的。他们巨大的年龄差距让他们的爱情有了一种十分密集的心灵维度。毕加索是一个有着人生经验的成熟男人，他总是会表现出一种有时会令人不快的宿命论，他认为一切需要顺其自然，命运自会安排。而弗朗索瓦斯则表现出了一种富有远见的脾气和性格，这表现在艺术研究以及她对个人生活的计划中。

两人的性格差距形成了这样的局面：她一直在等待毕加索给她答案，而毕加索却总是逃避。在闲暇的时候，毕加索总是给自己留出空余的时间，他将这些时间用在政治上，而弗朗索瓦斯却无法参与其中。

因此，弗朗索瓦斯总是对毕加索有距离感，两个人一直用"您"互相称呼，也许就是一种象征。然而，在肉体上，弗朗索瓦斯却是毕加索精神上保持青春的一面镜子。

面对年轻女友的焦虑，毕加索建议她再生一个孩子。当毕加索受到创作力量的折磨的时候，家庭就变成了他获得安慰的源泉。

1949 年 4 月 19 日，弗朗索瓦斯再次分娩，帕洛玛出生了。如今的毕加索，是四个孩子的父亲，保罗、玛雅、克洛德和帕洛玛，他把他们介绍给了全世界。

毕加索与克洛德和帕洛玛一起画画，他自己也变得天真无邪起来。这个重新组合而成的家庭，是他拥有的一份力量。

在海滩上，他很乐意为摄影师们摆出各种拍照的姿势。从某种意义上说，他向弗朗索瓦斯提出的解决两人感情危机的方案——家庭，似乎对他自己来说，也是一种疗愈的措施。

这对情侣和他们两个孩子所处的环境是纷乱而喧闹的。他们被媒体包围着，被各种崇拜者、阿谀奉承者、有事相求的人团团围住。这段时期，毕加索每日都会收到无数的信件，其中很大一部分收藏在如今的巴黎毕加索博物馆里，有很多信件甚至没有开封，只因为没有时间去读它们。

时间……这是如今的毕加索开始缺少的东西。一种与他的盛名联系在一起的现象发生了：许多女性尝试去诱惑他，自愿献身于他，为了亲自触碰一个活着的神话，还为了给自己的一生留下难忘的记忆，为什么不呢？难道他没有这份魅力吗？其他与毕加索曾有过风流韵事的女人也重新出现了，比如热内维耶芙·拉波尔。这一切，都令毕加索与弗朗索瓦斯这对伴侣的生活受到了影响。

毕加索的这个小家庭在瓦洛里小镇展开了生活，孩子们在那里上学。我的舅舅克洛德在后来曾对我说："我们那时很幸福。"

弗朗索瓦斯开始计划孩子们的将来，她更想让他们去巴黎上学。然而毕加索却不同意。1953年9月底，他们之间的关系终于破裂，两个人相处的气氛开始变得尴尬而窘迫。

弗朗索瓦斯终于无法忍受。她带着孩子们离开了毕加索。

右：毕加索和女儿帕洛玛在沃韦纳尔盖城堡。
后页：同一日，毕加索和儿子克洛德在玛格丽特的画像前。毕加索总共拥有十件马蒂斯的作品，其中一件是《橘子静物画》（Nature morte aux oranges），这部分作品在毕加索死后由他的继承人捐赠给了国家。

这是第一次，一个女人忤逆了他。弗朗索瓦斯说道："经过我的反思，我明白了，毕加索从来都无法长时间忍受只有一个女人陪伴。我知道他首先被我们之间关系的智力层面所吸引……但是他却坚持要我有孩子，认为只有这样我才能变得幸福。现在，我已成为一名女性，一位母亲，一个伴侣，很明显，这并没有取悦他。"[39]

无疑，弗朗索瓦斯感觉到，毕加索想要将她"安置"并且"收藏"起来，就像他对玛丽-德蕾莎所做的那样，而玛丽也很清楚毕加索的这些打算："他想要有一个巨大的城堡，在每个房间里都安放一个他的女人，就像那些阿拉伯人所做的那样。当然，还要生孩子。"[40]

在弗朗索瓦斯离开毕加索之后，毕加索再次见到她，是在瓦洛里小镇的斗牛大游行中，那时的她正骑马进入竞技场。他立刻又被弗朗索瓦斯迷住了，这令在他身边刚刚进入他世界的另一个女人感到不快，这个女人叫作杰奎琳·洛克。然而，弗朗索瓦斯当晚就离开了。在当时的两人之间，礼貌已经取代了爱的激情。

接下来的几年中，弗朗索瓦斯给他们孩子的身份争取到了法律上允许的最大利益。毕加索也赞成这样做，他仍然在法律上维持着与奥尔加的婚姻，因此无法承认他与弗朗索瓦斯的孩子。1955 年，他自动成为了孩子们的代理监护人。1959 年，他递交申请，让孩子们冠以他的姓氏，1961 年，司法部长正式批准了他的这一申请。

之后的 1963 年，弗朗索瓦斯向毕加索宣布，她正在写一本关于他们之间故事的书（与卡尔顿·莱克共同创作）……

这让毕加索感到不安。1964 年，《与毕加索一起生活》（Vivre avec Picasso）的出版，彻底激怒了毕加索。[41] 他认为这是一种冒犯行为，而他自己是受害者。他的新婚妻子杰奎琳（他们在 1961 年 3 月结婚）和他的律师都支持他的这个想法。于是，毕加索正式提起诉讼。在法庭上，法官们认为，弗朗索瓦斯在书中所揭露的隐私，是她与毕加索共同拥有的记忆，毕加索没有权利将其独占。毕加索输掉了官司，而这场官司，也给这本书打了绝佳的广告。

于是，毕加索将自己封闭起来，关在越来越大的孤独中。

1963 年，毕加索毕生的好友乔治·布拉克和让·科克托相继去世。

每到学校放假，克洛德和帕洛玛都来看望他们的父亲。然而，这一年的

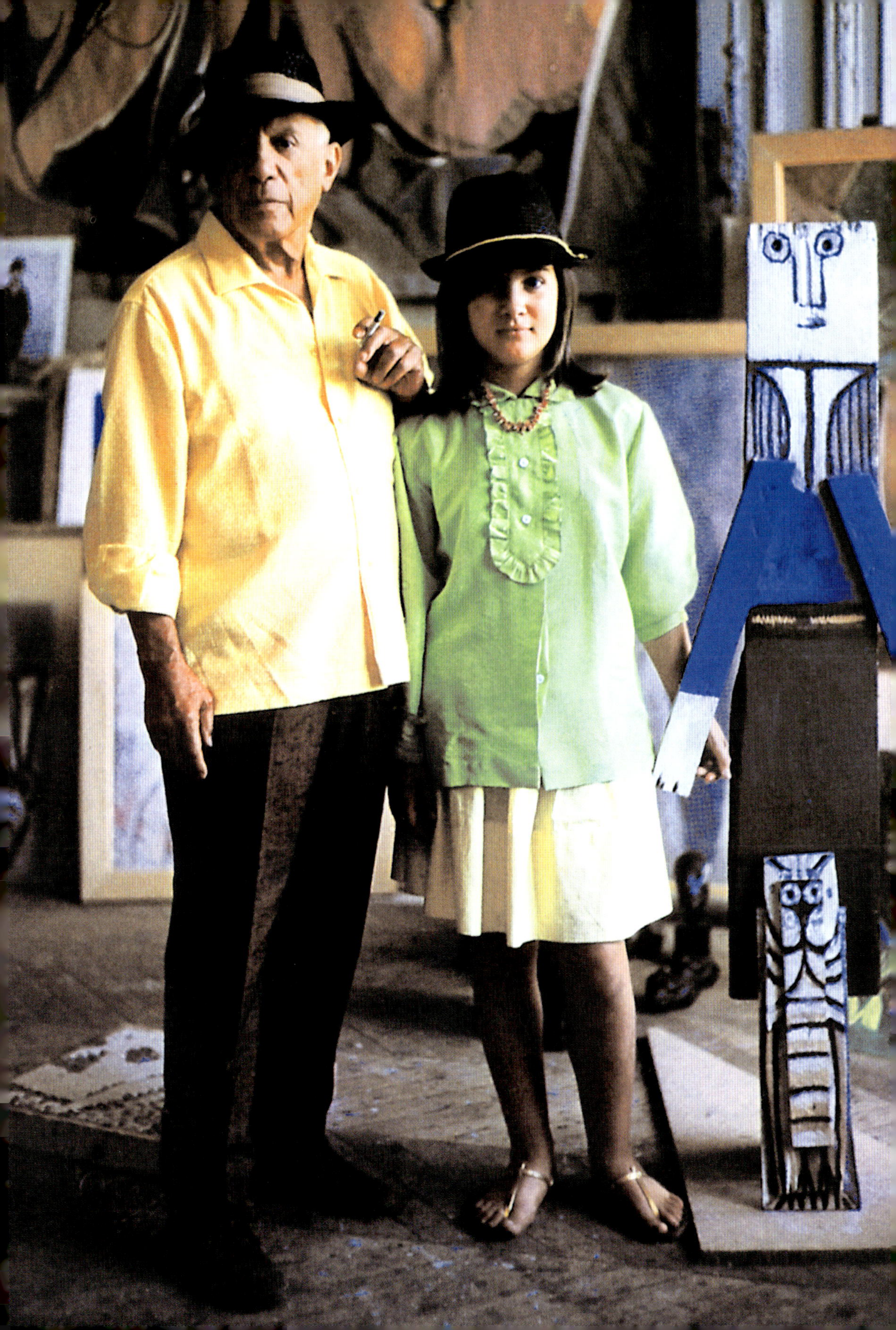

圣诞节，他们最后一次去看望他的父亲。毕加索因为对弗朗索瓦斯的愤怒，决定以后不再见自己的骨肉。

　　几年之后，在戛纳的一条街道上，毕加索曾经与他们有过一次气氛紧张的相遇。在杰奎琳心不在焉的目光下，毕加索与儿子克洛德仅说了几分钟的话，就匆匆告别了。当克洛德和帕洛玛在弗雷瑞斯的角斗场看斗牛表演的时候，他们的父亲毕加索与杰奎琳就在距离他们几排远的位置，然而孩子们完全没有看到毕加索，因此，当时的记者没有抓住什么把柄，无法写诸如"对父亲的挑战"之类的挑衅八卦。

　　那么，他们究竟是想要"挑战"父亲，还是想把他唤回呢？1968年，克洛德和帕洛玛采取了第一次的行动，试图从毕加索这里获得"亲子关系的承认"，然而却无济于事。

　　这不是他们想要抨击自己的父亲，仅仅是想要建立一个事实。

　　然而，毕加索身边的人，将这件事看作是一次对毕加索的侵犯，尤其是杰奎琳。作为一个新任的妻子，她很难面对丈夫前任情人所施加的影响。因此，她十分焦虑，一心想要将她与毕加索的小世界完全保护起来。

　　而毕加索想要的是和平。毕加索的前任们和子女们，除了保罗之外，无人能接近这位大师。保罗也抱怨道，在毕加索生命的最后几年，他自己也只能偷偷地与毕加索相见……那些中间人：园丁、司机、秘书，不用得到杰奎琳的指示，就可以连眉头都不皱一下地回绝所有与毕加索见面的请求。"先生正在工作，不能被打扰……"

毕加索给宠物狗兰普展示一只盘子，盘子上是毕加索绘制的兰普的形象。杰奎琳陪伴在旁。1957年大卫·道格拉斯·邓肯在加利福尼亚别墅拍摄的照片。摄影师甚至为毕加索的宠物犬拍摄了一本摄影集《毕加索与兰普》（*Picasso & Lump*），兰普在1973年即毕加索去世的同一年死去。

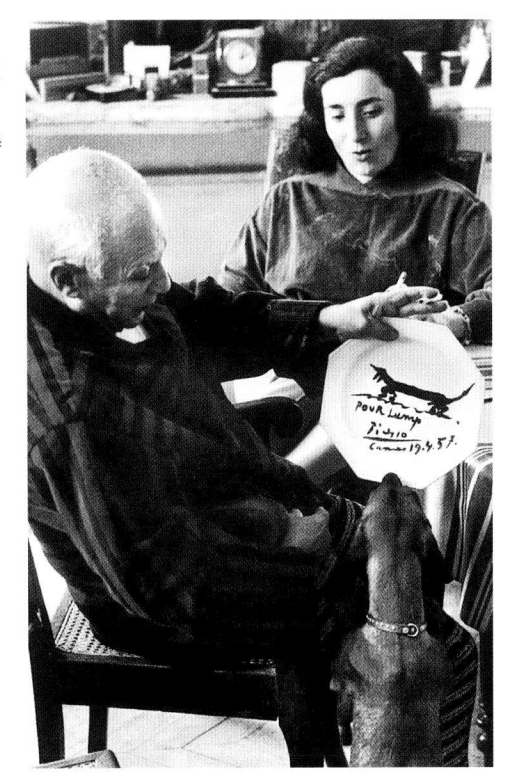

杰奎琳·洛克
1926—1986

1953年12月，在弗朗索瓦斯正式离开毕加索后不久，他遇见了一位年轻的女性，杰奎琳·洛克。那时的她快28岁了。

她是苏珊娜·哈米耶的朋友，后者与其丈夫乔治·哈米耶一起经营着位于瓦洛里小镇的玛都拉陶艺工坊。杰奎琳在这里协助销售艺术品，因此，她时不时地会见到毕加索。

不用很长时间，他们就开始对彼此有所关注了。他们越来越频繁地交谈，天生性格稳重的杰奎琳，确定了毕加索确实对她有意。他们有着共同的伤痛：杰奎琳也刚刚与她第一任丈夫安德烈·于坦离婚，还带着一个叫作卡特琳娜的女儿。

他们两人，都有一颗寂寞的心。

毕加索注意到了杰奎琳身上蕴藏着的神秘莫测的一面，于是她立刻成为了毕加索的灵感缪斯。与之前画过的所有关于女性的作品不同，这次毕加索并没有将杰奎琳的面孔或头发的颜色跟他以前的情人们的特点相混合。她在毕加索的画卷上不含一丝杂质。就这样，在生命的晚秋，毕加索又重新开始了他的艺术家生涯，以及作为一个男人的新生。

杰奎琳温柔地占据了属于她的全部位置。威尔士女人别墅属于弗朗索瓦

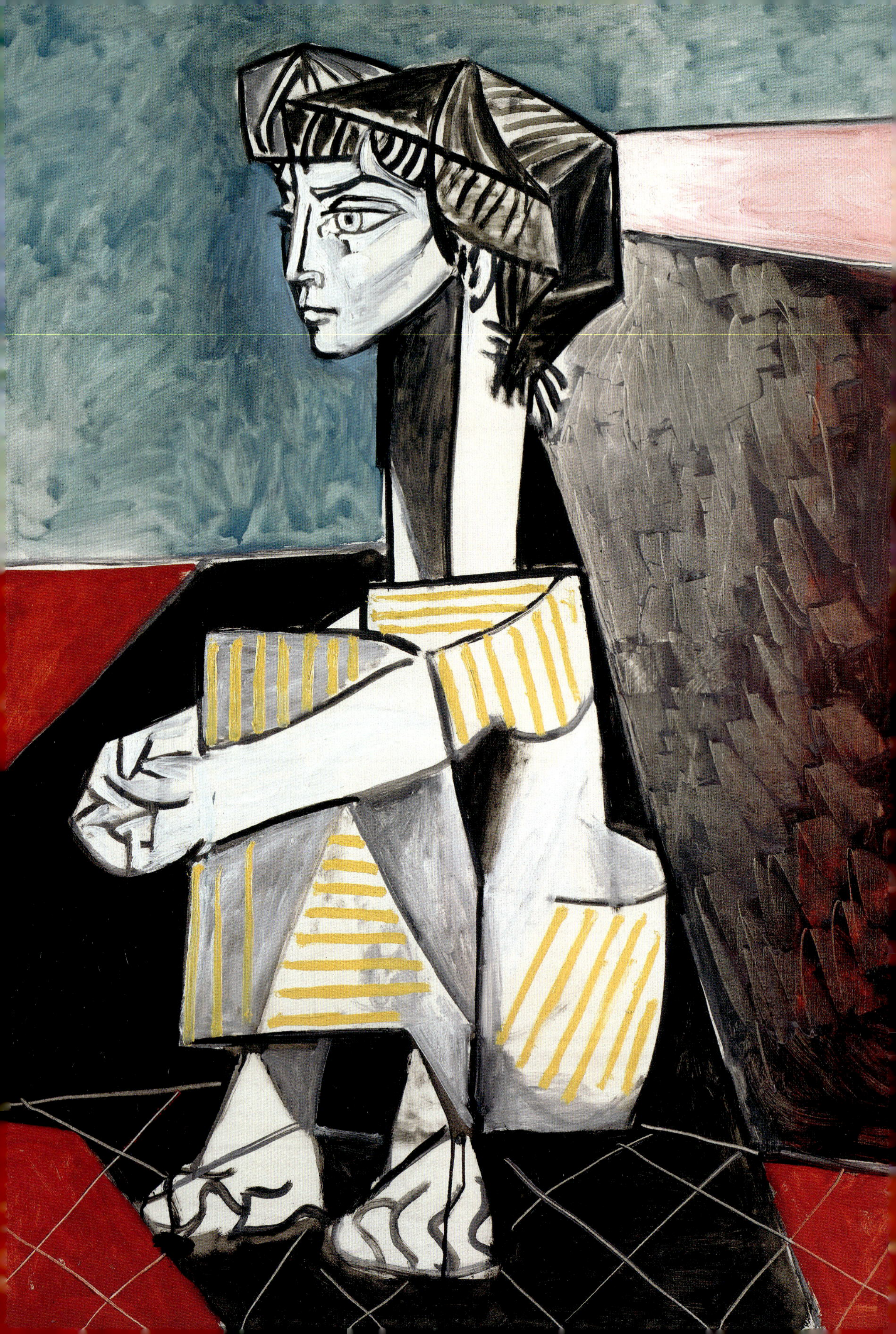

《双手交叉的杰奎琳》（*Jacqueline aux mains croisées*），1954 年 6 月 3 日，布面油彩，116 厘米 ×88 厘米，巴黎毕加索博物馆。

斯，因此，杰奎琳暂时接纳毕加索居住在自己的住处。

她住在戛纳的勒齐凯别墅之中。这就是为什么毕加索将自己为杰奎琳绘制的第一批肖像画神秘地命名为"Z 夫人的肖像"（勒齐凯的法文为 *Le Ziquet*）。然后，在 1955 年春天，他购买了位于戛纳的豪宅加利福尼亚别墅，并将他存放在各处公寓和巴黎的仓库中的所有家当取回，放置在这所宅邸之中。通过杰奎琳的谋划，毕加索重新建立了一个巨大的画室，一个真正的藏宝洞，这里储存着他的全部画作，他之前人生的大部分财产。

1955 年夏天，在杰奎琳的注视下，毕加索将他的四个子女，保罗、玛雅、克洛德和帕洛玛聚集到一起，杰奎琳必须面对毕加索前四十年的这些多姿多彩的"历史"，而在这其中，她却是个局外人。奥尔加 2 月份去世，玛丽-德蕾莎拒绝了毕加索之前承诺过、如今却已无可能的婚姻，弗朗索瓦斯选择置身事外。1955 年秋天，每个人似乎都有了归宿，唯独剩下毕加索和杰奎琳两个。

毕加索年事已高，身体可能已经疲乏，但他与杰奎琳这个新伴侣在一起，恢复了所有的激情。

这一时期，毕加索所有的画都是为杰奎琳而画。

他从过去的大师那里汲取灵感，他有的是时间来创作作品。杰奎琳为毕加索的创作带来了新的现代性：他在 1954 年 11 月到 1955 年 2 月之间，根据德拉克洛瓦的作品（1940 年他就开始对德拉克洛瓦进行研究了），画出了十五幅左右的《阿尔及利亚女人》（*Femmes d'Alger*），在 1957 年下半年，他根据委拉斯开兹的作品，创作出了五十幅左右的《宫女》（*Ménines*），在 1959 年的夏天到 1961 年的圣诞节，他根据马奈的《草地上的午餐》（*Déjeuner sur l'herbe*）创作出了近三十幅的作品。1962 年，根据大卫的《劫持萨宾女人》（*L'Enlèvement des Sabines*），毕加索也创作出了自己的作品。

这些作品是毕加索与前辈们进行的永恒的对话，就像他以前的作品一样，那些作品的灵感来自格雷科、克拉纳赫、库尔贝、塞尚，以及伦勃朗为《三个火枪手》创作的作品，或者是尼古拉斯·普桑，后者是毕加索绘画的绝对的参考，他在不久之后还画了普桑的肖像画。[42] 2008 年秋季，在巴黎大皇宫举行了一场《毕加索与大师们》的展览，将这些艺术史上的杰作与毕加索的作品集合起来展示在人们面前。

上：1957年，在戛纳的加利福尼亚别墅的客厅中，由大卫·道格拉斯·邓肯拍摄。
右：1955年，毕加索在画室的瓷砖中间，由吕西安·克雷格拍摄于加利福尼亚别墅。

1958年，正在创作中纵观历史的毕加索，购置了沃韦纳尔盖城堡。这座城堡是毕加索的朋友，历史学家、收藏家和城堡主道格拉斯·库珀推荐给他的，这是令毕加索恢复青春活力的一剂良药。根据毕加索自己著名的表述，通过购买这个城堡，他以另一种方式获得了塞尚的《圣维克多山》（Sainte-Victoire），并将他生命中许多难忘的回忆都结合在了一起。杰奎琳和毕加索拥有了这里，他们一步步地将城堡的大房间变成了画室，并用毕加索自己的一些作品和他的个人收藏装饰这里：马蒂斯、塞尚、库尔贝、布拉克、莫迪利亚尼、科罗……他们认为这个地方承载了历史的厚重，比起戛纳或穆然，他们更爱这里。

毕加索在一楼的浴室墙壁上进行了手绘创作，因此，他清晨沐浴的时候，就会有动物群和茂密的植被相伴了。

这样的热情持续了近三年的时间。随后，因为冬天冰凉刺骨的密史脱拉风[1]，以及夏天的炎热酷暑，毕加索终于厌倦了这里，在之后的日子里，沃韦纳尔盖城堡对于他们来说，仅仅成为了从尼姆到阿尔勒之间的一个歇脚地。

1961年3月2日，在最严密的保密中，将近80岁的毕加索迎娶杰奎琳为妻。他们两个相差了足足45岁。有些人会带着戏谑的口气说：杰奎琳的坚持终于获得了胜利，正式妻子的身份比单纯的情人身份更有保障。但是据

---

[1] 法国南部从北沿着下罗讷河谷吹的一种干冷强风。

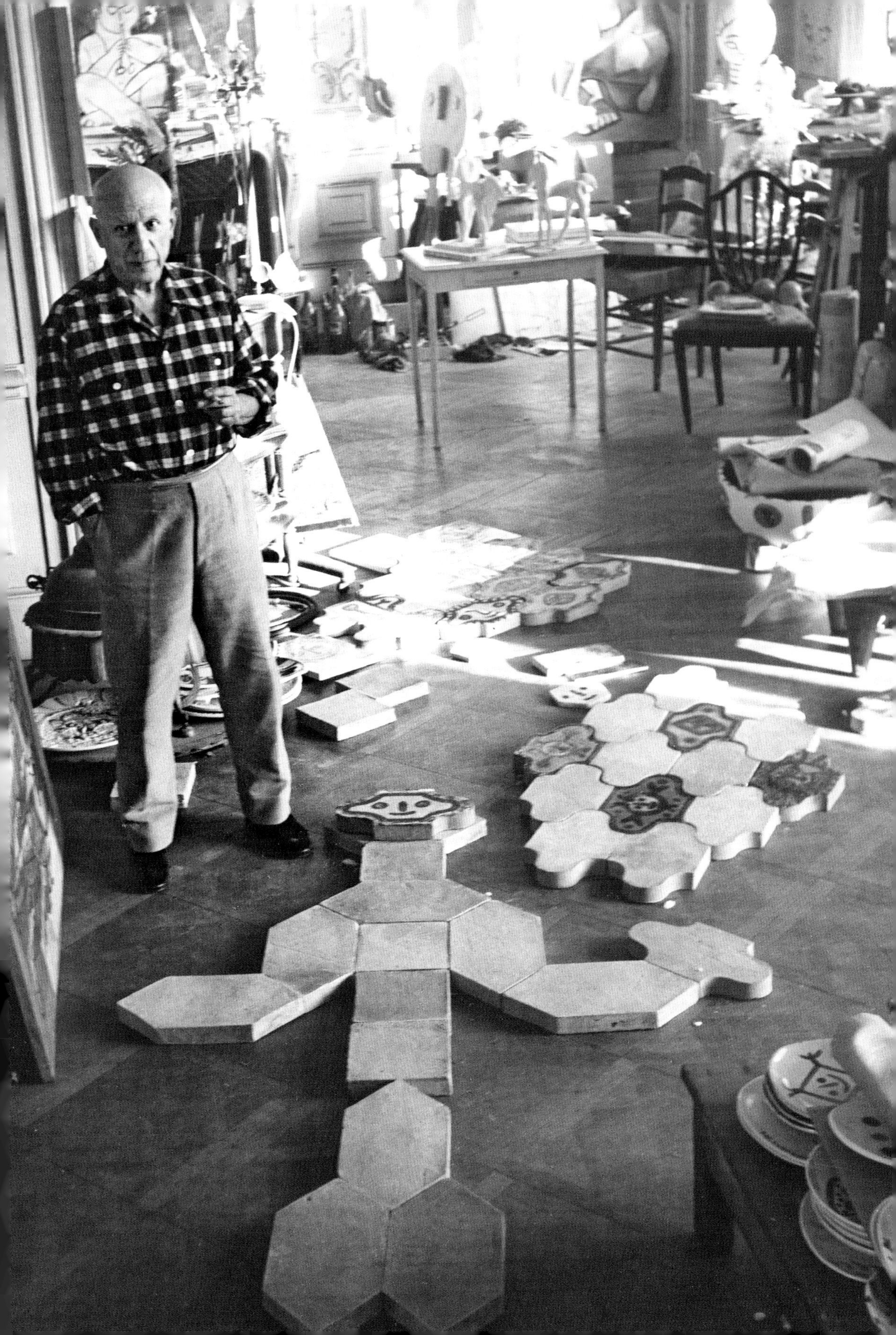

LA GRANDIOSE
CORRIDA

ANTOÑETE
MENDÉS
HUERTA

COIMBRA

加利福尼亚的客厅墙壁上悬挂的作品《牛头》（*Tête de taureau*，1943），由大卫·道格拉斯·邓肯于1957年拍摄。

他们的朋友埃莱娜·帕姆兰所说，杰奎琳这样的"坚持不懈"，与其说是为了经济利益，不如说是一个女人想要跟她的伴侣坚定不移地站在一起。[43]

此外，我们应该可以回想起来，我的外祖父毕加索最讨厌的，就是可能引起死亡的一切。而婚姻，则让他有活着的感觉。

当然，爱情也是。

这场婚礼是在没有签署结婚协议的情况下举行的，这一事实证明，对毕加索来说，他的随性始终占据主导地位。

早些时候，毕加索参加了著名的斗牛士多明根和妻子露西亚·博塞的儿子米格尔的洗礼仪式，在仪式上，他被记者们汹涌而来的骚扰激怒了。

毕加索用这场绝对秘密的婚礼嘲弄了所有想要窥探他隐私的人，尤其是那些媒体。他又一次地主导了全局。对他来说，根本无须去计划什么未来，不管结果如何，该来的总归会来。再说了，知道谁将会继承他的财产又有什么意思？就像皮埃尔·戴所说的，"他的创作已经足够令所有人从中得益"。

至于杰奎琳，她出生于基督教氛围浓重的中产阶级家庭里，通过玛都拉陶艺工坊才进入了艺术世界，她不得不适应新的思想习惯，并让自己原本的价值观与毕加索反对公序良俗的价值观并置而立。对她而言，婚姻有着正式的意义，是在所有人见证下的一个承诺。之前的1961年1月，她曾经泪流满面地公开表达了她对毕加索的不满，因为后者不愿意履行迎娶她的承诺。她成日与许多毕加索的访客打交道，他们中有已婚男人和他们的情妇，有男同性恋者和他们的恋人，有奔放的已婚妇女，毕加索的追求者多种多样，而她想要在其中显示自己的与众不同。

婚后，杰奎琳和毕加索搬到了位于穆然的新住宅——"生活圣母院"，逃离了戛纳和加利福尼亚别墅，因为那边正在修建的大型楼房遮挡了海湾的美景。杰奎琳将他们这对"新婚"夫妇的生活安排得很是妥当。在穆然的住处对她来说，有着特殊的意义：跟所有人都住过的加利福尼亚别墅不同，也跟历史痕迹过于厚重的沃韦纳尔盖城堡不同，这套住宅是"专属于她的"房子，是"他们的"房子。在这里，她再一次为毕加索构建了一次"出逃的青春"，并且严格挑选来访的客人。

这段时期，只剩下了午后淡红色的光芒，载着阳光的暖意，温柔地穿透树叶。在大卫·道格拉斯·邓肯或罗伯托·奥特罗的照片上（前者之前就在加利福尼亚别墅和沃韦纳尔盖城堡中拍摄过毕加索和杰奎琳），都显示出了一种全然的安详与宁静。这样的日子，一天又一天地在平静中度过。

毕加索在瓦洛里小镇庆祝了 80 岁生日之后，就又重新埋头在画室中进行创作。这些在加利福尼亚别墅中度过的岁月，我们都可以在毕加索那些表现室内场景和蓝色海岸的画作中看到。画家最后一个阶段的绘画主题，则全部回到了他的模特身上。

"生活圣母院"位于一座山坡的侧面，有一个面对着山坡的非常宽阔的主建筑。这栋建筑物没有什么特殊之处，但其明亮的大房间对于创作艺术作品简直是再完美不过。二楼有一个露台，这里成为了毕加索人生最后的画室。有些人曾经有幸获得毕加索的邀请（只有毕加索本人有这个权利），来这里参观毕加索最新的作品。大提琴家罗斯托罗波维奇就是其中一位，他被苏联政府驱逐，因为他对与政府持不同政见的作家索尔仁尼琴表示了支持。1972 年的夏天，他作为宾客和挚友，在这里度过了难忘的一晚。整整两个小时，一幅又一幅毕加索的作品在画架上不断变换，而罗斯托罗波维奇也一杯又一杯地在酒杯中斟满了伏特加……

第二天早上，这个大提琴家怎么都寻找不到他带来的珍贵的大提琴的琴弓了。全屋的人都在帮忙寻找，却一无所获。毕加索遗憾地望着这一切，然而眼光中却透出一丝狡黠。在毕加索去世许多年后，罗斯托罗波维奇有一次参加附近的音乐会，回到这个地方，他惊讶地看到，当年丢失的琴弓正摆在玻璃橱中，跟两个伏特加酒杯放在一起！毕加索私自将这个美妙而难忘的夜晚的记忆偷偷保存了下来……

多年以来，杰奎琳和毕加索建立了一种特殊的夫妻关系，他们已经超越了肉体的关系。我遇到的许多人都对毕加索面对杰奎琳显露出来的某种胆怯感到好笑，这是他极其罕见的深情的姿态。牵着妻子的手，抚摸它，对于毕加索来说，并不是平淡无奇、自然而然的事。这位犹如"太阳王"般的执拗男人对自己的"大男子主义"有了些许改变吗？还是说即便有打破公序良俗的想法，但这毕竟是一个传统的时代，人们在公共场合需要谨慎克制？

后页：打扮成火枪手的克洛德与他的父亲一起玩耍，
爱德华·奎因拍摄于加利福尼亚别墅。

没有人曾将毕加索描述为一个喜欢在公开场合秀恩爱的人——无论对奥尔加，还是玛丽-德蕾莎、朵拉或弗朗索瓦斯，都无例外。更何况对于后三者而言，毕加索还需要面对一个难以绕过的问题——关于"婚内通奸"的指责。当然杰奎琳也没能在这个问题上逃脱，但她知道如何打破先例，并且迎合那些羡慕的目光。

毕加索的生命活力，通过他的艺术创作，继续喷薄而出。从 1965 年底起接下来整整一年，他都致力于素描和雕刻的创作，完全没有进行油画创作。在连续好几年持续创作了数量难以想象的杰奎琳的肖像画之后，毕加索已经精疲力尽了，他也厌倦了创作那些表达越来越露骨的情色作品，路易斯·赖瑞斯的画廊已经没有办法在不引起审查部门注意的前提下展出这些作品，甚至有一天，这家画廊还招来了一个警务特派员的走访。

在身体方面，毕加索做了一个胆囊手术，当然是在绝对保密的情况下做的，因为毕加索很爱美，也因为他想要避开记者们对他的健康产生的各种猜测。杰奎琳和他乘火车悄悄地去了巴黎，然后前往讷伊的一家美国医院，在那里，他以鲁伊斯的名义登记住院。有传言说，毕加索也做过前列腺手术——这对于他这个似乎永不会枯竭的男人来说确实是个悲剧，但是，与他这个年龄的所有男人一样，他也无法幸免地枯竭了……尽管他努力使人相信这并不是事实！他肯承认的，仅仅是听力比以前差了一点。

1967 年春天，毕加索得知，他必须放弃位于大奥古斯丁街的画室，他已经有十几年没有到过这些画室了，但它们仍然是他在巴黎的生活和那些黑暗岁月的活生生的印记。尽管他与当时负责文化事务的国务部长安德烈·马尔罗交好，尽管去年保守党让·雷马里组织了全国性的毕加索纪念展，但他依然必须服从当时巴黎的空房屋整治政策。事实上，这也算是毕加索为自己的共产主义承诺而付出的代价吧。

作为对这件事的"回报"，毕加索拒绝了法国政府在同一年不识时务地颁发给他的荣誉勋位，1971 年，他再一次地拒绝领受这个荣誉勋位。所有的荣耀，终究属于过去。而他依然并且永远想要成为一个属于未来的人。

为了证明他依然是一位充满活力的当代艺术家，他创作了一系列关于火

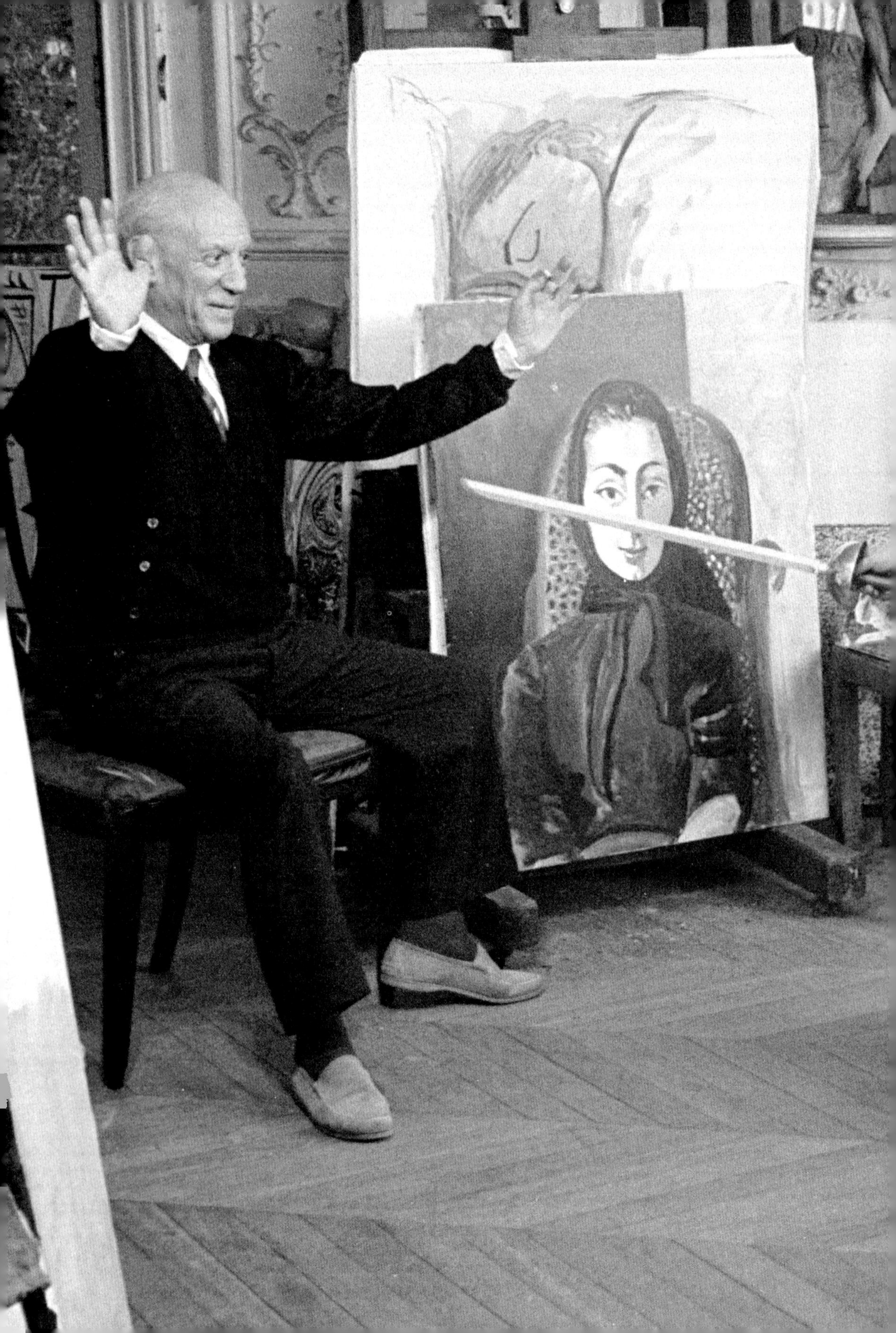

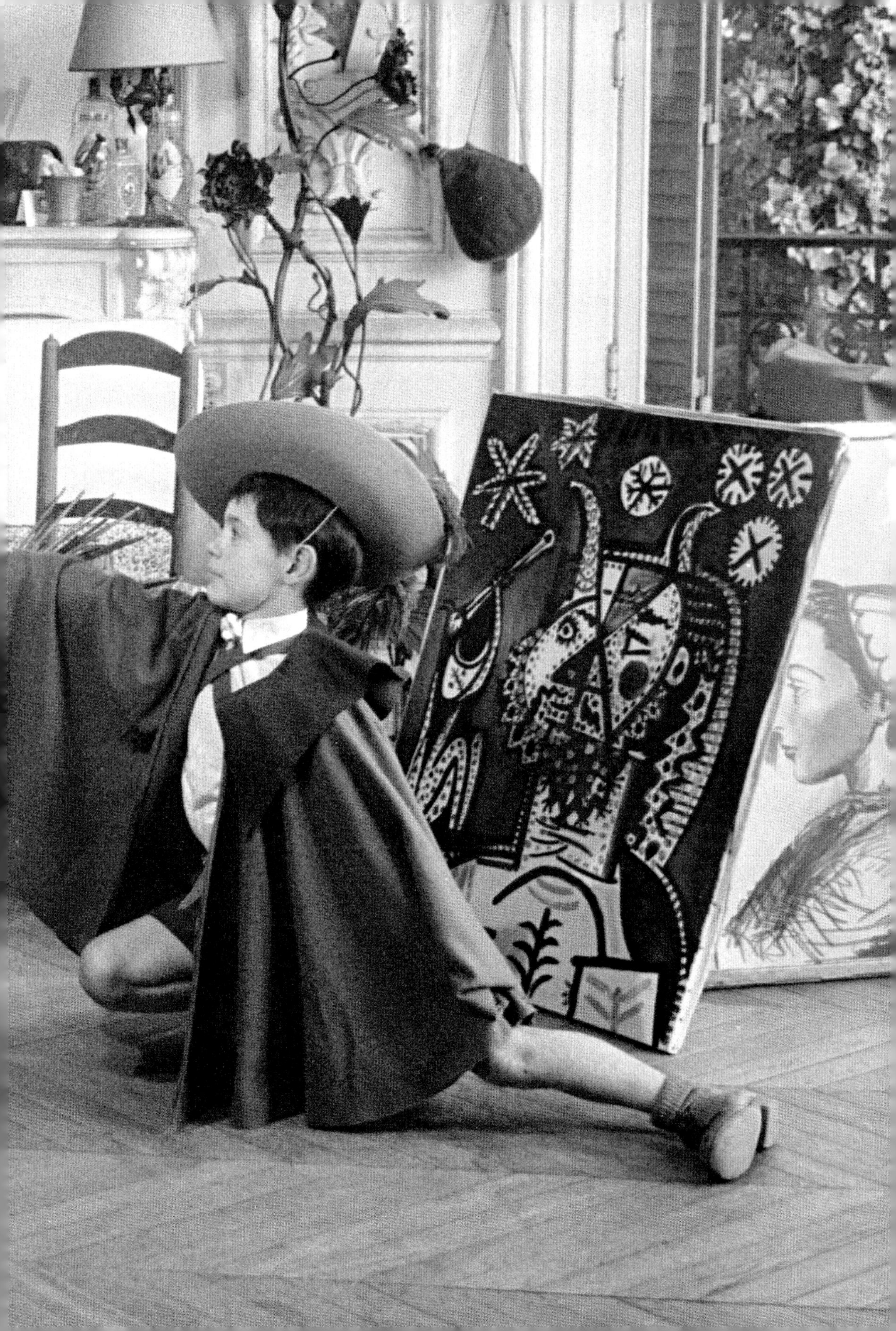

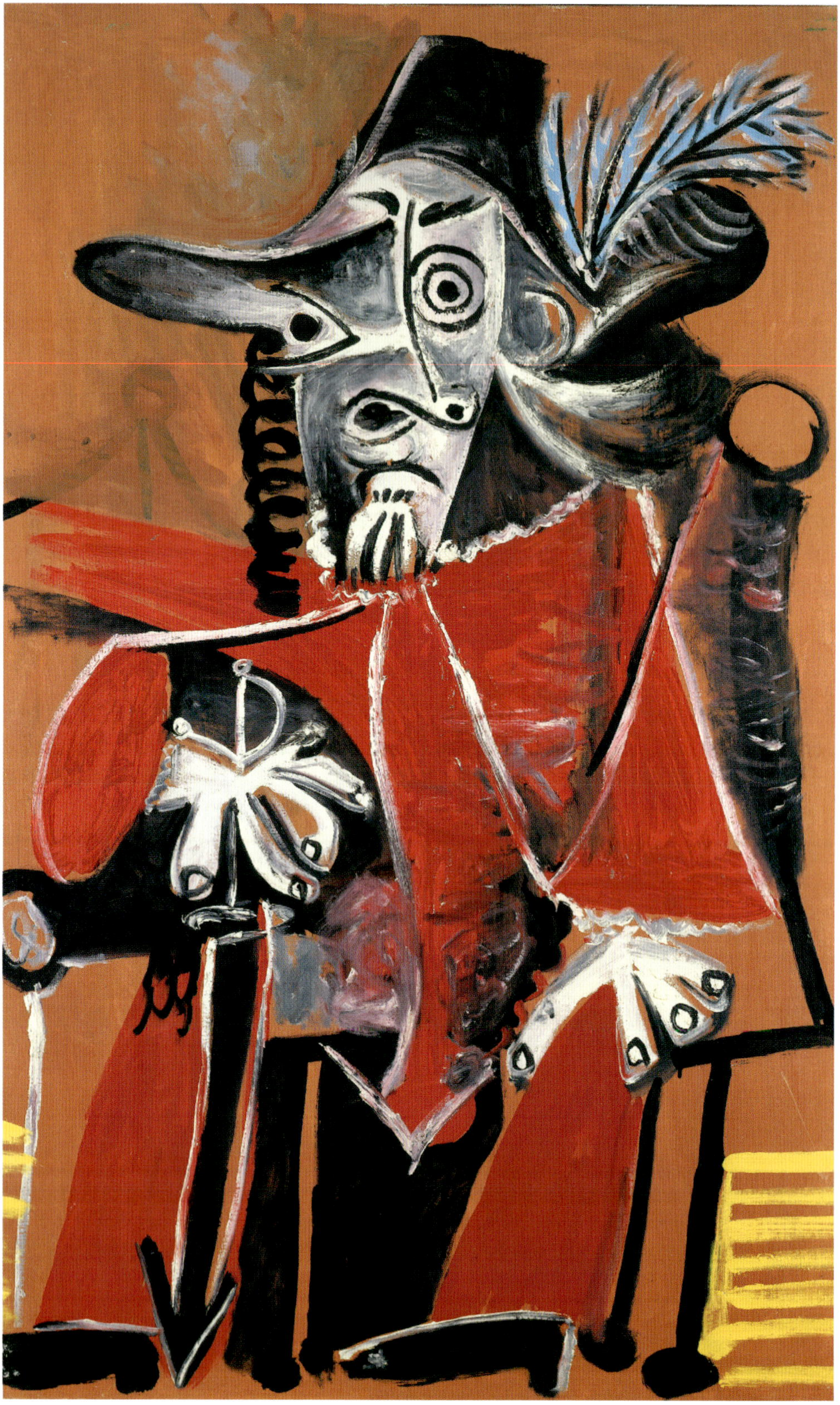

左：《火枪手》（*Le Mousquetaire*），1969 年，布面油彩，195 厘米 ×130 厘米，私人收藏。
下：1959 年，毕加索在沃韦纳尔盖城堡中，与儿子保罗和爱人杰奎琳一起布置他所收藏的伟大画家们的作品，由大卫·道格拉斯·邓肯拍摄。

枪手的画作，随后又创作了许多关于马戏团人物的画作，笔下的小丑跳动着愉悦的颜色。在 1969 年初至 1970 年初，他完成了大约一百六十五幅尺寸雄伟的画作。为了证实他创作的热情以及永不消失的胆大妄为，1970 年 5 月，在伊温妮·泽沃斯的发起下，他在阿维尼翁雄伟而古老的教皇宫内展出了他的这些作品。多么令人吃惊啊！毕加索的激情竟然丝毫不减！他是个话题性丰富的人物，他必不可少的毁谤者和忠实的狂热爱好者为他争论不休，他让所有的聚光灯都向他对准。是的，他依旧生机勃勃！就像他对我的妈妈玛雅所说的那样："无论是好还是坏，至少人们会关注和谈论！"

1971 年 10 月，为了庆祝毕加索 90 岁的生日，法兰西共和国总统乔治·蓬皮杜将八幅毕加索作品陈列在卢浮宫的大画廊中，悬挂在那些经典的法国绘画作品的对面。这是比 1966 年的全国性的毕加索作品大型回顾展还要高的殊荣（1966 年毕加索回顾展时，巴黎的大皇宫、小皇宫、国家图书馆，以

1958年秋天，大卫·道格拉斯·邓肯拍摄的沃韦纳尔盖城堡

及其他众多的画廊都曾摆满毕加索的作品），这是一个载入史册的事件。

这是人们第一次把还活着的艺术家的作品在卢浮宫之中展出。

《小丑》（L'Arlequin）、《坐着的女人》（La Femme assise）、《坐着的裸体》（le Nu Assis），一幅又一幅毕加索曾经创作的杰作并列着。毕加索迫不及待地向前去穆然告知他这一消息的罗兰·杜马斯询问："我的《小丑》是不是摆在了《丑角吉尔》（Gilles de Watteau）的旁边？"

然而毕加索和杰奎琳并没有前去赴展。毕加索意识到他当前的身体不允许他这样做，他的健康状况很脆弱，因此，他自然地放弃了这一行程。不过他对这次回顾展十分感兴趣，对前去看展的人们进行了长时间的询问。

毕加索的朋友让·雷玛里一直不断提醒法国文化局：法国错过了毕加索，因为没能为艺术造诣已达到顶峰的毕加索兴建专门的博物馆。

蓬皮杜总统评价毕加索说，他是一座"永不熄灭的火山"。然而，在1972年的秋天，毕加索的身体开始衰弱。一场严重的感冒，后来转成了支气管炎，让毕加索几个星期卧床不起，人工呼吸机与他片刻不离，以防止突发事件。

他不再画画了，直到圣诞节，他还是卧病在床。

他在床上用餐，身边围绕着杰奎琳和几个来看望他的人。在"生活圣母院"的新年之夜，杰奎琳邀请了埃莱娜·帕姆兰和爱德华·比农，在戛纳的忠实的律师安特比和妻子，以及西班牙编辑古斯塔夫·吉利和妻子。所有人都知道毕加索就睡在楼上，这个新年可能会有愁云惨雾。

沃韦纳尔盖城堡的浴室和壁画，由大卫·道格拉斯·邓肯拍摄。

"屋里有声音，好像有什么在移动，脚步声，讲话声。"比农说道，"是毕加索！"这扇门打开了，挂在门上的铃铛发出了习惯性的叮叮当当的响声。"毕加索和杰奎琳一起走了进来，手挽着手，光芒四射。真是好极了，他们两个都如此的好看。他们走进来，把我们给惊讶坏了，他们笑得像是看到了滑稽剧。我们拥抱，聊天……他越来越开心，甚至还喝了一点香槟——他之前什么都喝不下去的。他笑出了眼泪，到处都摆满了鲜花，还有礼物。这是一个真正的节日。午夜穿过了这里所有的喧哗，还有所有的亲吻，所有的祝福，所有的狂欢。"[44]

埃莱娜·帕姆兰仍沉浸在这种快乐的气氛中。第二天，1973年1月1日，杰奎琳叹气道："感谢老天爷，我们终于度过这一年了。"

在这一年的1月份，毕加索似乎恢复了一些元气。他在这个月创作出了数件作品，证明了他源源不断的能量。杰奎琳建议在阿维尼翁举办另一个展览，作为1970年展览的巨大成功的后续，并对毕加索该年的重要作品做出见证。

越接近不可避免的大限，毕加索越对此产生拒绝的情绪。杰奎琳也跟他一样。"让我安静一会儿。"毕加索总是重复这一句话。

此时此刻，他什么都不管，只遵从一件必须要做的事情，那就是不停地画画。而杰奎琳则负责其他所有的一切。关于这段时间的资料非常少，因为毕加索基本上谢绝了所有人的来访。

杰奎琳和毕加索形成了一个整体，毕加索只需要她就够了。

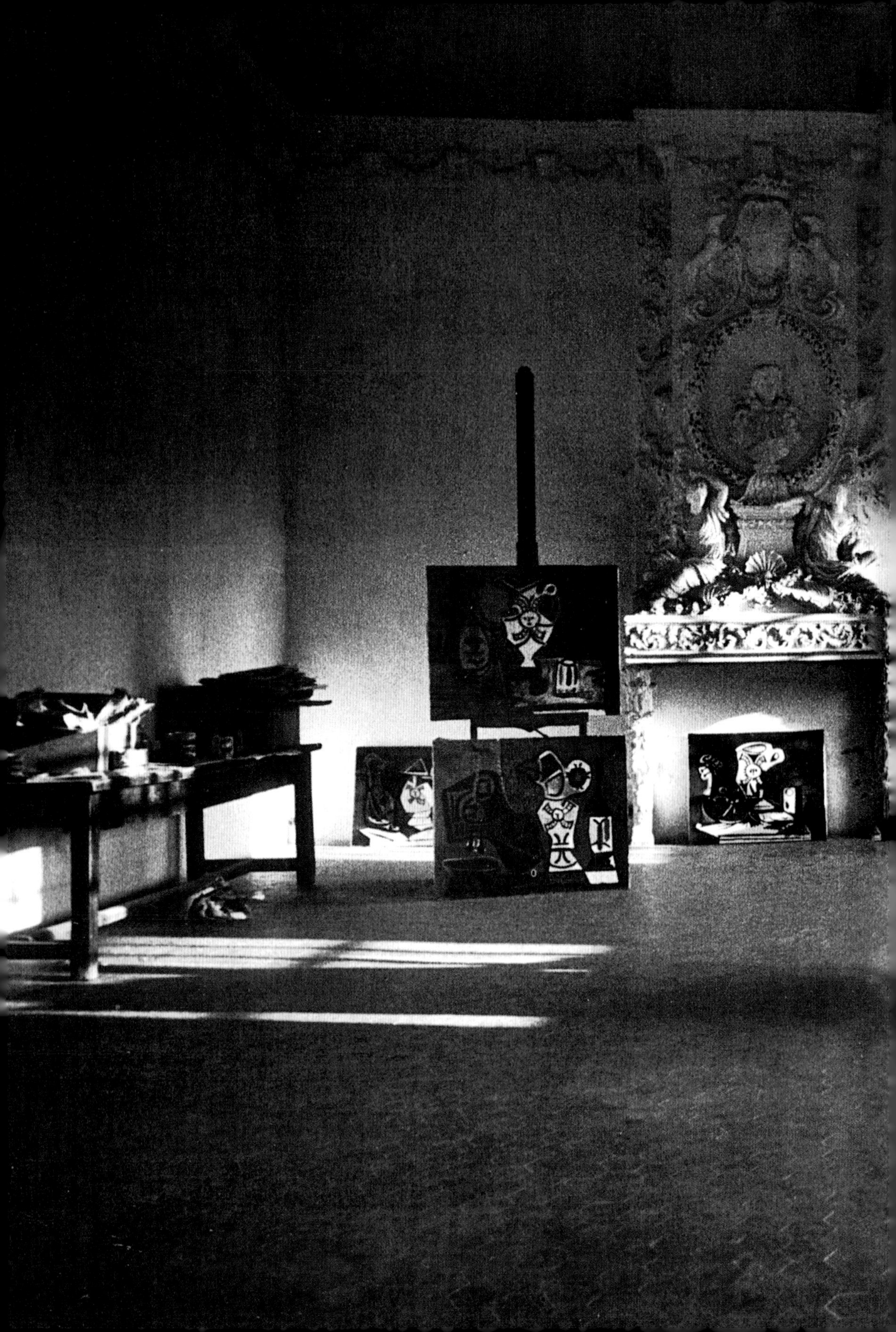

毕加索在沃韦纳尔盖城堡二楼的画室中，1962 年由大卫·道格拉斯·邓肯拍摄。

左上：毕加索在沃韦纳尔盖城堡的浴室里捉一只蝎子，1959 年 4 月由大卫·道格拉斯·邓肯拍摄。毕加索在前一个月的月初，在浴缸旁边的墙上画了牧神。

右上：毕加索和马内塔斯·德·普拉塔在穆然的"生活圣母院"，1968 年由吕西安·克雷格拍摄。

右页：《抱猫女子坐在椅子上》（*Femme au chat assise dans un fauteuil*），1964 年，布面油彩，146 厘米 ×97 厘米。

在"生活圣母院"的最初几年里，毕加索创作了许多女性的肖像，都是由杰奎琳带给他的灵感。这个老年人不能给他年轻妻子的东西，艺术家将它全部送给他的缪斯。

"她称呼毕加索为'大人'、'我的主人'，从不在外人面前用'你'来称呼他。杰奎琳是毕加索的情人、模特、助手、护士、永远的倾诉对象，她包办了一切！杰奎琳需要应对如潮水般前来敲门拜访毕加索的人，为了保护毕加索，这是至关重要的！她是一个不妥协的守护者，守护毕加索的自由空间，守护他必不可少的艺术创作。"[45]

在连接大房间并通往电梯的长长走廊中，放置了一张被称为"车站月台"的靠背座椅，它是被用作等待或休息的：等待——当毕加索在客厅里与某人交谈时，来宾在这里等待；休息——是对毕加索而言的，因为他身体太过虚弱，不能走很远的路。对那些在屋外的栅栏边空等却没有结果的访客来说，能在"车站月台"等候已经是一种特权了。毕加索的大儿子保罗担任了毕加索在巴黎的秘书工作，他在 2 月底，在返回巴黎之前，与毕加索进行了最后一次会面。逐渐地，每个人都想与毕加索见上一面，人们不知道，或者不想承认，这或许就是与他的最后一面。

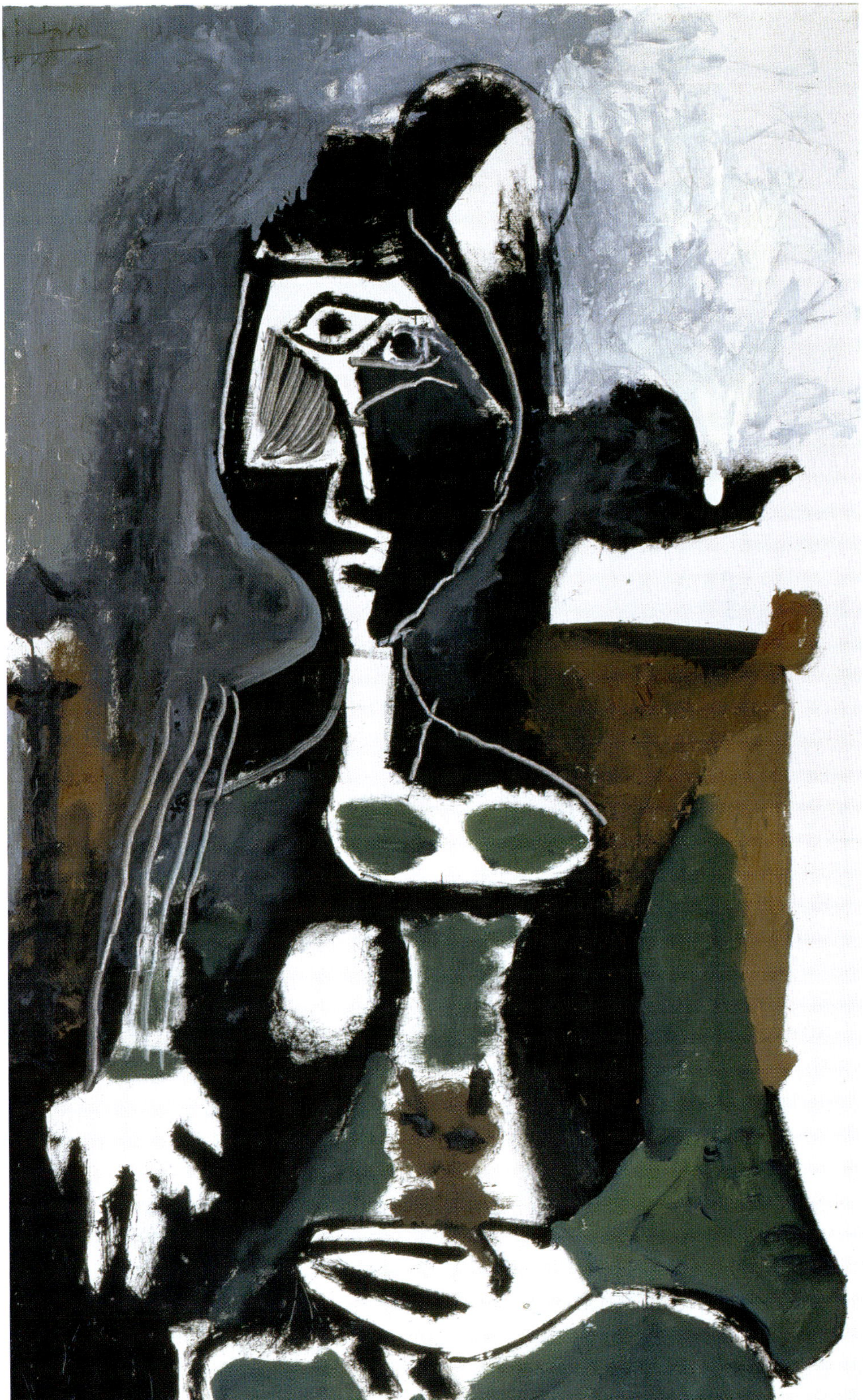

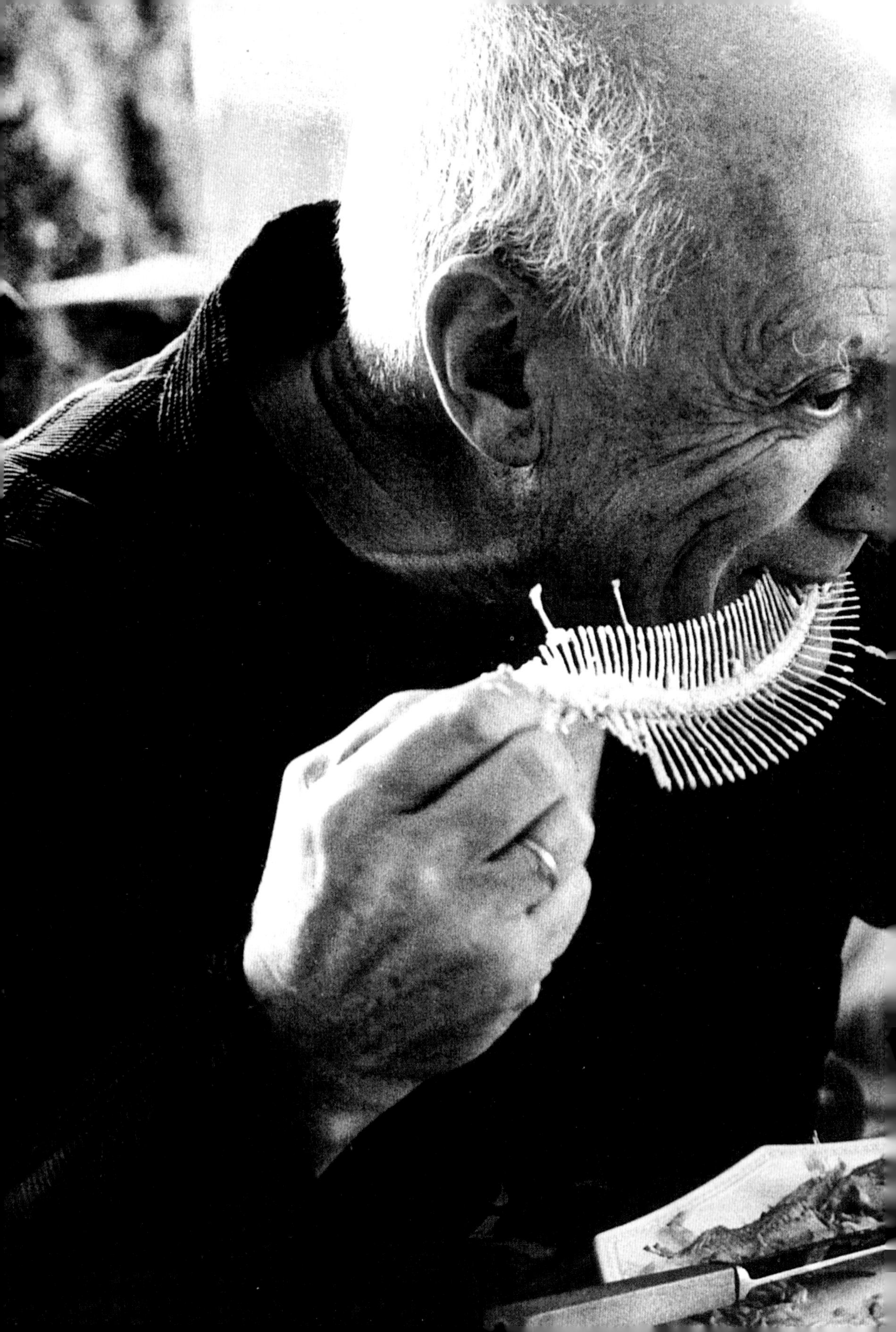

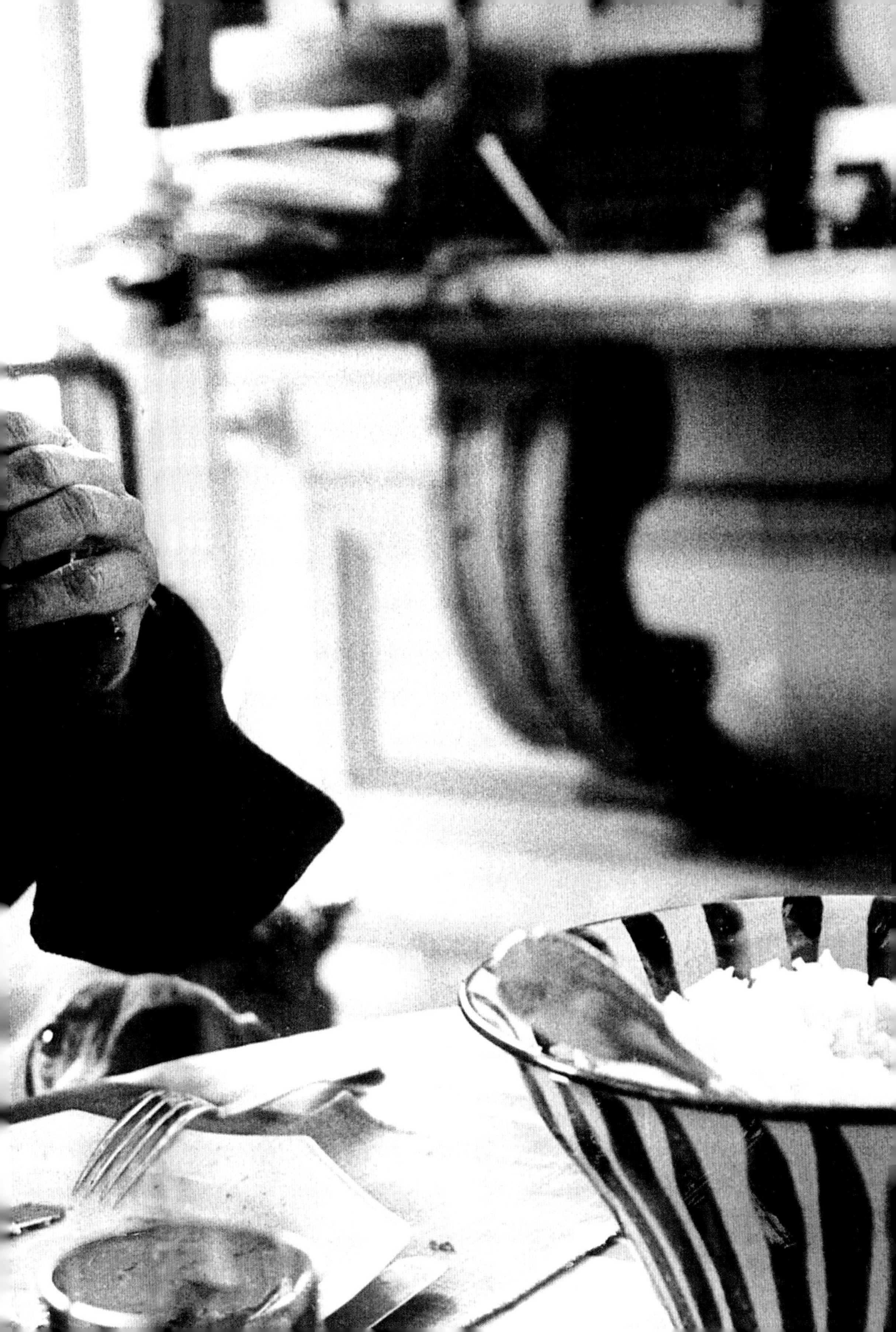

前页：加利福尼亚别墅中，毕加索在吃一条鱼，这条鱼的鱼骨后来被制作成了粘土模型。1957年4月，由大卫·道格拉斯·邓肯拍摄。

右：毕加索和摄影师大卫·道格拉斯·邓肯在加利福尼亚别墅中，1960年由琼恩·米利拍摄。

毕加索的艺术狂热让他不再有时间去关心除了自己作品之外的别的事情，或除了杰奎琳以外的任何人。任何人都别想再分散他的注意力。

此时的他，大概已经离开了人类的世界，去到了艺术的魔法世界——那个不朽的世界。

前一年，他完成了几张自画像——消瘦的脸，脸上仍有生命的色彩，但整张脸被两个黑色大眼眶所占据，充满力量和焦虑地盯着看画的人。那个时候，毕加索曾说，在生命和死亡之间，他触碰到了一些什么！1972年12月，巴黎赖瑞斯画廊展出了所有这些自画像，但毕加索没有保留其中任何的一张。

4月7日，当他开始一天的"工作"时（他总是乐于这么说），他感到身体很不舒服。他的医生汉斯立刻前来为他诊断。人们给巴黎的医生贝纳尔打电话，他晚上就赶来了。

晚饭之后，毕加索有了窒息的感觉。在走廊里的杰奎琳的女儿卡特琳娜意识到，毕加索的大限即将到来了。

她的母亲杰奎琳痛苦地叫道："他不能这样对我！他不能丢下我一个人！"直到早上，毕加索醒转，非常虚弱。律师安特比先生被叫过来，以防毕加索忽然想起什么重要的事情要托付。毕加索的病已经无可挽救，他的生命正在一点点离他而去。他问巴黎来的医生是否已经结婚，医生回答说还没有。毕加索望着杰奎琳，握着医生的手，这是他很不常做的动作，他说道："您一定要结婚，这很有用！"然后，他用一种严肃的语气说："杰奎琳，你告诉安特比……"然后，他就去世了，在这个灰暗的清晨。

活了将近92岁，在各个方面都杰出而非凡的毕加索，就这样与世长辞了。

那个时候，我还不知道，我的外祖父，即将在我的心中出生。

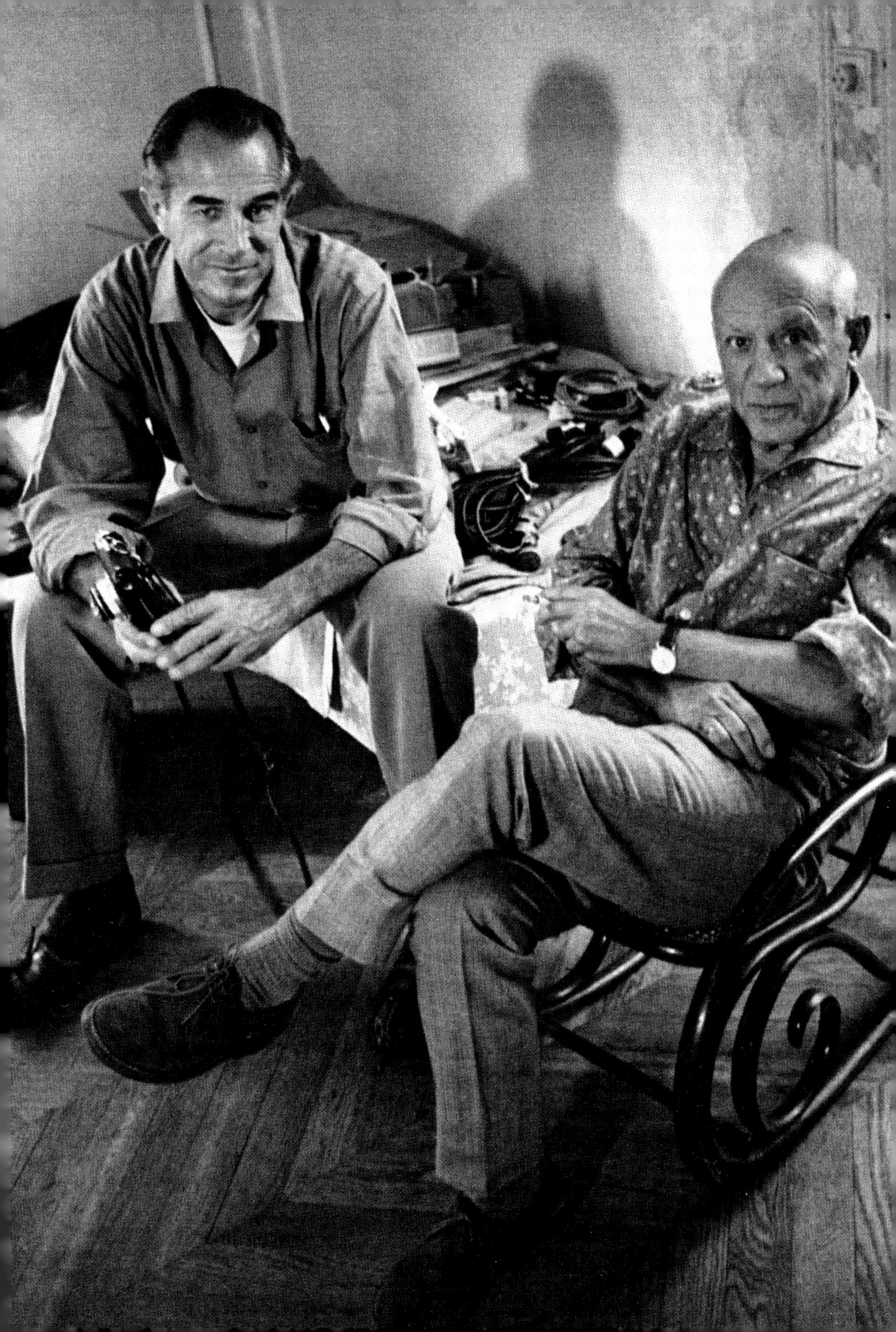

2
毕加索 与 政治
PICASSO ET LA POLITIQUE

"别人在说话，而我却在工作。"[46]
——巴勃罗·毕加索

  毕加索的整个创作都处在一种独一无二的活力中，这种活力，就是"对规则的拒绝"。
  从最初学习学院派的技法，到最后发现自我的风格，我的外祖父拒绝了一切清规戒律。他有着自己的准则，创造了一套全新的艺术语言，这套艺术语言只要被人效仿，他就会立刻提出质疑。
  对于传统技法的束缚，以及新规范的暴政，他都一样深恶痛绝。最重要的是，他讨厌和害怕"结束"这个词。有哪个艺术家能像他这样，不停地创造各种不同的有着明确界定的"时期"，然后又一一推翻它们，进入新的时期，从不被任何一种风格所固定。无论何时，当人们认为毕加索不再会有其他花样的时候，他却总是知道如何打开一个崭新的局面。他既是传统的艺术家，同时又是永恒的革命家，这就是我们所谓的"天才"吗？
  当然，我所说的"革命家"，不仅包括艺术创作，还包括他在政治层面的所作所为，这是不能绕过的一环。
  毕加索于1944年加入法国共产党。
  那个时候，许多艺术家和知识分子已经加入了这个行列。但是，在毕加索正式成为法国共产党的著名活跃分子之前，他已经对革命事业做出了坚定的、无条件的介入和参与。然而，因为亿万富豪的身份，他被外界批评并不是一个称职的共产党员。大多数批评都集中在财富这个主题上，然而很少有人关心他加入党派之前或之后实际做的事情。
  我外祖父的政治生涯，既是一种艺术表达，也是一种个人承诺。认为毕加索的艺术灵感仅仅来自单一的主题（比如女性），无疑是一种非常简化的认识。同时，也不应该否认，构成他作品创作的首要动机，不仅仅有"情感"，还有"理念"。无论是世间众生，还是发生的各种事件，都能给他带来艺术创作的灵感。他的作品不仅仅来自他的模特们，还来自"政治"。即使他有着丰富且复杂的情感，却总能让自己的理智和良知占据上风。

毕加索的研究者们一致认为，在他的作品中，总是有一种"对意义的追寻"。

因此，对他的作品进行分析，并不是一件简单的事情。一方面，我们必须避免仅仅看了几眼画作，就去盲目寻找一千种解释；另一方面，我们必须超越简单的表象，有些人仅仅根据表象就得出了结论，并仓促地加以谴责。毕加索的画布上，哪怕一个小细节，都颇具深意：可能是关于某些知识性问题的表达，也可能是对艺术材料或创作方法的追寻，甚至是他在绘画和透视法上玩的游戏。毕加索的作品之中，总是带有不可化解的意图。

有人认为毕加索的画作都是一些纯粹的幻想或谵妄的梦境，这种想法将毕加索简化成为一个讨好观众的人，一个将绘画变成一场大型骗局的江湖骗子。毕加索忍受了这些在每一个年代都会出现的不经大脑的批评，但他却没有办法对这些愚蠢的讽刺做到完全忽视。

他感到受伤，却依然坚持不懈。毕加索从来没有觉得自己有什么神圣的使命，但他非常清晰地意识到，自己拥有一种超乎寻常的天赋，他有责任利用这个天赋。

毕加索发现了一种永恒的艺术形式，这种形式也许不会得到同代人的理解，但一定会超越他所处的时代。

他的绘画，既是对现实的重新刻印，也揭示了我们这些凡俗的眼睛所无法辨认的本质。

他的朋友，也是他人生最后几年的聊天对象埃莱娜·帕姆兰，中肯地写道："他的激情燃烧得如此激烈，他的'创作人格'如此具有真实感、充满力量，他的画作中蕴含的冲击力，就好像要揪住人们的脖子对他们说，这就是你们口中的那个'玩世不恭的人'、'制造迷雾的人'、'钱财的骗子'、'逗乐的人'、'小丑'所画的！为了忍受这些批评与不理解，毕加索所受的苦，比我们想象的要多得多。因为在他看来——就像每个创作者一样——人们应该自然而然地理解他在作品中想要表达的东西。"[47]

毕加索明白，那些在公共场合喧嚣的批评声，其实可以令他的作品的影响得到延伸。他如哲学家一般认为，时间会改变一切。因为他之前曾经目睹过那些学院派的美术教授们是如何大肆抨击印象派和野兽派的。他所不明白的是，为什么批评会仅仅停留在表面，或者已经超出了正常的轨道。

他经历过第一次世界大战的法国仇外政策,将像他这样的立体主义的"外国移民"视为德国艺术的支持者,认为他"为敌人歌功颂德"。他也忍受过纳粹将他所代表和领导的艺术风格宣传为"堕落的艺术"!正是他经历的种种批评,令他在创作的道路上越挫越勇、坚持不懈。他通过他的作品而活着,通过对美学和政治的永不熄灭的激情而活着。

他所实现的每一项成就,都是推动其旺盛创造力的不可或缺的环节。只要我们简单地回顾一下他的创作,就能发现,每一件作品都有它的位置和功能。

他的市场价值在其后获得了承认。很长时间以来,他之所以可以进行大量的创作,多亏了他不再需要担心经济的问题。

成功使他摆脱了所有物质上的压力,仅根据自己的意愿行事。他所留下的巨额遗产就是这方面的有力证明。他没有留下一件废物,没有留下任何一件没有价值的失败品。

我的外祖父的政治眼光是超前的,这是他面对既定现实的深思熟虑的选择。无论这种行为是否具有革命性,只要积极投入,都是有意义的。

介入政治,是他自己的决定,是一种自愿的行为。因此,为了更好地了解他的道路、他的思想、他的行动和反抗,回到这一切的源头是很重要的。

毕加索的童年,是在"移民"中度过的,从马拉加到拉科鲁尼亚,再到巴塞罗那,他度过了不断迁移的童年,青少年时代的毕加索就已经选择了他的道路——像他的父亲一样,成为一名画家。但与他父亲不同的是,毕加索成为了一个真正的艺术家。他轻松地通过了入学考试,进入了巴塞罗那著名

毕加索、费尔南德斯·德·索特和查尔斯·卡萨吉玛斯在三号露台上，巴塞罗那梅塞德街，1900 年左右。

的美术学院学习。

儿子的非凡才华令父亲既不安又开心，他在家附近的普拉塔街为儿子租了一间画室。

毕加索很年轻就已经表现出一种逆反常规的特性——滋养他的绘画的，是他身边鲜活的事物，而不是学校里教授的学院派的技巧。他对学校循序渐进地向他灌输的这些创作技巧感到不满——这些技巧，他早就已经掌握了。他决定独自前往马德里，而此时的他，只有 16 岁。

他的父亲在圣费尔南多皇家学院为他注册了学籍。然而，毕加索更喜欢实地研究普拉多博物馆中的杰作，并常常在马德里这座都城的暧昧的花街柳巷中寻欢作乐……随后，当他在奥尔塔小镇中真正寻得自由的意义之后，他常常去光顾巴塞罗那的那些咖啡馆，在那时，它们是他自由精神的唯一避风港。当时，在那个君主专制、严守清规戒律、禁止离经叛道的现代主义的西班牙，毕加索的倾向，却偏向一种喜欢挑衅传统、非常危险的无政府主义。

毕加索在那里试探自由的限度，并获得了一往直前的勇气。

十九世纪初是一个历史的转折点，巴塞罗那开始了工业化进程。于是，在这位年轻画家的眼中，一个庞大的无产阶级在长期忍受农业萧条的西班牙诞生了。这种情况导致了革命性极强的社会运动和罢工的此起彼伏，无政府主义者在其中赢得了坚实的基础，然而他们却遭到了血腥的镇压。"共和国"这个禁忌的词汇，依然遥不可及。

另一个焦点，是加泰罗尼亚的独立运动。在四只猫咖啡馆中与朋友们的聊天里，毕加索对政治的敏感意识开始慢慢培养起来。

他跟随了伙伴们推崇的左派倾向，蔑视资产阶级的艺术，并坚决反对圣卢克艺术圈，帕特里克·奥布莱恩强调说，对毕加索而言，这是"学院派画家——那些被教会、国家和大商人所统治的天主教徒们体面的避难所"。[48]

各种强烈的观念和想法在他的脑子里汹涌着。他将这些想法更加猛烈并且淋漓尽致地表现在了他的画布之上。

然而，与其说毕加索同意无政府主义的倾向，还不如说他对现实情况更加心中有数，有的时候他会尽量远离那些在咖啡馆中大肆讨论的不切实际的幻想。此时的他，还远远没有介入政治，至少没有介入真正的政治，对他而言，比起政治来，艺术是一种更厉害的武器。面对"制度"、不公正和各种清规戒律，艺术必须是它们的解毒剂。

伊西德·雷诺内尔是一位加泰罗尼亚画家，他对边缘人群、茨冈人和乞丐很感兴趣。他对年轻的毕加索有着绝对的政治影响。他们一起加入了1900年由米克尔·乌特里洛创办的《父亲与羽毛笔》（Pèly Ploma）杂志，这本杂志的目标是在世纪之交追踪绘画和文学的发展。这本前卫的西班牙杂志的灵感来自巴黎杂志《羽毛笔》（La Plume），它与各种形式的学院派主义做对抗，让读者了解现代艺术的不同潮流。

巴塞罗那不仅是一个蓬勃发展、社会压力集中的工业城市，也是关于文学、哲学、音乐、绘画和建筑等新思想云集的都市。四只猫咖啡馆中的"现代派知识分子"接纳了毕加索这个年轻的奇才，正如雷蒙·巴肖莱所指出的那样："十多年来，这座城市对毕加索而言，（将）是一个训练场，带给他一系列的经验。这里也是一个保护他的茧，在某种意义上是他的大本营，在这里，他可以出发去巴黎和马德里，当他遇到困难的时候，也可以随时回到这里来。"[49]

至于巴黎，雷蒙·巴肖莱认为，毕加索的一切都是在那里诞生和实现的。那个时候，法国大革命刚刚过了100年，但至少比西班牙早一个世纪……在四只猫咖啡馆中，只要是从巴黎回来的人，人们都会尊重他的权威和意见，因为他们看到了世界的另一面！

1900年10月，毕加索与朋友卡萨吉玛斯和帕利亚雷斯一起首次来到了这座著名的法国都城，并参加了世界博览会。他是西班牙派出的"学院派"代表的一员，但他在巴黎发现了一个加泰罗尼亚人社区，这里有卡萨斯、乌狄、丰博纳、伊瑟恩、皮德勒斯、朱尼当……这也是他首次见识到"现代"艺术的市场，以及它的全新的推广者，他们是：加泰罗尼亚人曼尼亚克（他担任了毕加索的中间人和翻译）以及主要的客户贝尔特·韦尔。

在巴黎进行短暂的逗留后，他回到巴塞罗那，与家人一起庆祝圣诞节。随后，他搬到了马德里，准备与法兰西斯科·索勒一起创办一本新的杂志，该杂志的整体风格计划以《父亲与羽毛笔》为基础，毕加索担任艺术总监。他将这本杂志命名为《年轻的艺术》（Arte Joven）。事实上，他已经认识到了媒体在迅速传播思想方面的价值，并且运用这种方式来宣传自己对艺术的富有现代性的观点。

这本杂志的目的是什么？"拒绝传统的模式，否定资产阶级及其虚伪的本质和浮于表面的品位，将嘲讽用作武器，选择热门的话题，描绘贫穷、卑鄙和荒谬。"这本叫作《年轻的艺术》的杂志，聚集了作家米格尔·德·乌纳穆诺、诗人考奴提、雕刻家与诗人阿尔贝托·洛萨诺、创造了"九八年一代"这个称呼的随笔作者阿索林[50]，以及其他的一些"胆大妄为"的人。

他们的行动是雄心勃勃和勇敢果断的，但这种富有开创性的热情遭遇了许多的困难，最终，这本杂志在第五期之后停刊了。

在这些重要的岁月里，毕加索构建出了一系列左派人士的世界观和辩证法，这将在以后的日子里一直指导着他的政治道路。他从一个渴望重新塑造世界的年轻人的理想主义，逐渐走向现实主义，这让他得以利用艺术来重建这个世界。

人们普遍以毕加索在二战后被共产主义理念"说服"这样的说法，来简化他对政治的参与和介入。然而，这么想是错误的。他漫长的思想变化历程证明了是共产主义的思想与他的政治理想最为接近。

然而他的这种政治理想并不是与生俱来的。正如我们所知道的那样，1904年4月，毕加索终于再次来到了巴黎，并在那里度过了他人生中最贫穷的时期。

他在"蓝色时期"的作品反映了他在这一时期的痛苦，这些画作已经超越了其主题，变成了他此时日常生活的忠实写照。他生活在人民的苦难中，苦难在他的身体之内。因此，即便是后来更幸福、更"玫瑰"的时期，也没有令他远离这种普通人的朴实简单。

他经常去蒙马特的迈德哈诺马戏团和艺术剧院，这些地方带给他灵感，令他创作出了许多关于街头卖艺者和小丑的画，还有夜间的红磨坊、巴黎的赌场、当时的流行音乐厅……因此，这个时候，在毕加索的画笔之下，出现了一种以其真实经验和性幻想为基础的色情艺术，这种艺术跟他平时喜欢玩的讽刺和大胆的"良好风格"大相径庭。

毕加索和他的第一个伴侣费尔南德·奥利维耶，经常与巴黎艺术圈子来往。他认识了许多收藏家，并与先锋艺术家们过从甚密。他很喜欢蒙马特的小酒馆，尤其是敏捷的兔子酒馆。因此，毕加索与纪尧姆·阿波利奈尔、安德烈·萨尔蒙、胡安·格里斯、玛丽·劳伦森、雷昂·斯坦有了密切的联系。雷昂的妹妹格特鲁德·斯坦将他介绍给了马蒂斯。两个人的会面是一次决定性的相遇,决定了毕加索与马蒂斯两个人亦敌亦友的一生——对于他们的分歧之处,他们既是竞争者,又是互相欣赏的人。

毕加索有着横溢的才华,他能够在群体中鹤立鸡群,也能够以一种"快乐的炼金术"来解决自己的焦虑不安。在多方的影响下,毕加索塑造了个人的思想与良知,其中"自由精神"是最重要的一环。毕加索喜欢与所有人进行富有收获的聊天,但总是很容易地成为谈话的主角。人们很明显地注意到,他给予身边的人一个很有力的形象,这个形象既亲密,又冷漠,有时冷漠到令人难以理解。他会毫不掩饰地将自己的兴趣从一个人转到另一个人,却不带任何恶意。

毕加索开始能够赚钱谋生了,但是我们还不敢说他此刻"赚得更多",因为在法国谋生,所遇到的日常生活的困难是难以想象的。我们觉得毕加索在"洗衣船"居住的那段时期的一些照片拍得很美……然而,这种美的背后,是寒冷和饥饿。

"洗衣船"是由砖头和瓦片搭成的,它代表了生存的漂泊无定、脆弱与窘迫。但是,住在那里的所有人,都有着自己的方式,怀有某种希望——希望是勇气的第一种形式。

即使在我的外祖父成功的最高点,在他腰缠万贯的时候,他依然是一个简单的人,一个团结别人的人,一个属于人民的人。他喜欢为人民做事,拥有着悲天悯人的情怀。共产主义,对他而言,就是一种为人类的幸福而奋斗的向往,就像其他许多人一样,毕加索一直对此坚信不疑。

在 1910 年后,他终于可以买得起大部分的日常用品,并且还有一些富余……但是他并不相信资本主义的那套迷惑之辞。很早的时候,他就懂得如何跟画商打交道。他很不舍得跟自己的画作分离,很快他就知道如何卖出他想要卖出的画,而不是让自己的作品被挑选。在艺术品交易中,他通过规定最低价格,再次打破了所有的规则。

同时,毕加索也没有放弃无政府主义的思想。1898 年,毕加索为古巴人民努力摆脱西班牙的枷锁给予了支持。[51] 1909 年，他参与了支持弗朗西斯科·费雷尔的示威游行，后者是"西班牙革命者、政教分离的热烈捍卫者，在一场虚假的审判后被枪决"。[52]

对毕加索来说，抗议对弗朗西斯科·费雷尔的处决，象征了他对"黑色西班牙"的反对。

他对画室之外所发生的事情，丝毫没有漠不关心。他很喜欢阅读报刊，人们能在他生命不同时期的各种照片中，注意到总是有报纸在他的身边或在画架旁。一开始是《精益求精报》或《费加罗报》，后来是《人道报》或《法国文学报》。这些报刊杂志并不仅仅充当他临时的调色盘，也不仅仅为他提供一些作为绘画题材的奇闻异事，他非常认真地去阅读报纸上的文章，这些文章有的时候会被他故意地挪用、改编进他的艺术作品中，令它们的意义更加清晰和凸显。

1912 年，毕加索经常在位于新画室附近的罗什舒瓦尔大街上的艾米特咖啡馆出没，此时的他迅速地融入了未来主义运动之中。这个由意大利画家和作家组成的群体，自 1909 年就宣布开始艺术革命，这十分吸引毕加索。那些未来主义者们的主张并不是政治性的，而是仅仅建立在艺术基础上的。毕加索在这里所获得的，更多的是一种创作风格的设计，而不是一种政治信念。

毕加索是西班牙人，西班牙是中立国，因此他没有参加 1914 年的战争。在荒凉的巴黎，他无能为力地目睹了艾娃的死亡，看到受伤的朋友们纷纷返回，毕加索远离这些军事行动，他认为军事行动是无济于事的，是一场谋杀。但是，正如德国裔的艺术品商人丹尼尔 - 亨利·康维勒强调的那样，在这个时期，毕加索始终没有停止绘画创作。丹尼尔 - 亨利·康维勒的画廊在战争中被法国政府没收，画廊中的大部分收藏被低价拍卖并散落到各处，这是为了摧毁"现代"画家的价值，也是当时法国对德国的"抵抗行为"。[53]

毕加索接受科克托关于与俄罗斯芭蕾舞团合作的建议，是一个革命性的举措。在毕加索的体内，有一只政治动物永远在蠢蠢欲动，即使在当时的妻子奥尔加强加在他身上的规规矩矩的资产阶级生活的面前，毕加索这只政治动物也仅仅是在对绘画创作的反叛中暂时打盹儿。他是一位理想的和平主义者，是一个真正的斗士。

至于奥尔加，在 1917 年遇到毕加索前，她也是一个居住在法国的移民，过着普罗大众的生活，并不是一个资产阶级。

在 1925 年初，毕加索在两头游移不定，这一头，是大脑中激进派的观念觉醒，另一头，是他与同居情妇的大胆的艺术创作。他很快就做出了决定，这两条路同时进行！

他如今的新朋友是那些超现实主义者，安德烈·布勒东是他们的领袖。这位《地球之光》的作者，如今成为了令毕加索饶有兴致的谈天对象，是他的精神指引者。在毕加索的整个政治生涯中，在巴塞罗那、马德里或巴黎，与立体主义者、未来主义者以及超现实主义者的来往中，他总是需要与某种信念联结在一起，想要归属于某一个团体，想要成为某个艺术或政治社群的正式成员，但他从来没有真正地承认过自己的这种想法。

他是永远的边缘人，他喜欢感受周围的其他人，但也喜欢随时抽离，向前迈进。二十世纪三十年代在西班牙和整个欧洲发生的国际事件，将对毕加索产生深刻的影响。

毕加索是和平主义者和坚定的左派，他无法忍受西班牙落入法西斯的魔爪。1932 年，他签署了一份抗议书，《抗议因为＜红色阵线＞的出版而对阿拉贡进行的"为宣传无政府主义而教唆谋杀"的指控》。[54] 1935 年 4 月，他给希特勒发了一份电报，要求他免除两名德国反法西斯主义者阿尔伯特·凯瑟和鲁道夫·克劳斯的死刑。

这场战争让他在政治方面做出了比以往任何时候都更积极的介入和干预。1936 年 9 月 19 日，他被任命为普拉多博物馆馆长，这充分证明了西班牙共和政府对他的艺术创作和影响力的肯定。对于战争和政治，毕加索是一个未直接卷入其中，但却具有影响力的人。这种政治的介入与影响力的发挥，无疑是一种策略，此时的毕加索还未认识到这种策略的影响力和他自身的影响力的重要性。这种策略是一种武器、一种挑战，是自此以后文人、知识分子和艺术家们在政治纷争中普遍采取的手段。

而这种政治介入，是毕加索在没有进行任何思考的情况下，全然本能地做出的反应。杰拉德·高斯林完美地描述了他在紧急情况下的行动："他担

任了法国 - 西班牙委员会荣誉主席，前来协助西班牙共和国，签署请愿书，发出呼吁，捐款，为支持共和国而售卖自己的作品。那些战争的照片，尤其是罗伯特·卡帕发表在《人道报》上的照片，比如《今夜》(*Ce soir*)、《看见》(*Vu ou Regards*)，那些关于对平民的恐袭和轰炸的报道，以及佛朗哥的支持者们所犯下的残忍暴行，都在影响着他的艺术创作。"[55]

在朵拉·玛尔的支持下，毕加索全情地对政治进行了积极的介入。他出版了连环蚀刻画作品《佛朗哥的梦与谎言》，画出了一系列悲惨的事件，表达对西班牙共和国的支持，丝毫不计较可能会面临到的真正危险。这部作品其实是由一首超现实主义的诗歌组成，辅以蚀刻画的插图，描绘了战争的恐怖——妇女被杀害，房屋在火焰中燃烧。并且用一种巨大的怪异的形象来代表佛朗哥。这一系列的蚀刻画表达了战争带来的可怕的混乱、疯狂、荒谬和残酷，以及毕加索对战争和右翼价值观完全的厌恶与拒绝。这是他对西班牙的恐怖内战最鲜明的谴责。

然而，他有时候会大声地叫喊："我是保王党人。西班牙应该有国王，我是保王党人。"[56] 皮埃尔·戴认为，这是毕加索面对别人向他提出的那些愚蠢问题的一种独有的回应方式，就像当有人和他聊起黑人艺术的时候，他会生硬地丢出一句："不知道！"其实，毕加索本人醉心于黑人艺术，是这方面的专家。

毕加索对政治的介入，并不是通过言辞，而是通过行动来实现的。档案显示，他向西班牙全国援助委员会捐献了大笔款项，特别是在 1938 年底和 1939 年初。此外，他还在巴塞罗那和马德里发起并组建了两个供给当地儿童生活必需品的中心。为了资助西班牙共和国，如此不舍得自己作品的毕加索，毫不犹豫地卖掉了很多幅自己的得意之作。

1937 年 4 月 26 日，当巴斯克小镇格尔尼卡遭到可怕的轰炸时，朵拉·玛尔与毕加索在一起。朵拉改变了毕加索的生活，让他对政治更加关心，他们之间，除了情侣之外，还有"战友"的关系。面对格尔尼卡的这场悲剧，他们团结在了一起。

针对那些随后说毕加索是反动派艺术家、右派分子的传言，他在朵拉的"社论"支持下回应道："西班牙战争是反对人民、反对自由的反动派发起的战争。作为一名艺术家，我一生都在不断地与反动派和艺术的死亡作斗争。

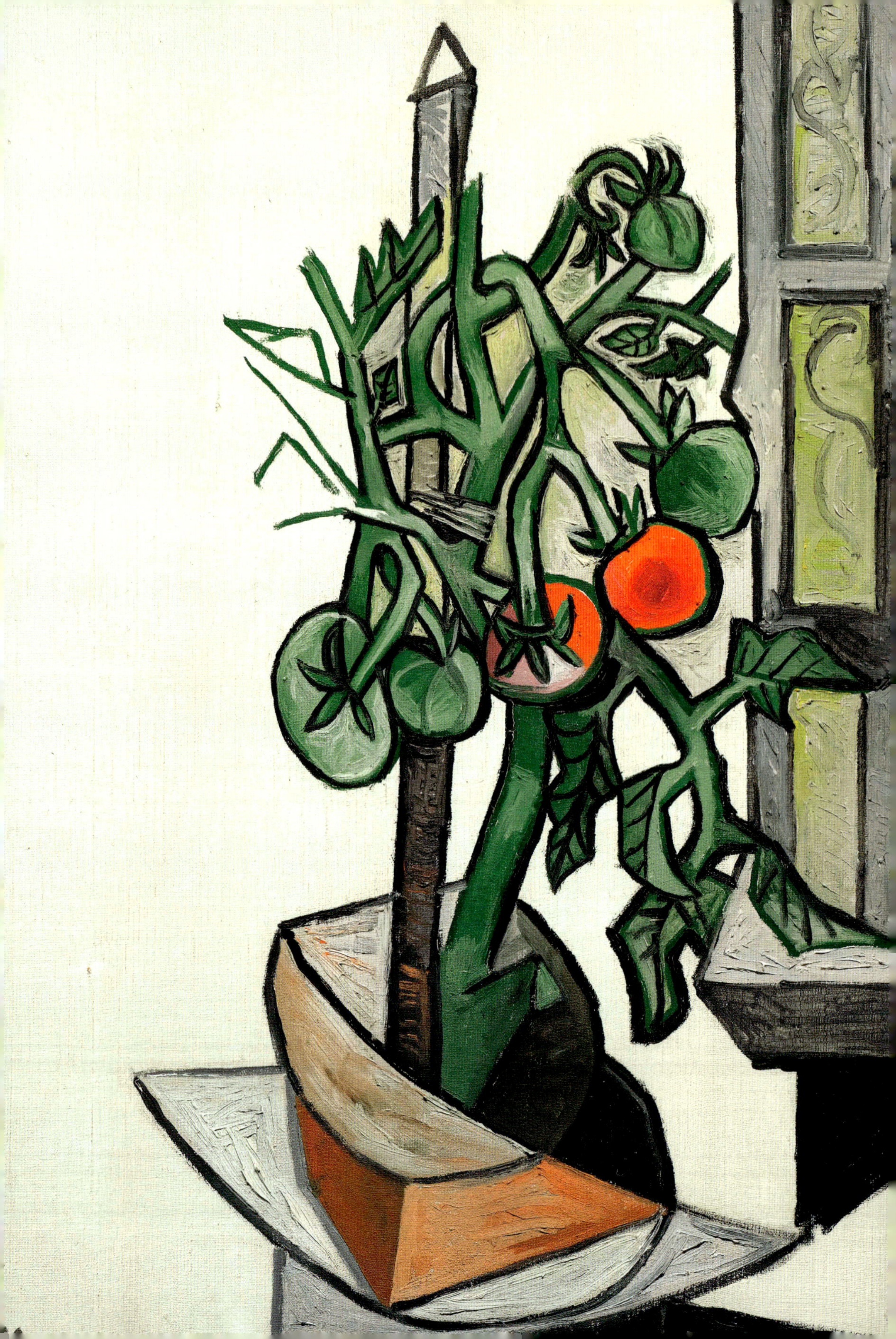

《番茄盆栽》(*Plant de tomates*)，1944 年 8 月 7 日，布面油彩，91 厘米 ×71.8 厘米，私人收藏。该作品曾属于商人保尔·罗森博格，于 2012 年 11 月在苏富比拍卖会上出售。

我正在创作一幅壁画，我将其称为'格尔尼卡'，在这幅画中，我清晰地表达了我对令西班牙陷入痛苦与死亡的深渊的军事集团的恐惧和厌恶。"

绘制《格尔尼卡》是毕加索积极地关心与介入政治事件的壮举，此后，他对政治的关心与日俱增，再没有停止过。《格尔尼卡》于 1937 年 7 月 12 日在巴黎世界博览会的西班牙馆展出。世博会于此前的 5 月 24 日开幕。在博览会上，德国和苏联针锋相对，但令人奇怪的是，两者的场馆建筑、荷枪实弹的防御力量都巧合性地极其相似。《格尔尼卡》在博览会上造成了轰动，然而，令人不可思议的是，西班牙共和政府竟然抱怨这幅巨作缺乏受欢迎的"现实主义"风格！

世界博览会之后，毕加索同意借出包括《格尔尼卡》在内的一系列作品，用于组织一次国际巡回展览，其利润将用于在法国接待和援助西班牙难民。

这幅壁画得以在瑞典（1938 年）、伦敦、曼彻斯特（1939 年）和纽约的瓦伦丁画廊展出，随后于 1939 年 5 月加入了纽约现代艺术博物馆的大型回顾展之中，该博物馆后来应毕加索的要求收藏这一幅壁画，从而使其免遭可能的破坏。

与此同时，各种国际事件正在愈演愈烈。德国于 1938 年 3 月兼并了奥地利。而法国则一直处于观望之中。毕加索的出生地马拉加沦陷。巴塞罗那遭到德国人和意大利人的轰炸，最终于 1939 年 1 月落入佛朗哥派的手中。接着是马德里，次年 3 月也遭到沦陷。同时，希特勒也率军进入了布拉格。

已经在法国生活了四十多年的毕加索，在他的"第二故乡"法国和被他如赤子般热爱的西班牙之间拉扯徘徊，内心备受煎熬。但是，在这场席卷了整个欧洲的风暴中，每个人都牵涉其中，地理背景又有什么关系？重要的是，此时此刻，有一些声音正在开始喧嚣。帕特里克·奥布莱恩指出，这个时候，有些人对毕加索提出批评，认为他创作的《格尔尼卡》将绘画艺术变成了某种宣传工具，而这一切与艺术并无关系。他们认为，艺术不应该成为政治和道德的宣传工具……[57]

然而，毕加索却有不同的看法。他说道："艺术家们是在精神价值的基础上生活和创作的，因此，面对人性与文明的最高价值之间的冲突，艺术家们不能漠不关心。"

此外，虽然毕加索具有政治倾向，站在某个党派的立场，但是，对他而言，人道主义始终超越政治立场，在他的思想中占据主导的地位，也就是说，他不仅仅是一名共和国的斗士，更是一个为了和平而斗争的战士。

格尔尼卡轰炸，这场"对无辜平民的大屠杀"，给他的精神带来了强烈的刺激。之前，他就曾将自己对和平的信仰与观念，以图像宣言的形式创作出来，去反抗佛朗哥派以及他们的帮凶。这是毕加索对发生的情况做出的适当反应。

西班牙战争是第二次世界大战之前的一次战争"演练"。

这是个怀疑与服从的年代。皮埃尔·戴向我透露，毕加索对像让·科克托这样与德国人多多少少有点"牵扯"的人宽宏大量，但他从不原谅那些与佛朗哥一党有过积极合作的朋友，如安德烈·萨尔蒙或者马克斯·雅各布，后者曾经写过一些非常模糊的朦胧诗来支持佛朗哥，结果他被毕加索"前所未有地破口大骂"。毕加索也从未原谅过达利。他绝对不愿意与那些佛朗哥一派的人为伍！1939年3月，毕加索与让·卡索、路易·阿拉贡、何塞·贝尔伽和乔治·布洛赫签署了一项关于拯救在法国圣西普里安战场被俘的西班牙知识分子的呼吁书。在巴塞罗那沦陷之后，毕加索接待了与共和党人一起战斗并逃难到法国的侄子哈维尔·维拉托，他还用同样的方式帮助了大量的西班牙难民。

毕加索的母亲唐娜·玛莉亚于1938年1月在巴塞罗那去世，享年83岁。尽管毕加索对母亲有着深厚的爱与依恋，但由于佛朗哥一党同时进驻巴塞罗那，毕加索就没有参加母亲的葬礼。他坚定不移地决定，只要佛朗哥掌权，他就决不涉足西班牙。他终生信守了这个承诺，此生再也没有回到西班牙，最终在佛朗哥去世的前两年与世长辞。

纽约现代艺术博物馆的大型回顾展，以及后来在美国的各个大城市的巡回展览，给我的外祖父带来了非凡的国际声誉。美国这个国家，从毕加索的作品中，发现了一种力量与自由，它们与美国的国家基本价值观相符合。

此后，毕加索的创作在政治上的影响，与其在美学革命上的影响同样著名。然而，尽管有许多机会和诱惑可以让他逃到美国，毕加索却仍然选择留

后页:《晨曲》(*L'Aubade*),1942 年 5 月 4 日,布面油彩,195 厘米×265 厘米,国家现代艺术博物馆,乔治·蓬皮杜中心,巴黎。
皮埃尔·戴认为:"这是毕加索在占领期间的主要作品。"他还提到:"令人压抑的几何形状,将整间屋子都封闭起来,令空间成为了一间牢房。"

在被德军占领的黑暗的巴黎,住在大奥古斯丁街画室附近的小公寓里。他已经离开了他的祖国西班牙,因此,他不想要再次抛弃需要支持和帮助的法国。

巴黎被占领前几个月,毕加索曾遇到了马蒂斯,后者正在犹豫是否要前往巴西,并最终定居在旺斯。在与马蒂斯的交谈中,毕加索就那些对 1940 年法国战败负有责任的人说了这样一句精湛的话:"我的将军们,你们上的是美术学校吗?"

毕加索是佛朗哥最具代表性和最令其头疼的反对者。而且在法律上,他什么都不必害怕,因为他有着合法的证件。然而,当时的法国维希政府宣布,他们可以随时"自行决定"将毕加索遣返西班牙。于是毕加索生活在了可能被遣返西班牙的焦虑中。

尤其是——正如我已经提到的那样——在巴塞罗那的时候,毕加索一直与无政府主义者交往,在法国警察局,他有一份档案对此进行了记录,这阻碍了他获得法国国籍。

战争刚开始即毕加索在鲁瓦扬的逗留期间,一位画家问他:"我们要怎么对付离我们越来越近的德国人?"我的外祖父回答道:"用我的画展!"然而,毕加索虽然有这样的打算,却被德国人明令禁止在被占领的法国展出作品。他把大部分画作妥善地放置在位于意大利大道的银行(未来的巴黎国家工商银行)的两个装有铁板的地下室中。马蒂斯也在那里有个保险箱,就在毕加索作品的旁边。

在负责检查银行保险柜的德国士兵那里,毕加索用了一个精妙的小把戏,骗过了他们的检查:他偷偷地将自己的作品装在马蒂斯的保险箱里,将马蒂斯保险箱里的东西挪走,于是,当士兵检查马蒂斯的保险箱的时候,他们只看到了一些画布,没有联想到这是毕加索的作品,对于这些"堕落艺术",士兵根本没有多加在意。

在这样既不安全、又缺衣少食的氛围里,毕加索又重新开始了艺术创作,尽管这个时候所有的绘画基本材料,以及粘土、石膏,尤其是青铜,都非常缺乏。他将自己关在屋里画画,冷得全身发抖,但是却始终高昂着头。他后来说:"目前不是创作者们失败、倒退和停工的时候。"他开始进行"有组

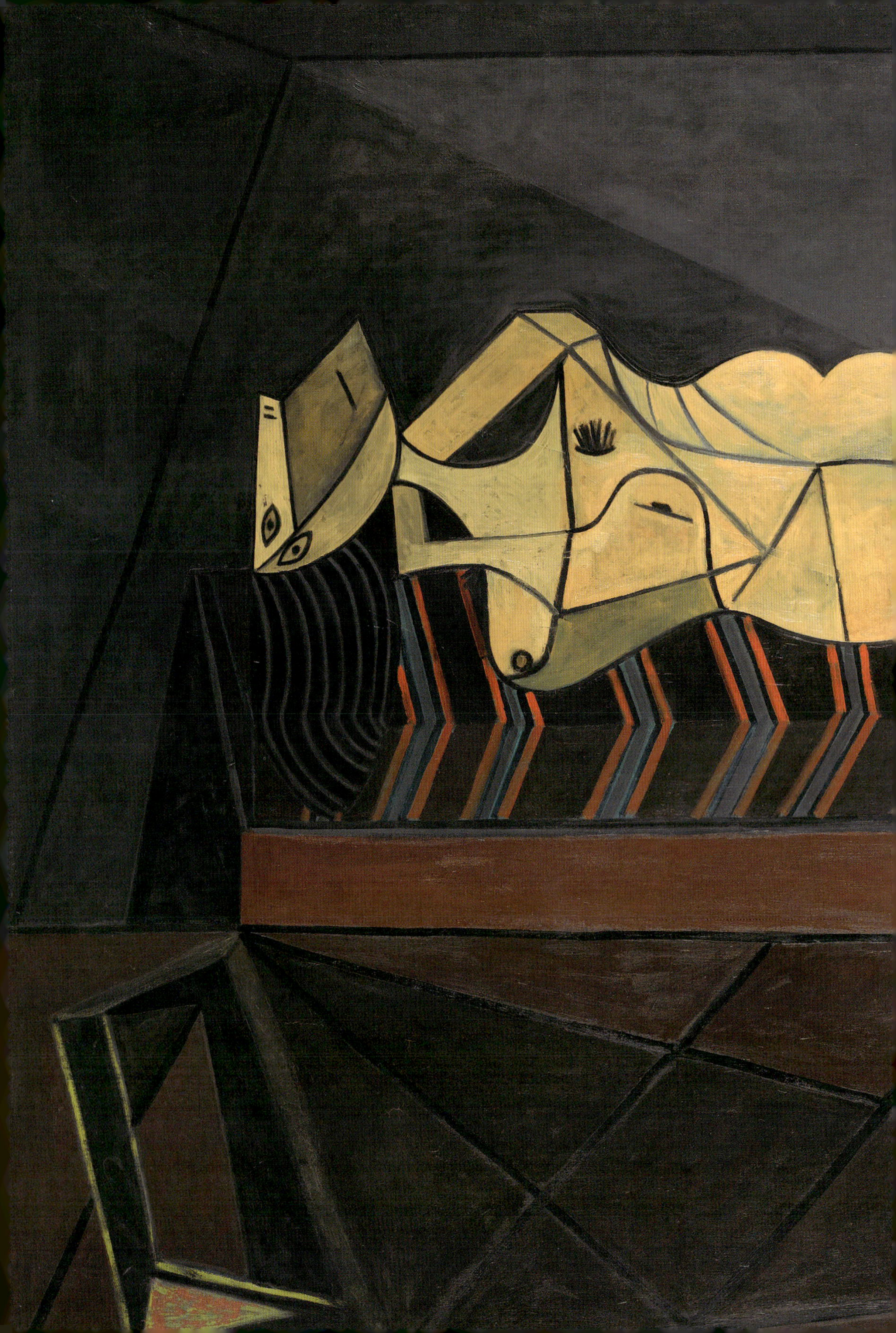

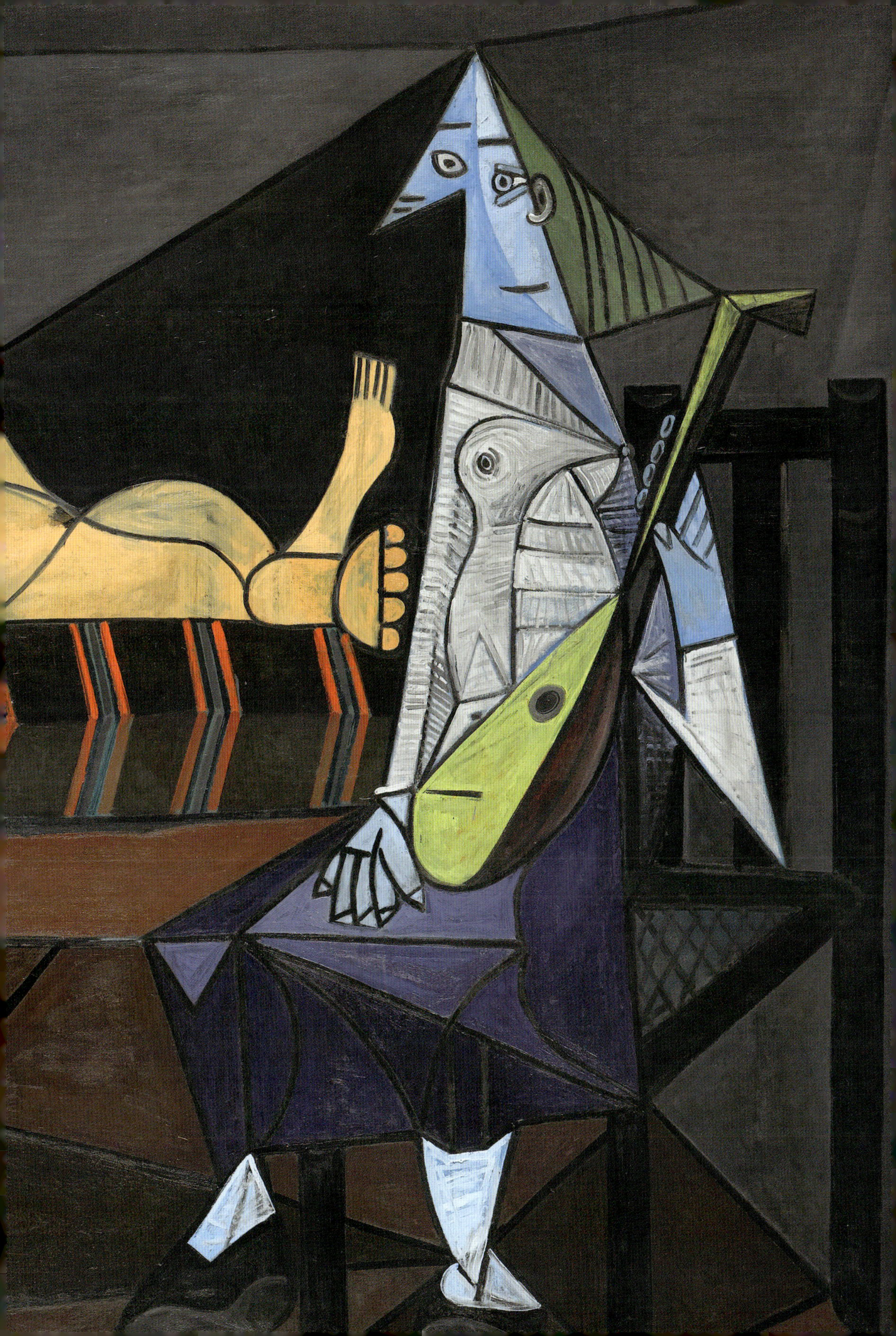

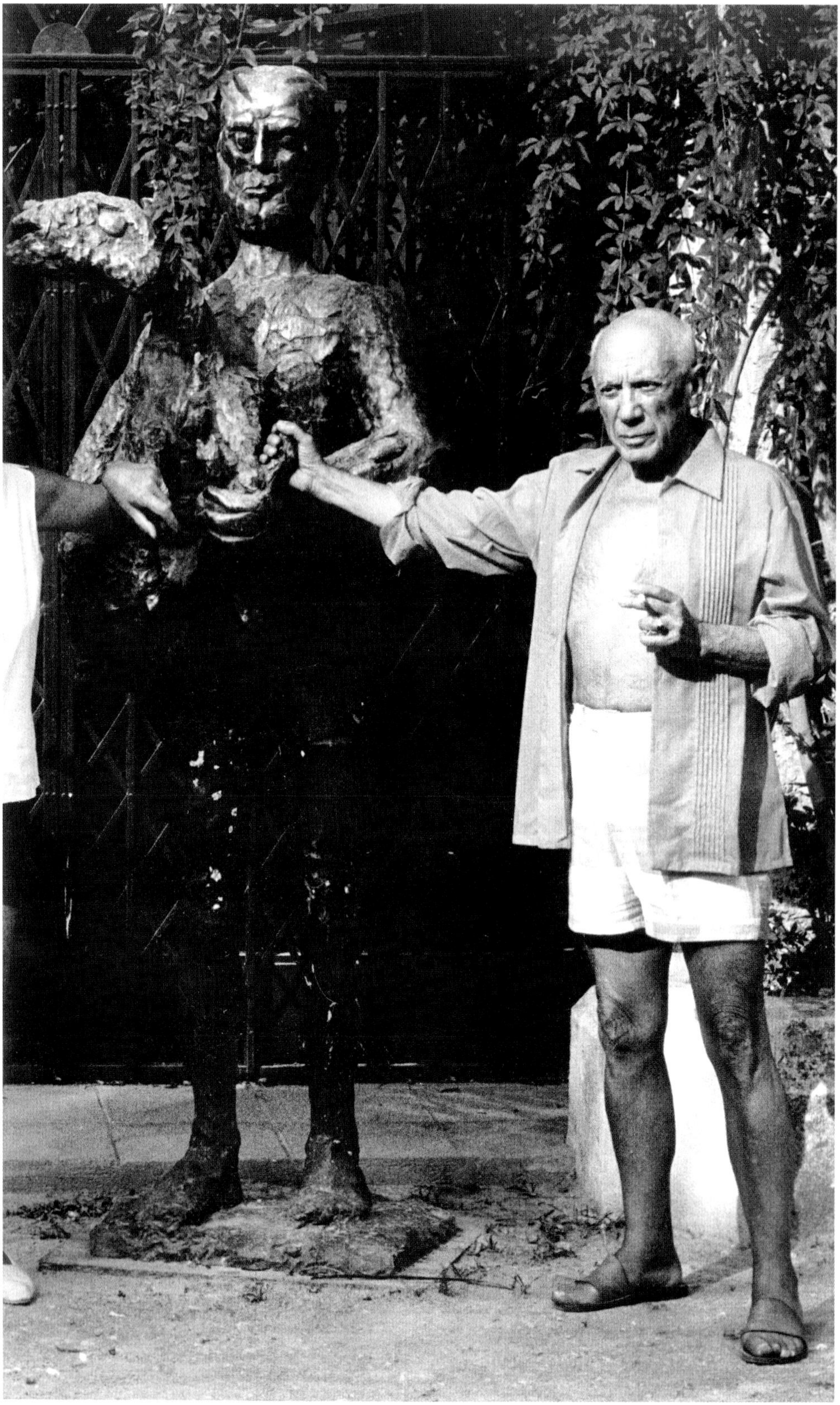

毕加索与《牧羊人》（*L'Homme au mouton*），
1965 年，吕西安·克雷格摄于"生活圣母院"。

织的"艺术反抗。

最重要的是，他必须确保他的两个"家庭"的安全，这两个"家庭"都指望着他，他们是——奥尔加和保罗，玛丽-德蕾莎和玛雅。毕加索不能把他们置于任何的危险之中。此时的他，既是自由的，又被囚禁在了这里，于是他变成了一个"积极介入的观望者"。

他将自己的艺术创作视为反抗的工具，这是他与德国侵略者作斗争的唯一方式。在这期间他创作出了许多作品：瘦骨嶙峋的女人，寒酸的残羹冷炙，以及头骨的雕塑。他在 1942 年创作的作品《公牛头颅或大胆的斥责》（*La Nature morte au crâne de taureau ou l'audacieuse Aubade*），改编自一幅提香的浪漫主义风格的作品，并在其中加入了纳粹监狱的象征。此外还有《死人头颅》（*La Tête de mort*）、《水罐》（*La Cruche*）以及次年创作完成的著名的《牧羊人》……他在占领时期的画作坚硬、阴暗、病态，体现了他当时无法跨越的现实。

1942 年 12 月，希特勒下令逮捕和驱逐所有犹太人和纳粹帝国的"其他敌人"——共产党人、共济会员或茨冈人。马克斯·雅各布被送往德朗西集中营，他于 1944 年死在了那里；盖世太保通缉的康维勒则躲藏在"自由区"。1943 年秋，毕加索收到德国就业局的一封信，命令他去参加体格检查，以便去德国埃森进行强制劳动。[58]

我们不知道是什么奇迹让他得以逃脱赴德国的劳役，也许是因为纳粹的偶像——德国雕塑家布雷克从中起到了作用。前国家安全局副局长安德烈-路易·杜布瓦也一再帮助他克服外国人的身份带来的行政上的困难，让他不必通过西班牙大使馆就能办理必要的手续。

与此同时，占领法国的纳粹侵略者政府也没有放弃去骚扰他的机会。

皮埃尔·戴写道， 1943 年 1 月的某天，朵拉·玛尔告诉毕加索，盖世太保正在他家中，他在去往大奥古斯丁街的画室路上，而那时德国人刚刚从那边出来。"他们侮辱了我，"毕加索说，"他们把我视作堕落鬼、共产主义者、犹太人。他们用脚在我的画上践踏。"[59]

因此，毕加索必须时刻保持警惕，还要注意更新他的移民证。杜布瓦在他的回忆录中说，面对威胁，毕加索既不无动于衷，也不束手待毙。

"他们（法西斯主义）向我们投来了梅毒，"毕加索说道，"很多人都

已经被感染了,却并不知情。他们让我们眼睁睁看着那些人被感染!那些可怜的人,那些可怜的人!他们不能再忍耐下去了。他们要讨回公道,要进行起义。而在此期间,你希望我什么都不做,留在我的阳台上,像个观众一样吗?不,这绝对不可能。我要上街去,跟他们在一起……"[60]

于是,毕加索为了巴黎的解放,站上了街头。

1944年8月25日,勒克莱克的部队进入了首都巴黎。

毕加索与我的外祖母玛丽-德蕾莎一起,住在亨利四世大道。发生战斗的一开始,他就离开了圣日耳曼德佩,冒着纳粹狙击手的枪林弹雨,前往圣路易岛。

当年只有9岁的玛雅记得那些混乱的日子,她回忆说,人们必须特别小心那些躲在屋顶上走投无路的德国狙击手。她还记得毕加索与她一起用彩纸做成了花环,当战斗胜利之后,他们将这些花环安放在公寓的阳台上,向解放巴黎的士兵们致意。

左：《公牛头》（*Tête de taureau*），1942 年春，皮革与金属雕塑，巴黎毕加索博物馆。

右：当巴黎解放时，在毕加索亨利四世大道住处的客厅里，一个美国士兵，"现代技术爱好者"，把他的头盔和步枪放在作品《穿红色围裙的玛雅》（*Maya au tablier rouge*）下面拍照。

在这个历史性的日子里，最令人吃惊的是，为数众多的美国士兵都迫不及待地想要见到毕加索。

因为在美国，毕加索已经成为了一个象征。

有人找到了他在亨利四世大道上的住址。我的母亲告诉我，除了诺曼底登陆，她对另一个"登陆"更加记忆犹新：美国士兵登门拜访毕加索，争先恐后地拍摄他最新创作的作品。"人们将一张我穿着红白相间的围兜的肖像画放在一张西班牙风格的椅子上，在前面摆上一个美国头盔（这幅肖像画后来摆在了我儿时在马赛的家中的餐厅里）。将美国头盔跟毕加索的油画摆在一起拍照，美国士兵们觉得这样拍出的照片很漂亮。"

奥布莱恩也同样描述道："解放使整个法国充满了欢乐，毕加索与他所有的朋友一样沉浸在幸福之中。"

然而，对于毕加索而言，这也是他被监禁在自己的名气中的开始，人们将他"神化"，令他渐渐远离了普通人的社会，这种"刑罚"一直延续到他生命的尽头。

毕加索从一个凡人，变成了一个神祇！他的名声很快就发展到一个不可控制的维度。弗朗索瓦斯·吉罗（毕加索在 1943 年遇见的情人），见证了这一切。

"一下子，毕加索就成为了'时代的宠儿'。在巴黎解放后的几个星期里，如果不绊倒在几个美国士兵躺倒在地的身子上，就根本无法穿过毕加索的画室。他们都要去看毕加索，但他们太累了，以至于在还没有到达他的画室之前，就躺在地上睡着了。有一次，我数了一下，整整有 20 个人睡在他

画室的各个角落。随后，年轻作家、艺术家、文人，都纷纷前来拜访毕加索，接着，游客们也蜂拥而来。在那些游客们的游览清单上，毕加索的画室跟埃菲尔铁塔占据了同样重要的位置。"[61]

很快，共产党就想要吸纳我的外祖父入党。毕竟，战争的结束是由苏联共产党带来的，纳粹在东欧的溃败也是如此。在解放的日子里，多亏了对和平主义的大力宣传，共产党得到了蓬勃发展——据说，集体主义的经验可以给人民带来幸福。毕加索的许多朋友，主要是之前抵抗组织的成员，都纷纷加入了共产党。1936年的人民阵线给他们留下了一种怀念的感觉。

因此，毕加索也加入了共产党的行列。因为共产党最充分地体现了他所一贯捍卫的理想：自由、平等、团结。他说："我向共产党走去，好像走向了一汪清泉。"

1944年10月4日，他正式加入了法国共产党。《人道报》主编马赛尔·加香和共产党书记雅克·杜克洛对毕加索的加入深感荣幸。阿拉贡、艾吕雅、福格隆和加缪也是法国共产党的成员。于是，毕加索在某种程度上，在这里寻找到了一个知识分子的大家庭。对此，毕加索也许有过一瞬间的错觉，觉得他在这里不再是以一个外国人的身份，而是这个集体的一员，就像过去，跟他在四只猫咖啡馆中所加入的小团体一样……他不是不知道，他的个性、他的作品、他的名声，无论在现实生活中还是在内心世界中，都已经将他与外界隔绝了起来。而这些在新世界的秩序下广为传播的乌托邦梦想，以及跨越了国家界限的人们，让毕加索感受到，共产主义对他而言，是一个全新的希望。

1944年8月毕加索在一幅模仿普桑作品的水彩画前面拍照。

《人道报》贡献了一半的头版头条，用来报道毕加索加入共产党的新闻。10月6日，报纸《今夜》刊登了毕加索的一段话，他们询问了毕加索加入共产党的原因，他是这样回答的："在解放的日子里，当枪炮齐鸣的时候，我正在阳台上。有人从屋顶高处开枪，还有人从街上开枪，而我不想被夹在中间，所以，我做出了我的选择。"

1944年10月21日，《人道报》再次对毕加索进行了长时间的采访，采访中写到：他是一位著名的艺术家，作品被陈列在除法国之外的世界各大博物馆中；他在美国名气很大，特别受欢迎，这是宣传苏维埃共产主义的极其珍贵的财富。

奥布莱恩说："许多人看到毕加索加入他们（共产党）后，简直惊呆了。"根据画商们的说法，毕加索的这种行为完全不顾自己的商业利益，很明显，一些美国收藏家会停止购买一个共产主义者的画作，并且人们很快就会向他追问：为什么会成为共产党的一员？毕加索接受了波尔·盖拉德在纽约《新大众》杂志上的采访，这篇采访文章也在《人道报》上发表，在采访中他说："我更想用一幅画来回答你，因为我不是作家，但由于我无法将我的颜色用电缆传送给你，那么我就试着用语言告诉你。加入共产党，是我全部生活、全部事业的合乎逻辑的结果。因为，我可以自豪地说，我从来没有把绘画看作为单纯的供人玩赏与消遣的艺术，而是有意识地要通过图形与色彩——我手中的武器，不断地加深对世界、对人类的认知，并促使这样的认知在每一天中为我带来越来越多的自由。我力图用自己的方式表达我认为最真实、最正确、最完善的事物——它们自然也会臻于至美，如同所有伟大的艺术家所熟知的那样。我常常有意识地用我的绘画去进行革命，但是如今我明白，仅仅这样是不够的。这些年我所遭受的恐怖的压迫让我知道，我应当不仅仅用我的艺术，而且用我整个身心投入战斗，于是，我毫不犹豫地加入了共产党，因为，在我的内心深处，它已经与我共存了很长时间……我终于再一次地置身于我的兄弟们中间了！"[62]

毕加索对这篇"入党宣言"进行了多次修改，生怕它无法表达出自己的本意。

根据帕特里克·奥布莱恩的说法，毕加索对他加入共产党的原因，还提供了一个更简单，更有个性，也许还更有说服力的解释，他说："你看，我不是法国人，而是西班牙人。我反对佛朗哥，而让佛朗哥明确地知道我反对他的最

147

《和平鸽》（*Colombe de la Paix*），1949 年，印刷品，圣但尼市艺术和历史博物馆。

路易·阿拉贡挑选这一作品，用于 1949 年 4 月在巴黎举行的世界和平大会的海报。

好的方法，就是加入共产党，这样就能告诉他，我选择跟他站在绝对对立的阵营之中。"[63]

在巴黎解放的大环境下，他的这个决定，得到了全国作家委员会和许多理解他的具有人道主义思想的知识分子们的支持。1944 年底，他被任命为西班牙之友委员会主席，该委员会聚集了西班牙难民和佛朗哥的反对者们。一个全新的创作时期已经向他敞开。一方面，他让大多数人看到他的创作，对于这些人来说，许多人都是通过毕加索才第一次接触到他们这个时代的艺术的。另一方面，他开始尝试创作报纸插图，他常常为共产党的报纸《爱国者报》提供插图，这份报纸由乔治·达帕洛担任主编，在 1951 年的尼斯狂欢节期间发行了第一期。

他绘制的插图，对于《爱国者报》来说，如获至宝。杰拉德·高斯林解释道："多亏了毕加索的插图，报纸销量和订阅量增高，这可以让报纸实现资金上的自给自足。"只要毕加索为《爱国者报》《人道报周日版》或《法国文学》绘制一幅插图，它们的销量就会立刻飞涨。这些报纸媒体根据毕加索绘制的插图制作出印版画，由毕加索亲笔签名，他们将其出售，所得的报酬是这些媒体的重要经济支持。[64]

1945 年 6 月，毕加索参加了第二十届法国共产党代表大会。他为当时的党派主席莫里斯·多列士绘制了好几幅画像。与此同时，他的艺术创作中充满了他所捍卫的政治信仰的象征。

不过，要注意的是，他的绘画跟当时法国共产党官方的审美并不相符，后者推崇的是在莫斯科流行的现实主义画风。但毕加索从不会为了迎合他人而改变自己的风格，他总是会自由地说他认为正确的话，做他想要做的事。

他完成了三件与政治相关的重要作品：1945 年春天完成的《墓穴》（*Charnier*），1945 年 12 月完成的《为法国而死的西班牙人纪念碑》（*Monument aux Espagnols morts pour la France*）——这幅画与《晨曲》一起在 1946 年的抵抗运动艺术沙龙上展出，以及 1951 年创作的《朝鲜大屠杀》（*Massacre en Corée*）[65]。最后，在 1952 到 1958 年间，他绘制了《战争与和平》（*La Guerre et la Paix*），谴责了战争带来的破坏。

自 1946 年以来，毕加索一直与他的新伴侣弗朗索瓦斯·吉罗、子女克洛德和帕洛玛一起生活在蓝色海岸，1950 年 2 月，瓦洛里小镇的共产党员

市长保罗·德里贡为毕加索颁发了荣誉公民证书。当时，蓝色海岸像整个法国那样，投票支持共产党。《雅尔塔协定》使苏联政权正式化，抵抗运动为它争取到了声誉，因此，当时在法国，投票赞成法国共产主义是非常普遍的行为。

当时的毕加索在国际舞台上也非常活跃。1948 年 9 月，他陪同保罗·艾吕雅前往波兰参加知识分子促进和平大会，并为在智利遭受迫害的巴勃罗·聂鲁达发言，他说："聂鲁达是那些祈求正义的不幸者中的一员。然而，他如今却成为了一个被围捕的对象。"毕加索强调"聂鲁达有权利在他喜爱的地方自由地发声"。[66]

随后，毕加索访问了华沙的犹太人区，然后前往克拉科夫的犹太人区，最后又访问了奥斯威辛和比克瑙。必须要去这些地方，了解一下，感受一下。

这场旅行，让他深受触动。

他将一个非常古老的意象"鸽子"用在了自己的艺术创作中。在神话中，这是由朱庇特养大、受到维纳斯宠爱的鸟，也是它宣告了大洪水的结束。正是毕加索，令鸽子成为了和平、友谊和自由的普世象征。从那时起，他描绘了无数的和平鸽，阿拉贡将毕加索创作的和平鸽的图案用在了 1949 年 4 月在巴黎举行的和平大会的海报之上。当毕加索与弗朗索瓦斯·吉罗的第二个孩子诞生的时候，毕加索将其命名为"帕洛玛"，在西班牙语中，就是"鸽子"的意思。

一年后的 10 月，毕加索出席了在英国举行的第二次和平大会。大会的

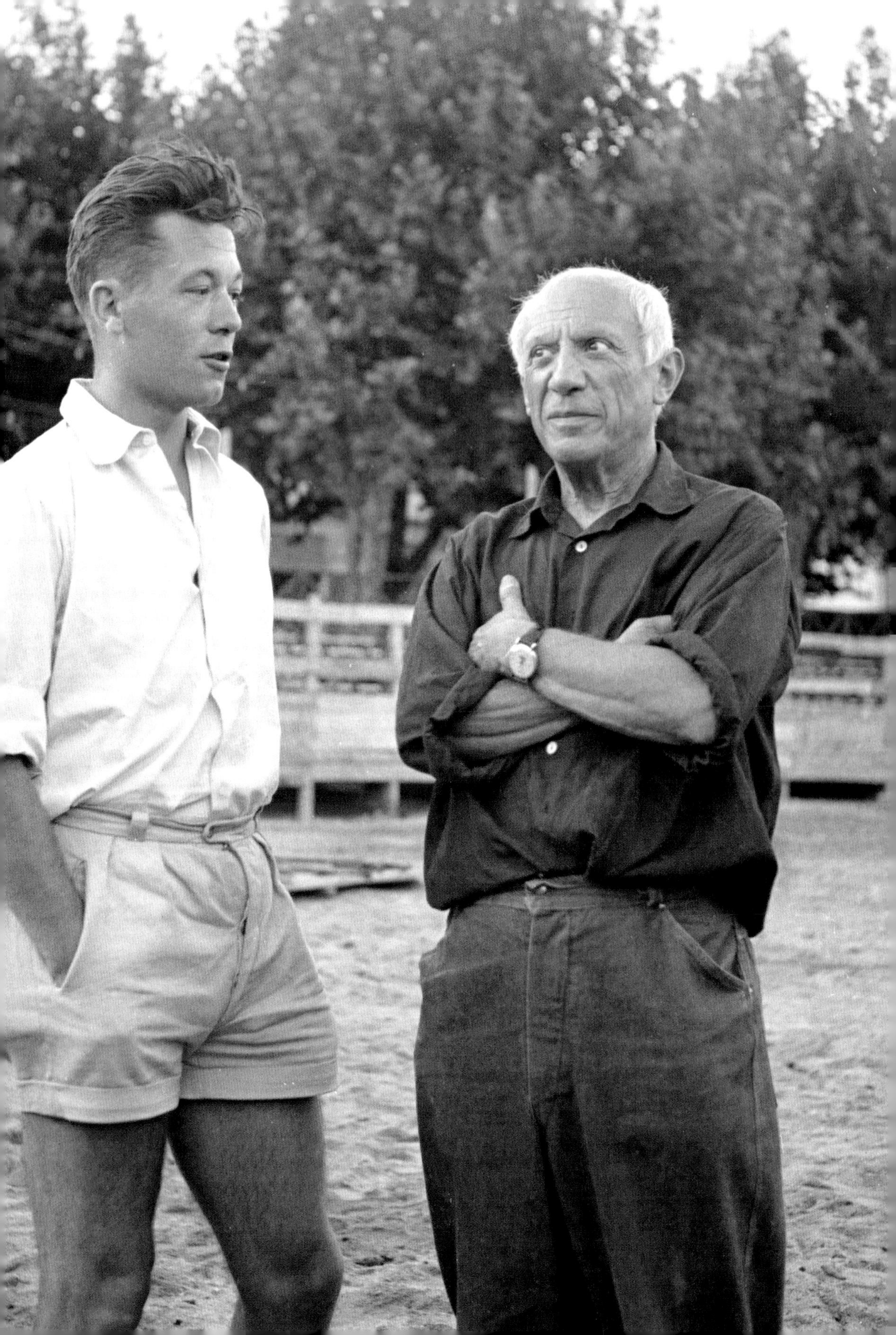

左：皮埃尔·戴与毕加索在瓦洛里小镇，1954 年由安德烈·维莱拍摄。

右：1953 年 3 月《法国文学》上刊登的毕加索创作的斯大林肖像。这幅肖像引起了一场骚动。

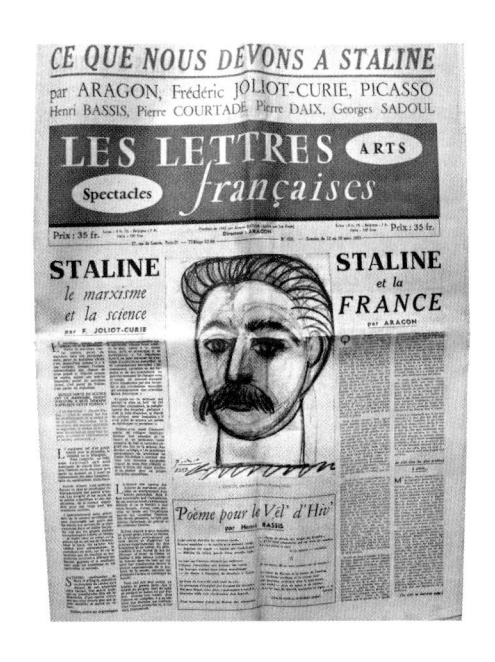

海报又重新采用了毕加索的鸽子形象——这次是正在飞行的鸽子。

1950 年 11 月，毕加索获得了列宁和平奖。

1953 年，斯大林去世之后，毕加索对共产党的态度发生了重大的改变。这个改变源自法国共产党。

毕加索和其他许多人一样，深信斯大林这位人民的"亲爱的父亲"是完美的，他为斯大林创作了一幅著名的画《祝他健康——斯大林》。与此同时，艾吕雅和阿拉贡也在他们的诗中歌颂了这位苏联的领袖。

于是，在 1953 年 3 月 5 日的那一天，《法国文学》要求毕加索为下一期杂志的头条创作一幅斯大林的画像，以悼念这位逝去者。毕加索从来没有见过斯大林，他几乎不认识他，但既然是阿拉贡请求他做的，他一定会答应……

弗朗索瓦斯·吉罗好不容易在一份旧报纸上找到了一张很古老的照片。在没有先入为主的想法的情况下，他创作出了一幅相当忠实于照片的肖像画，甚至更加讨人喜欢，因为他将斯大林画得更加年轻了。

这张肖像得到了许多的反馈。皮埃尔·戴说道："我发现了一张毕加索创作的斯大林年轻时候的肖像，与他 1903 年到 1904 年间的照片很相似。这是一幅天真而令人惊讶的作品。"

"我看到年轻的斯大林，"阿拉贡说，"格鲁吉亚的民族特征体现得非常明显。"

"他没有将斯大林的脸进行歪曲，"埃尔莎·特丽奥莱说，"毕加索很尊重他。但是他胆敢触碰这个题材，他胆敢……"

问题就在这儿：他胆敢！他胆敢为"神"造像……在这幅肖像中，毕加索揭示了斯大林令人意想不到的一面，更加亲切，没那么官方，令人印象深刻，但却并不是很"现实主义"。

《法国文学》的共产主义读者对这幅肖像和毕加索进行了批评："这种画像，与我们最爱的斯大林——这位不朽的天才根本没有任何关系。"

当然，如今的我们看到当年这样的热情会默默微笑，尤其是因为毕加索创作这幅肖像并不带任何恶意或玩笑的意图。然而，3月18日的《人道报》头条中写道，共产党秘书处"坚决反对在《法国文学》杂志上发表的毕加索同志绘制的伟大的斯大林画像"。此外，那些苏联的决策者们还不忘严厉地谴责阿拉贡，尽管他"一直勇敢地为了现实主义艺术的发展而斗争"。

这次的肖像事件，几乎成为了一起政治事件，并推动了自人民阵线时代以来所鼓励的现实主义艺术的发展，这种艺术风格是法国共产党的官方审美风格。这一切，对毕加索来说，是不言而喻的伤害。直到1954年1月27日《人道报》为了平息这一切，在头版登出莫里斯·多列士与阿拉贡和毕加索的合影，这次事件才正式落下帷幕。

但是毕加索对此却难以忘记，耿耿于怀。

有一天，阿拉贡就画风的事情批评他，说他的绘画并不能很好地与共产党的审美相一致。毕加索回答道："你啊，你穿着短裤，拿着小孩的铁圈，去卢森堡公园滚铁圈玩儿，但是你不要说绘画，绘画是我的事，不是你的事！"

这样严厉的回应，表达了毕加索不愿意将自己的艺术审美向他所属的党派妥协。如果说他喜欢在某个团体内的归属感，那也是以他保持自己的自由和独特性，不会轻易服从别人的言论和决定为前提的。

因此，他开始与共产党保持距离，此时动荡不安的国际局势拉开了他与政党的距离。

1955年5月签署的《华沙条约》，与其说是对北约协议针锋相对的回应，不如说其更多地显示了苏联在东欧各个民主国家的军事存在的合法化。在匈牙利的一系列干预，显示了这个"友好、合作和互助条约"的某种目的。在苏联第二十届党代表大会上，赫鲁晓夫谴责了人民"亲爱的父亲"斯大林的过分行为。而法国共产党则是支持斯大林这一边的。

这就让毕加索与其他的法国知识分子一起（其中包括了他的朋友埃莱

娜·帕姆兰和爱德华·比农）共同签署了一封信件。这封信是写给法国共产党中央委员会的，批评了法国共产党和《人道报》对于匈牙利镇压事件的默不作声，并呼吁召开一次特别会议。

法国共产党对此并没有回应。毕加索知道他已经到达了某个极限。他忠诚地保存了关于这个党派的所有联系，各种证书和证件，以及那些美好和糟糕的日子的所有回忆。然后，他就安静地远离了它。

在六十年代初，他依然很高兴见到他的党友，不断地向他们了解情况。然而，他不再是坚持到最后一口气的法国共产党的党员，这个不再与"人类的希望"团结在一起的"红色的百万富翁"，这一次，在公众面前，令法国共产党折损了威望，毕加索一度是他们用来宣传的王牌，而此时他渐行渐远。但这有什么关系？毕加索重获了自由，将时间充分地用在了绘画创作之中，而且比以往任何时候都更加自由。1962年5月，他获得了列宁奖金奖，而评委会主席是……阿拉贡。这是毕加索第二次获得这个奖项。这次的荣誉，是法国共产党为了挽回毕加索所做的努力，也是阿拉贡想要与他和解的尝试。

然而一切已经太晚了。此时的毕加索，已经不太注意外面的声音，更不会在乎这样的奖项。

1961年，有许多庆祝仪式为毕加索庆贺80岁的生日。但五年后，在巴黎，毕加索获得了对他最大的致敬：1966年11月19日，在巴黎的大皇宫举行了毕加索绘画作品展览，在小皇宫举行了毕加索绘画和雕塑展览（许多雕塑作品在这次展览中被展示出来），在国家图书馆举行了毕加索的版画雕刻作品展览。

当时的文化部长马尔罗与毕加索一直保持着微妙的友谊，他将组织这次展览的任务交给了格勒诺布尔博物馆的馆长——毕加索的亲密朋友让·雷玛里。

毕加索的"共产主义"倾向，使掌权的右派，尤其是对现代艺术不甚了解的戴高乐有些不快。然而，此类人中有少数却是毕加索的拥趸，比如法国战后曾担任多个博物馆馆长的让·雷玛里就曾经试图弥补"这位天才与政府之间的疏离"；还有现代美术馆馆长、作家和抵抗运动的英雄让·卡索也是毕加索的粉丝，他曾说过，毕加索与法国文化行政部门的关系不怎么好。正因如此，我的外祖父只将自己最新的作品借给了巴黎小皇宫展出，它属于巴

纽约现代艺术博物馆的阿尔弗雷德·巴尔,戴着毕加索为1957年5月举行的"毕加索75岁"展览的开幕式制作的一条纸领带。毕加索曾计划前往纽约参加这次开幕典礼,但由于他加入了法国共产党,美国当局拒绝了他的签证。于是,他向纽约现代艺术博物馆创始人兼馆长的阿尔弗雷德·巴尔递交了他特别为这次活动设计的纸领带。

黎市政府管辖,与中央文化局无关。他似乎不想向一个从未打算在国家级博物馆中展出他的作品的政府让步。

事情愈演愈烈,政府竟没有给毕加索他自己作品展览的邀请函!愤怒的毕加索向马尔罗发了一封电报,上面写着:"您真以为我死了吗?"而马尔罗——《黑曜石之首》(*La Tête d'obsidienne*)的作者[67],向毕加索回复道:"您真以为我是部长吗?"

这次大型的毕加索作品回顾展吸引了将近一百万的参观者。但是,在获得所有这些荣誉的同时,巴黎政府颁布了《巴黎空置房屋管理法》,毕加索被迫将他在大奥古斯丁街上的画室和公寓腾空,归还给政府,那里有他在巴黎生活近四十年的见证。

他既悲伤又愤怒。巴黎政府不加区别地对当时城市的空置住房实施了整治政策,在这一点上,毕加索永远不会原谅马尔罗。

同一年,政府又非常"不知趣"地想要颁发给毕加索一个他之前从未要求过的荣誉勋章。毕加索有礼貌地拒绝了这个荣誉勋章。1971年,当新任文化部长雅克·杜阿梅勒特别来到穆然,想要为毕加索颁发同样的荣誉勋章的时候,我的外祖父再次拒绝了他:他从未忘记自己在大奥古斯丁街遭遇的驱逐。

直到蓬皮杜总统上台,在蓬皮杜夫妇的努力下,法国政府才弥补了对当代艺术迟到许久的重视与关注。由于毕加索作品在市场上并不多见,也由于资金的不足,造成了政府根本没有财力大批地购入毕加索的作品。但是,早在1969年,法国政府就考虑到了毕加索死后的遗产指定问题。1968年出台的《马尔罗法》规定了通过向国家移交艺术品或收藏品来支付继承税的原则。正是由于这项法律,保证了毕加索的作品得以持续地出现在公众面前,从而令他的光辉永远闪烁。

然而,在此之前,必须向毕加索这位伟大的人物致以政治层面的敬意:为庆祝毕加索90岁的生日,蓬皮杜总统建议在卢浮宫中展出他的作品。这是让毕加索与法国政府和解的重大事件。

不过,它还是来得太迟了。如今的毕加索,已经完全而真诚地从政治中独立出来,作为一个个体而存在。他既不需要靠政府,也不需要靠政治家来证明自身的存在。

年事已高的阿拉贡,当众宣读了一首诗歌,向毕加索致以崇高的敬意,

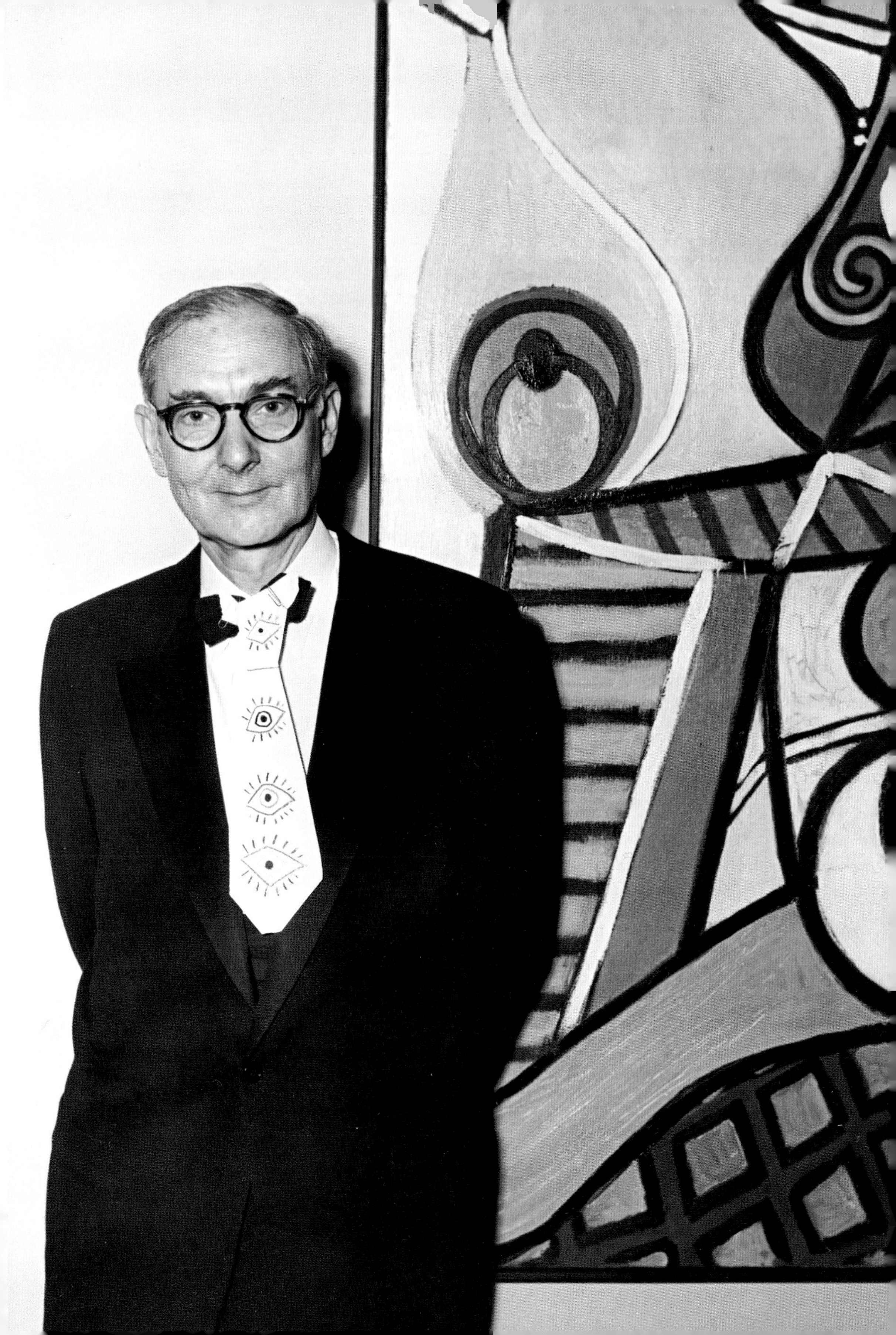

并表达了正式的遗憾。毕加索通过中间人罗兰·杜马斯感谢了他的这些曾经的同志们。毕加索在生命的最后岁月中,唯一一次跟政治有关的活动,是著名的于 1972 年在"生活圣母院"与罗斯托罗波维奇的会面。此时的毕加索已经将近 91 岁!他非常希望能够发表他与这位遭到苏联追捕的大提琴手的合影。这张照片登在 1972 年 10 月 10 日的《法国文学》上,再次证明了毕加索对自由精神的承诺,同时也"明确"地表示了对《法国文学》的支援,该周刊当时因为支持一些苏联的知识分子而被党派取消了经济援助。

毕加索最后一次表明自己的姿态,是在他辞世之后。

1969 年 11 月,他打电话给他的律师罗兰·杜马斯,因为他刚刚收到他的画商康维勒的两封信,这让他大发雷霆。马德里博物馆馆长以毕加索曾经宣称过"《格尔尼卡》属于西班牙的年轻一代"为由,宣布将让这幅画作在马德里进行展览。

然而,对毕加索而言,只要佛朗哥还活着,《格尔尼卡》就永远不可能在西班牙展出。

莫里斯·多列士和毕加索，1955 年由安德烈·维莱所摄。

他没有把《格尔尼卡》留给西班牙的年轻一代，而是留给了西班牙共和国。

因为担心这幅巨画的遭遇，毕加索于 1969 年 12 月 15 日，通过律师表达了自己的意愿："这幅作品必须回到西班牙，但仅限于共和政府在我的故乡重新成立的那一天。在此之前，这幅画及其一切有关的部分，将继续存放在现代艺术博物馆，并由其负责保管。"

律师罗兰·杜马斯备好了一封由毕加索亲笔签署的信件，并将其交给了现代艺术博物馆。为了避免今后出现任何争议，律师明智地建议我的外祖父提及"公共自由"，而不是"共和政府"，因为"公共自由已成为国际公共法律中一个成体系的概念"。[68]

1973 年 4 月 8 日，毕加索去世后，继承工作开始，所有继承人都签署了一份文件，承认《格尔尼卡》不是遗产继承的一部分。

那时的佛朗哥依然掌权。但他却于 1975 年 11 月 20 日去世。阿道弗·苏亚雷斯成为了西班牙政府的领导人。

此时的压力持续上升，直到最高点。西班牙议会于 1977 年秋季投票通过一项法律，要求收回《格尔尼卡》这幅画作，以迎接君主立宪制在西班牙大众中的普及，而在法国避难的共和党人，每周都写信给律师（罗兰·杜马斯），提醒他在道义信念上不要混淆共和国和君主立宪制。

1978 年 4 月 15 日，美国参议院通过了一项决议，"确认西班牙恢复民主，并要求在很短时间内，将这幅画作归还西班牙民主政府和西班牙人民"。许多西班牙大城市的市长也纷纷表示想要迎接《格尔尼卡》在他们的城市落脚。

1979 年 2 月 19 日，毕加索生前的律师罗兰·杜马斯与阿道弗·苏亚雷斯进行了一场会谈，外交部长、大使奎坦尼尔也参加了。双方的关系正式地稳定了下来。

然而，一个事件动摇了《格尔尼卡》进驻西班牙——说是"进驻"而不是"回归"，是因为这件作品之前从未在西班牙出现过。

1981 年 2 月 23 日，西班牙政府发生了一场失败的政变，这场政变让人们觉得，那些西班牙的魔鬼正在重新浮出水面。国民警卫军指挥官特赫罗斯上校，在西班牙议会大厅内，就在苏亚雷斯首相面前，朝天花板开枪，随即发起了政变。苏亚雷斯在开枪时依然勇敢地端坐在座位上。紧接着，军队和国王联合在了一起，与叛军对抗，保卫国家。

政变在几个小时内就结束了。

正是因为这场政变，国王胡安·卡洛斯获得了毕加索的律师杜马斯的信任，愿意跟他谈论正在进行的民主革新。国王首先想到的是，这幅画将被送到巴斯克地区，因为格尔尼卡轰炸的受害者是巴斯克人。

而律师却建议他采取一种联合的解决办法："我认为，在一个具有历史意义的事件中，不应仅考虑满足一部分人的意见，而忽略另一部分人的意见。巴斯克人的确享有这个权利，但这件绘画作品本身的意义远远超出了1937年的那场大屠杀。"

毕加索的遗孀杰奎琳·毕加索于1980年3月回忆说，毕加索曾被任命

《格尔尼卡》，1937年，布面油彩，349.3厘米×776.6厘米，索菲亚王后国家艺术中心博物馆，马德里。

为马德里普拉多博物馆馆长（1936年9月），并确认毕加索生前曾经决定选择由马德里这座城市来收藏《格尔尼卡》。

最终，1981年9月10日，经过了四十年的流落他乡，这件由我的外祖父创作的、对其政治上的积极参与最有象征意义的作品，终于在我外祖父生前为它安排的地方——西班牙的马德里落户生根。

3
毕加索 与 家庭
PICASSO ET LA FAMILLE

"归根结底，一切只有爱。"[69]
——巴勃罗·毕加索

毕加索的童年

1881年10月25日，毕加索在安达卢西亚以南的马拉加出生，他是家中的小宝藏。他的父亲唐·何塞·鲁伊斯·布拉斯可当时41岁，职业是绘画老师，同时也是当地的一所小博物馆的馆员，她的母亲唐娜·玛莉亚·毕加索·伊·洛佩兹当年26岁，还有他的外祖母唐娜·伊奈斯·毕加索，他们都因为小毕加索的出生而倍感兴奋。毕加索的两位阿姨埃拉蒂亚和艾里奥朵拉的葡萄园被根瘤蚜蹂躏后，她们就前来唐·何塞的家里居住，以为铁路员工绣饰带上的条纹的工作为生，她们也为这个孩子的出生而感到快乐。

1884年，毕加索第一个妹妹玛莉亚·朵乐斯（又叫作萝拉）出生，1887年，毕加索的小妹妹玛莉亚·康塞西翁（又叫作孔奇塔）出生，后者于1895年死于白喉症，这成了毕加索一生中最大的悲伤。

正是在这个家庭部落中，我的外祖父获得了一种相互联结的感觉，他一生都在追求这种联结感，并将这种联结感带给身边的人。在毕加索的一生中，他在自己周围建立的一个又一个"家庭"，并不是传统的家庭，但他的心底深处，将永远怀念这个"西班牙家庭"，这个家庭永远是他的避难所，并在某种程度上容忍他的一切逾矩行为。

毕加索是个十分迷信的人，这一点我们稍后就会看到。他童年时期的西班牙流行迷信，迷信的思想对他影响很深，对他而言，只有尊重家庭这个堡垒，才能有效地抵御"邪恶之眼"。这种态度令他在之后为自己的"糟糕"行为找到开脱的借口。

离开了安达卢西亚温暖的气候，毕加索全家在1891年搬到了拉科鲁尼亚北部。唐·何塞失去了博物馆馆员的职位，重新找到了一个在中学当绘画老师的工作。

他的职业生涯并不一帆风顺，但是生活的物质条件还是渐渐得到了改善。此外，这里的大西洋气候非常潮湿，风很大，令人感到不舒服。1896年，这个家庭再次搬迁，这次到了巴塞罗那，何塞先生得到了一个难得的机会，和一位在巴塞罗那、想要搬到拉科鲁尼亚的同事交换了职位。

帕特里克·奥布莱恩十分精准地描写了毕加索这段童年："在那里的头几年，对一个几乎完全不知道生活奋斗为何物的孩子来说，是相当愉快的，过于肮脏和拥挤的公寓，如同洒在广场上的浓烈而永恒的阳光一样自然而然。"[70]

除了父亲之外，毕加索是家中唯一的男性。受到阿姨和表姐妹的宠爱，被母亲捧在手掌心里的毕加索，简直是家里的"小国王"。

然而，跟父亲的相处却不是那么轻松的。毕加索在成长的过程中，始终十分尊重父亲的工作，因为他意识到，父亲通过绘画的本领来养活整个家庭是极其不容易的。并且，年过五十的唐·何塞，已经对自己的才华失去了信心。

"毕加索所绘制的父亲肖像，向我们展示了一个身体疲惫、灵感枯竭、不知所措、情绪常常处于绝望边缘的人。"他和父亲之间的关系存在着极大的复杂性。

1901 年的时候，毕加索在画作上的签名依然为："P. 鲁伊斯·毕加索"、"P. R. 毕加索"或"R. 毕加索"。而从 1902 年开始，画作上的签名改为只有"毕加索"了——他在自己的签名中抛弃了父亲的姓氏"鲁伊斯"——这种做法在西班牙是很不常见的。

然而，那一时期，毕加索与父亲讲话的时候总是充满感情与尊重。

毕加索在与布拉塞的谈话中说过，他将自己的父亲视为一个创作原型。

"每当我画一个男人的时候，我总会自动地想起我的父亲。对我来说，唐·何塞是最优秀的人，只要我活着，他永远是最优秀的人……"[71]

15 岁时，毕加索进入了巴塞罗那美术学校。他父亲为他在家庭公寓附近租了一个小画室。

在上学的第一天，毕加索就遇到了提早将他带进"成年时代"的"引路人"——比他年长 5 岁的帕利亚雷斯。

很快，毕加索就跟其他不耐烦的青少年一样，搬出了家门。他贪婪地探索着另外的世界：在咖啡馆中，跟艺术家和知识分子们谈天说地；在妓院里，他很快失去了自己的童贞；在博物馆里，他终于看到了先辈们的作品。毕加索与身边这些特立独行、狂热激进的伙伴组成了小团体，建立起一个全新的"家庭"。

最初的想做父亲的愿望

搬到马德里之后,毕加索在妓院中寻欢作乐的爱好依然没有改变。直到 1904 年他第二次去巴黎,并在巴黎居住后,他的感情生活才正式展开。那年他将近 23 岁。

在巴黎,生活很艰难,他之前一直享有的家庭的保护一时间全部消失了,那些纵情声色的幻觉也随之消失了。爱情的尽头,变成了一片空虚。

他在巴黎一开始恋爱,就已经认真思考做一个父亲的事了。1904 年,当他与那个朝三暮四的肖像画模特玛德莱娜恋爱的时候,他就这样想过了,这是他的第一段"认真"的关系——虽然在这段关系中彼此也保留了自由的空间。

两个人认真地谈了好几个月的恋爱,玛德莱娜怀孕了,然而以流产告终。在这些平庸的日子中,围绕着这个最终未能出生的孩子,毕加索开启了他的"玫瑰时期"。

虽然没有做成一个真正的父亲,但在此期间他创作了许多画作,成为了作品的父亲。同年 8 月,他遇见了与他同龄的费尔南德·奥利维耶。

从 1905 年 9 月起,两个相爱的人同居到一起,毕加索又开始考虑生个孩子。据皮埃尔·戴说,毕加索在法国看到的所有婴儿都给他留下了深刻的印象,不管是包裹他们的方法,还是带他们散步的习惯,都与西班牙的习俗完全不同。不幸的是,费尔南德的一次流产让她无法再生育,因贫苦生活导致的流产,常常会产生一辈子不可逆的悲惨后果。

尽管依然生活艰难,毕加索的这种对孩子的渴望,慢慢变成了一种难以启齿的收养小孩的想法。

1907 年 4 月,费尔南德前往科兰古街的孤儿院,带回一个 12 岁或 13 岁的女孩蕾蒙,然而,她的出现,很快让他们本来就贫穷的生活充满了困扰。意识到自己犯的错误,7 月,费尔南德又将这个女孩送回了孤儿院。毕加索因为费尔南德对这个孤女的无情态度深感震惊,当时他正在创作《阿维尼翁的少女》,这个事件加速了他们的第一次分手。在他充满感情的内心世界里,同情和痛苦是他灵感的源泉。

然而,他与费尔南德的这次分手并没有持续多久。他们又重新开始了第二次恋爱,这次的尝试充满了郁郁不乐,因为这段关系维持得太久了,从

1907 年一直到 1912 年。在这段期间，毕加索主要致力于和立体主义的合作与对话，他与朋友乔治·布拉克进行了真正的艺术探寻。

随后，他遇到了画家马库锡的女友艾娃·古尔。如果他们不是一见钟情的话，那也跟一见钟情差不多了。他们的恋爱关系从肉欲开始，到最后艾娃病死、毕加索痛失爱侣，两人关系的终点是毕加索无法前往的天堂。艾娃的疾病，中断了他们所有对未来的想象。艾娃也许是毕加索记忆中最难忘的爱人，因为她的出现是如此短暂，转瞬即逝，也没有带给毕加索当父亲的快乐。她于 1915 年 12 月因癌症去世。

奥尔加与保罗

失去艾娃的毕加索，在强烈的悲伤和绝望之后，再次开始了对女性盲目的追逐，展开了一段又一段没有结果的关系，这与他成立稳定家庭的意愿是背道而驰的。

在毕加索的生命中，这是属于俄罗斯芭蕾舞团、《游行》、埃里克·萨蒂和科克托的时代。众所周知，毕加索于 1917 年 1 月在罗马加入了狄亚基列夫的剧团，并在那里遇见了奥尔加·霍克洛瓦。

正是与奥尔加一起，毕加索终于尝到了做父亲的喜悦，那是在 1921 年的时候。那时的毕加索已经 40 岁了，父亲身份的姗姗来迟，是因为他之前的人生都处于失败之中，他的本意并不想要单身，他喜欢孩子与家庭。奥尔加的到来，对于毕加索来说，像是一个征兆，一种让他摆脱不幸的解毒剂。为了尊重之前自己许下的承诺，也为了满足奥尔加的坚持，1918 年 7 月，毕加索与奥尔加共步入婚姻的殿堂。

奥尔加在 1920 年夏天怀孕了，小保尔 (*Paul*)，后来被称为保罗 (*Paulo*)，于 1921 年 2 月 4 日出生。

毕加索长期被压抑的温柔的父爱，终于可以通过最漂亮的素描和水彩淋漓尽致地表达出来，这与他先前所做的绘画探索全然不同。毕加索的作品终于回到了平静安详的构图之中，这种新古典主义风格让他的作品代理商保尔·罗森博格与乔治·威尔登斯坦笑逐颜开，他们终于从毕加索身上赚了很多钱，并且鼓励他在人物肖像画的创作上继续探索。这就是我们可以看到许多"保罗肖像"的原因：《保罗戴着白帽子》(*Paulo au bonnet blanc*,

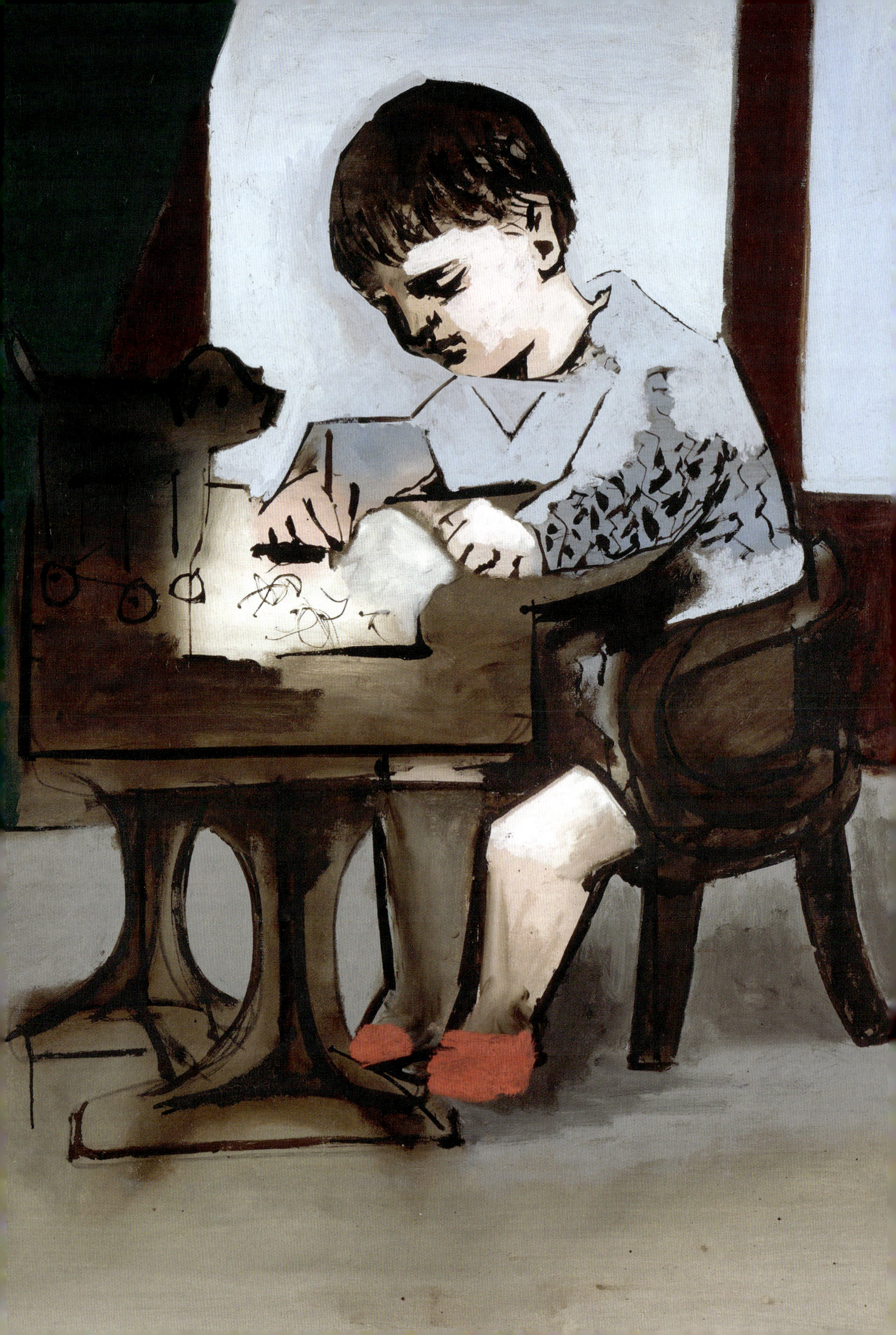

《在画画的保罗》（*Paulo dessinant*），1923 年，布面油彩，130 厘米 ×197 厘米，巴黎毕加索博物馆。

1922 年)、《保罗骑在驴子上》（*Paul sur son âne*，1923 年)、《保罗正在绘画》（*Paul dessinant*，1923 年)、《保罗扮成小丑》（*Paul en Arlequin*，1924 年)、《保罗扮成丑角》（*Paulo en Pierrot*，1925 年)、《保罗骑着马》（*Paulo sur son cheval à bascule*，1926 年)。保罗成为了毕加索画笔下所有传统风格的图像的化身。通过保罗，毕加索终于将曾在年轻时带给他灵感的事物——学院派、街头卖艺者、朴实天真的主题——全部融入对小保罗肖像的描绘之中。

1921 年夏天，在枫丹白露的逗留期间，毕加索与奥尔加和婴儿保罗一起度过了私密又平静的生活。在宽阔的房间里，画像中的形象渐渐地有了几乎与雕塑相似的超乎寻常的尺寸。在毕加索的画作中，本来身形小巧的奥尔加和她那精致的梳妆台消失了，变成了在近乎单色的背景中的身形肥胖、轮廓粗大、穿着简单衣服的女性形象，这种形象给人极其强烈的印象，并且是超越时代的。

但很快，与奥尔加的关系恶化，使毕加索不可避免地离开了儿子保罗。于是保罗被交给保姆抚养，远离父母的身边。随着保罗的渐渐长大，他不再是毕加索的灵感源泉。于是，他的形象从毕加索的画布中一点点消失了。有人认为，小保罗只是毕加索绘画创作的借口，在他的画中，小保罗不呈现任何性格。还有人认为，毕加索将小保罗视为艺术上的对手，在他身上加诸了超出常人的野心。事实上，毕加索一直为他的第一个儿子感到骄傲，他们一起玩得很开心，小保罗的孩童天真的确滋养了毕加索的艺术创作，带给毕加索太多的创作灵感。不能否认，毕加索为人父的本性让他有了浓浓的爱子之情，这种情感的唯一表达方式，就是绘画。

保罗最小的儿子贝纳德后来公布了那个时期的一系列照片和影像，证明了奥尔加、毕加索和他们的小儿子保罗曾经拥有的幸福时光是真实存在的。

从 1935 年奥尔加与毕加索正式分居那天起，毕加索与儿子保罗就过上了分隔两地的生活，这也是小保罗的样子不再出现在毕加索的画布之上的原因，因此，毕加索之后的绘画主题，人身牛头怪、画家、士兵或火枪手，都与保罗的实际生活相距甚远了。不过，自 1927 年起，又有一个新模特占据了毕加索的思想，那就是玛丽-德蕾莎。毕加索是一位父亲，但他首先是个

《在思考的奥尔加》（*Olga pensive*），1923年，彩色粉笔与黑色铅笔画，104厘米×71厘米，巴黎毕加索博物馆。

男人，一个拥有灵感的情人。

奥尔加根据她自己的梦想和妻子的责任心，为毕加索精心设计了每天的日常，让毕加索生活在很大的排场之中，有保姆、女佣、厨师、司机，对于这一切，毕加索差强人意地应付着。他们的儿子所受的教育也从另一个方面反映出奥尔加的偏好。

小保罗接受了具有上流社会色彩的教育。奥尔加为儿子聘请了一位家庭教师，在家中上课。他被母亲打扮成一个小王子的样子，必须远离他父亲的画室，避免衣服沾上颜料污点。在曼·雷保存的照片底片上，我们看到还是孩子的保罗，目光直直的，头发上抹了厚厚的发膏，在那身完美无缺的小西服里，他显得有些拘束。虽然保罗是毕加索的儿子，但他的童年在各个方面都与一个银行家或者大实业家的儿子没什么区别。不幸的是，根本没有什么为他而预备的工厂或者总统办公室存在。从一开始，保罗的身份——画家的儿子，就已经把他与他母亲梦想让他进入的那个阶层给区分开来。此外，家庭教师的教育模式，令他失去了一个孩子应该享有的学习和玩耍的环境，并将他边缘化了。

直到他差不多10岁的时候，奥尔加才同意让他去学校上学，于是他进入了巴黎的哈特梅尔私校。在班级里，他落后于其他同学的平均水平，并且很难适应学校的学习。在二战结束之后，有一次，他曾对他同父异母的妹妹玛雅悲伤地说道："你小的时候可以去上学，这真幸运啊！"

奥尔加在小保罗的家庭生活、社交生活和教育方面的管教，经常与毕加索这个"反例"产生冲突。毕加索在楼上的画室里忙于艺术创作，只有在吃饭的时候才能见到他的儿子，当父子在一起的时候，毕加索会违反奥尔加规定的礼节和规则，并教导他的儿子不要服从命令。奥尔加很生气，但是小男孩却乐在其中。

毕加索甚至在他的画室里为保罗安装了一个小型电动火车，对奥尔加来说，这是难以形容的"违反纪律"和真正的"鼓励犯错"，是对奥尔加制定的规则的绝对反抗。就在这种对规则的打破之中，父子之情渐渐地建立了起来。尽管从小在母亲制定的非常严厉的规矩之中生活，保罗还是从毕加索这里学会了一些"无礼"的举动和"不羁"的性格，这在他长大之后增加了他的个人魅力。

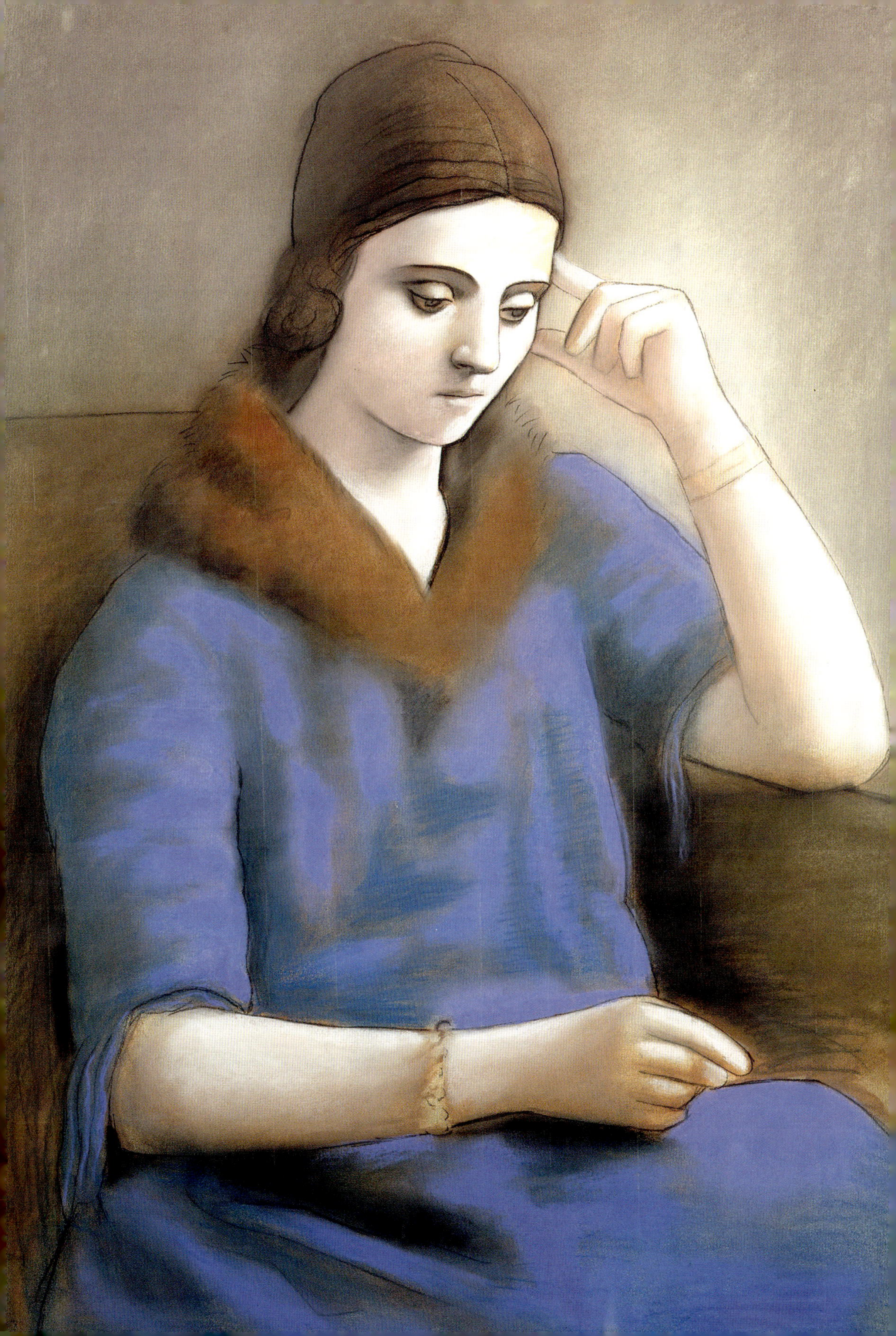

1923年，奥尔加的肖像，包括那些母子像，发生了面孔上的改变——毕加索在其中加入了他从另一个女人身上获取的灵感。无疑，这是一个吸引了毕加索的女人，她就是莎拉·墨菲。毕加索这位著名的美国朋友定居在巴黎，她是工业巨富的女儿，也是时尚画家的妻子。毕加索在这个阶段完成了许多作品，在这些作品中，人们越来越清楚地看到莎拉或她儿子的面孔，但毕加索在画商的协助下，在作品的标题中谨慎地避免提到模特的名字。因为持续地受到奥尔加嫉妒的困扰，毕加索始终用妻子的名字来命名他的画作，不过显而易见，他所画的并不是他的妻子。

1923年，在毕加索这里，标志着莎拉带来的灵感达到高潮，而奥尔加带给他的灵感已经终结。然而，毕加索和这位富有的美国女人之间的关系，很可能仅仅是人们的猜测，尽管毕加索在画作之中很明显地表达了对她的兴趣。

随后，1927年1月，毕加索遇见了我（未来）的外祖母玛丽-德蕾莎·沃特。现在是他重新获得创作自由的时候了。奥尔加对于资产阶级的完美理想，当然是发自内心的，毕加索也曾在一段时间内沉浸其中，不过，后来他发现，这种资产阶级的生活方式，扼杀了他独立自由的创作天性。对于我的外祖父来说，他需要重新找到一个平衡点。于是，他开始了双重的生活。

终于，毕加索在玛丽-德蕾莎怀孕的时候，向奥尔加提出了离婚。毕加索离婚申请的主要依据是，奥尔加"性格难以相处，经常对毕加索暴力相向，给他的生活带来很大的障碍，令毕加索无法从事工作和见朋友"。

为了证明自己的证词，毕加索出示了许多证据。而奥尔加几乎每天都向法庭递交律师信，否认了毕加索提出的一切证据，并千方百计地拖延离婚程序的进行。毕加索怒不可遏，并且在奥尔加的授意下，毕加索的画室被法院贴上了封条，以防他悄悄将作品运走，逃避可能出现的财产清点。事实上，奥尔加之所以这样做，并不是想贪图毕加索的财产，这更像是一种精神上的压力，奥尔加觉得，通过阻止毕加索画画，就能让他回心转意，尽快回家。

两人在法庭上相持不下、无法调解，1937年4月15日，塞纳河法院进行了第二次判决，决定再次对这对夫妇的情况进行调查。然而，调查和复核调查自1938年春天才开始。

乔治·布拉克在法庭上的一则证词揭示了当时紧张的情势，法庭记录中写道：乔治·布拉克在新婚不久之后去看望了他的朋友毕加索，但毕加索的妻子（奥尔加）用一种"令他永远不想再来的方式接待了他"。

至于杰米·萨巴特，他回想起，奥尔加"经常对丈夫紧追不舍，当面或在电话中用粗鲁的言辞和高亢的声音辱骂他"。

1935 年法院第一次宣布了不可调节的裁定之后，奥尔加又在公开场合屡次口出威胁的言语，这一切都令两人的关系越来越恶化，并且巩固了玛丽 - 德蕾莎在毕加索心里的地位，她是毕加索此时此刻的避难所。

如果奥尔加能很快接受这个无法避免的离婚结局，那么接下来的几年，她或许会过得快乐一点。毕加索一向讨厌麻烦，但奥尔加却给他制造了越来越大的麻烦。奥尔加对离婚的疯狂反对，以及她在众人面前的种种表现，都让人感觉到，她真正想要抓住的，并不是两个人难以挽回的爱情，而是"毕加索夫人"这个身份。这种地位的重要性，甚至大大地超过了她能够通过离婚而获得的物质利益。

奥尔加知道，她理应分到毕加索的家庭财产，分得毕加索的画作，或者至少分到跟这些画的商业价值相符的金钱。然而，在离婚的法律程序中，她完全没有提到瓜分财产这一点。奥尔加不想要财产，她只想要维持婚姻，而毕加索只想要自由。他们最终都得到了他们想要的。那些说毕加索之所以不离婚是因为龌龊地想要保住他的财产的说法，根本站不住脚。

我表哥贝纳德让我留意一个悲伤的事实。当 1935 年毕加索决定离婚时，奥尔加孤身一人。虽然她名义上仍然是毕加索的妻子，但作为一名俄罗斯移民，她没有朋友。她的朋友圈，与她在上流社会的社交圈是重叠的。

她的世界崩塌了。她没有亲人，因为亲人都陷落在俄国革命之中。她在巴黎的社交圈子里，变成了一个不受欢迎的人。因为在某种意义上，她失去了社交价值。

尽管奥尔加采取了所有拖延战术，造成了一系列的曲折，然而，1941 年 10 月 25 日，巴黎法院还是确认了两人分居的判决。这一天是毕加索的生日，他得到的生日礼物是重获自由。不过，奥尔加的顽固态度和坚定行为，并不是一无所获。离婚未能实现，毕加索还是保持着已婚身份，因此他无法娶玛丽 - 德蕾莎为妻，也不能正式承认自己的女儿玛雅，之后，他也无法与 1943 年遇到的情人弗朗索瓦斯·吉罗结婚，并且无法正式承认他们的孩子克洛德和帕洛玛。

至于小保罗，此时已经成长为一个青少年，他经常从家中逃离，在街头学习生活，因为他的那个家，直到1935年父母分开，一直充斥了各种吵闹与争执。当他从皮加勒或圣日耳曼德佩游荡闲逛完之后，他父亲的诗人朋友雅克·普莱维尔经常将他收留在自己的家中。这样，他就可以逃过他母亲那数之不尽的斥责谩骂了。

保罗长大了，他玩世不恭，并常常与比他大的人来往。布拉克非常关心他，他们成为了忘年之交，并且他们都同样喜欢汽车。

毕加索与奥尔加掀起的这场风暴，最受影响的就是保罗，他夹在父母之中，备受折磨。尤其是在争端结束后，奥尔加依然四处追踪毕加索，并在公开场合对其进行侮辱。

弗朗索瓦斯·吉罗告诉我们："1947年夏天，每次我们去海滩（他的儿子保罗经常跟我们在一起），她（奥尔加）就前来坐在我们身边……我一离开克洛德，在不远处的奥尔加就过来威胁我，指责我偷走了她的丈夫。"[72] 此外，毕加索几乎每天都收到奥尔加寄来的信，信上写满了对毕加索的批评与侮辱，以及一系列让人烦扰不堪的絮絮叨叨："你不再是以前的你了，你的儿子一钱不值，并且越来越糟，就像你一样。"

奥尔加在公众场合闹出的各种丑闻，只能让保罗离他的母亲越来越远。他也必须常常忍耐奥尔加的歇斯底里。弗朗索瓦斯又回忆起，她（奥尔加）大声斥责毕加索，毕加索扭过身子，装作没有听见。于是，她又转向保罗吼道："听着，你知道我在这里，我要跟你爸爸说话。我必须跟他说话。我有很重要的事跟他说……"而保罗也装作什么都没听见。[73] 此时此刻，已经是奥尔加与毕加索正式分手的十二年后了！

就这样，仅仅因为他的母亲，保罗又继续陷入曾经撕扯他的童年的悲剧之中。1949年，保罗的孩子出生了，他是毕加索的第一个孙子，叫帕布里托，一年之后，保罗娶了孩子的母亲艾米莉安娜·洛特。1950年，他们又生了一个女儿玛丽娜。

保罗和艾米莉安娜的离婚程序从1951年春天开始，他们两人的离婚也令毕加索与奥尔加的再度接近变成了不可能。保罗的孩子们跟着艾米莉安娜生活，毕加索和奥尔加无法一起亲近他们共同的孙子和孙女了。

奇怪的是，在最高法院于1943年做出分手的裁决之后，毕加索和奥尔加从来没有进行过共同财产的分配，并且没有任何人对这一点有过解释。当然，两人的争执始终无助于解决问题，冲突结束前，奥尔加一直居住在瑞士，她从来没有诉求过任何措施来强迫毕加索分割财产。

财产的分割，意味着正式确定他们的分手。直到1948年，奥尔加都一直期待着，能够跟丈夫毕加索重归于好。

具有讽刺意味的是，倘若奥尔加得到了夫妇的一半财产（实际上是毕加索的一半作品的所有权），那么保罗在1955年母亲去世时，就可以"直接"继承这一财产。如果这样的话，毕加索、毕加索的儿子保罗、保罗的子女帕布里托与玛丽娜之间的关系，将会发生天翻地覆的变化。

遗产继承者保罗本可以依据法律提出申诉，要回与父亲分居但未离婚的母亲应从父亲那里分得的那部分财产。然而，保罗并没有这样做。事实上，保罗特别爱他父亲，他从没想过夺走他父亲一半的作品。

奥尔加一辈子都想将"毕加索夫人"的头衔牢牢攥在手里，但其实她早就彻底地失去了毕加索这个人。她能够做的，仅仅是一些表面功夫。虽然毕加索最终得以保全他的作品，不过，在决定与奥尔加离婚的时候，他已经做好心理准备会失去它们。他按时按量地支付着奥尔加的日常开销，以及其他断断续续的各种费用。奥尔加没有在她喜欢的布瓦热卢城堡定居，她随着自己的心意，更换一家又一家的酒店居住，所有的费用都算在毕加索的头上。在生命的最后岁月，她定居在了戛纳，住在卡诺大道76号的"美好阳光"疗养院，并持续给毕加索写信，有时是发电报，就像他们昨天才刚刚分离那样，并要求他分文不少地为她支付医药费。毕加索从未回过一封信，但却为她支付了所有的账单。

即便没有负罪感，毕加索也可能会认为自己应该为带给儿子这样的童年而负责。

无论是自愿还是强迫的，他都主动承担了这对母子的全部费用，并且从不停止地满足他们在金钱上的一切需要。因此，一种特殊的"对话"，就这样在以后的日子中，心照不宣地持续地在他们之间展开。

右：1936 年 4 月，在胡安莱潘的圣热纳维埃夫别墅，玛雅坐在父亲毕加索的膝盖上。

右页：《第一场雪》（Première neige，玛雅），1938 年。帆布上的彩色粉笔画，29 厘米 × 19 厘米，私人收藏。

玛丽 - 德蕾莎与玛雅

我母亲玛雅生于 1935 年 9 月 5 日，出生在布洛涅 - 比扬古的"望远台"医院。在出生记录上，她的名字是玛莉亚·康赛西翁，这是她的父亲毕加索为了纪念自己夭折的小妹妹而取的名字。毕加索又为她取了一个爱称：孔奇塔。很快地，因为这个小女孩无法正确地发出自己名字的音，在她的要求下，玛莉亚变成了玛雅。奥尔加赢得了儿子保罗的监护权。而毕加索则在女儿玛雅的身上，获得了失去儿子的安慰。

倘若没有玛雅，毕加索肯定会因为保罗的不在而难过不已。玛雅取代了保罗，这是幸运，也是不幸。对于毕加索来说，与小玛雅在一起的每一刻，都充满了奇迹。

对我的外祖父来说，1935 年，与玛丽和玛雅在一起的生活，是一种真正的新生，这让他回到一种简单的日常生活之中，没有约束，没有舞会和各种社交。

自二十世纪二十年代中期以来，他一直处于与艺术环境相矛盾的夫妻生活中，这令他倍感不适。在这个时期，他参加了超现实主义运动。从 1931 年开始的"玛丽 - 德蕾莎时期"标志着毕加索情感与创造力重新相交相融的伟大状态的回归。他已经受够了奥尔加加诸在他身上的那些上流社会的社交生活。在这种生活中他曾经一度与现实脱节，并沦陷在各种阿谀奉承之中。在这种状态下，他的生活流于表面，变成了一个简单的单面镜，而不再是一个复杂可透视的多棱镜。

正如他十四年前为他的小男孩保罗所做的一样，他对小玛雅的喜爱也在他的画作和他的诗歌以及信件中被反映了出来。在 1935 年的几个月里，当他因为离婚诉讼而被禁止进入他的画室时，他用写作取代了绘画。我的母亲保留了毕加索在这个时候所写的无数私密记录，这些文字足以对外界诽谤毕加索冷血无情的言论进行有力的反驳。

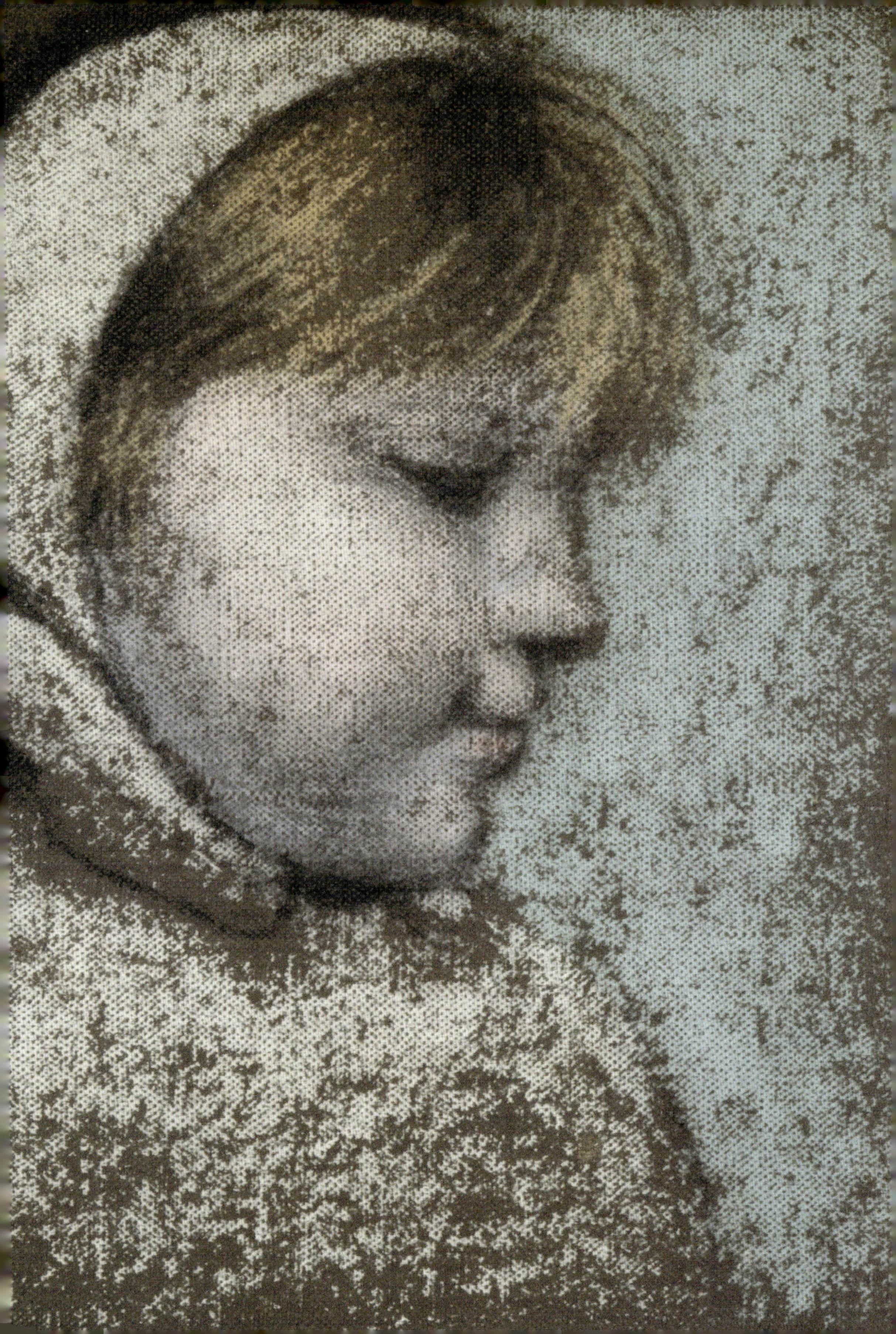

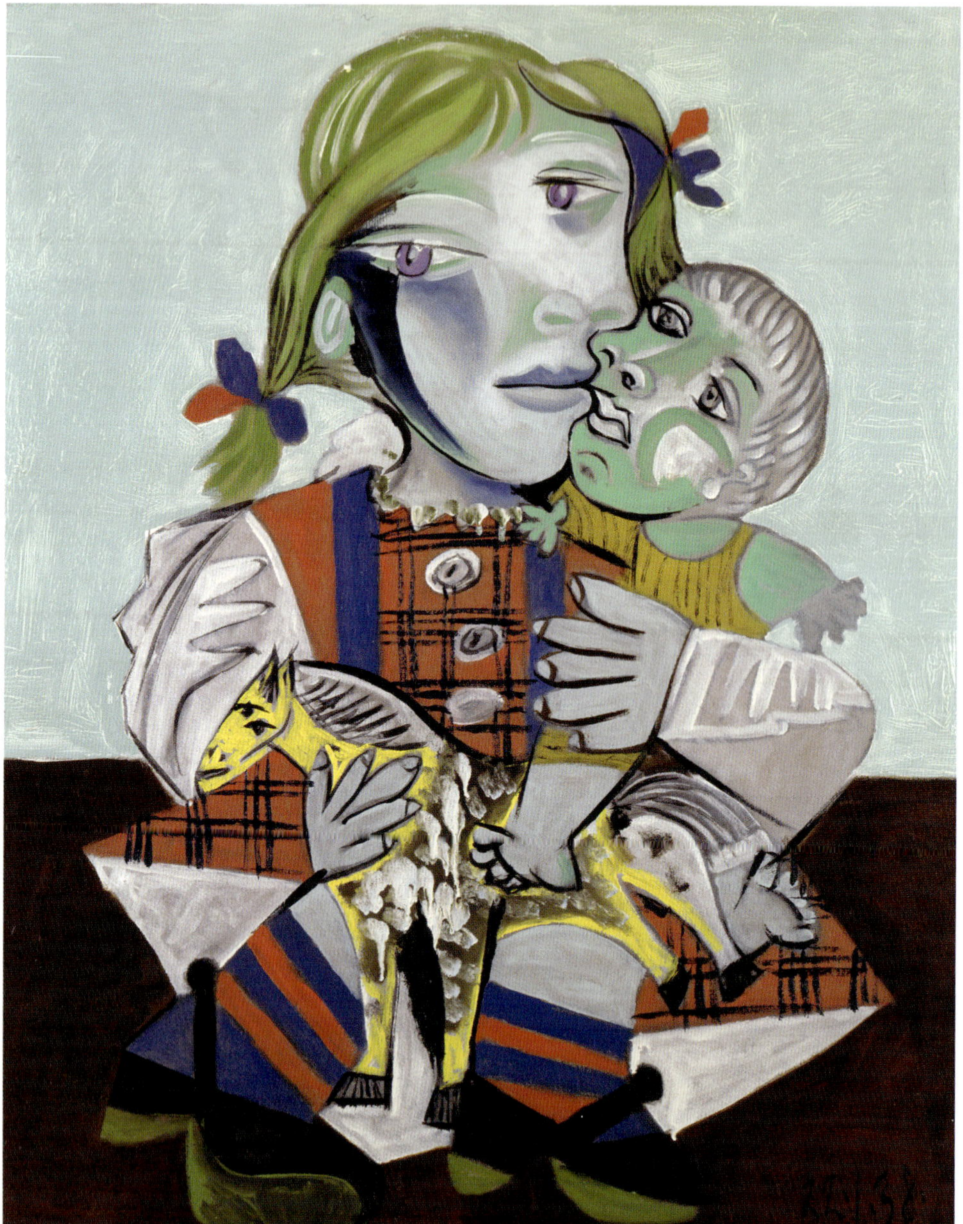

左页:《抱着娃娃和木马的玛雅》
(Maya à la poupée et au cheval de bois),
1938年,布面油彩,73厘米×60厘米,私人收藏。
右:玛丽-德蕾莎和玛雅,1945年。

根据布里吉特·雷亚尔的形容,与父亲在一起的玛雅是一个"充满快乐和活力的孩子,她继承了母亲的金发碧眼,五官却与毕加索惊人地相像,她始终是毕加索最忠诚的同伴……在玛雅的儿童时期,毕加索从未间断地将她小女孩的形象日复一日地绘制在画册上,就好像记日记一样,在她身边记录她的成长。在毕加索描绘玛雅的画册上,我们可以看到一系列令人惊讶的图像,就好像毕加索想要用图像来记录小玛雅长大的每个瞬间、每一秒钟一样。我们看到睡梦中的玛雅,吮吸拇指,做着甜梦,或大声笑着,呈现出最舒服自然的身体姿态与情感表达,这个可爱的小女孩用金黄色的头发将她的父母拴在一起"。[74]

毕加索为玛丽-德蕾莎和女儿玛雅绘制了数量众多的双人画像,以及玛雅的单人像——正在吃奶的她和快乐的她。其中较为著名的有华丽的作品《母女》(Maternités,1935—1936),以及一系列的儿童肖像:《玛雅和第一场雪》(Maya et la première neige,1936年)、《玛雅穿着红围裙》(Maya au tablier rouge,1937年)、《玛雅和洋娃娃》(Maya et sa poupée,1938年)、《玛雅在船上》(Maya au bateau,1938年)……

1939年9月份,战争忽然爆发了,那个时候,玛丽-德蕾莎和玛雅正在鲁瓦扬度假,因此,她们在那里一直待到了1941年春天。此时,毕加索已经认识了朵拉,并向玛丽-德蕾莎隐瞒了朵拉的存在。

自从1936年起,朵拉就成为了毕加索的情妇,毕加索一直将其隐藏起来,不让任何人知道。毕加索需要两个女人。

在海滩上,玛雅和奥布一起玩,她是杰奎琳娜·郎巴和安德烈·布勒东的女儿,毕加索向他们推荐了鲁瓦扬这个度假胜地。1940年6月停战以后,

177

1946 年 8 月，保罗和玛雅在夏蒙尼。

1945 年的保罗和玛雅。他们的父亲毕加索刚刚把他们介绍给对方。保罗坚持要把与同父异母的妹妹玛雅意料之外的相遇，用拍照的方式定格下来。

整体局势在之前的全盘崩溃中渐渐稳定下来，我外祖父安排我外祖母和他们的女儿回到亨利四世大道的新公寓中。此时，他们的关系已经持续了十四年。然而，玛丽 - 德蕾莎对毕加索的新欢有所察觉。对于这件事，毕加索无法向她说谎。在毕加索的坦白下，玛丽 - 德蕾莎终于了解了他与另一个女人的恋爱细节，从此之后，她明白了她必须要跟别人分享毕加索。然而，毕加索对玛丽 - 德蕾莎说，她依然是他生命中最重要的女人，在他那里，她有属于她的领地。此外，如果她愿意，她随时可以到大奥古斯丁街的画室去见他。朵拉知道，尽管她认为她从毕加索那里得到了所有的爱，但毕加索的挚爱，是另一个女人。

正如弗朗索瓦斯·吉罗之后所说的那样，玛雅是在"父亲在很远的地方工作"的谎言中长大的。毕加索为玛雅和玛丽 - 德蕾莎创造了一个世界，在这个世界里，他掌控一切，而玛丽 - 德蕾莎把自己锁在这个世界里，并担心毕加索会随时从这里消失。

她是毕加索艺术的引擎，而毕加索则是她生命的动力。

24 岁时，保罗与他同父异母的妹妹玛雅见了面。从玛雅这里，他感受到了一种无法形容的快乐。战争期间，毕加索将保罗送往瑞士居住，于是他就在法国驻日内瓦大使馆中的艺术品协调办公室工作。他一直在这里上班，直到 1946 年 10 月这个部门解散。在此期间，以及在巴黎解放后，他多次骑摩托车往返于日内瓦和巴黎之间。正是这个原因，才让他有机会与同父异母的妹妹相见。

玛雅和她的父亲毕加索在加利福尼亚别墅，1955 年夏天由曼·雷拍摄。

根据玛雅的说法，毕加索之所以决定将他们介绍给对方，是因为战争结束了，人们处于幸福之中。

"保罗很好地接受了这一点。他很高兴，感觉终于跟父亲又亲近了一些。他用摩托车载着我到处跑。"玛雅回忆道。

玛雅在一个看上去很完美的家庭中完成了她的第一次领圣体仪式，陪伴她的人，有她的父亲毕加索、她的母亲玛丽-德蕾莎、她的外祖母、她同父异母的哥哥保罗、她的阿姨热内维耶夫，以及她的西班牙嫡亲表兄弟哈维尔和维拉托。这真是个快乐的日子，毕加索似乎终于可以感到宽慰了……

当奥尔加从自己的儿子那里得知玛丽-德蕾莎的存在时，她并没有公开吵闹，也没有对毕加索进行辱骂。事实上，她对此事显得无动于衷，她依然还是"毕加索夫人"。尽管有一些人们杜撰和幻想出来的场景，不过这两个女人从来没有见过面。

另一方面，如果说玛丽-德蕾莎和玛雅这边一直维持着风平浪静的生活，毕加索与他在战后认识的新情人弗朗索瓦斯·吉罗之间却并不是这样。

媒体时代正式到来了。全世界的杂志都登载了这样一张照片：毕加索在一个非常美丽的怀孕女性（弗朗索瓦斯·吉罗）的怀抱之中，他随后又以一个幸福爸爸的样子出现在记者的镜头里，因为他又有了一个儿子：克洛德。随后是一个女儿：帕洛玛。此时的毕加索，不仅是天才画家、世界名人、亿万富翁、共产党员，还是一个 68 岁的父亲！

爱情，才华，荣耀，金钱，以及对一个年轻、聪明、有良好教育的美女的雄性热情……这简直是那些八卦杂志和狗仔队梦寐以求的事情。

毕加索和他的儿子克洛德在打拳击玩，1957 年由大卫·道格拉斯·邓肯在加利福尼亚别墅拍摄。

弗朗索瓦斯、克洛德和帕洛玛

毕加索与弗朗索瓦斯·吉罗的关系始于 1943 年 5 月，第二次世界大战之后，毕加索又重新找到了生活的乐趣——无论是作为艺术家还是作为一个平凡的人。在这种满足与惬意的环境中，1947 年 5 月 15 日，毕加索迎来了他第二个儿子克洛德的诞生，随后的 1949 年 4 月 19 日，毕加索拥有了第二个女儿帕洛玛。

自 1946 年以来，毕加索经常与弗朗索瓦斯一起在蓝色海岸旅行，他们在胡安莱潘、梅内尔伯村、瓦洛里小镇、戈尔夫瑞昂或昂蒂布不停地来来去去。在格里马尔迪城堡，毕加索用画笔描绘了《生活之乐》，这是和平的新世界的象征，它永远存在于毕加索的画布之上。

1947 年，毕加索在瓦洛里小镇定居，住在威尔士女人别墅，这套别墅属于弗朗索瓦斯，毕加索在福尔纳的画室中作画。随后，他们在 1955 年定居戛纳，在那里他买了加利福尼亚别墅。

毕加索的生活中，满满的都是家人。毕加索把保罗介绍给玛雅和弗朗索瓦斯，将毕加索的两个大孩子（保罗与玛雅）介绍给两个小孩子（克洛德与帕洛玛）认识。在弗朗索瓦斯后来写的书中说，毕加索觉得，与这个"古怪"的家庭生活在一起是很正常的事。

"当玛丽-德蕾莎和她的女儿玛雅来到南部时，毕加索持续每周探望她们两次。1949 年夏天，我建议把她邀请到家中做客，因为那个时候她们就在附近的胡安莱潘。我做出这样的决定并不是出于天真，而是觉得，玛雅可以认识与她同父异母的弟弟克洛德和妹妹帕洛玛……毕加索喜欢躺在沙滩上，看着一份《竞赛报》或者其他什么报纸，跟他的新家庭待在一起。我们那时的关系十分放松，一切都很正常。"[75]

玛雅给我讲了她第一次拜访父亲"新家庭"的经历，这次拜访对她来说是很受伤的。克洛德和帕洛玛的存在，对于玛雅来说，是个活生生的证据，证明了她一直以为的仅有她的父亲和母亲共同建立起来的爱巢，已经不复存在了。

尽管当时玛雅的年纪很小，但她很快意识到，自己的弟弟妹妹们很脆弱。毕加索与两个女人——奥尔加、弗朗索瓦斯之间，很快就出现了无法向他们解释的紧张气氛，面对不断的对峙与争吵，最受伤害的就是这些小孩子。

于是，玛雅决定用自己的方式去保护他们、照顾他们，就像一个护士一

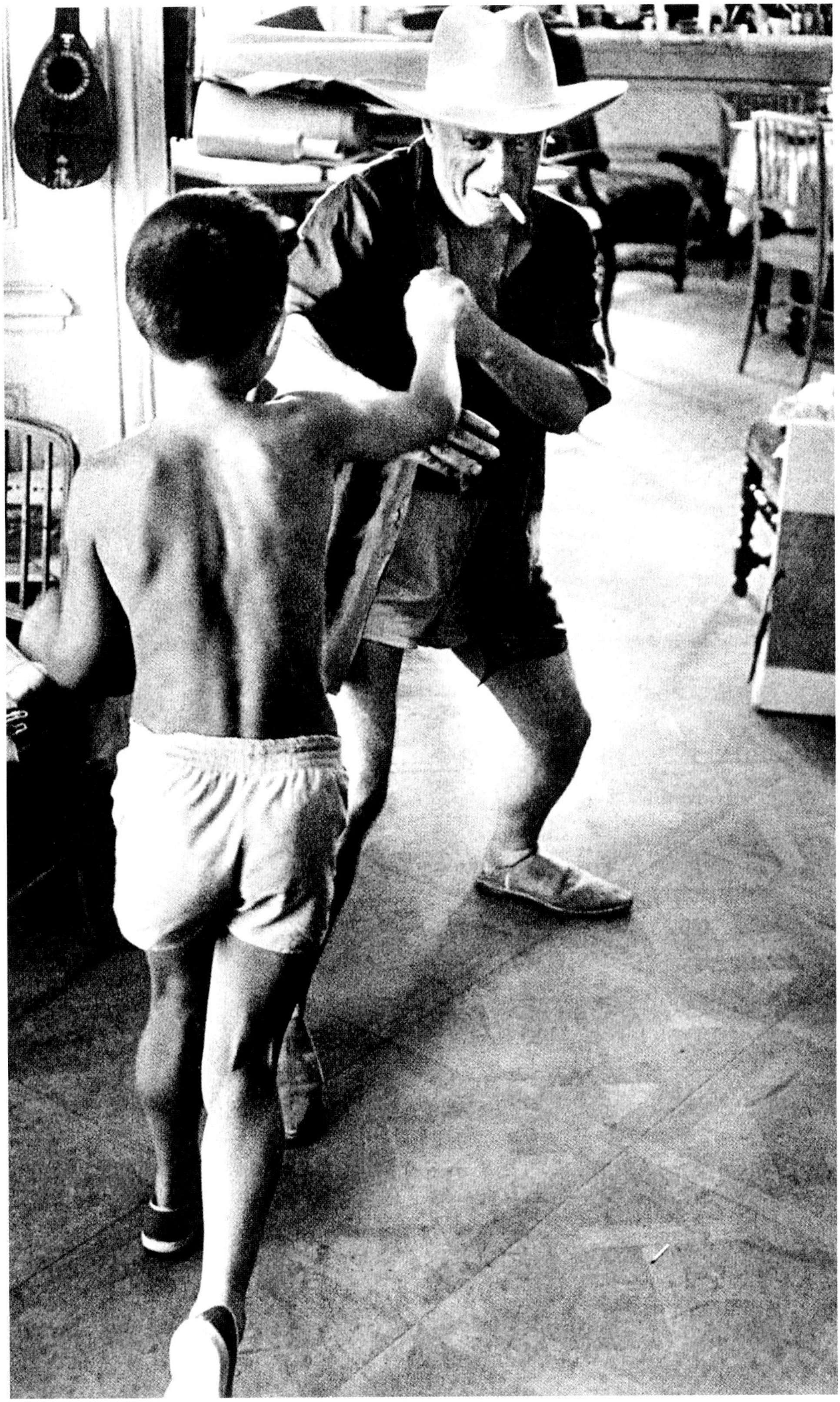

样，并在可能的情况下缓和紧张的气氛。之后，弗朗索瓦斯曾经亲口向玛雅道谢，感谢她的这一系列善举。

  这些年来，有很多毕加索的家庭照片流传于世。毕加索从不厌倦以一个被四个孩子环绕的长者的形象出现在人们的眼前。此时的保罗已经长大成人，忽然之间，他变成了这个大家庭的长子。而玛雅成为了父亲身边最信任、拥有特权的人。

  至于克洛德和帕洛玛，他们则成了毕加索不可否认的灵感源泉。已经年近七旬的毕加索，在两个小孩子身上，找到了天真的图景。他喜欢和孩子们共度时光。伊奈斯·塞希尔，毕加索的女仆、真正的管家、毕加索近四十年来生活的不可替代的见证人，告诉了我这一点。毕加索在孩子们身上发现了

《生活之乐》，1946 年，石棉水泥板油画，120 厘米 ×250 厘米，昂蒂布毕加索博物馆。

某种自发性、对事物的即时感知和天然的直觉力，这些特质都深深地植根于毕加索的艺术创作的中心。在毕加索的名言中，最能体现他个人性格的那句"我不寻找，我只发现"，是此时的最佳注解。

女佣伊奈斯的儿子杰拉德在 1946 年出生，他也是这群孩子中的一员。他回忆说："毕加索有的时候会停止画画，跟我们一起在桌前聊天，他还会跟我们一起做手工剪纸。和孩子们在一起，毕加索也是个孩子。他变得好像是我们的平辈。"克洛德和帕洛玛的美丽肖像，是这种幸福气氛的最好证明：《克洛德玩球》（Claude à la balle，1948）、《克洛德与帕洛玛玩耍》（Claude et Paloma jouant，1950）、《克洛德正在写字》（Claude écrivant，1951）、《克洛德与弗朗索瓦斯和帕洛玛一起画画》（Claude

帕洛玛、克洛德与他们的父亲，在加利福尼亚别墅中的《加洛佩海滩的浴者》（*Les Baigneurs à la Garoupe*）前跳绳，1957 年 7 月由大卫·道格拉斯·邓肯拍摄。

dessinant avec Françoise et Paloma，1954）。

  我的外祖父仔细观察了孩子们的游戏、他们的天然姿态，他就像一个相机镜头一样，靠近他们，捕捉那些珍贵的瞬间。毕加索不是说过吗？需要用六十年的时间，他才能像一个小孩子那样画画。此外，毕加索还为孩子们制造一些小东西，木头、纸板或织物做成的玩偶和雕像，非常细致，充满爱意。

  毕加索总是花很多时间与克洛德、帕洛玛和他们的伙伴杰拉德待在一起，到了 1955 年，又加入一个孩子，她是凯茜（卡特琳娜的小名），是毕加索未来的伴侣杰奎琳·洛克的女儿。同时，毕加索也"偷走"了孩子们的玩具：小汽车、卡车、马车……他用这些东西创作出了许多美丽的雕塑和出乎意料的造型。

  就连科克托也表示难以置信，他曾写道："毕加索将他儿子的玩具拿走。对他而言，这不仅是玩具。我看到他一边聊天，手里一边玩弄着一个从集市上买来的黄色棉絮做成的玩具小鸡。当他把这件玩具重新放回桌上的时候，这件玩具竟然神奇地变成了具有葛饰北斋风格的物品……无论见到什么他都喜欢修修弄弄，在与孩童相伴的日常生活中，让他寻找到了一种全新的年轻感觉。仅仅用剪刀剪了几下，他就发明了既轻巧又能移动的纸质雕塑《伸开双臂的女人》（*Femme aux bras écartés,* 1961）[76]和亚麻油毡的作品《跳舞的丑角》（*Arlequin dansant,* 1950）。此外，在毕加索的巧手之下，还出现了用叉子和火柴做成的诙谐可笑的动物图形《鹤》（*La Grue,* 1951），或是用小儿子克洛德的玩具汽车作为头颅的《长尾猴和它的孩子》（*La Guenon et son petit,* 1951），这是历史上最棒的表现亲子情怀的艺术作品之一。"[77]

  这些令人难以置信的作品却有着并不惊人的名字：《跳绳的小姑娘》（*Petite Fille sautant à la corde,* 1950）、《怀孕的女子》（*Femme enceinte,* 1949—1950，这件作品的原始石膏于 2003 年底被纽约现代艺术博物馆购得）。

   "当我在他们这个年纪的时候，我就能像拉斐尔这样作画了，但是我用了整整一生，来学习如何像一个孩子一样画画。"

1953 年的夏天结束时，弗朗索瓦斯带着克洛德和帕洛玛离开，这给我的外祖父带来了很大的伤害。

他抱怨道："她将我的孩子们带走了。"但是孩子们经常回来看望他，圣诞节、复活节，以及所有长时间的假期，他们都陪在毕加索的身边。毕加索喜欢小孩，喜欢跟小孩在一起玩耍。但是有的时候，在回二楼的画室作画前，毕加索只是向孩子们简单地点头问好。他将自己隔离起来，被另外的灵感女神所召唤……

自从 1954 年起，杰奎琳·洛克出现了。杰奎琳的女儿卡特琳娜在 1948 年出生，是杰奎琳与第一任丈夫所生的女儿。

根据杰拉德·塞希尔（保罗是他的教父）的回忆，有的时候，毕加索会以年份来给孩子们点名："1946，1947，1948，1949……"

1946 年，是杰拉德。1947 年，是克洛德。1948 年，是卡特琳娜。1949 年，是帕洛玛。

此外，还有保罗的孩子，他们住在几公里之外。首先是帕布里托，毕加索的第一个孙子。1949 年秋天，保罗在瓦洛里小镇的威尔士女人别墅的台阶下，拍摄了一组照片。照片中，毕加索抱着 4 月份出生的脸庞圆圆的女儿帕洛玛，而毕加索的儿子保罗一手抱着自己的儿子帕布里托，另一只手则抱着他同父异母的弟弟克洛德，这叔侄二人的年纪竟然差不多大，毕加索对此心花怒放。

他最大的骄傲，依然来自他旺盛的男性生殖能力。

上：毕加索、弗朗索瓦斯和他们的两个孩子克洛德和帕洛玛，在威尔士女人别墅中，1952年由爱德华·奎因拍摄。

左：克洛德、帕洛玛、杰拉德和卡特琳娜在加利福尼亚别墅的花园中盛装打扮，1957年。

右：毕加索为他的孩子克洛德和帕洛玛刻了一个小雕像，1952年由爱德华·奎因拍摄。

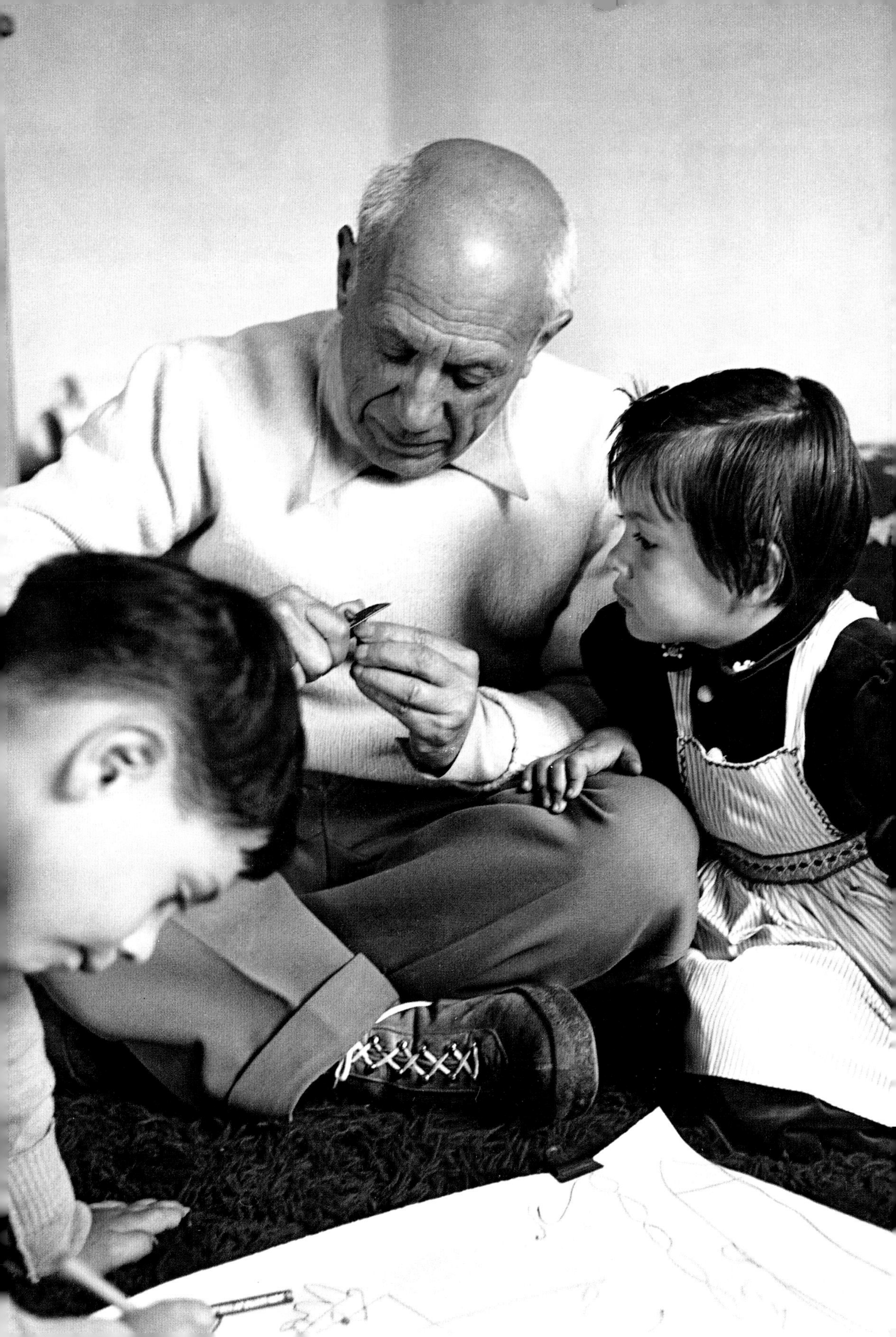

保罗和艾米莉安娜的第二个孩子，他们的女儿玛丽娜，生于他们结婚后六个月的 1950 年 11 月 14 日。奇怪的是，保罗并没有把这个女儿介绍给他的父亲。这个时候，他与妻子的关系已经非常糟糕，在玛丽娜出生几周后，他们就正式提出离婚的诉讼。直到玛丽娜出生几个月之后，毕加索才见到了他的第一个孙女。那个时候，我的外祖母玛丽-德蕾莎经常往返于巴黎和胡安莱潘之间，她与居住在瓦洛里小镇下面的戈尔夫瑞昂的艾米莉安娜成了朋友。有一次，复活节的时候，在海滩边，玛丽-德蕾莎和艾米莉安娜以及玛丽娜一起散步时，她远远地看到了毕加索。她很自然地将毕加索叫到身边来，迫不及待地将玛丽娜介绍给他："看，这是你的孙女！"而保罗此前并没有将他有女儿的事情告诉毕加索。

后来，玛雅张罗着让保罗的孩子帕布里托和玛丽娜在 1955 年夏天来到加利福尼亚别墅与克洛德和帕洛玛见面。她认为，同样年龄的他们来自同一个家庭，小孩子之间彼此了解和交往是正常的。

但自从保罗与艾米莉安娜离婚之后，保罗完全切断了他的孩子和自己父亲毕加索的世界之间的桥梁。

艾米莉安娜总是想要在公众面前倾诉她与她的"前任公公"毕加索的那些她幻想出来的关系，而保罗刻意让自己的孩子与毕加索保持距离，是不想助长这些流言蜚语的蔓延。帕布里托和玛丽娜遭受了离婚家庭儿童的普遍命运，他们是自己父母的受害者，这一切，无疑是悲伤的。

在那个夏天的尾声，从头到尾目击了这一切情感的来来往往，玛雅决定离开她父亲的世界。她的这个决定令人讶异，因为已经长大成人的她如今已经

左：在两个装置艺术《站着的女人》（Femmes debout）之前，是雕塑《长尾猴和它的孩子》（La Guenon et son petit），1974年由大卫·道格拉斯·邓肯拍摄于"生活圣母院"。

右上：毕加索和他的女儿帕洛玛，1949年秋天在威尔士女人别墅。

右中：同一天，毕加索和他的孙子，即保罗的儿子帕布里托。

右下：1952年8月，毕加索和玛雅在戈尔夫瑞昂海滩。

成为了她父亲的知己，毕加索去哪里都带着她一起，她几乎成为了毕加索的随身女伴。玛雅明白，她的离开，关乎她的自由，她要用自己的翅膀自由地飞行。

对于这个决定，毕加索半信半疑："她竟敢离开我！这不可能！"而玛雅终究离开了法国，去西班牙与巴塞罗那的表兄弟们团聚。渐渐地，地理上的距离，让她与父亲毕加索渐行渐远。玛雅结了婚，一点点地建立起自己的小世界，远离了她父亲的情感生活，而玛丽-德蕾莎和保罗则常常与她联系。

正是因为玛丽-德蕾莎和保罗的告知，我的外祖父才知道了我的出生，以及后来我弟弟妹妹的出生。

哈维尔、帕洛玛、热尔曼·拉斯科、弗朗索瓦斯、保罗、库托利夫人、毕加索、克洛德和玛雅，在昂蒂布海角的库托利夫人的家中，1954 年由爱德华·奎因拍摄。

杰奎琳与卡特琳娜

巴勃罗·毕加索在 1953 年遇到了杰奎琳·洛克。第二年，杰奎琳与毕加索的见面次数增加了，但仍然非常谨慎而克制。在奥尔加于 1955 年 2 月去世之后，在玛丽-德蕾莎明智地拒绝了毕加索令人意外的求婚之后，毕加索成为了一个自由的人。

于是，毕加索就与杰奎琳以及她的女儿卡特琳娜住在了一起。毕加索与杰奎琳在一起时，他专心致志、小心翼翼，害怕晚上预定时间里见不到她，同时，那些安达卢西亚式父亲的缺点又重新出现了：占有欲强，霸道专横……让雷玛里的女儿是卡特琳娜的朋友，经常与卡特琳娜在一起玩耍，孩子们的欢声笑语又重新在毕加索身边响起。但他们已经不是毕加索自己的亲生子女了。

将近 80 岁的时候，毕加索在他的缪斯和伴侣杰奎琳这里，又找回了属于自己的充满爱意的青春。他于 1961 年 3 月迎娶了这位年轻的情人。

既然他的孩子们都长大了，那他就从别处寻找他的艺术灵感。他从年轻时在马德里所临摹的那些先辈们的作品中获得了新的灵感，它们是牟利罗的《小波波人》（*Les Bobos*）和迭戈·委拉斯开兹的《宫娥》（*Les Ménines*）。后来，杰奎琳对安德烈·马尔罗说："通过对这些作品中儿童形象的再度创作，毕加索获得了满足。"他没有再生过其他的孩子，他已经过了生育的年纪……

杰奎琳、毕加索和他的两个孩子克洛德和帕洛玛，还有卡特琳娜和杰拉德，在加利福尼亚别墅画室的《浴者》的草图前拍照，1957年。

毕加索与他的"部落"

  罗兰·潘罗斯用带点幽默调侃的语气，描述了加利福尼亚别墅这个"庞大而难看的建筑，受到了本世纪初繁荣的资产阶级的所有炫耀痕迹的折磨"。而毕加索却在这栋别墅上找到了别样的魅力：宽大的空间，明亮的光线，数之不尽的房间，以及良好的房屋状况。毕加索在1955年4月6日买下了这套别墅，没有做任何额外的装修或特别的改动。这是在蓝色海岸的房价遭遇著名的飞涨之前买的，只花了1200万旧法郎（约26万1千欧元）。这栋别墅有一个大门和一圈高高的围墙栅栏，并贴上了油漆金属板，所以外面的人根本看不到别墅里面的样子。毕加索终于可以在这里享受到他在瓦洛里小镇的威尔士女人别墅里不曾拥有的私密感。

  露赛特·佩莱格里诺和安东尼·佩莱格里诺夫妇是别墅的守门人。露赛特是正式的门房，她的在外工作的园艺师丈夫协助她的工作，并在花园的一个大房间里度过他的闲暇时间。他们是被前任房东雇佣的。安东尼生于1915年3月，露赛特生于1921年7月。

  前任房东波耐先生一直在保养着这栋美丽的白色建筑。

  1955年6月，杰奎琳、玛雅和毕加索离开巴黎，搬到位于昂蒂布的勒齐凯别墅（杰奎琳购买了这座别墅的终身使用权，而"转让人"及其30只狗仍然留在那里……）。他们在那里等待从巴黎运来的家具送达加利福尼亚

上：卡特琳娜、帕洛玛、克洛德和杰拉德在沃韦纳尔盖城堡的大楼梯上，1958 年。

右：毕加索和他的小猫头鹰，1946 年由米歇尔·西玛拍摄。这是一只迷路的小猫头鹰。毕加索将它收养了起来，并以猫头鹰为主题创作了几幅作品，这些作品让人想到了他在巴黎被占领时期所画的那些静物画。

别墅。如今还精神奕奕的露赛特告诉我，1955 年，毕加索携全家搬到这里，度过了他们的第一个夏天。毕加索和他的新伴侣杰奎琳，以及保罗、玛雅，还有一些小孩子，克洛德、帕洛玛、杰奎琳的女儿凯茜，他们在这里见面，共同度过学校的暑假。

年轻人在花园中玩耍。当毕加索离开画室不工作时，他们跟毕加索一起在房中的桃花心木的大圆桌上画画。毕加索经常和克洛德、帕洛玛在他们位于一楼的卧室里玩耍，与他们一起制作各种小东西。在小手工的制作上，他们互相建议、互相启发，毕加索从中获得了不少灵感。

在花园的深处，有一个陶瓷做的古典主义风格的女人头像，还有一些石柱子，被夸张地称作"绿色剧院"，石柱子右边还有一座小房子，前任房东说，它的名字叫作"狩猎中的约会小屋"。

在搬家的过程中，毕加索的那些青铜雕像作品[78]被留在了外面，而我们常常在照片中看到的那些石膏雕塑，如《怀孕的女人》（Femme enceinte，1949—1950）或一些非常脆弱的黏土雕塑（最终在秋天被重制成青铜雕塑）[79]，都被收藏在加利福尼亚别墅之中。有一件青铜雕塑作品《玛丽-德蕾莎头像》被放置在花园右侧的一个小池塘的正中央。再往下走靠左的位置，隐藏着《牧羊人》，在这件作品的脚下，克洛德、帕洛玛和他们的伙伴

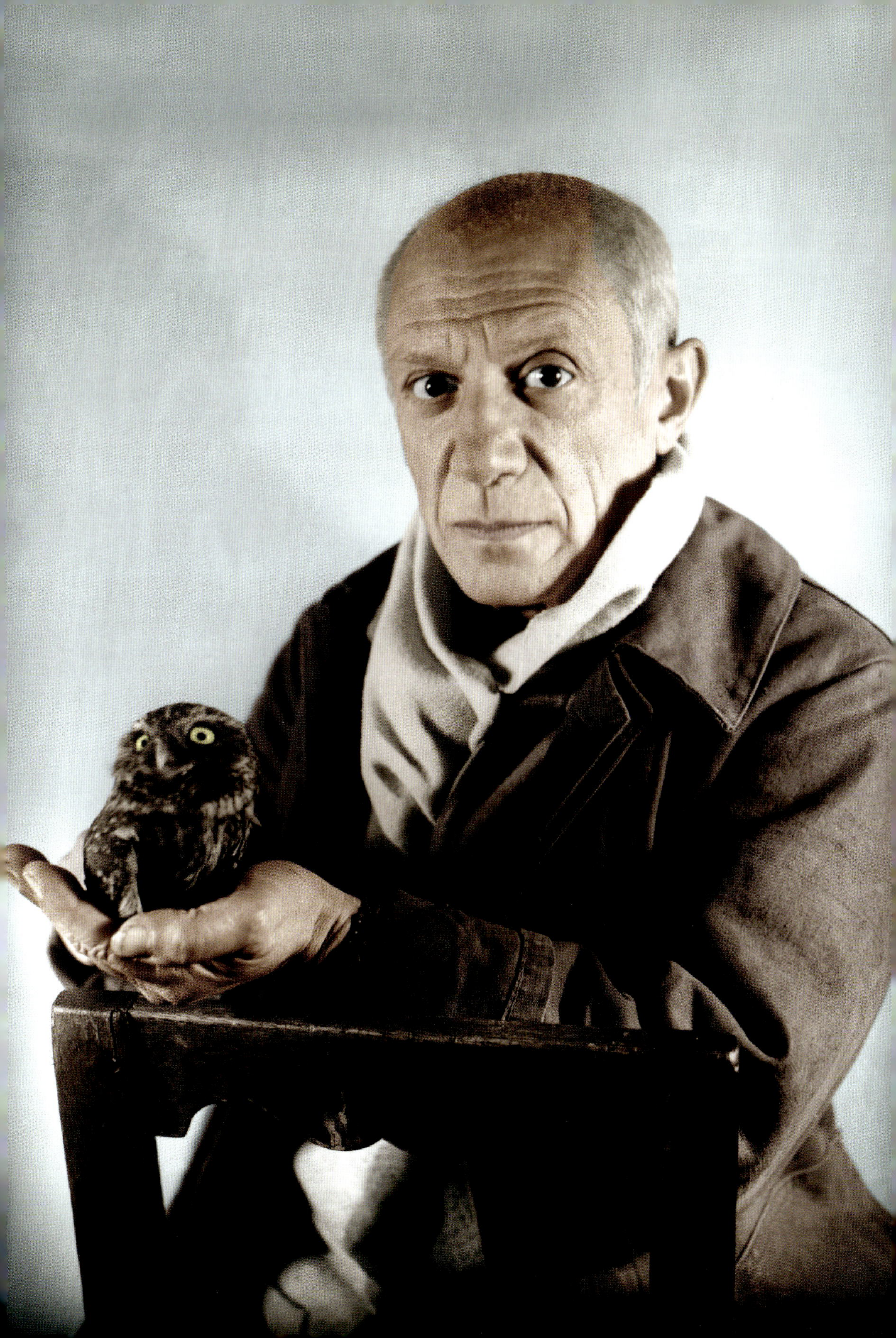

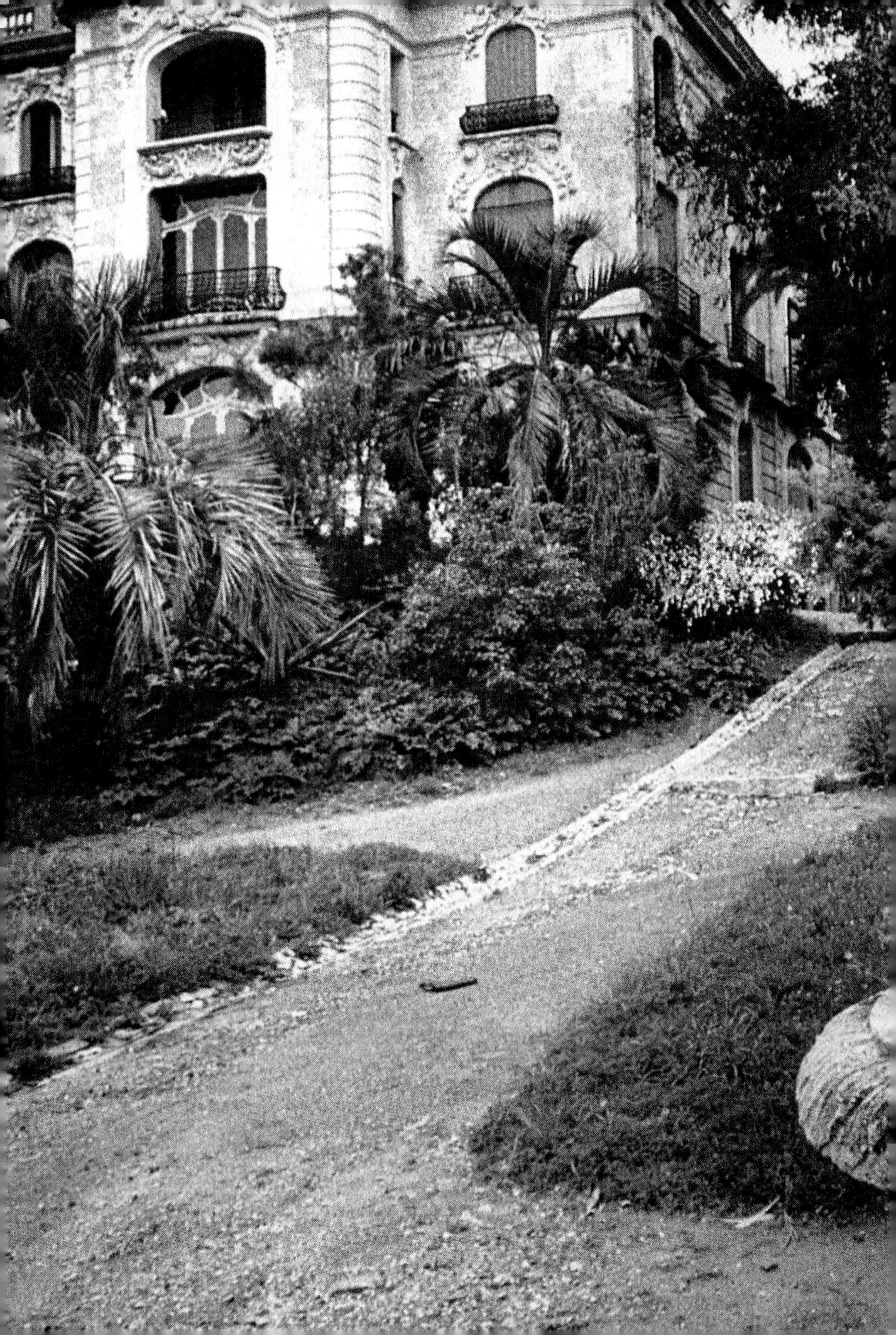

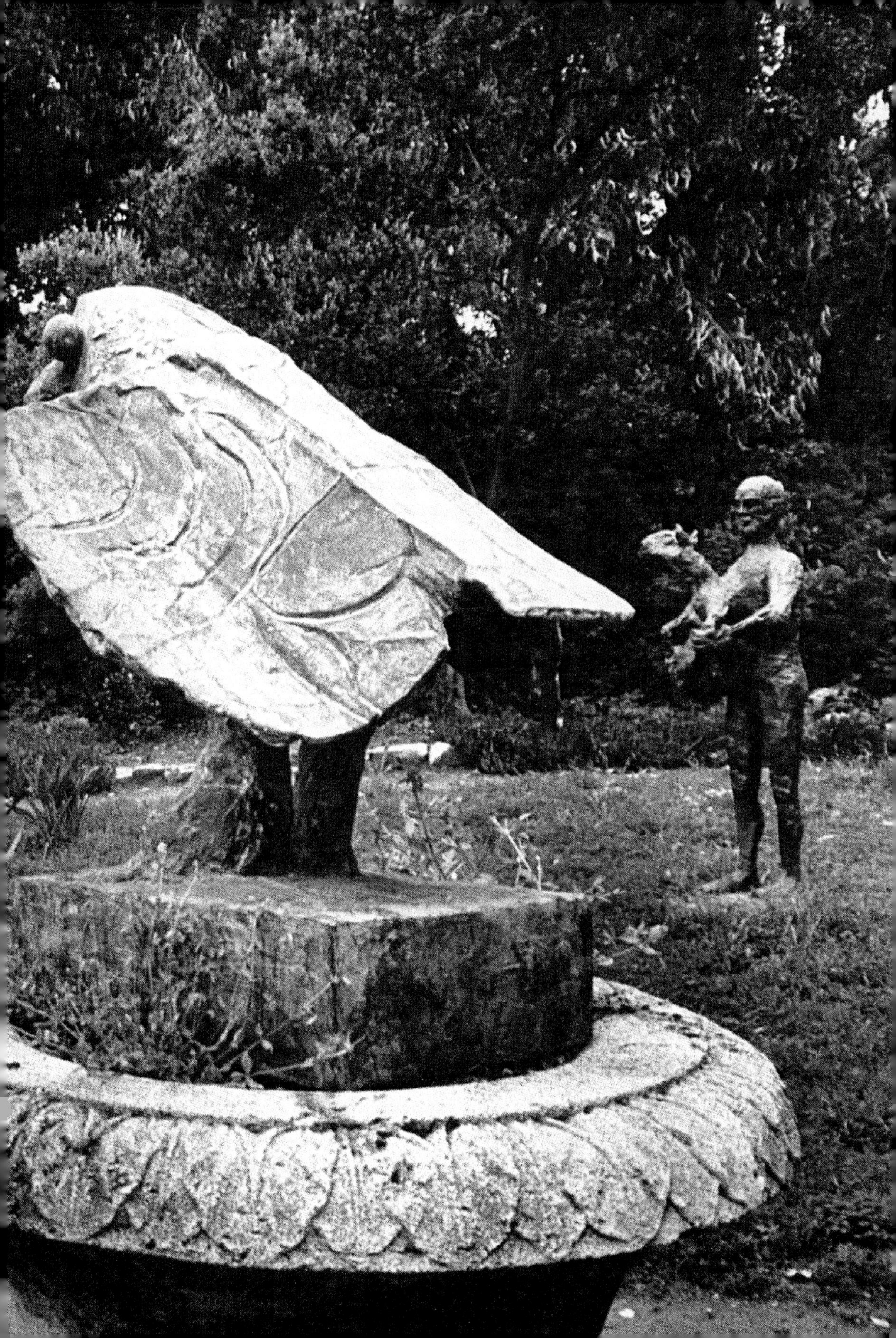

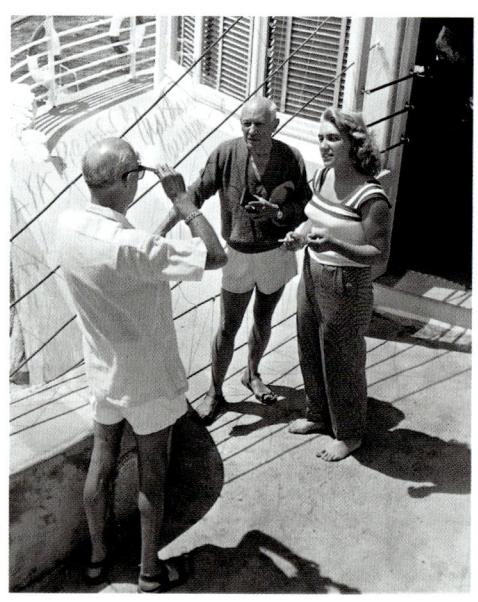

前页：《牧羊人》和《猫头鹰》（*La Chouette*, 1950年）在加利福尼亚别墅花园中，1959年由大卫·道格拉斯·邓肯拍摄。

上：《红底的白猫头鹰》（*Hibou blanc sur fond rouge*），1957年，瓷器绘画，直径45.5厘米。有200件带有编号的此种作品问世，由瓦洛里小镇的玛都拉陶艺工坊画廊发行。

左：1955年7月，毕加索和玛雅在昂蒂布海角酒店拍照。

杰拉德把他们的藏宝箱埋进土里隐藏起来。《牧羊人》这尊雕像，隐藏在树影之中，因此很少出现在加利福尼亚别墅花园的为数众多的照片中，却成为了孩子们的秘密伙伴。

毕加索还从瓦洛里小镇带回了他的陶瓷作品。另外，虽然加利福尼亚别墅从未有过陶瓷炉，但在前来探望他的克罗默兰克兄弟的帮助下，毕加索在地下室安装了一个用来制作版画的大型压力机。1955年7月底，弗朗索瓦斯推荐了一位女厨师玛丽和她19岁的女儿莫妮卡来别墅帮忙。直到8月底，玛雅、杰奎琳和毕加索每天都去位于尼斯的维克托丽娜的工作室，在那里，亨利-乔治·克鲁佐拍摄了影片《毕加索的秘密》。[80]

同年8月初，玛雅向父亲提出一个建议：选一个不须拍摄的星期天，邀请保罗的孩子帕布里托和玛丽娜来这里做客，他们已经远离毕加索生活了四年。

在离婚判决中，法院没有安排父亲探视，艾米莉安娜对子女拥有完全的监护权。因此，这次相聚首先获得了艾米莉安娜的同意。

于是，毕加索去了戈尔夫瑞昂，在接到孩子们之后，立即出发回家。在毕加索家中，帕布里托与跟他同龄的孩子们玩得很好。然而仅仅4岁半的玛丽娜，被身边这些她不认识的人吓到，哭个不停。

在这之后，他们也曾经跟着爸爸保罗来过这里。然而，看门人露赛特悲伤地回忆起，有一次他们的母亲艾米莉安娜带着两个孩子意外地前来，保罗没有跟他们一起。艾米莉安娜来到加利福尼亚别墅旁的贝尔雷斯皮罗公寓，将她的孩子们单独送到别墅的栅栏前……但是他们被禁止进入别墅。杰奎琳夫人下了命令，不允许任何人进入别墅。"即使上帝来也不行，先生正在工作呢！我只能将孩子们写给先生的小纸条拿给杰奎琳夫人。从那以后，我再也没有见到孩子们在这里出现过！再也没有！"

1955年8月，我的外祖母玛丽-德蕾莎也来到这里看望毕加索，她要求杰奎琳让他们单独见面。她想要在她的伴侣这边确定自己的位置。然而她来的次数并不多，可以说是很少，她总是骑着自行车来到别墅，自行车是她当时喜欢的运动。这些来访证明了她与毕加索一直保持着良好的关系，也证明了杰奎琳对她显示出极大的容忍与耐心。

忠实的女佣，后来成为管家的伊奈斯，留在巴黎大奥古斯汀街的住处，

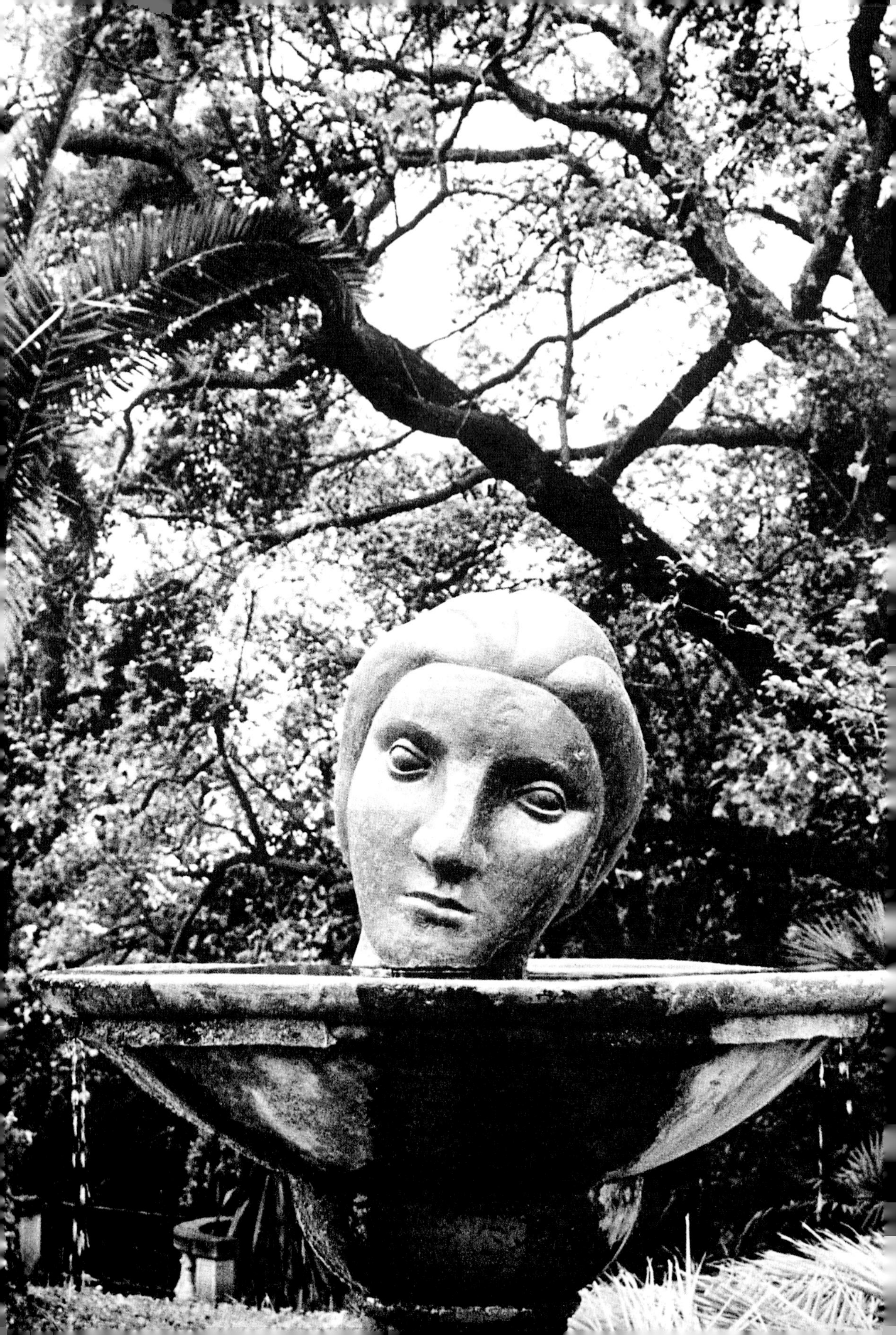

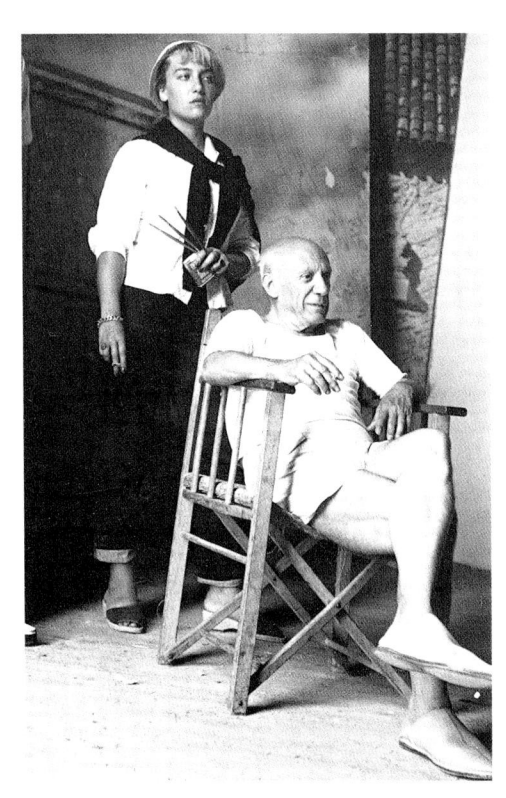

左页：在加利福尼亚别墅花园的喷泉中放置的雕塑作品《玛丽 - 德蕾莎的头像》（Tête de Marie-Thérèse），由大卫·道格拉斯·邓肯拍摄。毕加索在花园里安装雕塑时，决定将它放在一个小水池里，这样就能幽默地告诉大家，玛丽 - 德蕾莎是个优秀的游泳运动员！

左：1955 年 8 月，毕加索与玛雅在亨利 - 乔治·克鲁佐的电影《毕加索的秘密》的拍摄中。

在学校放假期间，她和儿子杰拉德也住进了加利福尼亚别墅。一位名叫法兰西·艾梅的清洁女工每天都在这里工作。还有一只小山羊加入了这个集体，它是 1956 年圣诞节杰奎琳送给毕加索的礼物，它为所有的孩子带来了欢乐。它叫艾丝美拉达——尽管毕加索总是叫它"皮开特"，因为有一首著名的法国儿歌是这么唱的："啊！你出来了，皮开特，皮开特……"

皮开特终日在一楼大厅和花园中游荡，并且吃掉了花园中所有的草。看门人安东尼告诉毕加索，这对小羊来说并不好，给它干草作为饲料会更好。我的外祖父非常喜欢小山羊，想要给它很大的自由，他认为没有必要把房子改造成一个小农场，即使已经有三条狗（德国斗拳犬雅恩、短腿猎犬兰普，以及白花狗皮诺）。

皮开特每天晚上都在一楼走廊的一个箱子中睡觉，就在克洛德、帕洛玛和杰拉德的卧室旁边。

一个星期天，看门人的儿子、负责在夜里把山羊牵上楼的加布里埃尔，发现它在花园里睡着了——事实上，它已经死了，因为它的胃里胀满了它一直不停在吃的青草。当时毕加索不在家，泪流满面的看门人相信这只羊的最后时刻到了："我们让山羊就这么死了！"

毕加索回来了。露赛特把他拉到一边，向他解释了这场悲剧和它的原因。毕加索郑重地说："它死得其所。这不是一只聪明的山羊！"皮开特死后，没有其他动物再取代它的位置。

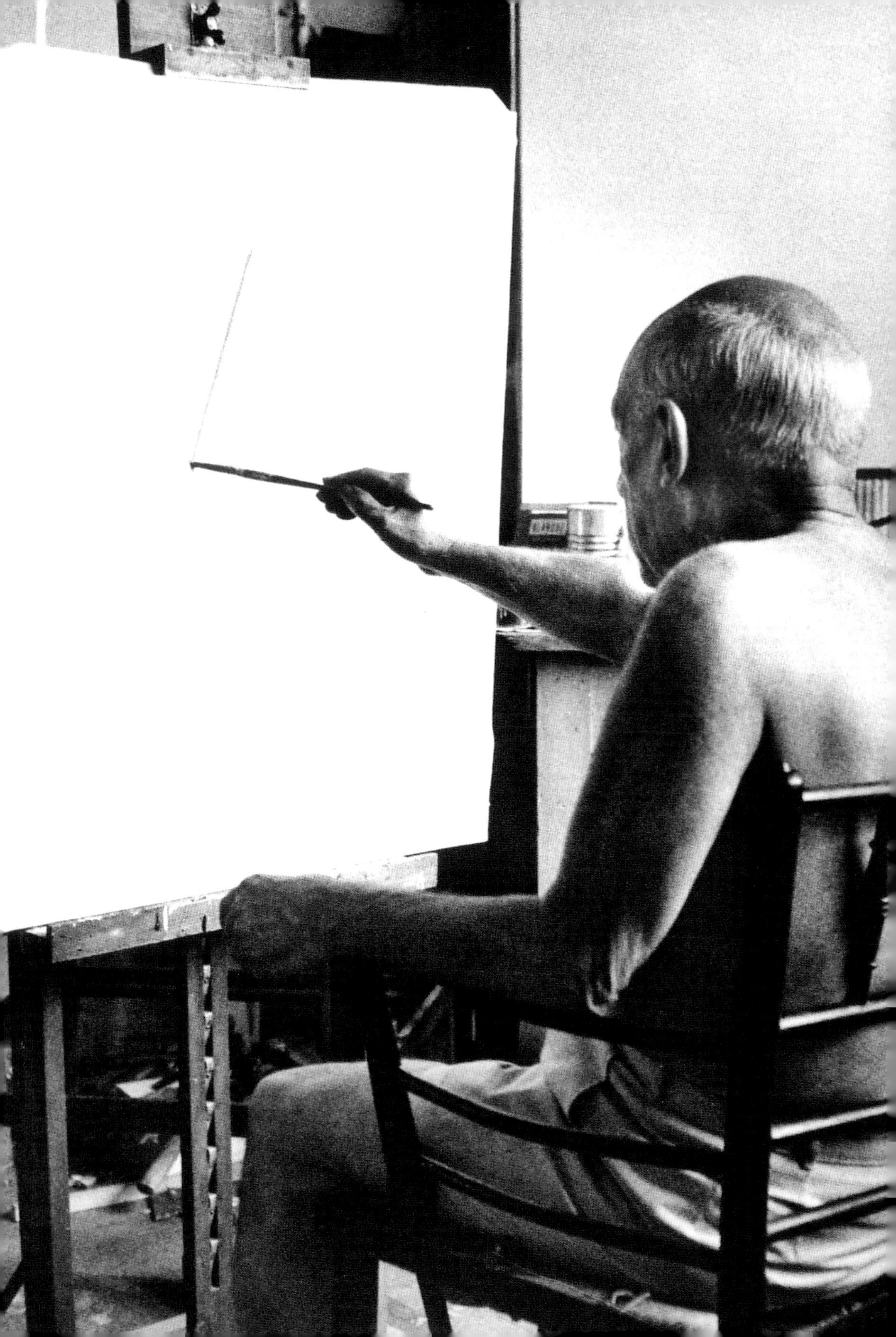

左：毕加索在画室里，这是1957年夏天大卫·道格拉斯·邓肯在加利福尼亚别墅拍的第一张照片。

上：青铜山羊，1950年。这尊雕塑现在被摆放在纽约现代艺术博物馆的展厅里。该博物馆馆长格兰·洛瑞回顾说："纽约现代艺术博物馆有一系列毕加索杰出作品的收藏，这些藏品涵盖了毕加索整个艺术创作生涯所使用过的所有创作技术。"

  加利福尼亚别墅的生活就这样一直持续到1958年。被允许进入的访客依然少之又少，他们有：康维勒和赖瑞斯一家，陶艺师乔治·哈米耶、苏珊娜夫妇，瓦洛里小镇的画家爱德华·比农及妻子，作家埃莱娜·帕姆兰，裁缝萨波纳，理发师阿里亚斯，戛纳的律师安特比先生，记者乔治·达帕洛……有时还有出乎意料的来访者：美国总统哈里·杜鲁门、电影明星加里·库珀和碧姬·芭铎。而法国共产党的总书记莫里斯·多列士则被看门人坚决地拒之门外，他只好悻悻而归，并给当时正在屋内的毕加索打了电话。当然，孩子们总是在这里：克洛德、帕洛玛、凯茜、杰拉德。在学校放假的时候，加布里埃尔也经常加入他们。我发现了很多照片，照片上孩子们快乐的样子，让整个加利福尼亚别墅充满愉悦的氛围。
  至于保罗，他与克里斯蒂娜一起到南部旅行时也会住在这里。1959年以后，他很少再回到这里来，当时他和他们的新生儿贝纳德在一起。

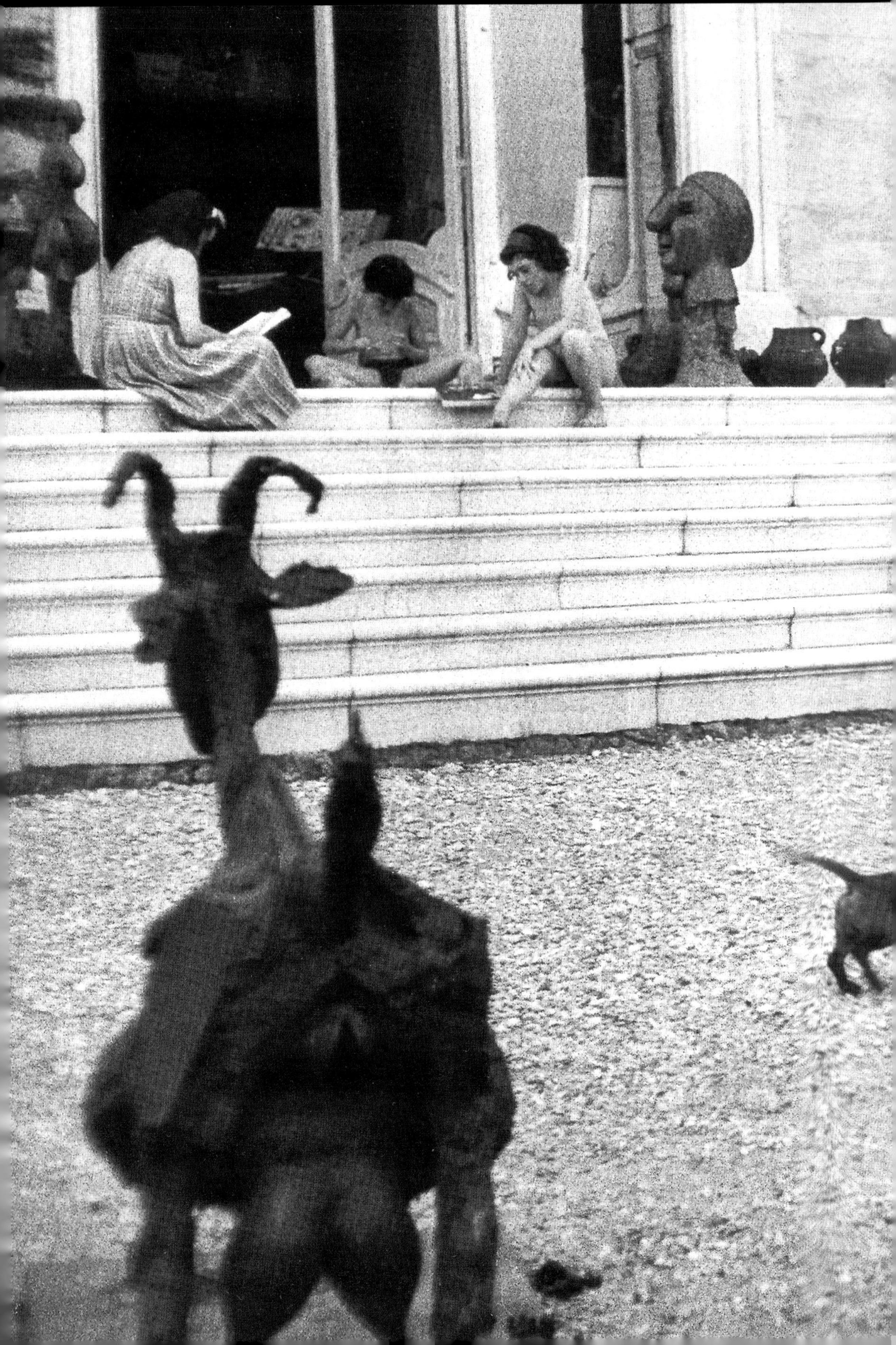

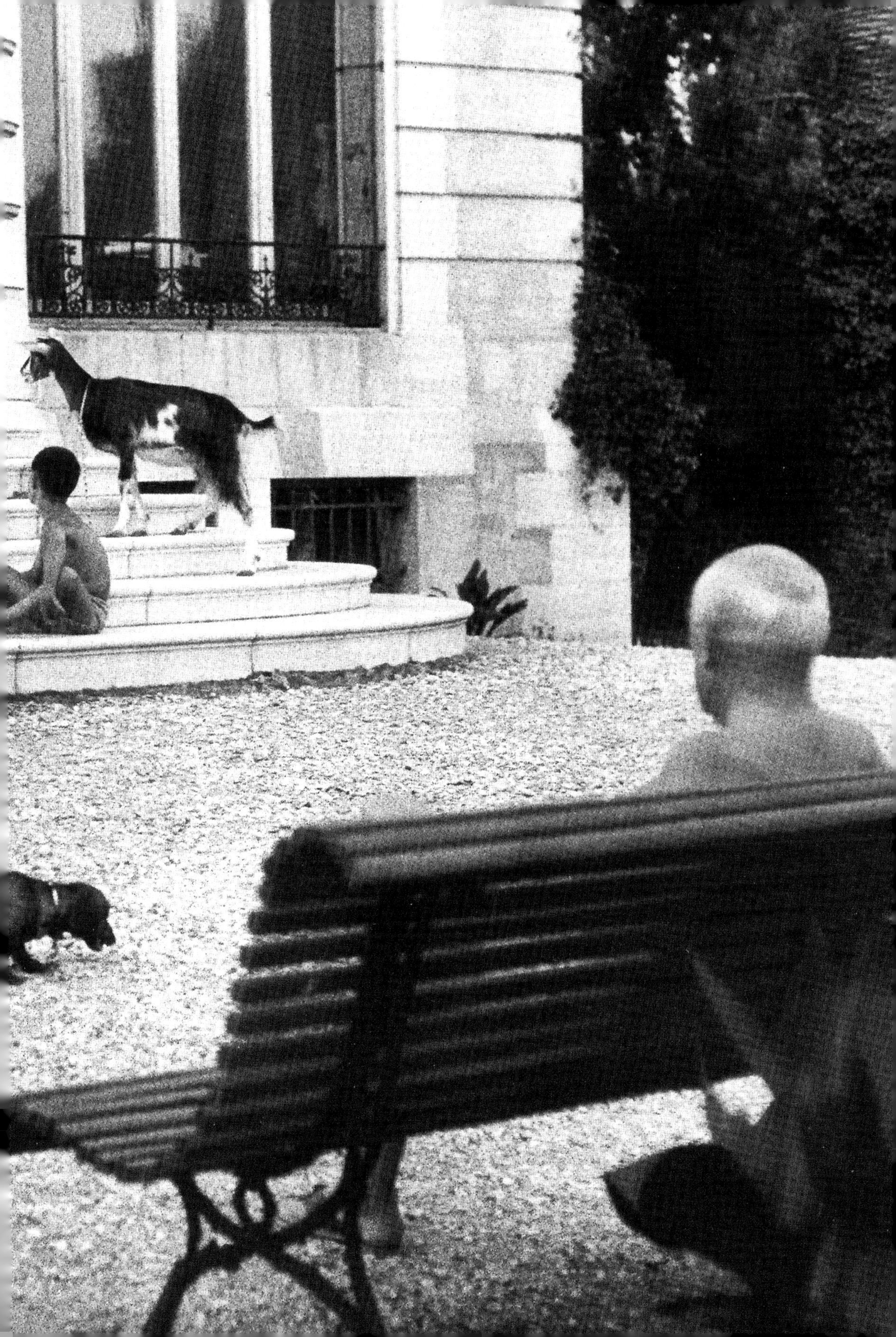

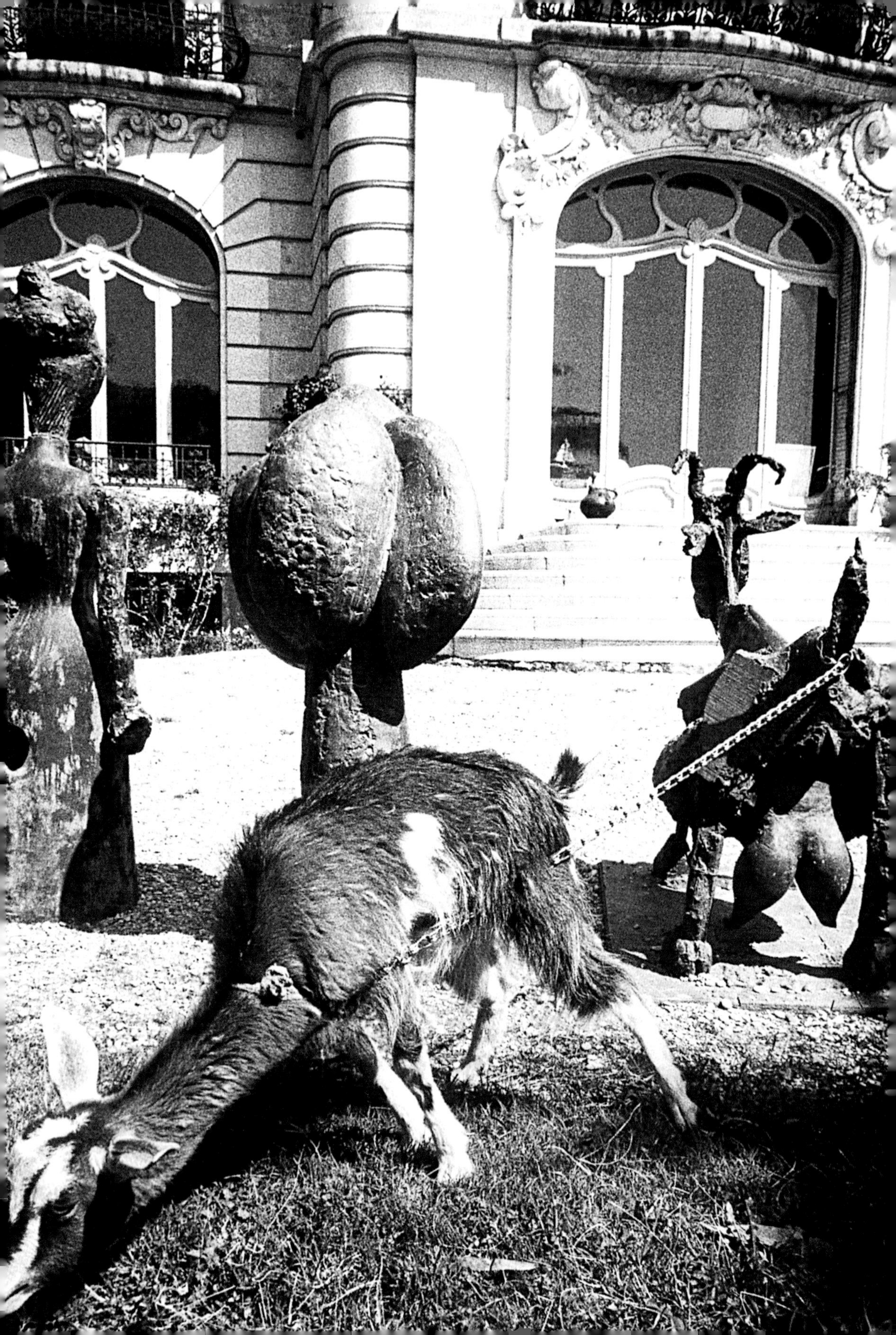

毕加索于 1958 年 9 月购买了位于普罗旺斯艾克斯地区附近的沃韦纳尔盖城堡，这里是塞尚的故乡。

直到 1959 年 1 月，他才与杰奎琳一起搬到这里，因为这时已经安装好了中央供暖设备。在沃韦纳尔盖城堡的山丘景观中，他发现了一种西班牙式的绘画风格，这给他带来了灵感。

正如皮埃尔·戴所分析的，在这里，毕加索还创造了可以成为"表意符号"的静物画。

在假期里，毕加索带着克洛德和帕洛玛一起来到了这里，伊奈斯和杰拉德随后也来加入了他们。杰拉德和克洛德用骑马来忘记夏天的闷热，以及灌木丛生的普罗旺斯的萧条和与世隔绝。同时，这也是一个去阿尔勒斗牛场的机会，在那里，他们每次都会被公牛的撞击惊得目瞪口呆，当然，也被各种记者的摄像镜头惊得目瞪口呆。

至于加利福尼亚别墅，因为在它前面兴建了一栋新的建筑，这栋建筑挡住了别墅的视野，令毕加索感到厌恶。他最终于 1960 年 11 月购买了位于穆然的大房子，称之为"生活圣母院"。因此，没有人再回到加利福尼亚别墅中来了。花园中的雕塑也纷纷被转移到了穆然。

前页：毕加索坐在加利福尼亚别墅的花园里，1957 年由大卫·道格拉斯·邓肯拍摄。
左：将山羊皮开特拴在加利福尼亚别墅花园的另一只青铜山羊上，1957 年 4 月由大卫·道格拉斯·邓肯拍摄。
后页：1956 年戛纳电影节期间，在加利福尼亚别墅的碧姬·芭铎和毕加索。

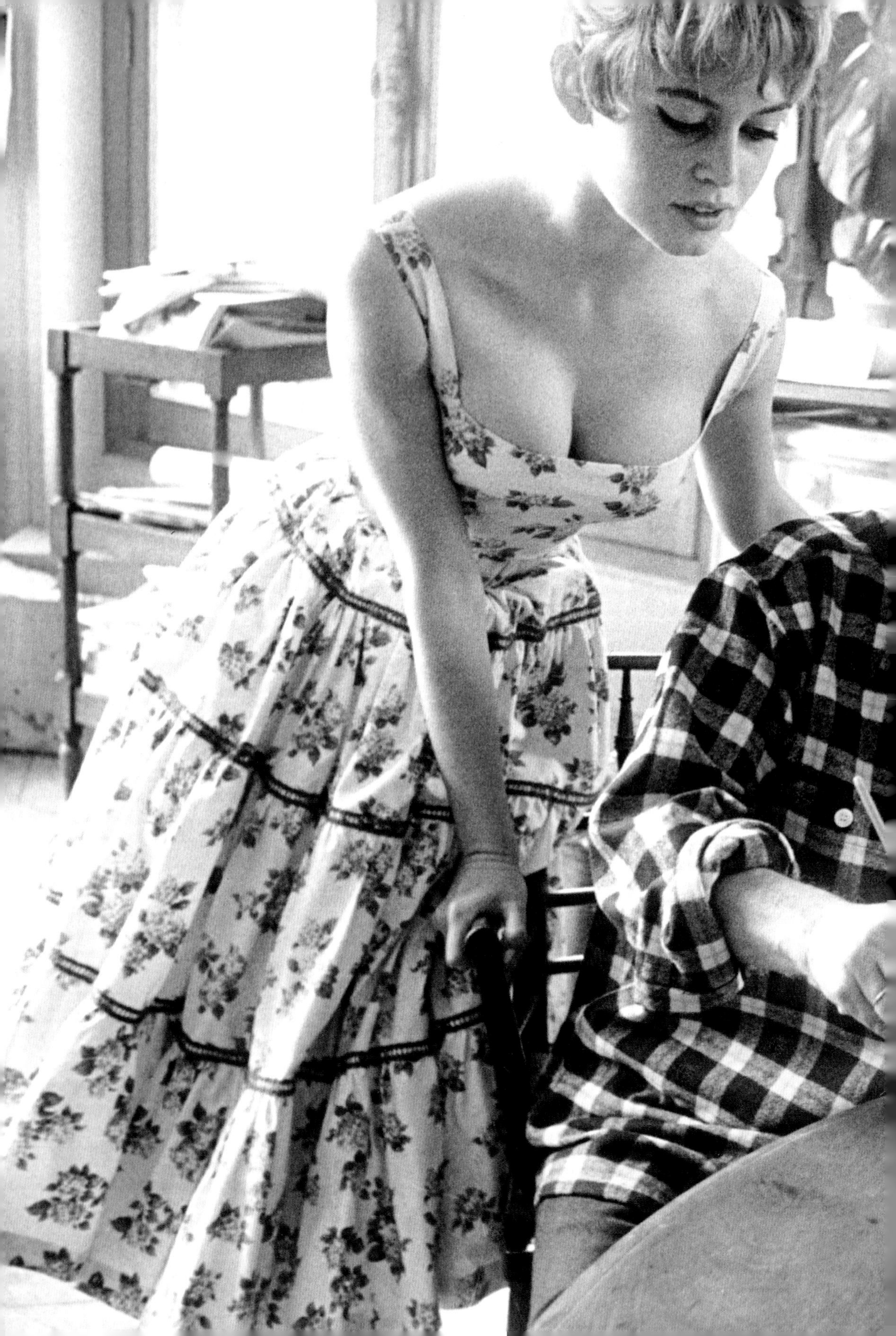

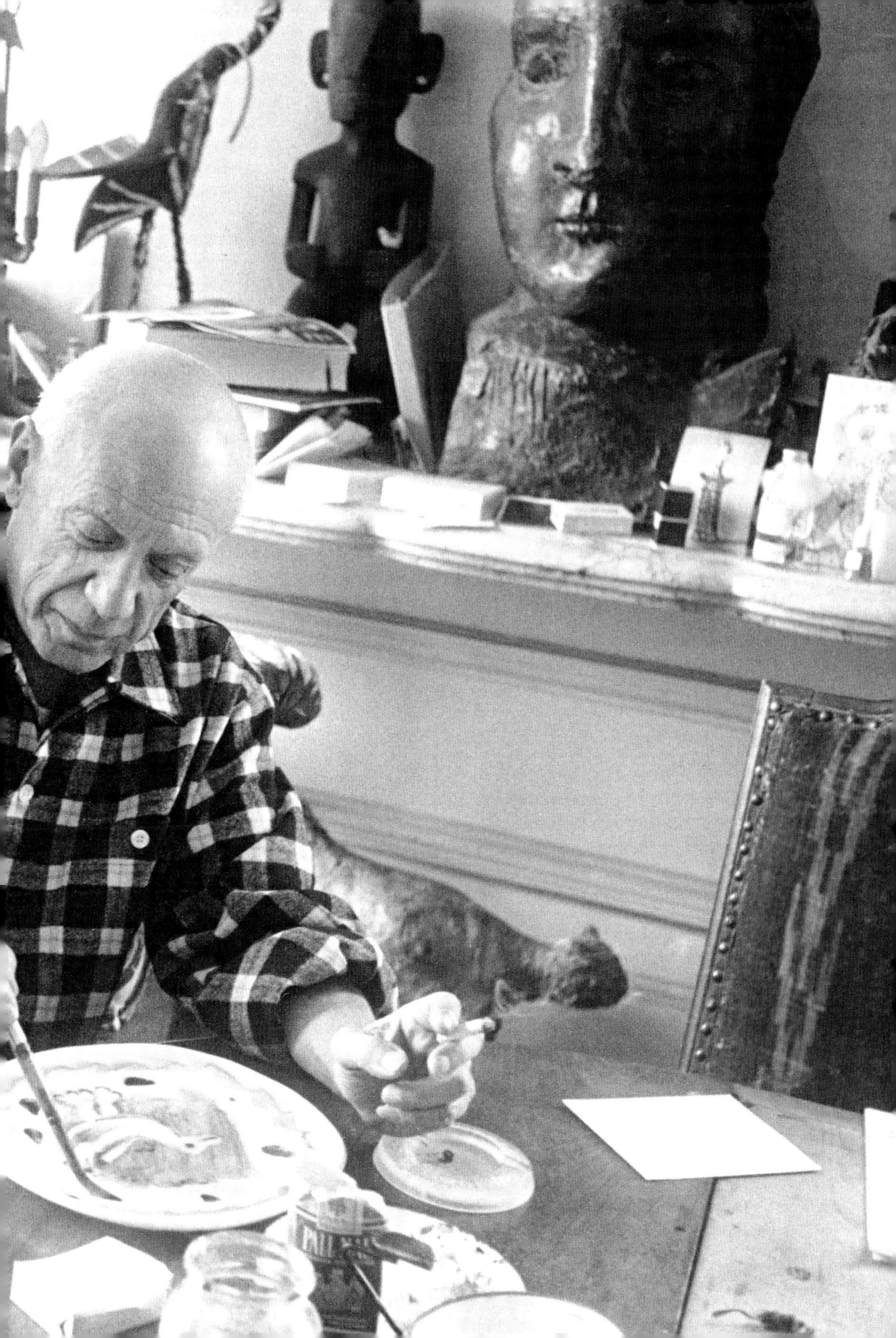

一个重组的家庭

我妈妈在 1960 年嫁给了我父亲。

我是他们的第一个孩子，然后是我的弟弟理查德，接着是妹妹戴安娜。

自然而然地，我们在屋里墙上的画中，发现一个叫作毕加索的人，他是我们的外祖父。但那个时候，我们实在是太小了，无法提出问题：我们的外祖父和外祖母，为什么从没来看过我们？我们的童年是快乐而勤勉的，尊重各种世俗的价值观，如学校、学习、成绩、相互关爱与感激等。这样的生活稳定没有波澜，远离毕加索家庭中旷日持久的混乱与复杂。

毕加索有四个儿女，这是事实。战争结束后，有多少文章记载了保罗和玛雅的四处流动的生活，这里或那里，法国或西班牙……还有多少文章庆祝了克洛德和帕洛玛的出生……

然而，情况并非如此简单。毕加索的私生活与旁人的不同之处在于，所有或几乎所有的事情都是公开的。一些人，尤其是媒体，用了许多似是而非的事情，很多的添油加醋，甚至有时是巨大的篡改，"创造"了毕加索身边的一些奇闻异事，加深了人们对这位天才艺术家的误解。对很多人来说，事情搞得越复杂，对他们越有利。

与奥尔加保持合法婚姻的毕加索，想要离婚却无法实现。这在事实上阻止了毕加索正式迎娶玛丽-德蕾莎，也让他无法正式承认亲生女儿玛雅。

在 1972 年 1 月 3 日的《亲子关系法》改革之前，一个已婚男子不能合法承认非婚生子女，毕加索就是这样。1935 年玛雅出生时，毕加索还是已婚身份，1947 年克洛德出生，1949 年帕洛玛出生，都是同样的情况。毕加索的孩子都是在这样的情况下诞生的，因此，根据法律，他们都是非婚生子女，是"通奸"所生。

然而，在这里，"通奸"这个词似乎是不恰当的，在玛雅、克洛德和帕洛玛出生之前，毕加索与妻子奥尔加就已经正式分手，两人仅仅维持着法律上的关系。然而，毕加索无法逃脱法律的束缚，他的孩子们也是一样。

此外，根据 1972 年之前的法律，在 1955 年奥尔加去世、毕加索已婚身份自然解除之后，他也依然无法在法律上承认自己的这些孩子们。简单地说，这样的法律程序根本不存在。于是他想到了再婚。

毕加索向我的外祖母玛丽-德蕾莎求婚，但是她拒绝了他。

《拿破仑法典》在这一点上特别不人道。该法典禁止父亲与非婚生子女的合法亲子关系，禁止已婚父亲自愿承认非婚生子女，并禁止父亲通过捐赠或遗嘱给予这些"罪恶子女"任何好处。也就是说，一个父亲可以为他的狗、他的佣人立遗嘱，却无法为他非婚生的亲生孩子立遗嘱。

这种情况并不仅仅涉及毕加索的三个小孩。1972年，超过两百万的法国儿童同样遭受了这种不公平的待遇。

该法律旨在避免各种"丑闻"的发生：这些私生子们不被法律承认，他们的父亲就可以避免遭受他们任何的骚扰……同埋，倘若一个已婚女子有了私生子女（尽管这样的情况并不常见），这些子女就会自然地被视为女子婚姻内的合法丈夫的子女。这就是为什么那时的男人喜欢跟女佣偷情的原因。他们完全不用担心私通生下来的孩子找他们认亲，这些孩子既不会令他的名声受损，也不会夺走他的家产。

今天，很少人知道这样的法律对这些儿童是多么的无情，他们是牺牲品——即使他们是爱情的结晶。我们还可以想象到另外一些儿童所遭受的心理折磨，他们发现自己的父亲在别处还有私生儿女，他们只能依靠法律带给他们的"合理性"进行自我安慰，让我们再重新读读莫泊桑写的《皮埃尔与让》吧。

2001年12月21日出台的法律规定，无论是合法的，还是"非婚生"的（1972年从《民法典》中删除了"私生子女"一词），或者是收养的亲子关系，都是平等的，该法律恢复了一种基于爱的关系，而不仅仅基于未来分享财产的权利。自此之后，人们对他们的亲生子女——无论婚生还是非婚生——都将负有责任。

然而，以前的法律，却禁止了毕加索承认与玛雅、克洛德和帕洛玛的亲子关系。即使在1972年的改革之后，他也不能自然地承认这些孩子，必须通过必要的"认亲"的司法程序。

然而，这又有什么关系！毕加索需要他的孩子们，就像他需要他唯一的合法儿子保罗一样，即使法律不允许他们之间有什么关系，爱也可以将他们连在一起。我们只须看到，每个孩子曾经带给毕加索怎样的创作灵感，这一

毕加索和他的四个孩子帕洛玛、玛雅、克洛德和保罗在威尔士女人别墅，1953年圣诞节由爱德华·奎因拍摄。

切就会一目了然。虽然没有法律上的合法性，然而，这四个孩子都有着一样的"艺术合法性"，全世界的艺术爱好者们都了解这一点。

在日常生活中，毕加索将其他的孩子与保罗一视同仁地对待。保罗没有因为他的这种"合法身份"而获得任何的优势，他也从来没有以此为傲。保罗似乎在内心已经承认了这种按照当时的公序良俗来说十分荒谬的情况。保罗有真正的道德觉悟，他从来没有责怪过玛雅、克洛德和帕洛玛，因为这与他们毫无关系。此外，1949年5月初，当保罗的孩子帕布里托出生的时候，保罗本人也没有与艾米莉安娜结婚，而这时的艾米莉安娜还在她的上一段婚姻中没有离婚，她此时的丈夫是一个叫作勒内·莫塞的人，是瓦洛里小镇的一个陶瓷工厂的业主。

1935年，当勒内的第五个孩子丹尼尔出生后不久，他的前妻抛弃了他，后来，他就与艾米莉安娜相遇了。因此，在艾米莉安娜不到20岁的时候，她就成为了五个与她没有血缘关系的孩子的"母亲"。她以一种真正的勇气承担了这个责任，毫不犹豫地像抚养自己的孩子一样抚养他们，并在战争中保护他们与自己的丈夫。那个时候他们在马赛定居，她的丈夫勒内由于是犹太人，被盖世太保关押了起来，于是，她一手掌管了勒内的小小砖石场。

战争结束之后，安米莉安娜决定寻找新的生活，而不是继续承受痛苦。在与勒内达成了和平一致的分手之后，她带走了最小的孩子丹

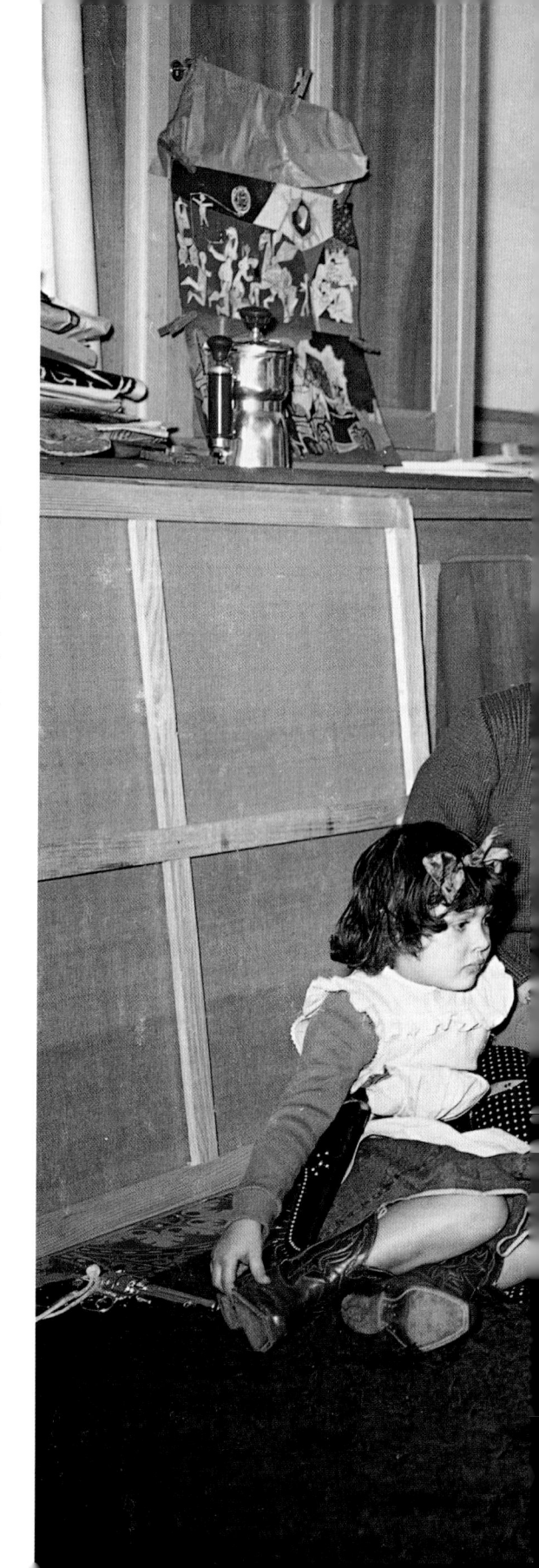

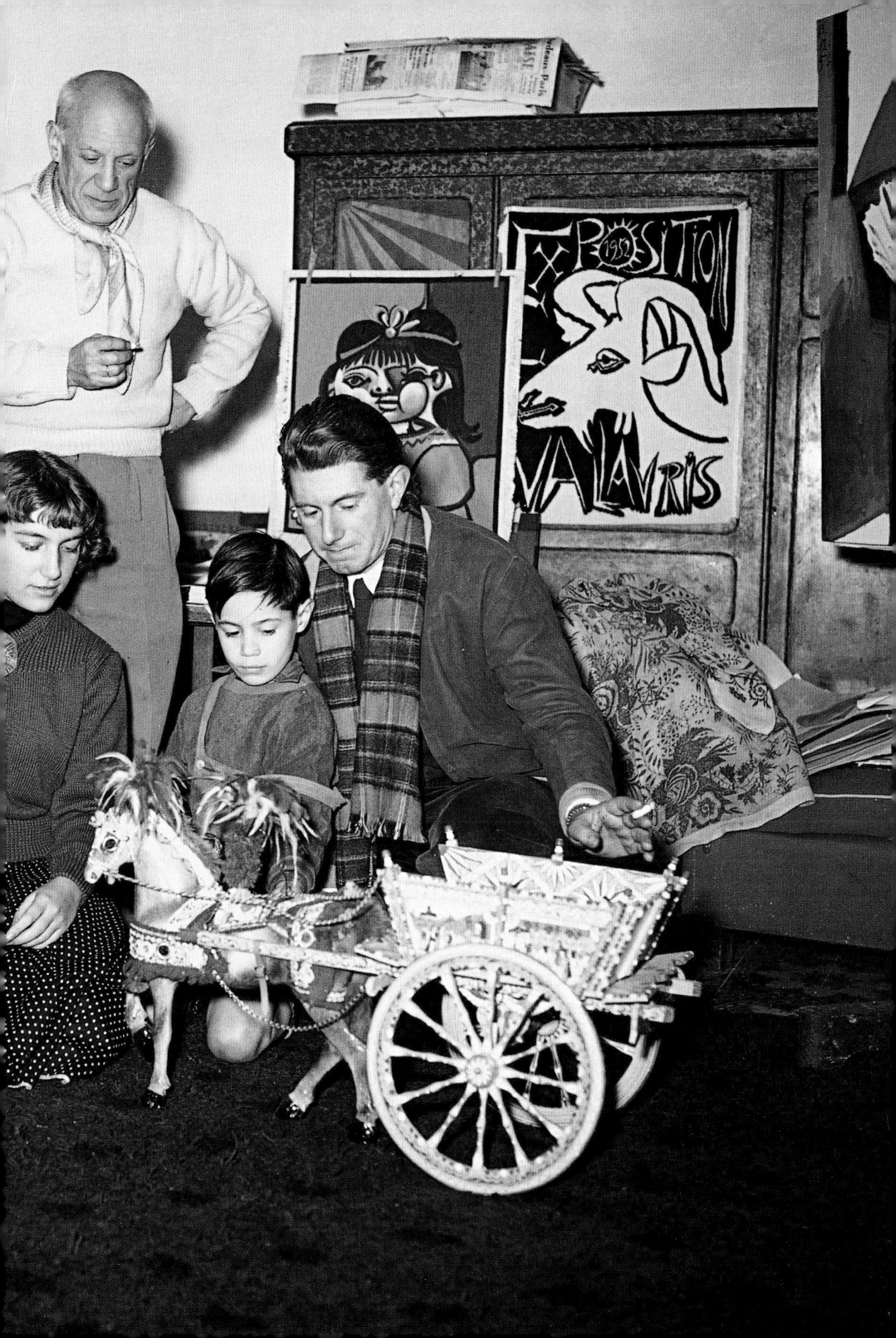
EXPOSITION
1952
VALLAVRIS

尼尔，丹尼尔仅仅只有 14 个月大时就由她抚养，这个小男孩将她视为自己的亲生母亲，并一辈子用"母亲"这个称谓来称呼她。

后来，这个充满了自信的女人遇到了保罗，此时的保罗刚刚从瑞士回来。于是，在 1948 年，艾米莉安娜怀孕了。

因为此时的艾米莉安娜还没有与勒内离婚，因此她与保罗的关系在法律上看依然是非法同居。更糟糕的是，艾米莉安娜与保罗之间的孩子，在法律上被认定为是她的丈夫勒内的孩子，而不是保罗的孩子。

因此，这位小毕加索，这个"私生子"，被取名为"帕布里托"（与毕加索的名字"巴勃罗"相似）以避免混淆。艾米莉安娜在几个星期后，即 1949 年 6 月底，终于完成了离婚。在这一年内，帕布里托与他们是"非婚生的亲子关系"，直到 1950 年 5 月 10 日两个人结婚之后，帕布里托才成为他们的合法孩子。而这个时候，艾米莉安娜已经怀上他们的第二个孩子玛丽娜了。因此，真的可以说，我们的家庭经历了法律上可能出现的所有特殊的状况。就连唯一合法的孩子保罗，他自己也在违犯着当时法律上的公序良俗。

至于小丹尼尔，他在帕布里托和他的妹妹玛丽娜相继出生时已经 15 岁左右了。他是保罗和艾米莉安娜浪漫故事的特别见证人，后来又见证了一个新的家庭的诞生，也见证了令这个家庭瓦解的可怕的争吵，包括保罗和他母亲奥尔加之间的争吵。即使在 1951 年春天，保罗与艾米莉安娜分手之后，丹尼尔也与他的弟弟妹妹在一起生活。几年之后，他参加工作了，也常常回来看望他的"母亲"与她的孩子们。

保罗在 1959 年第二个儿子贝纳德出生时，与他的第二个伴侣克里斯蒂娜重复了这种只恋爱不结婚的情况，直到孩子出生三年后，他才与孩子的母亲结婚。

对于保罗来说，打击与排斥他的弟弟妹妹，是他从来没有想过的事情，他觉得这样做很卑鄙。因此，1972 年法律改革后，在承认玛雅、克洛德和帕洛玛与毕加索的亲子关系的程序中，保罗表现出了极高的宽容和大度。他从来没有质疑自己的弟弟妹妹与父亲毕加索的亲子关系，他本来可以为自己的遗产份额着想的，因为另外三位继承人，他的遗产份额受到了严重损害。在他这里，爱再一次战胜了"合法性"。

当我的外祖父于 1973 年 4 月去世时，巴勃罗·毕加索的子女问题又有了一个新的维度。

令人惊讶的是，明明你是这位声名卓著的人物的孩子，全世界都能证明这一点，每个人都承认这一点，所有证据都存在，但是，你不能根据法律提出亲子鉴定的请求，因为申请原因是"不符合道德"的。

毕加索知道婚姻没有解除所造成的法律状况和麻烦。但他不会放弃在别处生活，在别处爱。他甚至非常荒谬地想过，要跟玛雅举行婚礼，因为他无法成为玛雅合法的父亲。

对他而言，这样做，可以"让那些保守派们尴尬不堪"，这完全是毕加索的风格。

由于法律的限制，他于1955年成为托管理事会指定的克洛德和帕洛玛的"代位监护人"，而他是他们的亲生父亲，这没有任何人质疑！他愿意利用一切可能的法律手段宣布自己的父亲身份，这一点毫不含糊。对于已经20岁的玛雅来说，"代位监护人"没有什么大的意义。

克洛德和帕洛玛有他们的母亲弗朗索瓦斯。因此，毕加索不可能成为他们的监护人，只能是代位监护人，倘若他们的母亲失踪了，他们的代位监护人就可以合法地代替母亲成为监护人。

毕加索和弗朗索瓦斯于1953年分居，两个人保持了冷静和负责任的关系。1954年，毕加索曾经说过："爱情的补偿就是友谊。"[81]

后来，在毕加索和弗朗索瓦斯达成友好协议之后，并在保罗正式同意的情况下——这一点非常重要——向司法部提出了一项要求，该要求在1959年5月12日的《官方公报》上公布，涉及对克洛德和帕洛玛姓氏的修改。毕加索让他们冠以自己的姓氏。1961年1月10日，同一份官方公报宣布，克洛德和帕洛玛的姓氏将改为"鲁伊斯·毕加索"——这是他们的代位监护人的姓氏。此外毕加索也要求玛雅将姓氏改为他自己的姓氏。因此，在《官方公报》上也公布了一项同样的要求。

我外祖父的律师贝纳德·萨利亚克负责了这三个更改姓氏的司法程序。这里有一个历史之谜：这位律师并没有真正开展对玛雅的姓氏更改的司法程序，而是在十年后将这些材料直接交给了我的母亲玛雅，没有做出任何解释。也许是因为三个程序同时进展有困难，因此他选择搁置了玛雅的法律程序。

玛雅、克洛德和帕洛玛并不是同一个母亲所生,司法部可能会担心同时更改三人姓氏的举动过于大胆、触犯道德(一个已婚的父亲,1961 年又再度结婚,三个孩子,两个不同的母亲)。

前卫或丑闻,在艺术的角度是可以容忍的,但在法律机构的冷漠严肃的氛围中,却很少能够被原谅。尤其是在上世纪六十年代的保守社会中,在法律上还远远没有对亲子关系的规定进行任何改革。因此,律师没有发表任何评论,也没有向任何人透露他的这一"解决办法"。此外,他还经常打电话给玛雅,声称此案仍在审理之中,他将这个秘密带进了坟墓。

至于玛雅,1960 年结婚的她,根据当时的法律,从此冠以她丈夫的姓氏。

而成年后的克洛德(1968 年 8 月)和帕洛玛(1971 年 2 月)以"婚外亲子关系司法声明"的形式提起诉讼,尽管《民法典》禁止他们这样做,当时司法程序上还没有相关的先例,也不知道如何措辞,因此有必要进行创新……

律师安特比先生给我看了我的外祖父毕加索于 1968 年 12 月 18 日为克洛德写的亲笔证明。我很欣赏他整齐而遒劲的笔迹,此时的他已经超过 87 岁了。

他谴责了那些说他"反对克洛德和帕洛玛的做法"的传闻,并承认了当时法律上规定的他们之间的"非婚生亲子关系"。但是,1970 年 4 月 14 日的克洛德案和 1971 年 11 月 30 日的帕洛玛案,格拉斯高等法院均"合乎逻辑"地驳回了他们的请求,因为他们"要求确定私生子女的身份",这是法律所禁止的。毕加索宣布了自己的父亲身份,然而那些法官却充耳不闻!

克洛德和帕洛玛均提出了上诉,然而普罗旺斯艾克斯地区法院均宣布维持原判,在 1971 年 5 月 3 日驳回了克洛德的上诉,在 1972 年 11 月 20 日驳回了帕洛玛的上诉。克洛德又提出了撤销原判的上诉,于 1972 年 6 月 27 日再次被驳回。

最令人震惊的是,上诉法院和高等法院于 1972 年 6 月和 11 月做出的裁决,是根据一项已经过时了的法律宣判的,他们明明知道政府刚刚颁布了一项新的亲子关系法,该法于 1972 年 8 月 1 日生效。

根据这项重大改革所规定的不可避免的程序,玛雅首先于 1972 年 12 月 13 日向格拉斯高等法院提起诉讼,以期被法律承认为巴勃罗·毕加索的"非婚生女儿"。"私生子"一词已被永久删除。1972 年的法律允许在非婚生子女出生时申报父亲身份，即使父亲与另一名妇女维持婚姻状态（同理，对于母亲来说也一样）。

它允许"自然亲子关系"正常化，但只能通过司法程序来实现。而直到1993年1月8日，亲生父亲与非婚生子女的亲子关系才被法律完全确定下来！

因此，在他们的年代，非婚生子女必须启动法律程序，以获得亲子关系在法律上的承认，这样才能获得遗产的继承权。

1973年2月8日，在毕加索去世两个月之前，克洛德和帕洛玛又开始了一项新的法律程序，要求法律承认其非婚生子女的身份。然而这项法律的执行有一个前提条件，就是申请者不得超过23岁，然而这个时候，玛雅、克洛德和帕洛玛都已经颇有年纪了。因此他们永远是陈列在博物馆的艺术作品中的"毕加索的子女"，却不是毕加索本人受到法律承认的子女。

许多法律工作者都对这样的年龄限制做出了批评，认为它是不恰当的，于是，立法者就做出了一定的让步。

1973年春天伊始，毕加索在位于穆然的家里度过了他人生的最后几周，此时的他，比以往任何时候都更加专注于他的艺术创作。他度过了一个糟糕的冬天，因支气管炎而精疲力尽，因此他根本无暇顾及亲生子女们对于亲子关系而提出的诉讼。这并不是因为他不想承认自己的父亲身份，而是这些法律事务，以及随之而来的流言蜚语，对他而言已经太过喧嚣与嘈杂。他在无意中也以自己的方式宣布了这场诉讼的无效：4月8日清晨，他与世长辞了。

格拉斯法庭在1973年6月29日宣读了玛雅的请求，并将其驳回，因为玛雅的年纪超过了法律的规定。不管真相是否如此，真相不再重要。

而克洛德和帕洛玛的听证会则持续了整整一个半小时。

1974年3月12日，同一个法庭承认了毕加索与克洛德和帕洛玛的亲子关系。在1970年、1971年和1972年的失败的诉讼中，毕加索始终以书面的形式明确证明其父亲身份。

根据新的法律（第12条第2款），以旧法律做出的判决将产生新法律所赋予的效力。

杰奎琳和保罗对这项决定并未提出上诉，这说明了他们并没有任何意图为了争夺遗产而反对明显的事实，挑起争端。

至于我的母亲玛雅，她经过了长时间的思考，终于提出了上诉。法官的判决令她非常的难过，为什么其他的孩子都受到了法庭的承认，唯独她遭到了法律的遗弃？此外，她父亲刚刚去世，各家媒体对遗产问题的关注愈发强烈，他们几乎把经济利益看作是申请承认亲子关系的唯一目的。玛雅是否有勇气在这种情况下重新提出诉讼？她提出上诉的原因，仅仅是想要成为自己亲生父亲的女儿，而这一切那时是有机会实现的。

杰奎琳在这件事情上帮助了玛雅，她让律师罗兰·杜马斯先生将玛雅介绍给律师保罗·隆巴尔先生，让他帮助玛雅上诉。她的这一举措，令之前宣判克洛德和帕洛玛胜诉、却一再拒绝玛雅的法官感到非常不快。玛雅依然在犹豫着。她已经被不停出现的各种文件和永远不会结束的法律程序折磨得精疲力尽了。但她也想到了我们，她自己的孩子，以及这种无法忍受的矛盾。倘若这件事情没有得到解决，我们将永远被排斥在毕加索家庭的边缘，尽管我们与毕加索是血肉至亲。她终于在1973年10月初提出了上诉，那些法律程序再一次地展开了。

1974年春天，举行了第一次由公证人参加的关于毕加索遗产的继承人会议，参加会议的成员有杰奎琳、保罗、克洛德、帕洛玛，还有……玛雅。这次会议再次证明了这个家庭的团结。没有玛雅的话，一切都不能开始。另外，保罗甚至告诉她，无论诉讼结果如何，"我们都会找到一个自己的解决办法"。保罗的这一句话，显示了他是一个多么正直的人，他就像他的父亲一样爱着他的妹妹，他会让爱战胜"合法性"。

在这次会议结束时，玛雅在没有提出任何要求的情况下，收到了一张关于遗产分配的巨大金额的预付支票，而她在法律上没有任何理由收到这份遗产。

保罗·隆巴尔主持了整个会议，大家都同意他在毕加索去世一年之后，即1974年4月8日，在法庭上出示的所有文件和证据。他改变了与年龄有关的法律限制，并为玛雅的"拥有权"进行辩护，"拥有权"这一法律概念本来只涉及婚生子女，但对非婚生子女却非常有效。事实上，玛雅与毕加索在血统上的亲子确定性，使法院在道义上无法忽视这一事实，而普罗旺斯艾克斯地区法院的法官最终于1974年6月6日宣布：玛莉亚·沃特，又称为玛雅，维德迈尔之妻，有权冠以她父亲的姓氏鲁伊斯·毕加索。

然而，法院做出这一判决，依照的是该法律的另一项条款：毕加索一直向玛雅提供所谓的"粮食援助"，包括他去世前的两年之内。因此，玛雅与毕加索之间的亲子关系终于获得了法律的承认。这项判决的依据是正式的法律，而不是当时许多人所认为的"子女占有权"的惯例。

在这一天，我的母亲获得了她第二次出生的机会。

她和她的所有孩子们分享了这份幸福，她与孩子们终于能够找到自己真正的身份。她因为这个身份而感到无限的骄傲。

1974年夏天，巴勃罗·毕加索的合法继承人终于团聚一堂，他的遗孀杰奎琳及四个孩子：保罗、玛雅、克洛德和帕洛玛。这是一个真正的重组家庭。

帕布里托的悲剧

我在本书的开头写过，我外祖父在4月8日早晨与世长辞。大概13点左右，媒体报道了他去世的消息。

自从人们得知了毕加索生病的消息之后，有许多记者打电话去他在穆然的住处，想要了解更多的情况。一家德国新闻社打电话去毕加索的家中，刚好是毕加索本人接的电话。记者问道："有人告诉我们毕加索死了，这是真的吗？"

毕加索平静地回答："不，我还没死！您死了吗？"

律师安特比先生的朋友，也就是格拉斯的法国检察官要求，在毕加索去世的时候立刻通知他。毕加索去世的前一年夏天，保罗的儿子帕布里托在没有任何提前通知的情况下，贸然前来拜访毕加索，被看门人拒之门外，他翻越房屋的栅栏，试图进入屋内。因为他与父亲保罗的敏感关系，令想要避免公众丑闻的政府当局感到不安。

4月8日清晨，毕加索去世之后，杰奎琳哭昏在地，律师安特比先生通知了省长和文化事务部长，然后准备与家人和朋友们取得联系。但是，在律师联系到家人之前，媒体就已经成功地将毕加索的死讯昭告了天下。与此同时，警察在毕加索的住宅"生活圣母院"附近设置了一条警戒线。

此外，自从帕布里托的那次事件发生以来，房屋就被比墙还要高、有着可怕倒刺的铁丝网团团围住。

杰奎琳没有打电话通知保罗毕加索的死讯，我的母亲也没有勇气将在电视中得知的这个消息告诉他。后来在穆然打来的一通电话中，保罗才知道了他父亲的去世。

他立刻在那天黄昏的时候赶到了穆然。在被悲伤彻底击垮的杰奎琳旁边，保罗显得格外的镇定。杰奎琳不想见任何人，当人们告诉她有客人来访的时候，她就大声尖叫。哪怕是当时已经97岁、从巴塞罗那赶来的毕加索的老朋友帕利亚雷斯也被拒之门外。保罗给玛雅打电话，建议她先不要来。杰奎琳过于悲伤，以至于陷入癫狂，没有什么能够令她理性思考。

当有人告知保罗，他的儿子帕布里托正在别墅的大门口等候的时候，保罗认为此时让他进来并不合适。律师安特比先生认为，保罗与儿子帕布里托糟糕的关系，让他觉得儿子的来访是不适宜的，尤其是当时有许多媒体在场。

大门依然紧闭着。

在被拒绝进入之后，帕布里托失魂落魄地游荡在戈尔夫瑞昂的大街小巷中，脖子上挂着一个牌子，牌子上写着："我是毕加索的孙子，然而他们拒绝让我进入我爷爷的房子。"

保罗所害怕的丑闻，就这样一下子爆炸了开来。

三天后，在绝望中，帕布里托吞下了一盒漂白剂。

他的母亲艾米莉安娜和妹妹玛丽娜发现帕布里托时，他已经躺在了血泊之中……他在医院弥留的最后三天，是她们陪伴在病床之前。我的外祖母玛丽-德蕾莎给予了她们最大的安慰，并且支付了这几个月里所有的医疗费用。艾米莉安娜对她的慷慨行为十分的感激。她向《尼斯晨报》透露，倘若没有玛丽-德蕾莎的安慰，她根本无法挺过这一切。

"她真的令人钦佩。直到最后一刻，她都尽她所能，减轻我儿子的痛苦。如今，是她承担了玛丽娜在英国读书的全部学费，也为我解决了生活上的困难。为了支付这些费用，她毫不犹豫地卖掉了毕加索送给她的一幅画。"[82]

保罗不愿意给予这对母子的，我的外祖母代替他，慷慨大方地赠予了她们。考虑到这些孩子是玛丽-德蕾莎曾经的情敌奥尔加的后代，她在这件上的真挚行为和情感不禁令人动容。倘若毕加索了解这种情感交错的场面，他会为此感到高兴，因为他一直认为，一个团结的家庭并不需要法律的维持。

有几家报纸暗示说，我的外祖父可能是帕布里托死亡的"罪魁祸首"，因为他不肯认自己的孙子……但是，值得一提的是，那时的毕加索已经年纪极大了，他与世隔绝地活着，面对着他的艺术，他已经浑然忘我，忘记了自己的孩子、孙子、朋友或这个世界的任何其他的事情！

我并不了解帕布里托。也许他受够了空有毕加索的姓氏，却没有获得他梦想拥有的好处吧。也许他父亲保罗对他关闭的那扇门，令他加重了童年时因为父母离婚而感到的痛苦，这个看似微不足道的行为却对他造成了巨大的影响。在他看来，他正在经历的物质上的困苦和学业上的艰难，都会随着他祖父的去世而消失。但是，他的父亲却并没有死！因此，帕布里托需要获得人们对他的身份的承认，他可是毕加索的第一个孙子。

1973 年 7 月 11 日，我从收音机中得知了帕布里托的死讯，然后将这个消息告诉了我的父母。我的母亲非常难过，因为她知道我的外祖母玛丽 - 德蕾莎是多么喜欢帕布里托和玛丽娜。

我的外祖母在帕布里托弥留之际，去医院探望过他，并始终铭记着他们最后的漫长谈话。帕布里托告诉我的外祖母，如果他知道自己会忍受如此多的痛苦，他就不会这样做了，他本以为自己会瞬间死去的。

那天，我的外祖母送给帕布里托一个铅做的小士兵玩具，这件玩具曾经属于毕加索所有，当她还是一个小女孩时，毕加索将这件玩具送给了她。她非常悲伤地看出来，帕布里托无法承受他的自杀行为所带来的无法弥补的伤害。

他的死对所有家庭成员来说都很震惊。我的母亲没能去参加葬礼，她以我们全家人的名义送了一束鲜花。我的外祖母玛丽 - 德蕾莎去参加了葬礼，在帕布里托的坟墓前，她放了一顶鲜花做成的花冠，花冠上挂着一条带子，上面写着"送给我的孙子"。帕洛玛也参加了葬礼，并一直与艾米莉安娜和玛丽娜待在一起。在那个时候，克洛德正在美国。据说保罗当时也在场，他与葬礼保持着一定的距离，然而他的面孔没有出现在现场为数众多的记者所拍摄的任何照片上。玛丽娜不记得在葬礼上见过保罗，其他人也没有印象……

玛雅记得，当时她建议保罗从此之后照顾他的女儿、帕布里托的妹妹玛丽娜，至少在经济上帮助她，因为他现在是毕加索的主要继承人，可以从已经开启继承程序的公证人那里领取所继承的款项。但对玛丽娜来说，没有什么可以取代她哥哥的存在和一个圆满的家庭所带来的爱。她不想再见到她父亲保罗，直到 1975 年 6 月保罗去世，父女也没能见上一面。

保罗之死

在女儿玛丽娜出生几个月后，保罗想要与艾米莉安娜离婚。从 1951 年春天起，两人就正式分手了。1952 年 9 月，法院下达了不调解令，1953 年 6 月 2 日，格拉斯高等法院以双方均有责任为由，宣布两人正式离婚。

保罗和艾米莉安娜之间的关系在此期间处于最糟糕的状态，之后也未曾得到改善，尽管保罗似乎控制了局势。帕布里托与玛丽娜由艾米莉安娜抚养，他们是这场失败婚姻的首批受害者。我的外祖父毕加索讨厌一切麻烦，并且想将所有的时间都用于艺术创作上，因此他就表态说："如果保罗在家庭里有烦恼，那么他就自己处理吧。想要钱的话这里有，但是不要占用我的时间。"根据皮埃尔·戴的说法："这已经是极限了，对于其他的，毕加索爱莫能助。不过如果保罗将自己的孩子带给毕加索认识，毕加索肯定会很高兴见到他们。"毕加索也曾担心状况一发不可收拾，想要争取孩子的抚养权，并且递交了官方申请，但是 1957 年 3 月 12 日，这份申请被法庭驳回。倘若想要获得孩子的抚养权，就必须通过法庭的社会调查，以及法兰西共和国检查官要求的细致的警方调查！艾米莉安娜很担心毕加索一家想要夺走她的孩子，并将他们送到西班牙或苏联……于是，他们之间就竖立起了一道无法越过的墙。

1955 年发生了一系列事件。保罗遇到了一个年轻漂亮的女人克里斯蒂安·波普兰，人们总是叫她克里斯蒂娜。他坠入了爱河。

就在这一年，奥尔加去世了。

保罗是他母亲的合法继承人。他从毕加索那边得到了布瓦热卢城堡的享有权，该城堡于 1935 年由毕加索赠予奥尔加（顺便说一句，她从未在那里定居过），他还得到了另外的一些财产。保罗的生活辗转于巴黎以及蓝色海岸之间，巴黎是他和妻子克里斯蒂娜居住的地方，蓝色海岸是他父亲居住的地方，而他父亲常常需要他出现在那里。自从离开奥赛码头（法国外交部驻地）的行政职务以后，保罗取代了1953年被毕加索辞退的司机马塞尔·布丹。这份工作只持续了一年，之后保罗就成为了毕加索的秘书。因为保罗住在巴黎，所以他负责毕加索在巴黎的各种业务，而毕加索就不再涉足巴黎了。因此，在所有的正式文件中，保罗是以秘书的身份出现的。

保罗和克里斯蒂娜关系和睦，如胶似漆，1959年9月3日，他们的儿子贝纳德出生了。克里斯蒂娜和保罗在杰奎琳和毕加索结婚一年之后的1962年3月结婚，这对我外祖父来说，不失为一种乐趣，在自己的儿子之前结婚，好像一个恶作剧。父亲和儿子两个人都成为了"新婚丈夫"。

保罗是一个热情、率直的男人，对机械、汽车、摩托车和速度有着简单真挚的热爱。所有关于他的情况都证明了这一点。他外向开朗，喜欢派对和游乐，在性格上，他一点都不像自己的父亲，尽管在物质上他一直依赖着父亲。

然而，在他母亲去世之后，继承了遗产的保罗有了性格上的转变，变得更加有责任心。皮埃尔·戴曾经说过："奥尔加去世之前，保罗是一个独立、喜欢享受生活、对什么都毫无顾虑的男孩，也是一个出色的汽车驾驶员。"而如今，他变得更加深沉。父亲毕加索的死，加深了他的这一气质。当时加诸于他身上的重要的责任，对他而言是一个重大考验，而对此他并没有完全准备好。然而，作为家庭的长子，他要表现出某种权威和令人意想不到的镇定。

保罗与他父亲毕加索之间的关系，充满了相互的情感以及一种有趣的精神上的叛逆，毕加索知道，保罗跟他其他的子女相比，有着明显的不同。他比玛雅、克洛德和帕洛玛的年纪要大很多。他甚至跟克洛德和帕洛玛的母亲、毕加索的情人弗朗索瓦斯·吉罗同龄。

但是他不是毕加索的知己与伙伴，也不是他艺术创作上的同路人，他是毕加索唯一的嫡子。他没有上过几天学，在二战期间被送去了瑞士，随后又回到了巴黎，他在位于奥赛码头的法国外交部那边谋得了一个职位，然而却没有学到令他谋生的手段。另一方面，他很擅长机械，特别是摩托车，他能够驾驶得很好，他最好的朋友之一是赛车冠军乔治·蒙纳瑞特，跟乔治一起，他完善了自己的驾驶技术。在摩纳哥和尼斯之间举行的职业赛车比赛中，保罗得到了第二名的好成绩。毕加索很为他的儿子感到骄傲，但是他害怕保罗出车祸受伤或死亡，因此并不支持保罗走赛车这条路。那个时候保罗已经快30岁了，但是依然不敢忤逆他的父亲。

1950年夏天，在瓦洛里小镇，毕加索接待了菲利普·德·罗思柴尔德男爵，他是木桐葡萄庄园的主人，他希望能在他位于瓦洛里小镇的葡萄园的入口处竖立一个雕塑，以当地著名的"牧羊人"形象为原型。在毕加索的家中，他将弗朗索瓦斯和奥尔加搞混了，对弗朗索瓦斯说："我怎么听说您瘫痪了？"（当时的奥尔加正在戛纳的一家诊所里，传闻此时的她已经半身不遂了。）他又望着保罗说："真难以置信您能有这么大的儿子……"保罗听到之后，随即大笑了起来，他说："您知道的，我小时候是一个有点早熟的婴儿，甚至有点过于早熟了。事实上，我比她还更早出生。"随后，他把裤腿卷到膝盖上，跑出门去，在房间四周挥舞着手臂大喊："妈妈……妈妈！"那时还只有3岁的克洛德看到他这个样子非常高兴，跟在他后面，学他的模样。这让男爵丈二和尚摸不着头脑！

在毕加索这个家庭的混乱关系中，保罗起到了一个纽带作用，他维系着所有人的友谊。他经常陪伴毕加索和全家人，在阿尔勒的斗牛场，在尼姆或瓦洛里小镇。他喜欢待在竞技场围栏旁的木防护板旁骚扰公牛，还经常勇敢地接近这些易怒的动物。他在尼姆最好的朋友之一是律师和斗牛士帕克·穆尼奥斯，他经常陪伴在保罗身旁，特别是在那些来往于尼姆和维希之间的旅行中。毕加索认为斗牛是一个令人激动的活动，他能从中寻找到一度失去的西班牙氛围。因此他十分看好保罗与这位斗牛士朋友的交往，希望保罗能够融入斗牛活动之中，他觉得自己的儿子对此很有天赋，然而保罗的这一兴趣并没有坚持很久。

我曾经多次遇见过我的舅舅保罗。他身材高大，风度翩翩，气度威严，有着一头花白的头发。我记得很清楚，我的妈妈与他是多么的亲近。毫无疑问，他与玛雅的聊天，肯定令他回想起了与父亲共同度过的美好时光。

虽然他们的年龄不同，但是他们都属于同一代人——二战前出生的一代。

1968年保罗邀请玛雅去布瓦热卢城堡，因为他的儿女帕布里托和玛丽娜将会在那里待上一个月的时间。保罗对与子女的这种"重逢"感到些许的不自在，因为这显然是他这么多年来第一次与他们相见。

玛雅接受了保罗的邀请，并把我和我的弟弟理查德一起带去了那里。

我对这座城堡印象极其深刻，不是因为这里的一切都维持良好，而是因为在我的眼中，这里既宽敞，又奢华，甚至还有自己的教堂。在这里还见到保罗的妻子克里斯蒂娜，我记得那时的她非常美丽，对我们非常温柔。帕布里托十分高兴，脸上充满了开心的笑容，整个人仿佛在发光一样。那个时候他将近19岁，已经长大了。而他的妹妹却一直默不作声。他们两个9月份的时候就率先到了这里。我则有点害羞，不知道该跟他们讲些什么。他们同父异母的兄弟贝纳德非常快乐，因为我们与他同龄，我跟我的弟弟与他一起到处跑跳和嬉戏。

我们拍了很多照片，保罗看上去非常幸福，所有的人都在微笑。

在毕加索去世两个月后的一天，也就是1973年6月7日，在亲子关系认定的司法程序正在如火如荼地开展的时候，保罗这位暂时的唯一继承人，找到我的母亲，向她征求了意见。

他们谈论了许久，谈论过去，谈论现在。保罗对发生的一切都感到十分困惑，当时的杰奎琳对一切都采取主动，而保罗却很难找到自己的位置。玛雅向他建议聘请一位私人律师，不要毕加索和杰奎琳的专属律师罗兰·杜马斯，因为此时保罗与杰奎琳各自的实际情况是不同的，律师罗兰·杜马斯可能会提出对保罗不利的建议。

保罗建议我的母亲跟他一起去沃韦纳尔盖城堡，那是毕加索下葬的地方。他对那次在完全没有预料的情况下举行的葬礼感到遗憾，葬礼在花园里匆忙进行，既没有家人或亲人的参加，也没有正式的悼念仪式。他很遗憾当时向绝望的杰奎琳屈服，拒绝了玛雅、克洛德、帕洛玛、玛丽-德蕾莎、帕布里托和其他毕加索生前的老朋友的到访……一切发生得太快，令他猝不及防。那个时候他还没有准备好。

杰奎琳也去了沃韦纳尔盖城堡，她很乐意玛雅和她的三个孩子（那时我的小妹妹戴安娜已经出生）与保罗一起去毕加索的坟墓。这是一段令人印象深刻的记忆，我人生中第一次去墓地，即使那里只有一座坟墓。对我而言，几星期之前才出现在这个世界上的外祖父，就在这里长眠。我也第一次见到

1968年8月，克里斯蒂娜（保罗的第二任妻子）、玛丽娜和帕布里托（保罗与第一任妻子艾米莉安娜的子女）、玛雅、保罗、理查德和奥利维耶（玛雅的儿子们）在布瓦热卢城堡。

了杰奎琳，她全身都穿着黑色衣服。

在回家的路上，玛雅在普罗旺斯艾克斯地区停了下来，保罗来我们的车里找她。当我们睡着的时候，他们在车中聊了将近两个小时。我不知道情况的复杂性，但我知道他们之间有一种坚不可摧的联系。

杰奎琳的最初公证人达尔蒙先生非常合乎情理地启动了继承的程序。但是他没有想到，为了完成这个程序，他将会付出多么艰苦的工作。全部遗产都必须在六个月内"申报"，这显然是不可能的，因为毕加索留下的需要记录和估算的作品的数量实在是过于庞大。此外，还有一些情况非常特殊的继承人需要考虑在内。

在最初，保罗和杰奎琳一起正式解雇了法庭派来的司法负责人。他们明智地重新考虑了他们的决定，但也谨慎地等待亲子关系的判决。当所有合法继承人都被确认后，1974年7月12日，法庭颁布命令，确认了皮埃尔·雷克里先生成为他们新的司法负责人。终于，五位继承人以及他们各自的顾问开始了对遗产的分配工作。1974年夏天他们就制定好了一个时间表。皮埃尔·雷克里先生正式指定莫里斯·莱姆斯先生为协助遗产分配的专家。他们起草了一份遗产分配方案备忘录，做好了面对这项艰巨工作的全部准备。

从9月份开始，各个关于遗产分配的会议就陆续地按期举行。我记得母亲每个月都要出发去巴黎，乘坐著名的夜间火车"马赛人号"往返于马赛和巴黎之间。根据母亲的描述，遗产分配会议上从未出现过那种想要最快解决问题而引起的争吵或斗殴。这场著名的"遗产分割"实际上仅仅是一些简单的法律程序。继承人之间的关系都还不错，友好的气氛占据了主导。

1975年6月5日，一场意外的悲剧发生了。那天早上，母亲像往常一样叫我起床去上学，我发现她的眼睛是红的，她努力地擦干自己被泪水打湿的脸颊。她对我说："我的哥哥保罗去世了。"

我惊呆了。

"怎么去世的？"我问道。

"因为肝癌。他曾在一段时间内病得很严重，之后病情有所好转。他打电话告诉我，他感觉不错，他甚至可以自己开车。然而，在巴塞罗那的时候，他的病情忽然恶化。他被救护车运到了蒙彼利埃，然后坐飞机回到了巴黎。

就在昨天晚上，他忽然就去世了。克里斯蒂娜今天早上给我打电话，告诉了我这件事。"

保罗在世间留下了遗孀克里斯蒂娜和他的儿子贝纳德，以及他与前妻艾米莉安娜·洛特所生的女儿玛丽娜。

那时，玛丽娜和她的母亲依然生活在戈尔夫瑞昂。于是，玛丽娜很快到了巴黎。

我的舅舅克洛德给她寄去了一张单程的机票，因为不知道她想要什么时候再回去。但是他知道，到时候玛丽娜肯定有钱买返程的机票了。玛雅、克洛德和帕洛玛都获得了保罗的一部分遗产，因此他们向他们的法律负责人要求，付给玛丽娜一笔不菲的金钱作为她应该继承的遗产。

保罗葬于巴黎的蒙帕纳斯墓园之中。再次失去亲人的这一家子，终于又在一个阳光灿烂的日子里相聚一堂。许多保罗的老朋友也加入了悼念行列。在保罗棺材前的枢车之中，有他的遗孀克里斯蒂娜和他们的儿子贝纳德，还有玛雅和玛丽娜。

气氛非常的沉重，每个人都在努力忘掉过去。毕加索两年前去世，帕布里托于同年自杀，而现在，保罗也去世了。这一家的三代，都长眠在了地下。这对于玛丽娜来说是最难过的，她失去了自己的家庭：既失去了难以接近的祖父，又失去了对她不管不顾的父亲，还失去了曾与她如此亲近，如今却如此遥远的在绝望中死去的哥哥。在枢车之中，她眼神迷离，不停地说着："不要再打官司了，不要再死人了！"因为她没有与这些家人在一起生活，所以她不可避免地认为家庭成员之间还会因为遗产继承而产生许多分歧。然而她并不知道，这个家庭已经成为了一个神圣的联盟。

现在有两个继承问题待解决：一方面是毕加索与他的四位继承人——杰奎琳、玛雅、克洛德和帕洛玛的继承问题，另一方面是保罗与他的三位继承人——遗孀克里斯蒂娜和子女玛丽娜、贝纳德的继承问题。当时的玛丽娜24岁，她同父异母的弟弟贝纳德只有15岁。

尽管这是个悲痛的时刻，然而那些关于遗产继承的会议和财产清点必须要继续进行。在之前的1973年，玛丽娜的律师站在保罗的前妻艾米莉安娜（她也想在毕加索的遗产中分一杯羹）一边，提出了一个十分荒谬的要求。他认为保罗没有权利拒绝1955年从他的母亲奥尔加那里继承的遗产，因为当时保罗与艾米莉安娜还在婚姻内，这笔遗产属于他们二人的共有财产，因此在毕加索的遗产中，艾米莉安娜也必须分得一份。这样的想法令人觉得可笑。当然，艾米莉安娜很快就成为记者们关注的焦点，这一事件必然影响到保罗，儿子帕布里托的自杀已经使他痛苦不堪，事情开始变得非常微妙……

玛丽 - 德蕾莎的自杀

在家庭生出变故的这些年来，我的母亲玛雅脸上总是有着坚定与温柔的表情。她从来不肯表露出自己的忧虑。她一向乐观而真诚。至于我的父亲，与继承遗产相比，他似乎对帆船更有热情，他似乎想用对帆船的喜爱来抵消"毕加索继承人"这个头衔为我们的家庭所带来的沉重负担。因此，他不得不在不经意间，给这个家庭带来一点平衡。

我们住在马赛，远离其他家庭成员。玛雅主要通过电话与其他人进行联系，尤其是她的母亲玛丽 - 德蕾莎，她们常常通电话。

1977年10月20日，那天早上，妈妈把我叫醒，告诉我，我的外祖母在昨夜去世了。

我没有听清楚，第一个想到的是我父亲的妈妈，我的奶奶玛塞尔，那个时候她已经超过80岁了。

"不，去世的是你的外祖母，我的妈妈。"玛雅忍不住泪眼婆娑。过了一会儿，我看到妈妈坐上车出发去了胡安莱潘，我的外祖母住在那里。

爸爸觉得我应该懂事了，于是就告诉我，我的外祖母玛丽-德蕾莎是自杀身亡的，而我的妈妈玛雅当时并不知道这一点。

昂蒂布的警察与我妈妈通话时，只告诉她玛丽-德蕾莎出了一场事故，并没有对其死因多加解释。我的爸爸决定不对我的弟弟和妹妹讲述这件事。像往常一样，媒体对我外祖母的死进行了大肆的报道，甚至出现在了晚间八点的电视新闻上，而我的父亲则及时切断了电视的声音。与此同时，我的妈妈赶到了现场，她的世界崩塌了。

玛丽-德蕾莎留下了9封遗书，其中有一封一页长的遗书是写给玛雅的，然而警察局并没有将它交给玛雅。据一位调查专员说，玛丽-德蕾莎在这封遗书上仅仅是请求玛雅的原谅。据说还有一封长达9页的遗书是写给玛丽娜的，我不知道这封遗书最终是否交到了她的手里。

我的外祖母在平时写给玛雅的信件上说过，她与玛丽娜本来关系十分亲密，然而，从1975年6月份开始，她们的亲密关系有了非常重大的变化。在保罗去世之前，我的外祖母曾经借给玛丽娜一笔钱来救济她的生活。保罗去世后，玛丽娜获得了遗产，我的外祖母就找她归还这笔欠款，而玛丽娜却不想还钱。

后来，我母亲告诉我，毕加索去世以后，玛丽-德蕾莎一直不胜悲痛，因为她失去了她的挚爱，自1927年与毕加索相遇以来，他们一直没有中断联系，直到1973年4月8日，他们的联系终于停止。在毕加索去世的八天之前，玛丽-德蕾莎还跟他通过电话，那个时候，她就明白毕加索已经时日无多。她告诉玛雅，在打这个电话的那天早上，她收到了毕加索寄来的信，看到了信纸上毕加索孱弱的字迹，她更加确定了自己的这个不好的预感。

玛丽-德蕾莎所生活的世界，是一个由毕加索搭建和修饰的虚拟世界，毕加索将她保护起来，与真实世界隔开。毕加索始终给予玛丽-德蕾莎丰厚的资助金，直到1973年春天他离开人世。毕加索已死，资助金不再汇来。更重要的是，两人的精神纽带就这样断裂了。从此之后，她必须独自面对外面的世界。在他们第一次相遇的五十年后，玛丽-德蕾莎终于下了决心，身赴黄泉与毕加索相见。她将自己吊死在她的漂亮房子的车库中。

尽管我的母亲和我的外祖母之前经常打电话，但母亲现在才怀着无尽的悲伤发现了她妈妈的境况——自从毕加索去世以来，她不得不独自面对这个世界。与毕加索分居之后，玛丽-德蕾莎持续地对身边的人施加善意：为这个人买杯咖啡，为那个人买件毛皮大衣，或者是一辆汽车、一次旅行，再或者为一个身边的人支付一次整容手术的费用……她从没有意识到，她是在用金钱来维持与身边的人的友谊。当玛丽-德蕾莎意识到这一点的时候，她的那些"昂贵"的朋友们早已离她远去。

她的自杀身亡，为关于毕加索的各种传说和想象又新添了一块基石。六个月后（因为司法调查，尸体不得不留在停尸房），我母亲独自出席了在昂蒂布举行的玛丽-德蕾莎的葬礼，当然身边还有成群结队的记者和摄影师，然而，我的母亲因为太过悲伤，这些人的喧嚣与吵闹，已经完全从她的记忆中抹去。

玛丽娜的困难

时间继续流过。但家人们现在都知道，应该积极地进行自我保护，免受因毕加索之死而造成的心理影响。这种令人焦虑的心理影响并不是由毕加索本人带来的，而是由我们与毕加索的关系、与他的作品的关系而带来的。在成为毕加索的家人之前，我们首先要成为自己。

对毕加索作品遗产的拥有权应该仅仅成为我们生活中的小插曲而已。但这可能吗？

我母亲一直和他父亲的画作一起生活，她的心脏已经得到了充分的锻炼，她的人生也是。她愿意为了我们——她的子女的幸福而战斗。克洛德和帕洛玛当时还是年轻人，他们也曾在毕加索的作品前生活。他们的母亲弗朗索瓦斯离开了毕加索，在他的生活之外抚养了两个孩子长大。在毕加索同意的情况下，她先行为他们的权利做好了保障。

然而，贝纳德这个孩子却失去了他的父亲保罗，年纪尚小的他，是如此的天真、富有、柔弱，他成为了大家忧虑的源泉，应该有人来照顾他。于是，毕加索的小儿子克洛德承担起照顾贝纳德的义务，他成为了他同父异母的大哥遗留在人间的儿子的第二个父亲，同时也是朋友。克洛德对贝纳德的照顾，是克里斯蒂娜——这个年纪太小的继承人的母亲——对儿子的天然之爱的一个补充。玛丽娜自从 22 岁开始，就与她的男友勒内医生同居在一起，后者是个已婚男人，比玛丽娜年长将近 25 岁，仿佛是她的第二个父亲。勒内医生已经是两个女儿的父亲，她们叫作维尔妮卡和佛洛伦斯，后者又被称作佛洛西。玛丽娜透露，她 15 岁的时候遇见了这个男人，那时的玛丽娜正在经历一段困难的时期。她所参加的夏托布里昂的课程的授课老师，请心理学专家勒内医生去拜访艾米莉安娜·洛特及其子女，因为老师察觉出来，他们之间的关系存在着严重的问题……

玛丽娜和勒内医生的恋爱关系直到 1973 年帕布里托死后才正式开始。当玛丽娜自 1975 年夏天开始从她父亲保罗的遗产中获得第一笔预付款时，她与勒内医生的关系在物质层面得到了便利。他们住在位于蓝色海岸、昂蒂布和尼斯之间的著名的玛丽娜天使湾。随着 1976 年秋天他们的儿子盖尔的出生，玛丽娜通过打破法律规范，打赢爱情至上的战役，重新获得了像她的祖父毕加索那样的对爱情和婚姻的意志上的自由。至于她的恋爱对象勒内究竟有没有结婚，对她而言已经不重要了。她不仅是勒内的情妇，也是他们共同孩子的母亲。婚生子女、自然关系子女、私生子女，这些名称对她已经不重要了。

玛丽娜和勒内分分合合，跟着他们第二个女儿弗洛尔诞生了，女儿取名叫弗洛尔，是为了纪念勒内在越南惨遭杀害的母亲。对玛丽娜来说，爱情再次战胜了法律规范，就像她祖父所做的那样……但是，根据勒内所说的，玛丽娜和勒内在弗洛尔出生后不久又再次分手，这次分手非常激烈。玛丽娜对勒内提出了殴打致伤和谋杀未遂的控诉，报纸报道了这个消息。勒内当时加入了一个人道主义组织，前往泰国和柬埔寨行医，在他不知情的情况下被法庭判定缺席。但在几年后，当他返回法国时，法庭重新开启了诉讼程序，最终他被判定是完全清白的。

后来玛丽娜始终生活在母亲的身边，她似乎拥有一个家庭。然而，人们所不知道的是，所有这些幸福都是表面的。事实上，玛丽娜不得不长期接受心理治疗，持续了整整 14 年。

勒内医生于 2002 年秋季跟我联系，并经常写信给我，讲述他在世界各地的冒险生活以及他与玛丽娜的关系，并不断地询问我两个孩子盖尔和弗洛尔的情况，他承受着无法再见到他们的痛苦。他从未停止过希望，但再也没有见过他们。

他于 2012 年去世。

杰奎琳的自杀

最后，还有杰奎琳，她是"毕加索的遗孀"，是一位女皇般的后母。她的整个世界于 1973 年 4 月 8 日毕加索去世的那一刻停止了转动。时间依然在走，她的生活却发生了天翻地覆的变化。从那时起，她要解决遗产的继承问题，还要处理即将向公众开放的毕加索博物馆的诸多事项，在将近二十年里，她一直管理和守护着这些令人无法想象的资产。终于，她的职责停止了。

她将她丈夫生命最后阶段的作品都展现在世人的舞台上，当这场演出进入高潮，她安然谢幕。在西班牙君主的大力赞助下，她在马德里举办了一场毕加索作品的大型展览，她亲自关注到了每一个细节。1986 年 10 月 15 日，展览开幕的当晚，她朝自己太阳穴开了一枪，结束了自己的生命，让自己的灵魂奔赴毕加索所在的地方。如今她与毕加索葬在了一起，在沃韦纳尔盖城堡，在圣维克多山的保护下长眠。

她第一次婚姻所生的女儿卡特琳娜·于坦，成为了她唯一的继承人。

具有讽刺意味的是，卡特琳娜从毕加索遗产中获得了相当大的份额，因为她母亲杰奎琳是该遗产的主要受益人。因此，毕加索的第二批作品由卡特琳娜以清偿税款的方式捐献给了国家，这批作品为数众多，其中包括毕加索绘制的那些非凡绝伦的杰奎琳的肖像，以及 22 本素描画。这些作品于 1990 年被毕加索博物馆收藏。

至于卡特琳娜的收藏，2003 年 11 月巴黎美术馆开幕时，在题为"杰奎琳的收藏"的首次展览上，第一次部分地展示在公众面前。

2017 年，这个令人印象深刻的丰富收藏再次在郎代诺的莱克莱尔基金会上展示于人前。

现在卡特琳娜与她的巴西丈夫离婚了，独自抚养两个收养的孩子。在杰奎琳去世之后，卡特琳娜与我的母亲玛雅走得很近。

她们两个人的母亲都因为毕加索的离世而悲痛自杀，在类似的悲剧中失去母亲，她们感到了同样的悲伤。就像玛丽 - 德蕾莎无法面对她的一生挚爱毕加索的去世，杰奎琳也无法在失去她的丈夫、她的太阳的情况下独自生活。

她们相继香消玉殒，为毕加索的人生故事增添了一抹传奇的色彩。很不幸的是，这些悲剧中的所有成分汇集在一起，助长了最愚蠢的瞎猜与幻想，肮脏不堪的诋毁，以及"毕加索是害死她们的元凶"的诽谤……

4
毕加索 与 金钱
PICASSO ET L'ARGENT

"口袋里有很多钱，却过着简朴的生活。"
——巴勃罗·毕加索

毕加索与金钱，这个主题使人迷惑，令人着迷，让人浮想联翩。有时，它也会让人感到不适。毕加索无疑是人类历史上最富有的画家。无论是从数量上还是从价值上来看，他都留给了他的亲人们最重要、最出乎意料的遗产，除他之外，任何艺术家都无法做到这一点。他似乎找到了一个古老的炼金术士的秘密，能将他在画布上的每一笔都化作黄金，作品屡屡创下销售纪录……

毕加索去世之后，将自己全部创作的十分之四左右的作品，都作为遗产留给了他的继承人。他的继承者们构成了一个共同体，集体享有对毕加索的作品题名、形象的占有权，并拥有其他由此延伸的权利，以及作品的精神权利（1986年去世的毕加索的遗孀杰奎琳和她的直接继承人卡特琳娜除外）。根据法律，作品的精神权利是不可转让的，并且按照血统关系，一代代地有限继承。[1]

这种带有不可分割性的权利，在今天来说，可能是世界上为了保护和推广文化遗产的最好的措施，它的意义已经超出了继承人所获得的那些特殊的利益。把艺术与金钱联系起来，似乎是令人不快的，甚至是不可接受的。有些人更喜欢那些一穷二白的画家，而不是百万富翁艺术家。但是金钱向来都为艺术提供资金，倘若没有教皇尤里乌斯二世的资助，米开朗基罗能够创作出西斯廷教堂的壁画来吗？没有美第奇家族，拉斐尔能够绘制出梵蒂冈的壁画吗？没有佛朗索瓦一世和路易十四，香波城堡和凡尔赛宫又会是什么样呢？今天的人们，可以在没有赞助商的情况下，举办一场盛大的艺术展览吗？

---

[1] 著作者的精神权利、人身权或人格权，是在欧陆法系及部分普通法系中赋予创作者对自己原创作品享有独立于著作权的另一系列权利，换言之，这个权利是不会因为原作者已经放弃其作品的复制权或持有权而丧失的。按不同地区的立法定义，精神权利的有效时间可以是永久或等同作品的著作权有效期，而它保护的创作类型又会因地区而异。《保护文学和艺术作品伯尔尼公约》要求精神权利包含以下两类权利：署名权或识别权，除了实名外亦允许以假名对作品署名或拒绝署名；保持原作品的完整，禁止作品在未得原作者同意下被他人修改或歪曲原意。

艺术家们总是试图出售他们的天赋与才能，因为他们生活在社会中，与社会及其运作密不可分地联系在一起。这一点没有任何问题，也不应该有任何尴尬之处。美国长期将金钱与艺术的对话持续下去，我们知道，这一联合取得了成功，产生了深远的影响，远远超越了它们自己的边界。

然而，在一些国家（包括法国在内），金钱被赋予了可疑的意义——这其中并非没有虚伪的成分。事实上，金钱是艺术品这个非理性的对象的唯一衡量尺度。而与之矛盾的一点是，这个宣扬商品经济的社会，它真正的价值却并不是可衡量的投资产物，也不是那些纷繁复杂的定价和税率，而是一种抽象的共识，一种情感的力量。

正如本书之前所说，我的外祖父出生在一个收入微薄的家庭，虽然属于资产阶级，然而毕加索小的时候，他和家人们在每个月的月底都需要勒紧裤带以维持生计。

毕加索在马拉加、拉科鲁尼亚和巴塞罗那的儿时生活，就是在这样相对贫穷的状态下度过的。毕加索的父亲——我的曾外祖父唐·何塞，画家兼绘画老师，赚的那一点钱，仅够养家糊口。

他很快就发现自己的儿子有一种独特的艺术天赋，但他的教育和正直的公务员风格限制了他的野心与抱负，他认为，毕加索会成为一名出色的绘画老师，接替他的位置。唐·何塞在一个充满思想深度的西班牙学院派环境中受过良好的教育，他最多将自己的儿子视为一个有才华的肖像画家，拿着稳定的工资，维持这个资产阶级家庭的开销。

唐·何塞最擅长画的是鸽子。于是，鸽子就成为了小毕加索最早的"模特"。

所有这些都是按照循规蹈矩的计划在进行的。唐·何塞喜欢传统，他满足于风平浪静的日常生活。但不幸的是，这种平稳的生活也充满了不确定的因素：他在马拉加的那家小小的博物馆的职位被取消了。这一事件给了小毕加索很大的触动，让他想要去另外的地方看看，寻找与他父亲不同的生活。

与此同时，另外一个家庭成员意识到了这个孩子异于常人的天赋，并且努力促使他实现自己的天赋。他就是唐·萨尔瓦多，毕加索的叔叔，富有的医生，也是一家之主。他为年轻的毕加索提供了资助，让他在1897年前往马德里进入圣费尔南多皇家美术学院学习绘画。因此，唐·萨尔瓦多是毕加索一生

《抽烟斗的男孩》（*Le Garçon à la pipe*），1905年，布面油彩，100厘米×81厘米，个人收藏。这部作品于2004年由苏富比公司出售。这是历史上第一幅在拍卖中拍出超过1亿美元价格的画作。

的投资者中的一员，他帮助毕加索成为了一个艺术学院的学生，并期待着毕加索完成一些学术成就，这些成就将使他感到自豪，并将偿还他的投资。

但是毕加索很快厌倦了学校生活，喜欢上了夜晚外出，流连在花街柳巷和普拉多博物馆之中。唐·萨尔瓦多发现毕加索不再去上课，就切断了对他的资助。

之前的毕加索从来都没有体会过饥饿和寒冷的滋味。而如今的他，忽然被迫进入了穷困和悲惨的境遇之中。这一段时期的生活，深刻影响了他下半辈子人生待人接物的处事态度。他必须直接地面对现实和金钱的困境。然而物质上的困难并没有让他更改艺术创作的使命。一切从零开始！马德里的穷困生活经验之后，毕加索用了整整七十二年的时间留下了丰厚的艺术遗产，这正体现了他顽强不屈的坚定意志和刻苦奋斗的成果。

然而依然要承认的是，毕加索事业上的成功，也得益于他的商业意识。在商业上，他总能化被动为主动。他的成功，并不是旧日不如意的生活的抱怨与忧虑的产物，也不是偶然的结果。毕加索是他自己命运的掌控者，他必须投入创作之中，他必须立即制订计划。一切必须靠他自己，他不想依靠别人，比如他那有钱的叔叔。毕加索的父亲常常教导他，只有勤奋才能换来美好的生活。如果艺术不能与金钱分开，金钱就不能与勤奋分开。正是勤勉创作，才让艺术成为人类才华的完美结晶，艺术与艰苦创作是无法区分的。

毕加索去过许多地方，马德里、巴塞罗那、巴黎。这是一个漫长的旅程，风尘仆仆、毫不舒适，他乘坐着噪音轰隆的蒸汽火车，只买得起三等车厢的木头座椅的票。当他1900年去巴黎参加世界博览会时，他意识到，一股新的风潮正在震撼世界，而他，必须成为吹送这股风的人。正因如此，1904年，他决定定居于法国的首都巴黎。

我已经在上文讲过，是几个加泰罗尼亚同乡介绍他与一些艺术品代理商进行接触的。与此同时。他需要克服的是，他要与自己心爱的作品，或者我们可以说，是他的"孩子们"，进行肉体上的分离。毕加索从来都不喜欢将自己的画卖与他人。他的绘画才能最初是在父亲和叔叔的赞助下发展起来的，而不是出于生计的需要而练就的。但为了生存，他现在必须做出选择。

1973年他过世之后，遗产继承工作开始的时候，需要将他的作品，他的这些"亲生骨肉"一一清点。他的画作摆满了一个又一个的房间。在整整

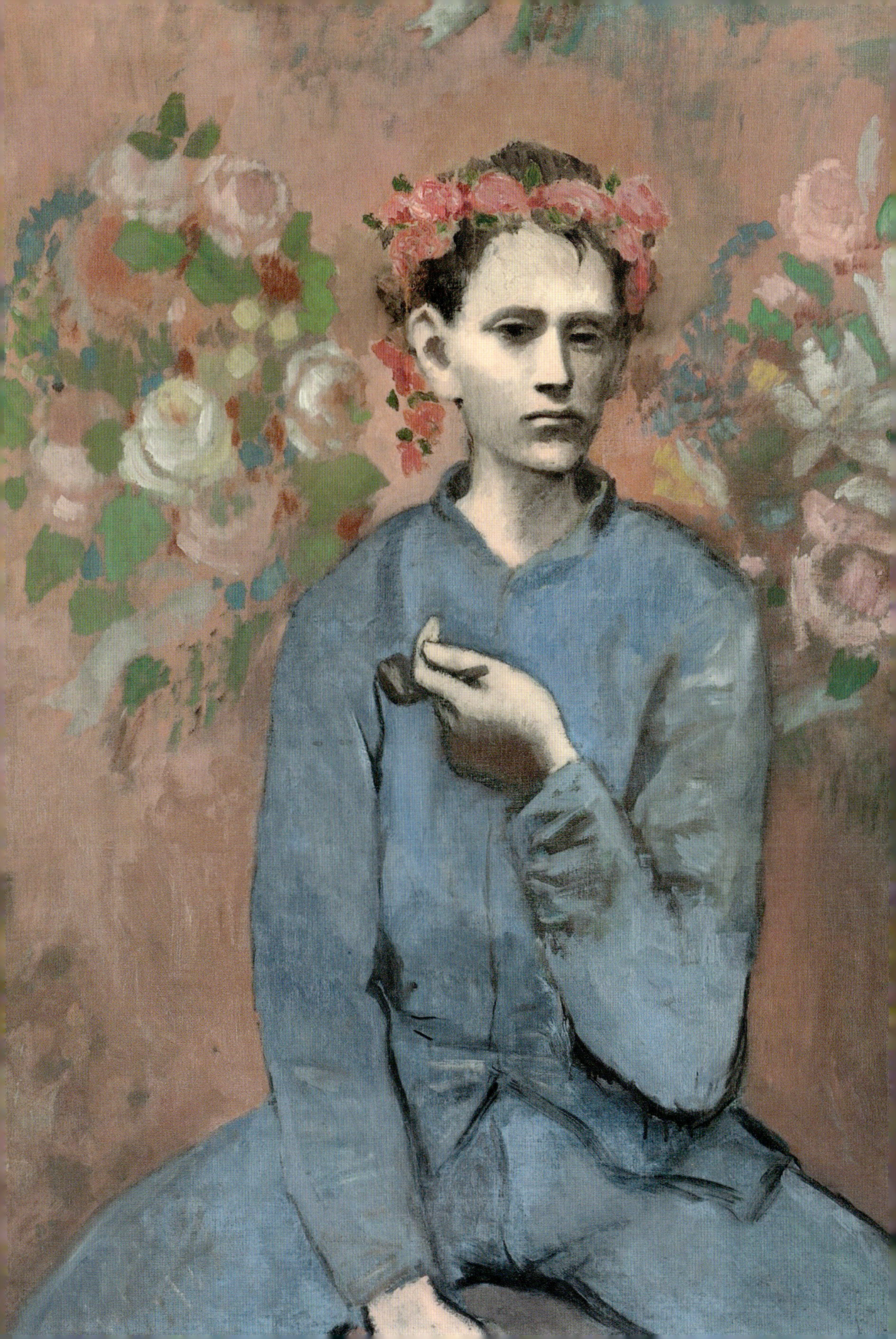

一生中，我的外祖父都珍惜地保留着他所挚爱的作品，那些"最原汁原味的毕加索作品"，没有什么能令他放弃它们。

当然，在职业生涯刚开始的时候，他不得不卖掉许多作品。那个时候，他的创作仍然受到低收入的限制，因此，他只保留了几幅"蓝色时期"、"玫瑰时期"和"立体主义时期"的画作。但是当他不那么需要钱，有更加充裕的自主时间时，他就创作出了更多的作品，并且更少地去出卖它们。

毕加索去世之后，根据法律，他的继承人需要将毕加索的作品捐给国家，以支付继承权的税金，而巴黎的毕加索博物馆就是由继承人捐出的作品组建而成，它准确地反映了我外祖父生前保存的自己创作的这些宝藏，这里汇集了他一生中各个时期的许多作品，这些他从不肯为了金钱而出卖的作品。

当毕加索刚刚到达巴黎时，在他"蓝色时期"的高峰，他的生活特别不稳定，甚至有时连肚子都填不饱。他唯一的收入来源是销售他的画。当时他赚的钱很少，在他卖画所得的几十法郎中，除了食物之外，还要支付画布和画材的费用。

这个时候，他还没有融入艺术商的圈子。他第一次与巴黎的商人接触，是通过一个名叫曼尼亚克的人进行的，这个人是加泰罗尼亚移民，他买了毕加索的第一批画。此外,他还充当了毕加索的翻译，并收取了属于自己的酬劳。

他将毕加索介绍给伟大的画商安伯斯·瓦拉德。但是，1901年的看似很有前途的初次成交却并不顺利（毕加索获得了几十法郎，当时的十法郎大约相当于今天的四十欧元——算是不小一笔钱了……）毕加索用黑暗、悲伤、瘦骨嶙峋的人物取代了当时"美丽年代"的巴黎的飞扬的色彩与图像，他描绘了他当时贫困潦倒的生活，然而这却并不是他的买家们的生活。

他的朋友卡萨吉玛斯的自杀，使得毕加索的绘画作品愈发阴沉了。

此外，他担心他所喜欢的这种阴暗的风格会限制住他的创作。当时供他住宿的曼尼亚克，对他的情感过于奔放，甚至有些暧昧，这也令他感到不适。

他的阴暗风格的画再也卖不出去了，那要怎么办呢？毕加索返回巴塞罗那短暂居住了一段时间，这段时期里，他对前途犹豫不决，最终他决定返回巴黎，再次为自己的未来拼斗一番。在巴黎，他与像萨戈这样难以相处的"老油条"打交道，又与像贝尔特·韦尔这样的"初学者"打交道，在各种关系中，他都处理得很好。画商安伯斯·瓦拉德又回到了他身边，并在1906年和1907年不断购买了他的很大一部分作品。这些作品中包括毕加索为创作《阿维尼翁的少女》而画的习作。与此同时，两位富有的美国人，特别是雷昂的妹妹格特鲁德，进入了毕加索的生活。

因此，在巴黎的艺术小圈子中，开始有人谈论毕加索，至少有十来个人对他产生了兴趣。德国裔的年轻商人丹尼尔-亨利·康维勒在1907年偶然来到"洗衣船"，在这里发现了毕加索。此时的毕加索已经完成了《阿维尼翁的少女》的创作，这是一个颠覆现代艺术的时刻。然而直到1911年秋天，康维勒才正式成为了毕加索的代理画商。

从那时起，他对毕加索所具备的高超的谈判技能惊讶不已。随着第一批立体主义画作的成功，毕加索作品的行情爆炸式上涨：1906—1907年期间，他的画大约价值150法郎（相当于今天的60欧元左右），而在1911年的时候，就已经增至3000法郎（约为今天的12000欧元）。

毕加索于1912年底与康维勒签订了一份独家合同，但他在合同中规定了一个条件：他作品的价格必须与新市场的价格相一致。

1914年战争爆发，在德国一开始发动进攻的时候，身为德国公民的康维勒逃到了意大利避风头。他在巴黎画廊中所有的作品都被查封了，他无法支付对毕加索的欠款。1923年，在他重新开始自己的艺术品生意的时候，毕加索曾要求他偿还所有的欠款。

与此同时，毕加索遇到了商人莱翁斯·罗森博格，他在战争期间取代了康维勒。然而，他缺乏对艺术品的"眼光"，因此将这份工作让给了他的兄弟保尔。保尔是著名的尤金尼亚·埃拉朱里兹的朋友，尤金尼亚·埃拉朱里兹是巴黎社交圈的名媛，是毕加索"现代主义"的知己，正是她在其中起到了穿针引线的作用。保尔·罗森博格和他的合伙人乔治·威尔登斯坦使毕加索的声名开始在国际上产生影响。前者负责欧洲，后者负责美国。1918年他们签署了一份协议，规定了今后二十年毕加索作品的价格行情和媒体的曝光度。

此后，由毕加索为这些商人提供建议，告诉他们应该选择哪些画作进行销售，当然，这些画作都与当时大众的喜好相符合。画商们却常常没有采纳毕加索的建议，卖出了毕加索的一些旧作，（正确或错误地）觉得毕加索推荐的作品不够"商业化"。

然而在财务方面,画商们却非常好地满足了毕加索这位客户的所有需求。

此时的毕加索,在当时的妻子奥尔加的带动下,正式步入了上流社会,成为了身价不菲的富人。

康维勒一辈子都与毕加索保持着良好的关系,直到他的生命结束。但毕加索这位艺术家总是知道如何巧妙地让他与其他的画商竞争,相隔半小时将他们召唤到画室来,以便他们在入口处相互碰见……毕加索从来无法忍受别人占据主动。

这是否意味着,从很年轻的时候起,毕加索就拥有更多的经济上而不是艺术上的野心呢?他的艺术创作,是否是按照他对自己的"职业规划"来进行的呢?我不这样认为。

简而言之,在马斯洛建立的需求金字塔中,20岁的毕加索,仍处于满足基本需求的阶段。这个艺术上的"立体主义者",也懂得面对现实,他明白,没有钱,就不可能活下去。

一些传记作者称毕加索是个贪婪的人,所有这些都是他的孙女玛丽娜后来发表的声明所导致的。然而,玛丽娜忘记了毕加索在试图获得监护权但没有成功之后,仍然支付了她和她哥哥的学费。我们还有无数可以证明毕加索慷慨的例子。1973年到1976年,当人们对他的遗产进行清点的时候,发现他曾经收到过数量庞大的陌生人的来信,我们数了数,在五十年代到六十年代,平均每天他会收到上百封的求助信,而他对其中的许多信都做出了回应与帮助。此外还有一件事情值得提起,那是在二十世纪初,贫穷和匮乏常常致人死亡,我们如今社会上的一切保障与福利都不存在,所有的慈善晚会、捐款活动和失业补助也不存在,甚至连人们的平均寿命都非常短暂,我的外祖父毕加索勉强度日,生活拮据。然而正是在这样的情况下,他还帮助了许多人解决生活上的困难。正是经历过这样极端的贫穷与困苦,他与金钱之间建立了一种负责任的关系,绝对不能无缘无故地浪费金钱,因为它们至关重要。同时,毕加索一向是非常慷慨的,无论是对他的妻子、伴侣、西班牙原生家庭,还是处于贫困中的朋友、旧交情、为他办事的人,都是这样。更不要提毕加索曾经为了维护房屋(后来变成储藏他的众多作品的仓库)的建筑状况,也不惜花费了巨额的金钱。对于那些数之不清的捐款要求,他总会慷

后页：1947 年，美国商人萨姆·库茨和毕加索在大奥古斯汀街的画室。毕加索亲自安排代理商的会面，让各个代理商在楼梯处相互碰头。

慨解囊。毕加索承担了太多他本不想承担的责任，而他只想把他的时间都用于艺术创作之中。

毕加索真正精打细算，甚至吝啬的，不是金钱，而是他所创作的作品，以及作品的售卖。

对他的代理商来说，我的外祖父毕加索将"糖衣"向他们高高地举起。毕加索告诉他们自己愿意卖给他们什么，而不是他们能在自己这里买到什么。即使是对于罗森博格和威尔登斯坦也是这样，毕加索预先挑选几幅"令他们满意"的作品，而不是按照他们的要求作画。为每件作品设定的价格是画商们的赌注。

毕加索将他们玩弄在股掌之中。康维勒有一天对毕加索说："好消息，我将您的画的价格又提高了。"然而，他所提高的是画作的价格，而不是自己拿的提成比例。

只有毕加索赚得更多，他的画商才能赚得多，因为虽然画增值了，而毕加索规定的配额比例始终不变。

为什么他会满足于这个不可改变的配额比例呢？因为除了数字之外，毕加索还想捍卫其他艺术家的利益。他是艺术圈的"非正式工会"的领导者。通过给艺术带来越来越大的价值，他想要抹去那种"被诅咒的艺术家"的贫穷、凄惨的既定形象——那些他过去在"洗衣船"中见惯了的形象。毕加索赶上了国际艺术市场逐渐成型的时代，他理解这其中的运作方式，并打算把其控制在手中。

政治上，在这"伟大的夜晚"，他信仰无产阶级的反抗与进步的思想。艺术上，他想要成为艺术家与这个世界的全新关系的象征。因此，艺术既是反叛的先驱，也是价值的承载体。

作为一个艺术家，他并没有在金钱中迷失自己的灵魂，因为他的作品并不是在商业的欲望之下创造的。对他而言，一切事物都有它自己的领域。

他在艺术作品中所表现出来的至诚，充分地证明了这一点。

从 1910 年开始，毕加索的生活水平有了显著的提高。

费尔南德·奥利维耶，他在"洗衣船"中遇见的女人，他第一个正式公开的伴侣，与他一起搬进了位于克里希大街的一套漂亮的公寓里。他们依然

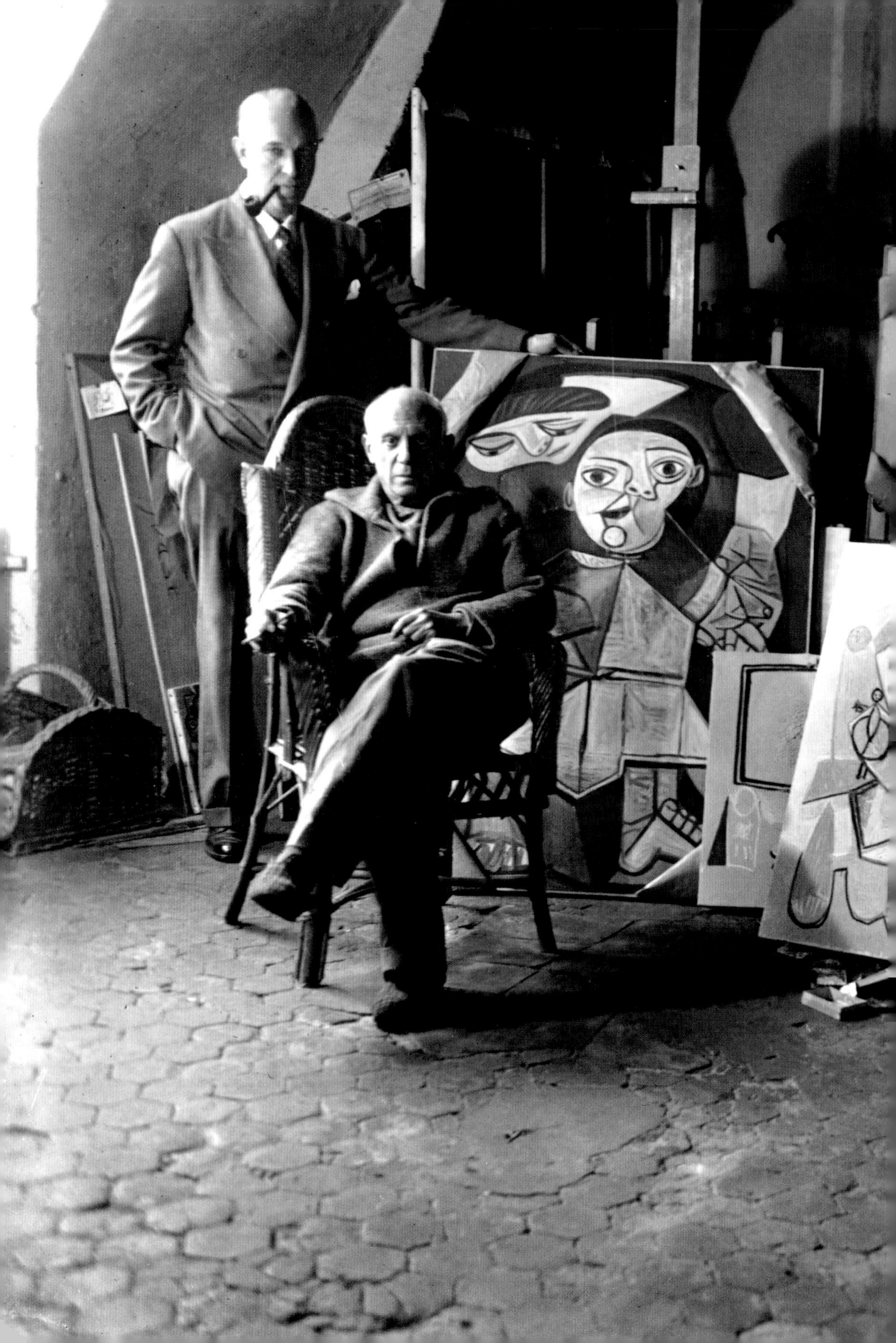

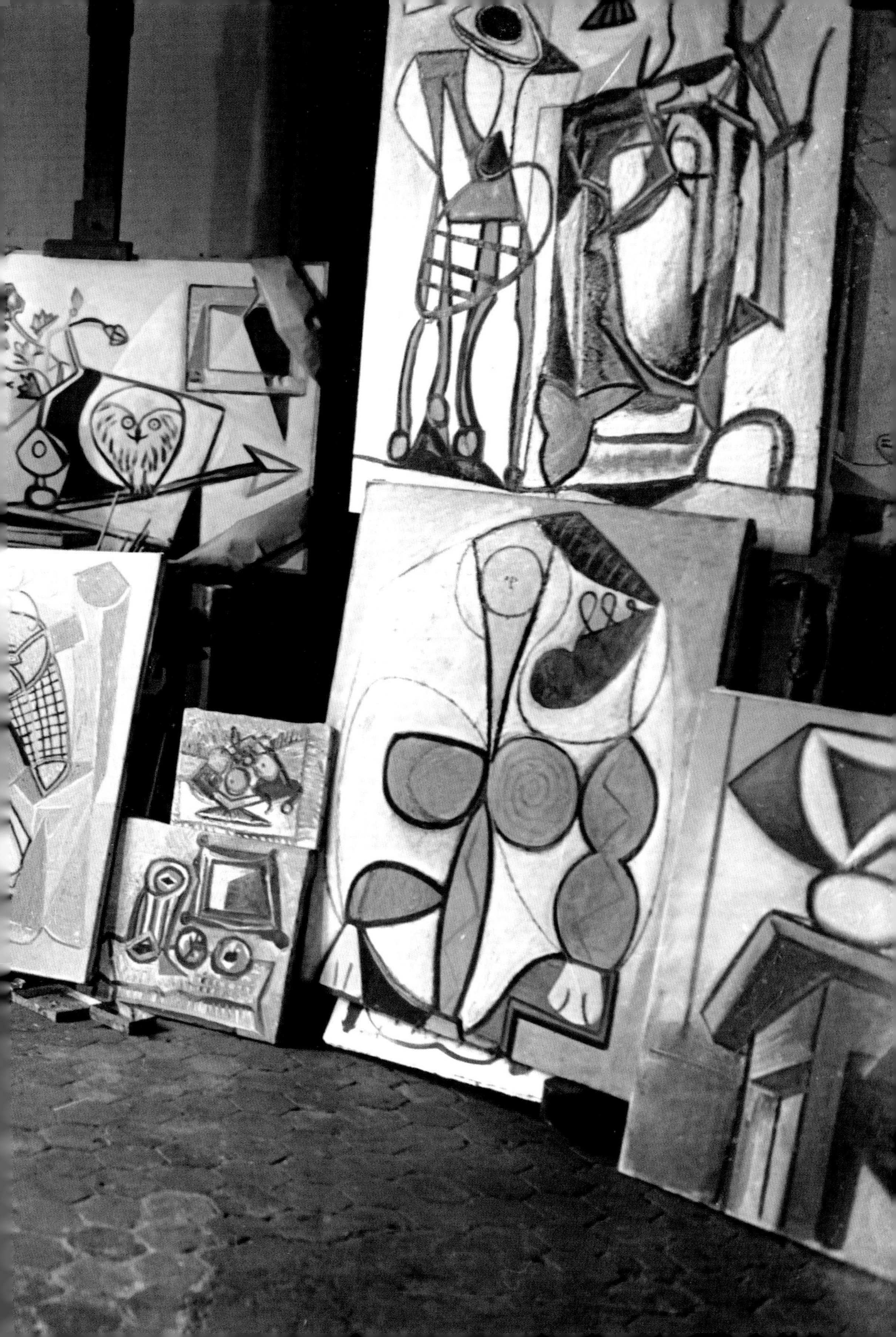

遵循着在蒙马特的传统，组织欢乐的晚宴，朋友间无尽的聚会，忠实于他们的波西米亚流浪精神。

毕加索在 1912 年初与费尔南德分道扬镳。他此时的生活已经非常的富足了。自从他的那些立体主义的画作问世以来，他开始出名，并且逐渐声名远扬。他引领了艺术的趋势。在罗什舒瓦尔大街的艾米特咖啡馆，他与艾娃·古尔的眼神相会。几个月后，他们搬到蒙帕纳斯同居。

在艾娃于 1915 年 12 月去世之前，尽管战争仍在进行，但毕加索过着无忧无虑的隐居生活。在年轻的艾娃与世长辞之后，正如我之前所写的那样，毕加索陷入了一段又一段没有未来的男女关系中。他甚至同时维持着好几段男女关系，这是他那个时候精神极度空虚、缺乏家庭安全感的体现。

一群谨慎的投资者，以"熊之皮囊"这个令人印象深刻的名字，联合收购了毕加索数量巨大的作品。"熊之皮囊"这个团体是在 1903 年的秋季沙龙上创立的，它的目的是展示新时代的艺术，他们想要在十年内，每年收购那些颇有前景的新艺术家的作品，并在当季结束时将其转卖出去。他们的年度预算为 2750 法郎（约为今天的 9300 欧元）。这个财团的发起者是商人安德烈·勒维尔。他特别说服了他的三个兄弟和一个堂兄参加这场"冒险"。事实上，他是唯一的专家，与其说这是一次投资，不如说这是一场赌博。他在那些艺术家（如毕加索、马蒂斯）和那些品位最前卫的艺术商人之间仔细地探索着。事实上，当时只有一个画廊提供"现代派"的作品：贝尔特·韦尔的画廊。韦尔夫人采取了一个非常审慎的佣金制度，在画作的最终售价中抽取 20%，并且不为画价进行担保。安德烈·勒维尔在这里购买了三幅马蒂斯的作品和十二幅毕加索的作品，花光了他的 2750 法郎的预算。1906 年，他让他的合伙人将他们预算的大部分都投资在毕加索这个当时还名不见经传的画家身上。"熊之皮囊"的这一做法，唤醒了巴黎的画廊和那些画商们。于是伯海姆与马蒂斯签约，萨戈、瓦拉德、乌德与康维勒激烈竞争，争夺毕加索作品的代理权，甚至就连安伯斯·瓦拉德也重新开始购买他们的画。

艺术市场在这些年中的发展，使得每年都仅有固定预算的"熊之皮囊"到了 1922 年只能买得起二流艺术家的作品了。

安德烈·勒维尔开始按计划转售他们在十年内积累的 145 件作品。他组织了一次拍卖会，这是二十世纪的艺术世界举行的第一次拍卖会，这次拍卖会是伴随着重大的媒体宣传活动而举行的,并准备了一份权威和全面的目录。

1914年3月2日,拍卖大厅里挤满了知名收藏家、著名商人(包括安伯斯·瓦拉德和德国人亨利希·萨豪瑟)、著名知识分子和巴黎社会名流。这是一个真正的社会事件。此次出售的收益是投资的四倍。被安德烈·勒维尔收购的毕加索的十二件主要作品,包括《街头卖艺者一家》(La Famille de saltimbanques)、《三个荷兰人》(Trois Hollandaises)和《在马上的丑角》(L'Arlequin à cheval),都卖出了难以置信的价格。

那些"思想正统"的杂志大肆批判道:这是一场丑闻!

他们指责外国买家(那些"德国人",尤其是在这个时候的法国,对1870年战争的复仇主义占据了上风)想要给那些年轻的传统画家施以恶劣的影响,推动他们去复制这些"四不像的作品",达到将法国艺术搅浑的目的!

这纯粹是无稽之谈。市场了解一切,市场已经做出了选择。

更令人难以置信的是,"熊之皮囊"决定将每件作品拍卖得来的钱的20%自动付给作者。也就是说,每个艺术家也都享受自己作品增值带来的好处!这是"增值权"的首次亮相,在它被正式法律确定下来的六年之前。这一革命性的举措巩固了毕加索和安德烈·勒维尔之间的友谊,直到后者1946年去世,两人都保持着友好的关系。

我在上文已经说了,从1917年开始,奥尔加怂恿毕加索了解那些上流社会人士的生活习惯,此时毕加索的金钱与地位,终于让奥尔加过上了与她所受的教育和她的期盼相符的优质生活。此时此刻,他们想要进入一个广阔的新世界的野心是一致的。他们两个结婚以后,搬进了一幢资产阶级式的豪华房子中,在这里,奥尔加成为了当仁不让的女主人,主宰了一切的规矩和礼节。她让毕加索习惯于那些上流社会的晚宴和舞会,而毕加索也肯定乐于让自己的名声鹊起。

在毕加索的感情生涯中,奥尔加是一个十分典型的存在。毕加索迎来自己事业的全盛期,奥尔加在其中起到了不可忽视的作用。不管毕加索自己是否承认,奥尔加是他对社交的向往的一种投射。此时的毕加索已经接近40岁,在艺术上他赚取了许多的红利,然而他还缺少一个家庭和一个社会地位。

与奥尔加在一起,毕加索的内心恢复了理智。

同时毕加索对奥尔加的各种要求无不满足,从不限制她那些奢侈花费:

毕加索、弗朗索瓦斯在戈尔夫瑞昂的海滩，后面是哈维尔·维拉托，1948 年，由罗伯特·卡帕拍摄。

家具、莱维安的皮草、尚美巴黎的珠宝、香奈儿或让·巴杜的华服。他为拥有一位如此高贵优雅的妻子感到自豪。即使在他们最糟糕的争吵中，钱也永远不会成为他们之间争论的焦点。

此外，毕加索在帮助家人或朋友上从不犹豫。从 1913 年起，他就一直把钱寄给他那丧偶的母亲。毕加索的母亲和女儿萝拉、女婿胡安·维拉托一起住在巴塞罗那。毕加索用金钱资助了他生意濒临破产的妹夫，尤其是因为妹妹和妹夫还育有六个孩子——五个男孩和一个女孩。在妹妹萝拉于 1958 年去世之后，毕加索收回了之前曾经送给她的、自己在最年轻的时候画出的一些作品：一些油画，更多的是素描作品。后来的 1970 年，他将这些作品全部捐献给了巴塞罗那，作为他的加泰罗尼亚好朋友杰米·萨巴特在 1963 年做的捐赠的一个补充。但作为补偿，他送给妹妹的孩子们每人一张他创作的萝拉的肖像，以及五幅他在人生最后阶段创作的关于火枪手的画。

我记得我们的舅舅哈维尔·维拉托，他是萝拉的儿子之一，是位才华横溢的画家，于 2001 年去世。我从来没有见过因为成为了毕加索生活中的一份子而比他感到更加幸福的人。在一张照片中，我发现了他的身影，在他的眼中，我看到了一个年轻而幸福的小伙子的天真神采。照片的前方是为弗朗索瓦斯吉罗撑着阳伞的毕加索，这张照片是由摄影师罗伯特·卡帕于 1948 年的戈尔夫瑞昂沙滩上拍摄的。正是在他身上，我十分清楚地了解到，在我外祖父心中，拥有一个真正的家庭意味着什么。毕加索的"部落"中成员之间的关系，是建立在亲密联系的感情基础上的，而不是建立在财产交易上的。我外祖父认为，他的这个"西班牙"家庭理应得到照顾。对毕加索而言，这个家庭可敬而高尚，令他充满勇气，与那些骚扰人的流言蜚语是完全不相容的。

毕加索一生都在为他的亲人支付费用：他的妻子奥尔加，他们的儿子保罗，他的孩子克洛德和帕洛玛，我的外祖母玛丽 - 德蕾莎……只有弗朗索瓦斯·吉罗拒绝了。而我的母亲玛雅则要求将她的那笔钱支付给她的母亲玛丽 - 德蕾莎。

毕加索不会拒绝他的儿子保罗的任何要求，以至于我们可以从中看到保罗对父亲的心理依赖的源头。但毕加索和他的儿子保罗之间有着一种很少有人能理解的独特关系。这其中有他们相互深厚的感情，也有一种父子之间非常微妙的关系，有父亲对儿子的权力关系，也有儿子对父亲的逆反。有人认

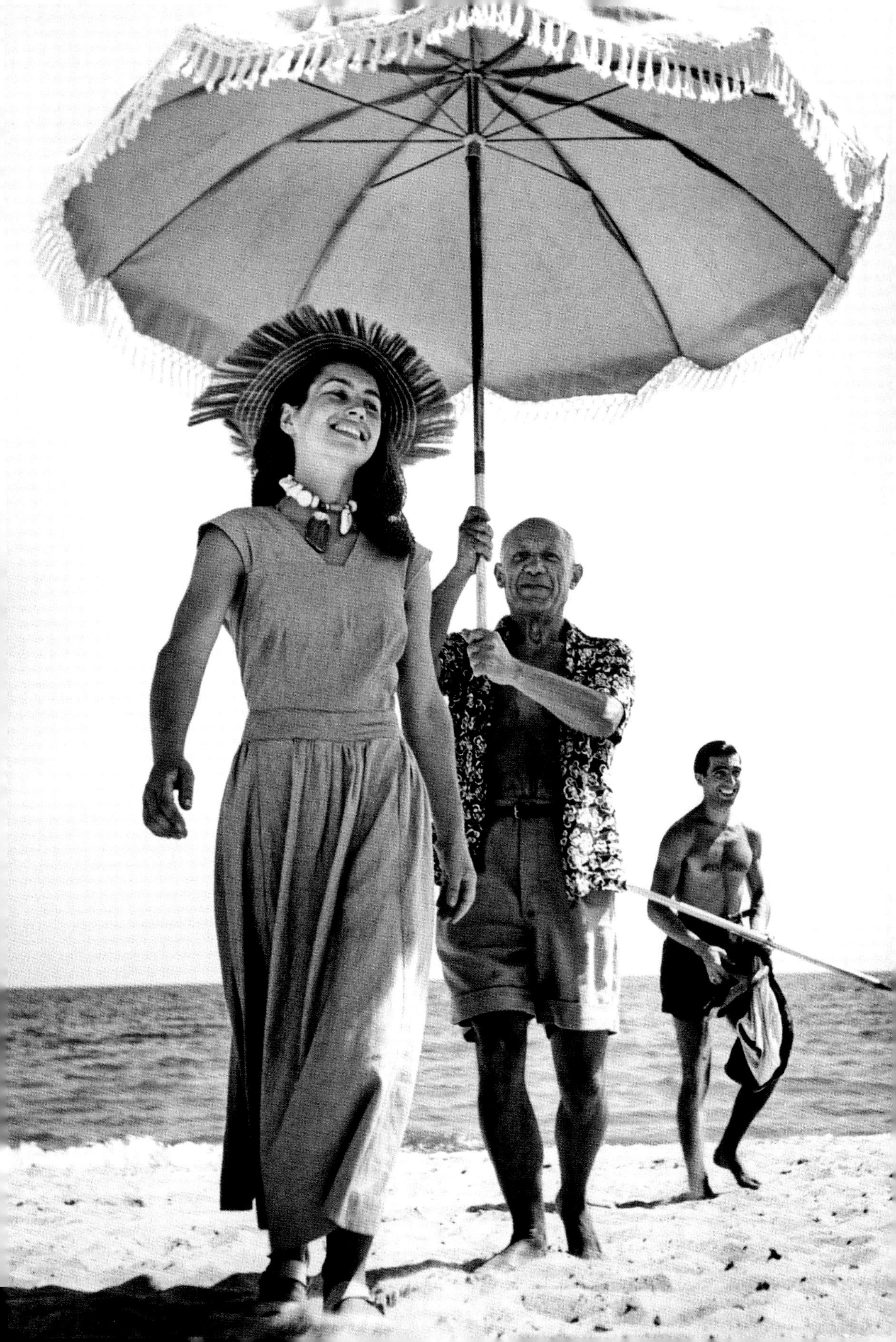

为他们之间的关系很大程度上只是物质的给予与接受。这样的想法是不对的，是对两人真实情况的一种危险的简化。被人们围绕着、奉承着的毕加索，难免有被人欺骗的危险，而他懂得在某些人身上找到那种交流的真诚与自然，保罗则是毕加索非常特殊而亲密的聊天对象。

在奥尔加于1955年去世时，由于他们结婚后没有签署共同财产的协议，他们的儿子保罗没有得到他父母当时的一半财产作为继承的遗产，也就是他的母亲当初应当分得的那一半。换言之，当时的保罗，有权继承毕加索在1935年与奥尔加正式分手时所拥有的财产的一半（从正式的分手诉讼和财产清点的那一天算起）。然而保罗并没有向毕加索就这部分财产提出任何的诉求。1955年，毕加索的大部分财富都是他所创作的艺术品。倘若保罗此时要求拿走他继承自母亲的那一份，就等于在逼迫他的父亲出卖他的艺术品，这是对父亲变相的掠夺。而保罗却没有这么做，他更想保持他们父子的感情关系。

毕加索完全清楚这件事的法律状况，他并没有试图影响儿子做出这个决定。因此，他没有拒绝保罗做出选择，也没有指示他该做什么选择。金钱可以体现出他们之间的微妙。总的来说，没有任何证据表明，毕加索向奥尔加、玛丽-德蕾莎、保罗、克洛德或帕洛玛提供的经济援助是为了从他们这里换取任何道德上的回报。

无论他们之间关系的性质和质量如何，无论是真实的感情还是公开的矛盾，毕加索都充分承担起自己的选择带来的后果。毕加索始终忠于自己的选择和承诺，它们是不可更改的，是自然而然的。倘若其中有错漏或遗忘，毕加索会很快地让它们恢复正常。

我母亲玛雅——毕加索和玛丽-德蕾莎于1935年生下的女儿，她在金钱方面，始终采取非常独立的态度。毕加索很为她骄傲，他将玛雅当成了自己理想中的亲密朋友。此外，玛雅与毕加索格外相像。像毕加索一样，她在物质方面不是很敏感。在五十年代中期，毕加索想要在圣特罗佩港口给玛雅买一套公寓，但是她拒绝了。随后他又想为她购买位于潘佩隆纳的塔希提海滩上一块两公顷的土地，她又一次拒绝了。

"我不需要。"她总是这样回答。她亲眼目睹了她父亲收到的各种各样的要求，她意识到这其中的危险：受到了恩惠，就意味着失去自由。

她于 1955 年秋天离开了她的父亲，前往西班牙生活。她已经长大成人，无论在精神上还是物质上，她不欠任何人的，她有一个作为女人的梦想要实现。毕加索离不开她，而她却可以离开父亲独立生活。毫无疑问，这种"大胆"的性格，令毕加索对玛雅更加尊重。

当她在 1959 年返回法国时，她认识了我的父亲——一名海军军官。两个人的婚礼在 1960 年底举办，毕加索向我的母亲赠送了 2500 万法郎的嫁妆（相当于今天的 40 万欧元）。谁还能指责毕加索贪婪呢？

至于克洛德和帕洛玛，在他们的母亲弗朗索瓦斯和父亲毕加索于 1953 年底分手之后，他们始终从毕加索处获得抚养费，直到毕加索去世。1964 年，弗朗索瓦斯·吉罗撰写的关于她与毕加索私生活的书籍出版[83]，使毕加索勃然大怒，从此不再见弗朗索瓦斯和两个孩子，但他从未停止向这两个孩子提供抚养费。

至于下一代，我所在的一代，毕加索的孙辈们，现在我们共有七个人。按出生的时间顺序是：玛丽娜和她同父异母的弟弟贝纳德（保罗的孩子），我和理查德、戴安娜（玛雅的孩子），亚斯曼（克洛德和他第一任妻子悉妮的儿子）以及他同父异母的弟弟索拉尔（克洛德和他的情人西尔维的儿子）。

玛丽娜和她的兄弟帕布里托，都是保罗和艾米莉安娜的孩子。艾米莉安娜对于自己是毕加索的儿媳妇特别自豪，根据玛丽娜的说法[84]，她认为自己可以过上像她的公公毕加索那样显赫而富有的生活，因为她所嫁的是毕加索的亲生儿子！在他们于 1951 年春季分手之后，她不得不靠着保罗支付给她的离婚费生活，这笔数额时常在变的费用是保罗从父亲毕加索给他的钱中拿出来的一部分。在他们的女儿出生后不久，这对夫妇就分开了。这段冒险般的关系非常短暂。此时，艾米莉安娜与她的三个孩子住在一起：她与保罗所生的帕布里托和玛丽娜，以及她从第一任丈夫那里带来的儿子，16 岁的丹尼尔。艾米莉安娜面临着巨大的物质上的困难。然而，她拒绝去工作，这个选择很快导致她在生活上捉襟见肘。我的外祖父对此置身事外。

保罗与艾米莉安娜围绕着离婚判决进行了激烈的争论，艾米莉安娜提出上诉，要求保罗支付比之前判决的持续五年的费用更多金额的钱。

因为艾米莉安娜与保罗的夫妻共同财产受到法律保护，因此她就幻想，

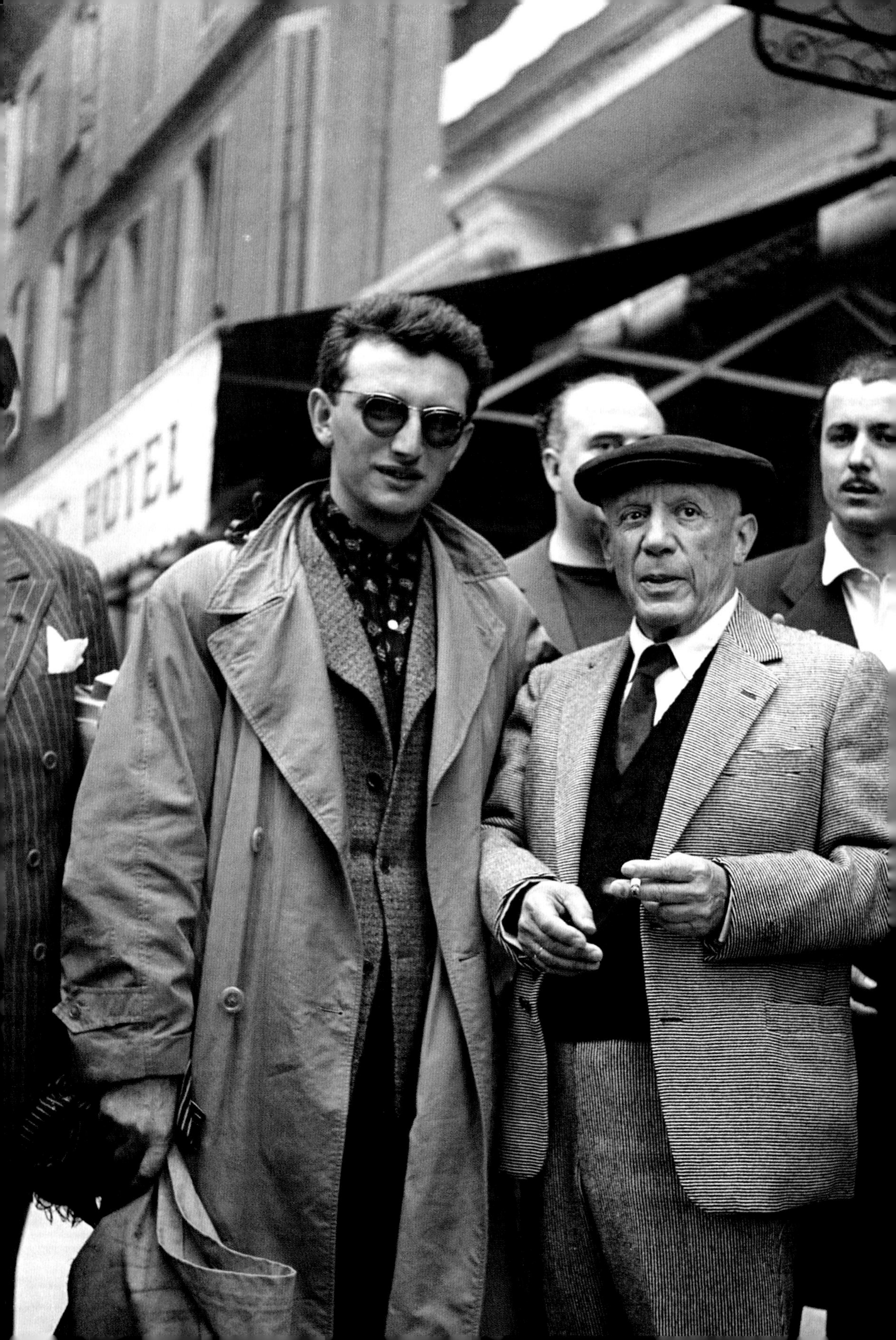
HÔTEL

1956 年，阿尔勒街上的摄影师吕西安·克雷格与毕加索。

在保罗的母亲奥尔加于 1955 年 2 月份去世之后，她能够获得一部分保罗从母亲处继承的遗产。正是用这种方式，她将保罗卷入了这场诉讼。

1955 年至 1958 年期间，杰奎琳和毕加索越来越明确地表示，他们不想再与艾米莉安娜产生任何的关系。加利福尼亚别墅的大门始终对她关闭。

由于艾米莉安娜对她的孩子帕布里托和玛丽娜有着正式的监护权，这两个孩子是这些纠纷的无辜受害者。艾米莉安娜曾经让这两个孩子当她的"侦察兵"，派他们在没有打过任何招呼的情况下去拜访毕加索，然而都遭到门卫坚决而礼貌的拒绝。

1958 年 1 月最后的离婚解决方案，给保罗和艾米莉安娜的子女带来了悲惨的后果，他们的监护权完全由母亲占有。在此期间，毕加索意识到，这样下去的话，这对孩子将会生活在风暴之中，因此，他提出了争取监护权的要求，正如我之前所写的那样，这将会导致对毕加索进行繁琐的社会调查和警方调查。尽管他有良好的意图，但他作为一个"多重"父亲的身份，以及艾米莉安娜的无故拖延，使他的争取监护权的申请被判无效。艾米莉安娜在诉讼中所要求的费用已被减少。尼斯的一位社会工作者柏夫夫人被任命来监督艾米莉安娜为孩子们提供的物质和教育，并考虑将他们安置在适当的机构中。

毕加索始终忠于自己的原则，并且关心帕布里托和玛丽娜的状况，他决定自己为这两个孩子支付所有的学费。毕加索从不肯直接给艾米莉安娜钱，因为他确信，她绝对不会将这笔钱用在孩子们身上。因为艾米莉安娜的疯狂与胡言乱语，毕加索与杰奎琳十分不情愿地与她保持了距离，尽管她拥有两个孩子的监护权。

做想要做的事

根据玛雅的说法，毕加索从不计划未来。他从不可能说："不久之后，你会得到这个。"如果他想给的话，他会立刻给，或者立刻提供获得它的方法。作为一个充满哲理的父亲，他在女儿玛雅很小的时候，送给了她一只鞋子（他将另一只鞋子送给了自己的母亲），因为他觉得这是地球上必不可少的东西。这是一个象征。他说，无论男人还是女人，只有在没有父亲或母亲的帮助下，第一次学会走路的那一天，才真正地获得自由。

毕加索诞生的时候，童工是合法的，生活日益困难，疾病和死亡在各个家庭中肆虐。

因此，最年轻的人要帮助那些最老的人。这样一代一代永恒更新下去。社会的基础是工作和劳动，尤其是自十九世纪的工业革命和旧制度的衰败以来，资本主义企业家成为新的主人。

毕加索认为，一个人必须始终关怀别人，为别人的发展提供帮助，而不是仅仅对别人有短暂的怜悯。他说："最重要的，是做我们想做的事情。"他把这当作他的座右铭和带他走向自由和成功的关键。

杰出的艺术历史学家让·雷玛里说："毕加索是一个极其慷慨的人，也就是说，他希望每个人都能实现自己想做的事。对他而言，一个人必须认真地做属于自己的工作，必须收获劳动的果实。我在做关于他的艺术评论的时候，他告诉了我所有理解他的艺术创作的方法，他还多次对我说如果我需要钱，或者其他东西的话，随时告诉他。"

同样，著名摄影师安德烈·维莱告诉我，1953 年的时候，他买了一个小相机，希望成为摄影师。他经常在街上碰到毕加索，他们互相含蓄地打招呼。有一天，毕加索注意到他没有带相机，这个年轻人向他解释说相机坏了。毕加索叫道："没有相机，你岂不是没有了眼睛！"第二天，毕加索寄给他一台十分精美的禄莱专业相机。

安德烈·维莱还告诉我，当画家汉斯·哈通和他的雕刻家朋友胡里奥·冈萨雷斯在 1942 年不得不回到西班牙时，他们从毕加索处得到一大笔金钱的馈赠，当杰曼·里希耶的健康出现问题时，毕加索给他写了一封短信，信上说："我刚刚卖了一幅我的水粉画，这是为了您而卖的。我希望您能保持健康，如果我遇到困难，您就能在我身边。"

另一个摄影师吕西安·克雷格，也在毕加索那里得到了同样的帮助。他成为了毕加索最亲近的人之一，他的镜头捕捉到了我的外祖父生命中的一些不寻常的时刻。他是法国最伟大的摄影艺术家之一，也是法国第一位当选法兰西美术院院士的摄影师，2013 年，他当选为法兰西美术院的院长。

弗朗索瓦斯·吉罗准确地描述了五十年代她与毕加索一起去蒙马特的"洗衣船"的情景。

"我们沿着斜坡往上走，一直到索勒街。在那里，他敲了一间房屋的门，然后走了进去。我看到一个瘦小、生病、无牙的小老太太躺在床上。我站在门口，毕加索低声跟她说话。过了一会儿，他把一些钱放在了桌子上。

"这个老太太眼里含着泪水，对他连声称谢，随后我们走出了房门。毕加索不发一言。我问他为什么带我来见这个女人，他温柔地对我说，'我想让你了解什么是生活。这个女人叫热尔曼·皮乔特。当她年轻而漂亮的时候，她曾经狠狠地伤害了我的一位画家朋友，导致了他的自杀。当我跟我这位朋友第一次来到巴黎的时候，我们见到的第一批人，就是像她这样的洗衣工人，其中许多人是我的西班牙同乡。他们告诉我们他们在西班牙的地址，还经常邀请我们吃午饭。当时的她，美得令人瞩目，然而，现在她却又老又穷又不幸。'"[85]

弗朗索瓦斯·吉罗从来没有质疑过毕加索的慷慨，即使她在书中曾经幽默地调侃毕加索反复数着那些一捆一捆的装在箱子里的钞票的场景。

"他问我，'钱在哪里？'我回答说，'在箱子里。'因为他总是随身携带着一个爱马仕的旧箱子，箱子里装着五六百万的现金。这个箱子与他形影不离，因为他说身边总要留些买烟卷的钱。他说，'你来数，我帮你。'他把所有的钱拿出来，将十张捆成一捆，然后堆作一堆。在其中的一捆钱中，他数出了十一张。他把这捆钱递给我，我数了一下，刚好是十张。然后他再数了一遍，发现只有九张。这让毕加索摸不到头脑，于是我们开始重新数每一捆钱……他数错的时候越来越多，需要重新计算的次数越来越多。有时候这种仪式会持续一个小时，而我们算出来的总数永远不一样。最后毕加索厌烦了，他说这样就可以了，总数是对还是错不重要了。"[86]

1958 年，帕特里克·奥布莱恩说，爱丽斯·德兰和马塞尔·布拉克告诉他，费尔南德又老又聋，还患上了关节炎，她不仅生病，而且没有生活来源。毕

摄影师安德烈·维莱和毕加索于1955年在加利福尼亚别墅的大客厅的镜子前。

加索拿起一个信封，往里面塞了100万法郎（至少相当于一年的生活费）并将它寄给了费尔南德。尽管在1933年的时候，费尔南德曾经用自己写的书残忍地伤害过毕加索和他的朋友们。[87]

商人和收藏家海因茨·贝格鲁恩也有过类似的说法："在毕加索身上，我所看到的是他的慷慨。他为我创作了石版画，却不要任何报酬。"这位1948年在巴黎定居的眼神聪慧狡黠的年轻商人，在两年之后遇到了我的外祖父毕加索，并且博得了他的好感。毕加索很想帮助他，不是在生活上，而是在事业上，毕加索将自己的几幅画给他，让他去转卖。

有的人严厉地批评毕加索是一个玩弄金钱、哗众取宠的人。例如，海因茨·贝格鲁恩曾经说过，在戴高乐政府初期发行的一张500法郎新钞票上，毕加索画了一个小小的斗牛场景，他说："现在，这张钞票值1000法郎了。"

一些有趣的小故事表明了我的外祖父是多么了解他作品的价值，以及他多么喜欢嘲笑那些经常来找他的人，因为这些人将他的画看得比毕加索本人还要值钱。这是他的成功所必须面对的另一面，他对此完全知晓。五十年代的时候，一位巴黎古董商在戈尔夫瑞昂海滩上请他画一幅画。毕加索从背包里拿出了几支铅笔，在古董商肥胖的肚子上画了一幅画。古董商一动都不敢动，然后抱怨晚上无法洗澡，甚至不敢在床上翻身，害怕抹去肚子上的毕加索真迹。[88]

收藏家、艺术史学家道格拉斯·库珀也遭遇过类似的"不幸"。有一次，他将自己的一辆黑色雪铁龙的侧面不小心碰坏了。在等待车辆返厂维修的时候，毕加索用粉笔在车身上画了一幅图画，这幅图画被画得极美，令这辆车变成了一个价值不菲的艺术品。毕加索让道格拉斯开着这辆车载他去海滩。在路上的每时每刻，道格拉斯都担心车身的美丽图画因为速度和灰尘而消失不见。毕加索让道格拉斯开去一个很远的目的地，在他们到达的时候，车身的图案已经消失得差不多了。毕加索为他这样的恶作剧而开心不已。

此外，毕加索的慷慨也带着一些"聪明"。所有人对这一点的看法都是一致的：只要是一个有意义的慷慨行为，他就一定会去做。当他知道人们确实有需要的时候，他就会很轻易而且大量地给予；而当他知道事情并不紧急的时候，他就不会这样做。同时，他也会注意不让接受他帮助的人们感到不适或尴尬。玛雅回忆，他的父亲从来不会拒绝别人向他借钱的要求。根据玛

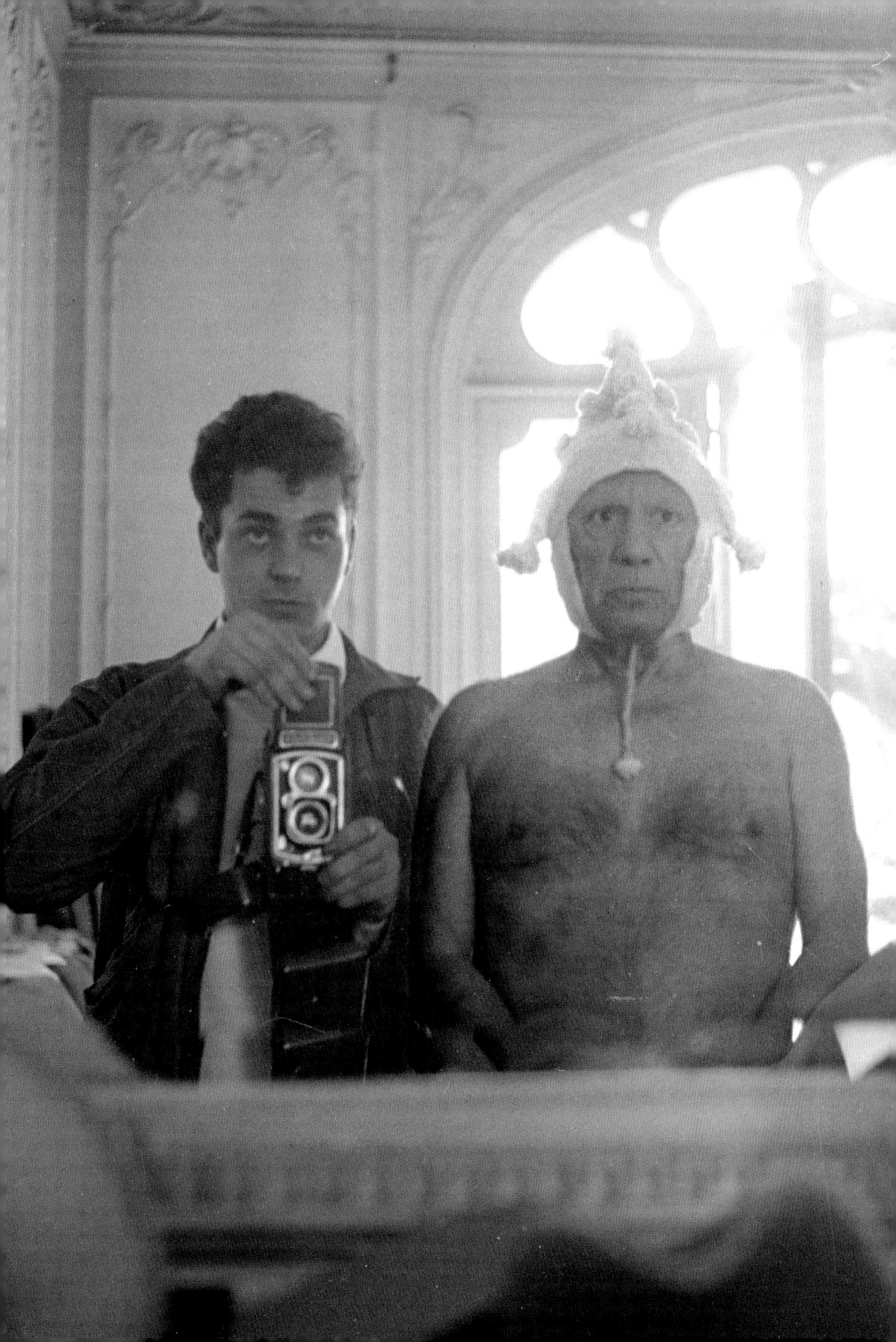

雅的描述，毕加索资助别人的时候，常常会说："我想送你一幅我的画，但是我又舍不得它，这样吧，我从你这里将它买回来。"于是毕加索就把钱交给这个人，说："因为我知道你肯定会把这幅画卖掉，与其卖给别人，还不如卖给我。"尽管这场交易是虚拟的，但是他给出的钱却是真实的，他从不喜欢在这上面羞辱或贬低别人。

在刚刚到达巴黎的时候，他自己就遭遇过一次非常不愉快的经历。1907年至1908年冬天的某个早晨，非常贫穷的他鼓起勇气，敲响了格特鲁德的哥哥、银行家雷昂·斯坦的房门。

毕加索对乔治叙述道："在《阿维尼翁的少女》创作完成之前，他总是把我比作拉斐尔……那天早上我去找他，他那时还没有起床，他是在床上接待的我。他抽着烟，看着报纸。我试着告诉他我的故事，我不是来求他施舍的，只是想让他提前给我一笔钱，作为他或他的妹妹以后想要购买我的画的预付款。他用一句话打断了我，这句话我永远都不会忘记，他说，'你为什么还要继续画那些没有人喜欢的丑东西？'他不想继续听我辩解，打开床边的一个抽屉，向我扔了一枚20法郎的硬币作为施舍。我不是来乞讨的。当时我在问自己，要不要把这枚硬币，连同他卧室里的扶手椅或床头桌，一起向他扔过去。然而我并没这么做，因为那个时候的我饥寒交迫，没有钱买画材，没有钱买面包，于是，我拿着这20法郎的硬币离开了。"[89]

关于毕加索慷慨的事迹数不胜数。此外也有很多传闻，是一些根本不认识他的人的自说自话，他们编造出一些故事来证明自己的存在，或证明自己与毕加索曾经有过一些接触。

我的外祖父慷慨的同时也十分谨慎，这种谨慎的慷慨在原则上是好的，然而却常常令人误会。许多不了解他的人，甚至指责他自私自利。不过对于这些谣言，他从来都置之不理。

他当然没有必要公开地宣传他的慷慨行为。

无论是财富还是名气，毕加索在当时绝对是独一无二的，因此这就造成了许多陌生人慕名前来向他求助。

那个时候，大型的慈善组织还不存在。哪怕是现在，名人们在慈善活动中所做的，大都是激励公众捐款，不需要全部靠自己慷慨解囊。然而在当时，人们直接向毕加索要求的，却是真金白银。

应该指出的是，我的外祖父在慈善行为上一贯表现出的这种积极，已经影响了我们整个家庭。就像他一样，玛雅、克洛德和帕洛玛总是尽其所能地为医学研究或人道主义慈善事业奉献他们的时间和大量的金钱。

我说出来的这个事情当事人可能会不高兴，但这是一个有价值的例子：我记得我的母亲玛雅经常收到来自医学研究机构的邀请。他们的负责人考虑到我的母亲给予他们的支持，便邀请她参加一些为了感谢捐款人而筹办的庆祝活动。然而尽管玛雅向这些医疗机构捐赠了很多的钱，奉献了许多力量，她却依然想要保持匿名。因此，她从来都没有回应过这些邀请。她经常在医院度过整整一天，陪伴癌症患者，给他们带去许多快乐。我经常看到她回来的时候已经精疲力尽，但是她依然因为给那些病人带去欢笑而感到快乐。

我之所以选择将这些事情讲出来，是因为我为此十分骄傲。为了忠实于她的精神，我正在努力尽我所能为法国做出自己的贡献，就像其他数百万法国人所做的那样。

二十世纪七十年代初，在胡志明市北郊的守德郡成立了玛丽娜·毕加索基金会，旨在为越南孤儿提供帮助，这进一步说明了毕加索家族积极投身于慈善活动的传统。这不是一个传统意义上的公共基金会，因为它不依赖外部捐赠，只由玛丽娜个人提供资金。几年之前，越南政府决定对外国人收养孤儿的程序进行改革，然而在几家孤儿院中发生了一系列的丑闻，许多孤儿并不是真正的孤儿。这令玛丽娜决定终止这个基金会（基金会下的孤儿院被越南政府收归国有），但她的义举还在继续，她持续地为一些当地生活困难的儿童和青少年提供帮助。

通过这种慈善事业，毕加索的遗产得到了"再次分配"，而毕加索本人则因此获得了第二次生命，因为我们都意识到，我们生于毕加索之家只是一个偶然，我们一直享受着毕加索的辛勤创作得来的财富。因此，毕加索留给他家人的遗产，也令他在死后，继续着这种慷慨的行为。

如果毕加索对什么东西吝啬的话，他只对他的时间吝啬。他因为时间流逝而感到失望和沮丧，这种感觉令他在不知情的情况下冒犯了许多人，甚至对他们进行了羞辱。

有的时候他将自己的子女和孙辈关在了门外。随着年龄的增长，这场与时间对抗的比赛越来越激烈了。即使是他最年长的孩子保罗也要在探望自己父亲之前通报。保罗觉得这样做是很自然的，从没有对此有所怀疑，倘若管家在电话里对他讲："先生想让您明天早上早点来！"他就知道他的父亲正在作画，不想被人打扰。

倘若毕加索的名气没有这么大的话，他就有更多时间与家人相处。然而，从战后开始，他成为了世界闻名的公众人物。他能够为家庭投入的时间，逐渐被所有想要见到他的人"蚕食殆尽"。他不得不将自己的时间过度分割。保罗、玛雅，这两个年纪大的孩子当时已经很独立了，而年幼的克洛德和帕洛玛依然需要父亲的陪伴。1953 年，毕加索与弗朗索瓦斯的分手，更拉开了他与这两个孩子的距离。然而，毕加索在学校假期和周末经常陪伴他们，就像大多数离异的父母所做的那样。杰奎琳并不是将他与孩子们隔绝开来的唯一原因。

此外，我们必须考虑到，在五十年代，毕加索是一个已经 70 岁的父亲。在他的眼中，孩子们无意识地让他加剧了那种时间流逝的感受。

杰拉德·塞希尔对这一点可以证明，他记得毕加索一直牵挂的是：不要浪费时间，专注在艺术创作中。"他只对这一点感兴趣。购物、欢乐的生活，他一点都不关心。他不是物质主义者，他只关心时间。"在他的生命中，有且只有他的艺术创作。而金钱只不过是他实现他的创作热情的一种方式罢了。

丹尼尔 - 亨利·康维勒在采访中承认，我的外祖父最关心的一件事就是艺术创作。"倘若有一天，他遭到了抢劫，有人把他的被褥全部偷走，留下了他的画，他会很不开心，他更希望人们把他的画全部偷走。"[90] 因为倘若被褥被偷走，他就要被迫浪费时间去重新置办一套新的，这会让他感到恼火。而如果画被偷走，这并不是什么问题，他还可以继续创作新的画。

也许他对创作的热情过于高涨了，金钱对他而言什么都不是。画画，似乎成为了我外祖父的一种生理需要。帕特里克·奥布莱恩讲述了一个故事，在毕加索还很贫穷的时候，瓦拉德向他订购一幅作品，要求他把那幅《儿童与鸽子》重新画一遍。毕加索讶异地看着他，对他说："将我自己的画重画一遍，这又有什么乐趣？你怎么会让我在毫无乐趣的情况下画画？"

在这个故事中，我们看到了毕加索的精神核心，正是创作让他充满了幸福感。

他不再需要关心物质生活，因为早在 1916 年，他就彻底摆脱了贫穷。

有一天，他对康维勒说："我想像穷人一样生活，尽管我有很多钱。"这位商人评价说："实际上，这就是他的秘密，毕加索想要像穷人那样生活，在生活有保障的前提下，持续地保持贫穷的感觉。这就是他想要表达的，不必为物质而担忧的尽情创作。"

毕加索清楚地意识到，他的身价正在急剧地上升。他并没有为此而飘飘然，反而非常谨慎，经常感到不安，有时甚至会感到不快。有人也许会说他做作或者假清高。安特比先生可以证明，他在满意自己作品行情的同时，真的会感到不快。他开玩笑地说："不开心时，他会发出轰轰的呼噜声。"

毕加索始终认为，自己飞涨的身价有着一些不合理的地方。安特比先生还记得，在我外祖父死后，在他的床底下发现了一个箱子，里面装满了面额为500法郎的钞票。"他随时准备，在糟糕的时刻抽身离开！"

毕加索收购的房地产，只是能够存放自己作品的空间。这不是投资，他从来没有出卖过自己的房产。更糟糕的是，他还一直支付着那些他不再涉足的房产的租金（波蒂埃大街和大奥古斯汀街上的公寓和画室的租金），并且最终因为相关的政策而被迫将这些地方交还给政府。他去世的时候，拥有布瓦热卢城堡、福尔纳的画室、加利福尼亚别墅、沃韦纳尔盖城堡和穆然的"生活圣母院"。他从不亲自过问这些购买事宜，总是让公证人和他的银行顾问来处理手续和价格上的事情，任何的文件对他而言都是浪费时间。

而对于拥有新的工作室、可以储存他的作品的全新空间，他总是感到愉快。

唯一的例外是位于普罗旺斯艾克斯地区的沃韦纳尔盖城堡，毕加索对收购这里格外关心。当然，这个地方非常宽敞，非常方便，但正如他自豪地对康维勒所说的那样："我买下的，可是整个圣维克多山。"就这样，他与塞尚合为了一体。

这无疑是我外祖父最激动、最富有感情的一次购买了。

遗产

毕加索满怀情感地累积着他的作品，这一切都在毕加索过世之后成为了他的遗产。

负责盘点的遗产分配专家莫里斯·莱姆斯先生在一份正式报告中描述了巴勃罗·毕加索留下的艺术珍宝。画家在他去世之前保存的所有画作，是以若干形式呈现的：首先，是他特别重视的作品，尤其是在他绘画初期的一些作品，他又将它们买了回来。其次，是他所保存的一些作品，它们要么承载了他的个人回忆，要么代表了他不同阶段的创作技术。最终，是那些在他生命的最后岁月里完成的作品，他还没有决定将它们交给他的画商们进行出售。

除了油画之外，还有素描、雕塑、陶塑、版画、石版画、亚麻油毡版画、壁毯以及由他创作插图的书籍。当毕加索于1973年4月8日去世的时候，没有人怀疑，他留下了一个画家所能积累的最大价值的遗产。只有她的遗孀杰奎琳，才知道他留下的为数众多的作品的具体数量，或者更确切地说，她知道这是真的不可估量的。但是，在这场遗产继承中，出现了许多非典型的状况，因为所继承的遗产是艺术品。我清楚地记得，在遗产分配的最后阶段，我的妈妈玛雅经常做出令在场所有人惊讶的举动。很多次，她看到了小时候经常看的画，这令她回忆起美好的童年，以至于她快乐地跳了起来。倘若能将这些作品的一半送给她作为纪念，她就会幸福无比。然而，她很清楚，根据法律规定，她并不会拥有这些作品，她只会拥有与这些作品的价格相对应的金钱补偿。而她与父亲之间的感情，是超越了这一切金钱所能体现的价值的。

在我外祖父过世之后，各家媒体报纸，用很长的篇幅，估算着他的遗产的价值，以及每个后代能够分到多少钱。这种唯利是图的想法在当时变成了一种真正的魔法，吸引着人们的关注。随着毕加索的故居于1974年正式开放，一个新的时代又重新开始。

艺术又一次占据了上风。每个人，保罗、玛雅、克洛德或帕洛玛，都在这里重拾了他们完整的记忆，就好像他们离开这里的时候时间就停止了一样。杰奎琳是一家之主，或者，换种说法，是这座神庙的守护者。

继承公证人之一的伊尼先生，回忆了他去加利福尼亚别墅——这幢被毕加索于1961年遗弃了的戛纳别墅——的经历，当时毕加索关闭了这里所有的画室。"我记得在加利福尼亚别墅举行的第一次重要的清点会议。我和莱

佛朗索瓦·巴莱，莫里斯·莱姆斯的年轻办事员，参加了 1974 年在加利福尼亚别墅开展的遗产清点工作，这是他在毕加索作品中间拍的照片。

"1973 年 4 月 8 日，我 21 岁，是为莫里斯·莱姆斯先生工作的最新的一位办事员。我们在皮尔卡丹空间举行的拍卖会上拍卖现代版画，中午，毕加索去世的消息传来，让拍卖停止，并导致现场足足一分钟的沉默。一年后，1974 年 9 月底，我参与了毕加索遗产继承分配的工作，担任莫里斯·莱姆斯的助理，他被任命对毕加索在加利福尼亚别墅中储藏和保管的财产，进行数量清点和价值评估。艺术家的日常生活曝光在我们面前：那些收藏品、墙上挂着的真迹、家具、画架、桌子、沙发、扶手椅、绘画、雕塑、陶瓷、印刷品，数百个被填得满满的纸夹。在地下室里，有印刷机和从各个住处运来的包裹，还有信件、剪报、被绳子绑成 8 字形的大包小包，还有他所珍藏的名家作品：安格尔、德拉克洛瓦、瑟拉……

"楼上，有整理好的一幅幅油画。它们都被邓肯拍下了照片。这是一种'整齐的混乱'，一种按照某种逻辑组织起来的混乱，这有助于我们的遗产清点工作。莫里斯·莱姆斯预计用三个月的时间，在加利福尼亚别墅、'生活圣母院'和沃韦纳尔盖城堡三处，完成所有遗产的清点工作。随后，他花了七年的时间，编制了第一份信息化了的毕加索的作品名录，其中记录的艺术品约有 60000 件。"

姆斯先生在白天一起过去，门敞开着。我们都很惊讶，这里好像阿里巴巴的山洞。我看到有几百幅画堆放在那里，一幅挨着一幅，我看到了毕加索的画室。莫里斯·莱姆斯先生变得很激动，因为他发现了毕加索不用调色盘，而是把颜料挤在报纸上。他看着地上的报纸说道，哦，天哪，毕加索曾经用过的东西！"

保罗·隆巴尔也说："我这辈子从来没有见过这种场景，到处都充满了毕加索的作品，当我偶然看到地上的一封信，我弯腰将它捡起来，这时，倘若一道闪电击中我也不会让我有更大的反应了，因为我发现，这一封信，竟然是阿波利奈尔写给毕加索的！"

莫里斯·莱姆斯先生是杰出的收藏家，对他而言，这简直是一场涅槃，他的热情和工作都远远超出了平时的最大限度。他说："看着这些珍贵的作品，一件又一件，目不暇接，让我感觉仿佛身处拉斐尔的圣殿……"

自从杰奎琳和毕加索在沃韦纳尔盖城堡和穆然定居后，这幢戛纳大别墅的一楼和二楼的画室一直关闭着。而此时，这座大房子又充满了声音，以及各种惊呼和尖叫，就像克洛德和帕洛玛在这里度过暑假时那样。漂浮在空气中的，是一种属于永恒的感受，是这对兄妹俩对那段简单而幸福的时光、战后的生活乐事的追忆。而我，则非常期待妈妈在开完遗产分配会议后，回家告诉我们她在那里重新发现的一切。她根本不在乎能分到多少遗产。她又回到了她20年前选择离开之前的那种异于常人的生活。此外，对她而言，克洛德和帕洛玛仍然是她所认识和想要保护的小孩子。她一定在模糊的潜意识中，很想看到她的父亲从某扇门中进来，开心地对她说，他的去世，只不过是对她开的一个玩笑……

蓝色海岸的遗产清点仿佛是无休无止的。皮埃尔·雷克里先生和莱姆斯先生组织了两个团队：一个是档案专家团队，另一个是搬运工团队，负责将这些艺术作品看护、包装和运输到巴黎。每个档案专家都负责一个专门的类别：绘画、雕刻、素描……必须对它们进行鉴定、编号，对穆然的别墅、福尔纳的画室、戛纳别墅和沃韦纳尔盖城堡中的所有内容进行评估，并从阿维尼翁的毕加索展览中收回展出的作品。[91]

这项细致的工作持续了将近三年。莫里斯·莱姆斯先生撰写的报告，几乎可以看作是一本小说，至少是一个饱含深情的产物。

"我们只有通过观看在盘点开始之前拍摄的照片，才能找到某幅画作究竟在这些满满当当的房间的哪一个角落。然而，'混乱'这个词在这里并不合适。用'混乱'来形容这里，无疑是一种亵渎。相反，我们在南部逗留的这段时期中，每天都流连于这位天才的居所（'生活圣母院'、加利福尼亚别墅），被他富有秩序感的观念所征服。我们发现在许多房间里散落着一些画册，上面有毕加索为准备创作《阿维尼翁的少女》而画的草图，它们被卷成卷儿，折放在细颈瓶中，一块画有公牛赛跑的价值连城的木板，被遗忘在一叠旧报纸下面，有一些很罕见的铜版画，混在素描纸之中，跟一些打印的广告单放在一起，让人很难发现。我们在地下室里发现了德加和修拉的作品。在'生活圣母院'里，我们发现了那些美丽的艺术品，以只有此地的主人才了解的顺序分门别类被放置着。在一堆杂志、展览目录之中，我们发现了由毕加索亲自绘制插图的珍本书籍，在车库中，在一块篷布下面，我们从成堆的书中发现了一本乔治·德·基里科亲手绘制的非常古老的草图画册……"

在对毕加索遗产的清点过程中，人们建立了将近六万多条记录，给每件物品记录下可能的创作日期，并在必要时查阅大量的文献加以核实。然后是库存编号、物品描述、尺寸、可能存在的日期或签名、保存状态以及作品背面的任何标识。终于到了估算的时刻。

最后，清点人员终于拿出了一份令人印象深刻的清单，它诞生于漫长的工作之后：

1885 幅油画；

7089 张素描；

1228 件雕塑；

6112 幅版画；

2800 件陶瓷作品；

18095 件雕刻；

3181 幅铜版画；

149 本画册，包含了 4659 幅素描和草图；

8 张地毯、11 张挂毯，以及所有不动产和证券，其中包括当时价值几千万法郎的银行资产。

1979年9月，继承人和他们各自的律师，在巴黎的皮埃尔·雷克里先生家中，最终签署了对毕加索和保罗的遗产的继承协议。

关于最后一项，我的外祖父显然根本不在乎这些经济收入，他原则上拒绝去打理这些财产，他认为只有他的艺术创作才是重要的。他从来没有真正碰过他的银行顾问为他赚来的股息和投资收益！莱姆斯先生估算了每件遗产的价值，甚至最小的物件也计算在内，并在司法行政官的授权下，估算出了全部价值总计1372903256法郎，在今天的话，相当于差不多八亿六千万欧元。

皮埃尔·雷克里先生请继承人谨慎行事，尤其是在媒体面前，更要谨言慎行。但是，这个对外保密的庞大数字，其实并没有保密很久。各种不同的数字流传于世，有的与真实接近，有的则差距很远。

自二十一世纪初以来，艺术市场的不断发展，使这一价值在今天已经高到无法估量的地步，拍卖价格纪录屡次被打破，反映了毕加索作品的至高无上的地位。如今，仅仅是毕加索的十来件重要作品的价格，就足以超过当年所有遗产盘点价格的总和！随着莱姆斯先生对于遗产的细致盘点，各个继承人也在积极地寻求分配方案，通过努力尽可能兼顾公平和人情味。

我外祖父的遗孀杰奎琳的特殊情况值得特别考虑。原则上，她应该得到夫妻财产的一半，但另一方面，在丈夫45岁的时候，她才刚刚出生！他们的关系持续了18年（婚姻持续了12年，之前有6年的恋爱期），仅占毕加索全部生命的约五分之一。最重要的是，必须解决1955年去世的奥尔加的相关继承问题，以及毕加索的四个孩子在他的两段婚姻中的继承权利问题。

各方一致同意，将法庭于1935年6月29日颁发的毕加索和他的第一任妻子奥尔加之间的不调解令（允许离婚的标志）作为他第一段婚姻的有效终止日期，这是合乎逻辑的。

毕加索于1961年3月2日迎娶杰奎琳，这个日期被认定为他的第二次婚姻的正式开始，直到她的丈夫去世。在第二次婚姻中，我们还要考虑到一些当时还不为人知的作品，一些"未经散播"的画作，以及一些已经广为人知的画作。

除此之外，还有一些专门献给杰奎琳的画作（这些是毕加索生前赠予杰奎琳的，是杰奎琳的私有财产，不能算作毕加索的遗产），但是倘若它们的价值超过了毕加索留下的可继承遗产的总额，那就另当别论了。

正如我们所看到的，所有的这一切都非常复杂，但必须尊重每个人的权

从左到右（站立）：莫里斯·莱姆斯、马尼昂、雷诺瓦、克洛德·毕加索、若豪迪、皮埃尔·雷克里、勒菲尔、伊尼、卜乐丹、维尔戴耶、卡尔。从左到右（坐着）：帕洛玛·毕加索、勒布莱、玛丽娜·毕加索、菲尔博夫、维耶-古里耶尔、杜马斯、达尔蒙、玛雅·毕加索、隆巴尔、奥利维耶（玛雅的儿子）、贝纳德·毕加索、克里斯蒂娜·毕加索、贝纳德·萨利亚克。只有杰奎琳·毕加索缺席，她的律师杜马斯先生作为她的代理人出席。

利。除去两次婚姻的继承，通过枯燥乏味的计算得出的余额还将由已故的保罗，还有玛雅、克洛德和帕洛玛按法律规定的情况进行各自分配。从技术上讲，保罗作为婚生子女可以分得总价值的一半，另外的一半分配给玛雅、克洛德和帕洛玛（非婚生子女）。

之后还要处理保罗的继承问题：他的孩子玛丽娜和贝纳德将平均地分享他们父亲的份额，并将奥尔加的重新计算的遗产纳入其中。保罗的遗孀克里斯蒂娜（受到夫妻共同财产政策的保护）获得已故丈夫的四分之一的财产的用益权。

全部遗产都被平均分配，包括作品的价值也是这样。因此，每个人都继承到了许多毕加索的艺术作品。莱姆斯先生将遗产分成了十等分（尤其是那些绘画作品），杰奎琳分得三份，玛雅一份，克洛德一份，帕洛玛一份，玛丽娜两份，贝纳德两份。婚姻继承和子女继承，被混合起来进行计算。同样的，以向国家捐献艺术作品来支付遗产继承的税金和劳务费的程序，也提前展开了。

杰奎琳·毕加索是我外祖父财产的主要受益人，首先，因为她拥有毕加索赠予她的全部作品，这些作品作为夫妻间的礼物转赠，并不列在遗产继承的名录之中；其次，她作为毕加索的遗孀，在当时的法律下她不需要支付任何的遗产继承税费。因此，她获得了最大的份额。

虽然没有出现在毕加索的继承人名单中，但保罗的继承人玛丽娜和贝纳德各自分得了他们父亲的一半份额，因此他们是第二大受益人，尽管他们必须为父亲的继承权支付税金，然后再为他们自己的继承权付税。最终，他们各自到手的份额减少了约 40%。

然后，玛雅、克洛德和帕洛玛获得平等的继承权，他们支付了所继承遗产的 20% 作为税金。最后，还有保罗的遗孀克里斯蒂娜。

毕加索的房产是以友好的方式进行分配的：

杰奎琳保留了她的住宅（位于穆然的"生活圣母院"、沃韦纳尔盖城堡）；

玛雅要求继承福尔纳的画室和她熟悉的旧陶艺工厂；

玛丽娜要求继承位于戛纳的大别墅（加利福尼亚别墅）；

贝纳德要求继承布瓦热卢城堡，他在那里度过了童年，而在他父亲保罗的遗嘱中，也将这座城堡留给了他。

当然，这些不动产，与他们对艺术作品和其他遗产的继承一同计算在他们所继承的份额之内。

这些继承人的自由选择，是他们所拥有的"优先选择权"的一部分。

事实上，当毕加索的遗产继承刚开始的时候，玛丽娜就要求率先获得她称之为"赠予"的部分。所谓的"赠予"，就是父母在家庭中通常会送给子女的礼物。她认为，因为父母的分隔，她在童年时就被剥夺了这个权利。考虑到毕加索从未赠送过什么礼物给玛丽娜，她失去了自己祖父的"礼物赠予"权，为了缓解这种紧张的气氛，其他的遗产继承人同意让她在清点出的遗产名单中优先选择当时价值几百万法郎的财产。当然了，在假定的"礼物赠送者"死亡或自行取消慷慨赠予的行为后，所谓的"赠予权"其实并无任何法律依据。

此外，玛丽娜从来都不是毕加索的继承人，直接的继承人应该是保罗。因此，玛丽娜所额外获得的这几百万法郎的遗产，既不算是遗赠，也不算是捐赠，因此当然不能不纳税。所以，这个由她提议的"赠送权"所包含的遗产，也被纳入了遗产继承的部分，并从整个继承分配中做出优惠的计算，最

后页：《加利福尼亚别墅的画室》（*L'Atelier de La Californie*），1956 年 3 月 30 日，戛纳，布面油彩，114 厘米 ×146 厘米。

正是在戛纳，毕加索变得举世闻名，在这栋别墅里，经常有明星和政客以及那些不同画商的拜访。向毕加索求助的信件每天都会蜂拥而至。

终再给予玛丽娜。

对于其他继承人来说，这种独创性的安排，具有透明度和尊重税收立法的优点，是对继承程序的一种认真与尊重。而且，这样也不会损害他们的利益。

玛丽娜的这个举动，产生了积极的间接影响，因为这使所有的继承人，包括她本人，都有了一个"优先选择"的权利，即有权选择价值几百万法郎的他们自己偏爱的毕加索的作品。这是一个很好的决定，给整个遗产分配带来了一种情感的氛围，避免它太过于冷冰冰的行政化。

在遗产分配的整个过程中，从未发生过卑鄙肮脏的对峙和争斗。我的母亲玛雅让她的每个孩子选择一幅喜欢的外祖父的画，于是，我的兄弟理查德、我的妹妹戴安娜和我，非常严肃，又很天真地各自选择了一幅画。

最后，就像其他的遗产继承中遇到相似情况的惯常处理方法那样，玛丽娜向她的继母克里斯蒂娜购买了后者所享有的用益权的部分，这最终简化了她们之间的关系。

以艺术作品抵偿税费

遗产的清点于 1977 年完成。在 1978 年内完成了每个人的优先选择。1976 年 7 月 21 日，现代艺术博物馆的前任收藏品管理员多米尼克·博索被法国文化与环境秘书长米歇尔·盖伊任命为计划修建的毕加索博物馆的馆长。

几年前，共和国总统乔治·蓬皮杜，在 1971 年举行的向画家致敬的重要仪式上，提出了为法国建立一个伟大的毕加索博物馆的想法。然而，法国政府没有机会，也没有财力在毕加索还在世的时候建立一个他的作品的博物馆。唯一的可能性，就是在他过世之后，遗产继承者将他的作品，以清偿税费的方式捐给国家，这才具备了筹建博物馆的前提。

在多米尼克·博索被任命为未来的毕加索博物馆馆长的同时，米歇尔·盖伊向继承者提议，在遗产分配之前，率先完成以艺术品清偿税费的程序，而不是像以往那样，在遗产分配好后，再按照每人的份额进行清偿。博索认为，这并不是"仅仅收集一些伟大的作品，而是建立一个可以鲜活地展示毕加索创作历程演变的博物馆"[92]。因此，国家向继承者要求，由国家提前选择他们需要捐出的毕加索的作品。部长还指派了现代艺术博物馆的前馆长、我外

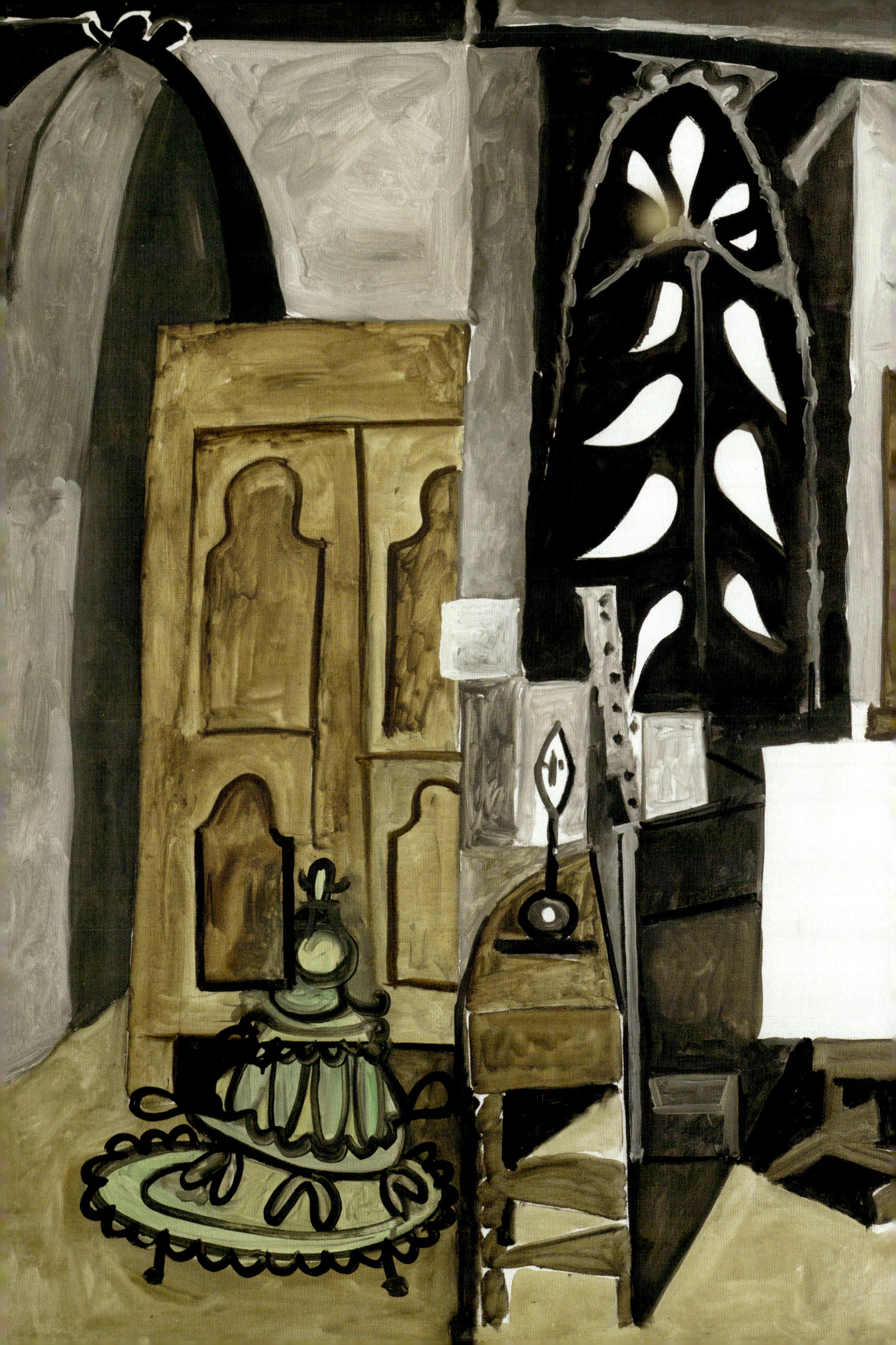

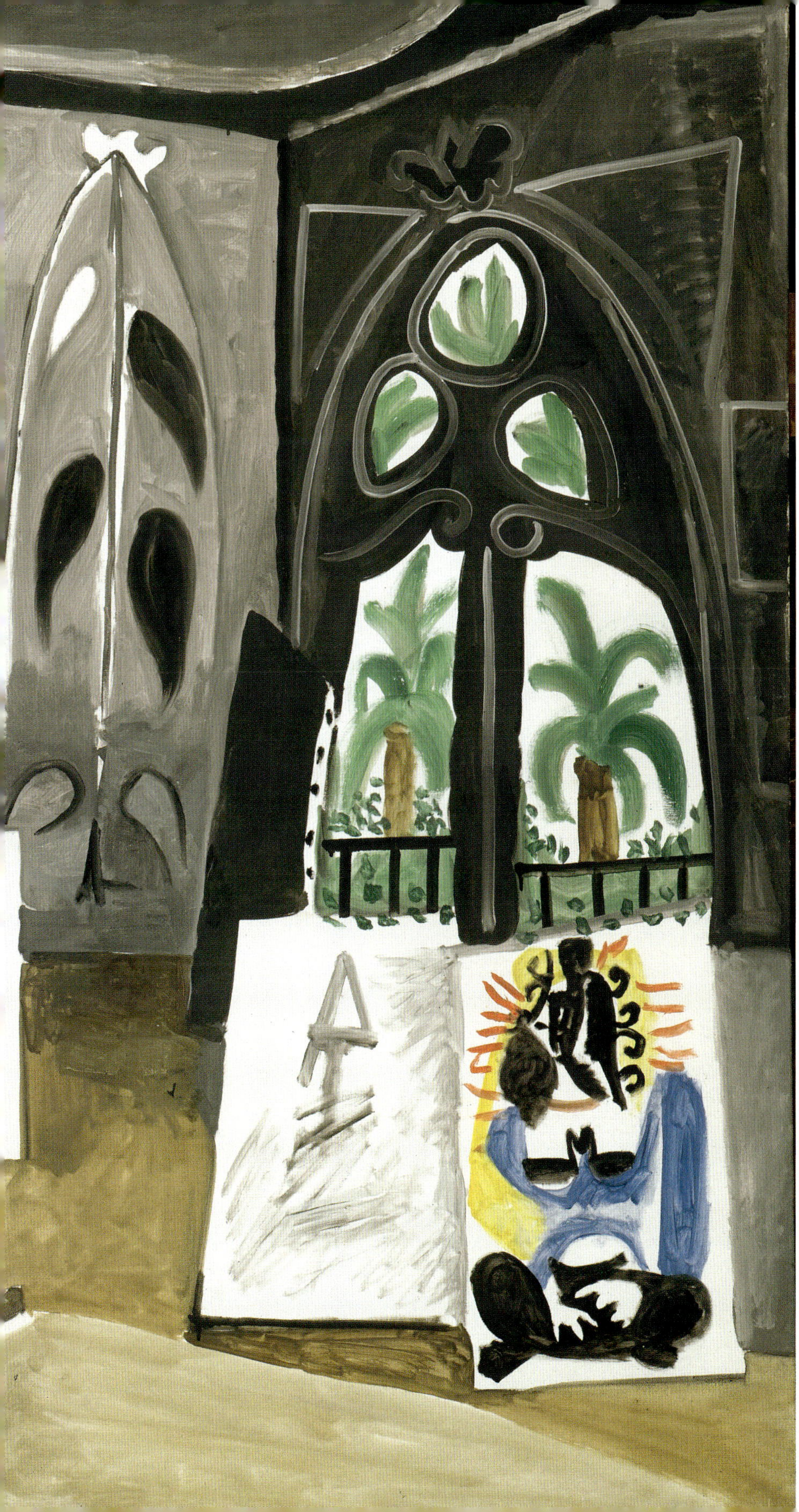

祖父生前的密友让·雷玛里负责此事。

多米尼克·博索对莱姆斯先生清点出的遗产名单表示惊讶："我完全震惊了，这些作品，无论是数量还是质量都是无与伦比的。这里不仅有一些不为人知的杰出作品，还有许多毕加索特意保存的杰作。我很快就意识到，我所面对的，不仅仅是几间画室和一些作品，而是一系列经过深思熟虑的收藏。"从 1975 年春天起对毕加索遗留的艺术品进行审查和挑选，多米尼克·博索和让·雷玛里在挑选上力求平衡，选择了毕加索的每个创作阶段的著名作品，他所使用的所有创作技法的作品都有涉猎，力求完整（包括毕加索画的一些草稿），而这一点是之前从未有人实现过的。

国家选择的作品名录，与继承者"优先选择"自己偏好的作品名录放在一起，对于那些在两个名录上重合的作品，需要接受对其归属权的判决。然而，这一过程没有出现丝毫的困难，继承者们甚至接受国家额外征收一些作品，以保证在捐赠的作品名录中的毕加索创作的连贯性。一个独立于艺术市场和博物馆的委员会最终进行了三天的介入。委员会中包括皮埃尔·戴、罗兰·潘罗斯和莫里斯·贝塞特（格勒诺布尔博物馆前馆长、日内瓦大学教授），他们聚集在一起，确认并完善官方对毕加索作品的选择。

最终，这些由继承人以抵税的名义捐赠给国家的艺术品，于 1978 年被转移到了巴黎的东京宫。从某种意义上说，之所以这样做，是在签署正式协议之前，先让"生米煮成熟饭"，防止继承人临时变卦。但这项工作的每一个相关人士都有着良好的合作意图。

当时的财政部长（后来的共和国总统）吉斯卡尔·德斯坦在毕加索逝世时不是曾经说过吗，"在特殊情况下，要有特殊的措施来处理！"因此，财政部于 1979 年初收到了关于毕加索遗产作品捐赠的正式提案。这个提案是由一个收藏家委员会、一个国家级博物馆组成的艺术顾问团和多个部的部长组成的委员会共同发起的，提案的报告人是于贝尔·郎岱（法国博物馆的负责人），他十分明白这次毕加索的艺术品遗产捐赠提案在艺术史上会有多么重大的意义，提案由毕加索的继承人正式提出，并由以上组织和个人共同起草。1979 年 3 月，遗产捐赠获得了文化部的正式许可，1979 年 9 月，财政部正式接受了这些遗产。因为展出地点的选择有限，于是这批捐赠的遗产于

1979 年 10 月份在巴黎的大皇宫进行了公开的展览。在共和国总统吉斯卡尔·德斯坦和新上任的文化和通讯部长让 - 菲利普·莱卡特出席的展览开幕典礼上，我意识到了我外祖父毕加索创作出的艺术作品的广度和多样性。

正是 1968 年出台的了不起的《马尔罗法》，规定了"继承人向国家捐献艺术品遗产，用以偿清遗产税"的政策。这个法令在国家的同意下，规定了继承人应缴的税额。这项法令旨在保护那些法兰西的艺术珍品，避免继承者们为了支付遗产税，而被迫将这些重要的艺术品廉价地卖给个人或者卖至国外。

毕加索的遗产继承，无疑是这项法律最具象征意义的案例。首先，倘若没有这项法律，继承人就需要将所继承的近四分之一的艺术品在市场上售卖，这很可能会使全世界的毕加索作品的价格遭遇大幅度的下跌。此外，之前的法国，在国家的艺术品收藏中，竟然不可思议地忽略了毕加索的作品。纽约现代艺术博物馆长期以来，已经收藏了将近一千件毕加索的艺术品，其中包括《阿维尼翁的少女》，更不用说当时以"政治"理由暂时存放在那里的著名的《格尔尼卡》。而当时的法国，却只有几件毕加索的作品散落在各处，还是通过乔治•萨尔、让·卡索和让·雷玛里的推动才实现的。因此，这次的遗产捐赠有着双重的意义：一、偿清继承者要缴纳的税费；二、在法国建立一座毕加索博物馆。

建立一个专门的博物馆来收藏这些捐赠的艺术品，这个主意在最短的时间内被摆上了台面。巴黎议会要在巴黎的众多建筑中，选择一幢楼来作为博物馆的地址。

最终，他们选择了奥伯特·德·丰特奈的酒店，它又被称作"盐酒店"（因为这座酒店是用盐商交的税款建造而成的）。因此，它以九十九年的租赁期限，被租给了国家。由建筑师伯纳德·维特里负责内部修缮改造工作，预算为 2000 万法郎（约为现在的 1200 多万欧元），另外部分外部修缮也由国家出资。

建筑师罗兰·西蒙内负责室内装修，使之极具现代风格，同时又尊重过去遗留下来的场面，他设计的平缓斜坡取得了圆满成功。地下室由美丽的石头拱顶组成，这些拱顶当时也被用作修建附近的政府食堂。地下室中保存了玛雅、克洛德和帕洛玛的肖像画，以及玛丽-德蕾莎、朵拉、弗朗索瓦斯和杰奎琳的肖像，在其他的杰作中，还包括著名的雕塑《山羊》和《跳绳的小女孩》。所有这些作品，按照时间顺序排列，摆放在一间又一间的展览室中。

当我们走上楼梯，我们会与毕加索的青年时代相遇，然后会看到奥尔加和保罗的画像，随后是玛丽-德蕾莎的画像。就这样，这里涵盖了毕加索的艺术作品，以及他的整个人生。

我们全家出席了共和国总统弗朗索瓦·密特朗和当时的文化部长杰克·朗格列席的开幕式。2009年秋季，博物馆关闭，以进行大型的翻修。这次重大的翻修，是由2005年以来担任博物馆馆长、如今是毕加索国家博物馆自治公共机构主席的安娜•巴达萨里领导的。她对整幢建筑进行了重新设计，将行政办公室和服务部门搬到了旁边的大楼中，由此使展览面积增加了一倍，达到了5000多平方米。她还发起了一项大胆的活动，在世界各地举办了毕加索系列杰作的两个巡回展览，为超过5000万欧元的博物馆的翻修预算提供了三分之二的资金。

这项修整工作还包括重新思考如何更好地接待公众，以及如何更好地在此处举办各种教学和科普活动。建筑师让·佛朗索瓦·伯丹负责对这幢二十一世纪的博物馆进行深刻的改造。

因为与文化和通信部发生的冲突，安娜•巴达萨里于2014年5月被解除职务，由罗朗·乐朋接替她的工作。后者是受欢迎的专员，也是蓬皮杜-梅斯中心的前任负责人。他于2014年10月25日重新开放博物馆，这是个具有纪念意义的日子——毕加索的生日。这座博物馆的复兴，引起了多方的尊重与关注。

毕加索精神权利的"多人共有"

1977年，一位记者写道："毕加索遗产的受益人首先必须继承一项责任，管理毕加索的荣耀以及他身后的财富。"[93]

这位记者是对的。继承人在继承物质遗产的同时，还必须继承毕加索作品的精神权利。这项权利非常重要，它涉及透露权、作者的资格权、对作品的尊重权和修改权。毕加索在世的时候，自己拥有这些权利。

然后，这些精神权利以一种不可分割的方式属于后代。

于是，自然而然地形成了对毕加索作品精神权利的"多人共有"，这种权利属于他的孩子们：玛雅、克洛德和帕洛玛。然后，自1975年起，还由他的孙辈——玛丽娜和贝纳德，从他们死去的父亲那里继承。

最初，毕加索的遗孀杰奎琳也被包括在内。

这些继承者们，对毕加索的作品共同拥有使用、复制、演绎的精神权利。这种精神权利是不可转让的，它的有效期限是作者死后的70年，也就是将延续到2043年为止。

1973年，毕加索的作品是世界上被复制最多的作品。毕加索本人也了解制作那些明信片、海报、展览目录和书籍的需要，但他已将权利下放给了艺术绘画和模型所有权公司（SPADEM），这是法国最大的版权公司之一。对于这部分需要，采用预付定金的付费方式。另一方面，对于更多小众的用途（例如制作衣服或餐具），版权公司必须在使用许可证的范围内，对用户的使用情况进行接受、修改或拒绝。

毕加索作品精神权利的"共同占有"，也沿用了这种操作方式。因为公司很快就收到了客户的咨询，于是，由艺术绘画和模型所有权公司组织的季度会议很快在各位权利共有人的参与下召开了。

1976年，我的舅舅克洛德·毕加索提议建立一个私营公司来管理所有这些权利，将此作为一个工具，让所有人参与管理，使之成为一个常设的信息共享和开会的场所。

这个私营公司可以提供关于毕加索作品的全部资料，包括一整套书籍、目录、照片和其他关于作品的材料。

它不仅对艺术绘画和模型所有权公司的工作进行了补充，还包括禁止对毕加索作品的盗版，对任何非法使用作品的行为采取行动。它成为了二十年后建立的一个更加有效的机构，即毕加索管理委员会的雏形。

然而，每个继承者都想在自己的生活中拥有对毕加索精神权利继承的独立性。

1980年春季，艺术绘画和模型所有权公司在美国艺术家权利协会的同僚们的告知后指出，在美国有许多毕加索著名作品的复制品在商店出售，而它们事先完全没有获得制造和销售的许可。奇怪的是，一时之间，同时出现了数量庞大、品种多样的毕加索作品的复制品，此外，它们与传统的盗版产品——比如粗制滥造的T恤衫、围巾和其他小东西——完全不同。难道出现了一个特别庞大的造假组织吗？

另一个奇怪的地方是，这些毕加索的各种作品的盗版复制品，都是复制自玛丽娜继承的那一部分艺术品。

经过简单的调查，几位制造和贩卖这些复制品的涉事人在美国被找到了。他们都声称，与一家美国公司"杰克精致艺术"签订了合法的许可协议，调查人员立即与这家公司联系，并要求他们进行解释。这家公司的经理菲耐索德先生说，他通过一家瑞士公司，从玛丽娜·毕加索那里购买了她所继承的作品的复制权！

原来是玛丽娜出售了毕加索作品的复制权，这些权利被认为是不可分割和不可转让的，因为它们属于"继承人共同占有"的一部分。而玛丽娜却通过私底下的一系列动作，让这个系统谨慎而匿名地运作了起来。她将"她所拥有的"毕加索作品的精神权利转让给了一家瑞士公司帕拉索莱纳，并拿到了2250万美元（相当于如今的6000万欧元）的保证金（使用年限为15年），该公司又将这个"权利"转让给了设在美国特拉华洲的"艺术大师国际公司"，而该公司又将这些著作权交给了"杰克精致艺术"公司，此公司再将权利分包给了美国的另外一些美术公司！

因此，"杰克精致艺术"公司可以任意地将毕加索的作品进行复制，没有任何限制。由于协议中没有做出任何规定，因此，他们可以自由地修改作品的图像，而不需要向版权的共同所有者提出任何的授权申请。该合同唯一提到的是作品的精神权利，并将其定义为"不损害巴勃罗·毕加索的荣耀、名誉和形象"。

这件事愈演愈烈，共有大约四十来个类似的授权，被从玛丽娜这里购得交易权的公司，以完全合法的方式转卖和分包了出去。

这个案子把遗产继承人都推入了商业界——以强迫的方式。

1980年9月初玛雅被告知此事后几乎病倒，于是我们立刻去了美国处理此事。共同继承人通过法庭，勒令"杰克精致艺术"公司停止毕加索作品的复制品的销售。

这家公司一边为自己的遵纪守法辩护，一边被底下为数众多的分包商们控诉没有履行协议。因此，"杰克精致艺术"公司将五位毕加索精神权利的共同继承人（玛雅、克洛德、帕洛玛、贝纳德、玛丽娜）告上法庭，索要价值约为十亿欧元的赔偿款，以补偿他们遭受的损失。

这意味着，倘若遗产的共同继承人败诉，他们就会破产，从而被迫将手里的毕加索作品全部在市场上抛售。这样的话，就会造成毕加索的作品在市场上的大幅贬值，并且将出售毕加索作品的画廊、收藏他作品的博物馆和收藏家们置于危险的境地。

于是，他们面临着进退两难的选择：要么在法律上对玛丽娜的这次私下交易进行质疑，这需要在美国打长线的官司。在美国司法面前，他们毫无必胜的把握；要么就承认这一次的精神权利的出卖，对已经颁发的许可证进行重新组织，严格挑选分包商，此后，再继续严格遵守毕加索作品权的共同占有和不可转让。

1980年10月，经过15个白天和夜晚的漫长讨论，终于达成了一项协议。玛丽娜仅仅出席了第一次会议。第二天她就没有来了，也没有参加接下来的任何会议。

事实上，此后经过了足足15年的持续讨论，不停地来来回回，才令所有的分包商遵守了这项最终达成的协议。这场漫长的谈判，让这些遗产继承人耗费了许多钱财，包括需要支付的律师费和收入上的损失。

1980年10月，在这场官司接近尾声的时候，签订了一条协议，重新确定了"继承人共同占有毕加索作品的精神权利"，这条协议延续了五年，在1986年有过临时的改动。

1988年6月，我母亲从艺术绘画和模型所有权公司辞职（每个毕加索作品的精神权利的共有人都必须以个人的名义加入这所公司），给这家版权公司的自主运作造成了阻碍。从此之后，在处理版权事宜的时候，公司必须额外征求并且获得玛雅个人的允许才能行事。而这对于克洛德和贝纳德来说是不可想象的，因为这违背了"共同占有"的条件，造成了他们的共有权被一个与他们不相融的独立个人控制。因此，他们两个与帕洛玛和玛丽娜，将这场纠纷带到了法庭之上。

在诉讼过程中，我母亲建议法官让每个继承人完全独立地管理他们所继承作品的无形权利。因此，这就打破了"多人共有"这个原则。然而，那些流传于世的毕加索作品(博物馆、画廊、收藏家的藏品)的精神权利如何处理？

谁来管理这些作品的著作权？谁来管理毕加索本人的署名权或肖像权？

必须有一个共同的、集体的机构。

我母亲认为，由继承者们直接管理会更有效，花费也更低（艺术绘画和模型所有权公司在所有参加的艺术家作品的收益里扣取约25%的统包价，对海外的艺术家作品扣取50%的统包价，其中包括当地代理人的报酬），更不用说档案管理造成的时间拖延了。

在她看来，面对全球不断增长的盗版和假货市场，继承人需要必要的措施来保护毕加索的名字与作品的精神权利。"杰克精致艺术"公司一案和他们生产的经由玛丽娜"授权"的毕加索作品的复制产品在市面上受到欢迎，这引起了盗版商的兴趣，因为他们现在确信这一伟大艺术家的名字和作品具有巨大的吸引力。

然而，克洛德、帕洛玛、玛丽娜和贝纳德签订了一项协议，他们在协议中承诺，更偏向于对毕加索作品的精神权利"共同占有"，并会将这种"共同占有"保持下去。

我的舅舅克洛德被任命为"共有权"的管理人，以管理"共有权"的名义加入艺术绘画和模型所有权公司。然而，这所公司在1995年的倒闭，证明了我的母亲玛雅当年退出这家公司是正确的，她不用亲眼看着毕加索继承人的"共有权"就这样一点点地沦陷。

克洛德从此之后以官方管理人的身份，管理着毕加索所有作品的继承人共有权，我们也可以称之为"垄断"，因为这些权利涉及毕加索的全部作品。在这一过程中，他还得到了每一个继承人对"毕加索"这个商标的委托授权，现在的任务是对"毕加索"这个名称进行管理，无论是在注册方面，还是在对其经营开发方面，这是一项法律义务。

1995年初，很显然，"毕加索"已经成为了一个品牌，这是一个事实，而且这也是一个棘手的问题。

在全世界，有越来越多的个人或者团体使用一些"意图不当"（至少是有误导性）的品牌名称。仅仅在版权领域捍卫自己的权利已经不够了。对"毕加索"这个名称的令人意料不到的未经授权的滥用，已经不再是我们家族提出的假设，而成为了一个现象。

毕加索是在世界上所有的艺术家中，作品被最广泛地复制成商品的一个（仅他一个人的作品的复制品，就占到了全球合法的艺术图像复制品的40%）。同时，他也是被"盗版"得最严重的艺术家，这对尊重他的原创作品构成了很大的威胁（其颜色、完整性和真实性常常被更改），也对那些获得授权的正版商业复制品是一个很大的威胁。

除了虽然重要但并不是最重要的金钱方面，拥有"毕加索共有权"的继承人，始终有着在精神层面对毕加索进行传播的愿望。

毕加索已成为一个商业品牌，就像可口可乐、迪士尼或耐克一样。然而，作为一个著名品牌，有时冠以"毕加索"的名称出售的产品，离毕加索这个艺术家本人和他的作品相去甚远。在中国台湾，有一个家居产品经销商，提供了一系列的产品，如地毯、吊灯、窗帘、锅灶、风扇、鞋、卫生纸……这些商品都被冠以"毕加索"的商标，这是对"毕加索"这个名称的"简单化"的使用。

通过这种方式，品牌让消费者们认为，他们的商品获得了我们家族的祝福。通过这样的暗示，人们会认为，与毕加索的距离只有一步之遥。

从某种意义上说，毕加索（以及许多其他艺术家）的作品在博物馆、展览和书籍中出现，就已经足够了。但是公众也喜欢在日常的某个物件中看到它们。只需要注意到博物馆的周边纪念品商店有多么火爆，根据艺术家的作品制作的产品有多么的畅销，就可以了解到这一点。毕加索如此受到大众欢迎，应该有一些措施，来回应和满足人们对他的喜爱。

倘若什么都不做，就会让那些不法商人为所欲为，这将长期影响艺术家及其作品的声誉，也不会让那些拥有他的作品的收藏家高兴。

直到 1995 年底，由我舅舅克洛德合法管理的"毕加索作品权多人共有"一直由艺术绘画和模型所有权公司所负责。该公司在世界各地都设有代表处，它管理着将近四千名不同艺术家的作品权。

这家公司通过代理毕加索的作品权赚得了巨额资金：高达年营业额的 40%。

尽管有这些可观的收入，但该公司在 1995 年出现了非常严重的现金流问题。在这种情况下，为了最大程度地保护毕加索和遗产继承者的利益，克洛德提出了辞职。

因此，必须进入另一个阶段。于是，毕加索管理委员会正式成立了，目的在于直接管理继承者共同拥有的毕加索作品权。

鉴于毕加索作品权的庞大数量的交易和流动资金的管理，这是非常必要的做法。很显然，一个公司、法人，应当取代某个自然人来行使对毕加索作品的"共有权"的管理工作。

《雕刻台上的裸女》（*Nu au plateau de sculpteur,* 1932 年），在 2010 年 5 月 4 日被出售之前，它在纽约的沙龙中展出。这幅作品创了毕加索作品拍卖价格的新纪录。

因此，毕加索管理委员会是一家有限责任公司（EURL），其唯一股东是克洛德·毕加索，他是"合法管理人"。他代表了毕加索作品权的"继承人共有"。

毕加索管理委员会的建立，标志着我的舅舅克洛德又重新在毕加索的继承人之间建立起了全新的对话模式，而玛丽娜却被排除在外。

在巴黎的毕加索管理委员会办公室，成为了一个以前一直缺乏的信息中心，它可以回答所有的问题。克洛德重新展开了必要的程序来恢复家族对毕加索著作权的垄断，也就是说，建立一个由 22 位信息员组成的机构，倘若发现对毕加索的著作权和命名权甚至毕加索本人的形象有损的不法行为，将会立刻对其负责人提起诉讼。

在 1998 年的一项调查中，全球所有类别的产品和服务中，存在着七百多个非法冠以"毕加索"名称的品牌。

毕加索的继承人从来都不想涉足任何商业纠纷，然而他们被迫这样做。事实上，即使在我外祖父还活着的时候，就出现了一种涉及他的作品权的商业行为，那些明信片与海报就是今天毕加索作品的各种商业复制品的"鼻祖"。在二十世纪五十年代的时候，毕加索甚至很乐于看到一条裙子或一件女式衬衫是专门根据他所创作的各种绘画作品而制作的。但他没有想到的是，他过世之后，这样的模式将会大规模地出现。

如今，据我所知，仅仅有十来个公司获得授权，被允许使用我外祖父的命名权和作品权。我们并不是喜欢将"毕加索"这个名字到处售卖的人。

相比之下，我们知道，比如说，勒内·马格里特的命名权和作品权被授予全球大约 250 家公司，但我们从来没有提及这一点……

关于毕加索的知识产权的出售，我们十分谨慎地精打细算，并时刻保持高度警惕。毕加索知识产权的收益，为毕加索管理委员会的运作提供了资金，特别是为保护毕加索的命名权和作品权提供了保障，必要时为反对盗版的行动提供资金和支付律师费用，并为知识产权出售的流程提供资金。

根据毕加索管理委员会的规定，与毕加索相关的衍生产品，是以名望、身份、信任和声誉等价值观为基础的。由于明信片的旧时代已经过去，继承人必须了解世界发展的现实，在不损害毕加索的作品或声誉的情况下进行创新，并在传统与创新间找到平衡。

从 1994 年起，我根据与国际大型公司合作的丰富的个人经验，决定扩大我的版权顾问的工作，让版权与公司之间的关系更加紧密。1996 年之后，我向毕加索管理委员会建议，在合理地对毕加索的作品和名称进行利用的前提下，与大型企业集团共谋发展。我获悉，在阿根廷，毕加索知识产权面临令人堪忧的问题，因为一个卡车品牌擅自使用"毕加索"的名字。我还听说，在中国有"毕加索"牌的自行车。因此，在 1997 年，我就制定了一个"汽车"的项目，作为积极防御盗版战略的一部分，并于 1998 年与雪铁龙汽车达成了一项详尽备至的合作。这个项目产生了巨大的影响。

很多记者问我，毕加索如果在世的话，他对此会怎么想。我并不想代替他回答这个问题，但鉴于他的人生经历，我将回答：一切不带政治意图的创新和新技术的试验，一定能引起他的好奇，我的外祖父总是与可能把他禁锢在条条框框内的一切保持距离。

他进行了真正的艺术革命（立体主义、拼贴、雕塑、陶塑、亚麻材料、板材……）。在历史上，从未有人将艺术家的名字赋予一辆汽车，这也是一场小小的革命。而毕加索本人，一定会对此十分喜欢，他会因为在汽车上看到他的名字而感到有趣。

二十世纪初，一文不名、默默无闻的毕加索，为了参加世界博览会而首次来到巴黎。而如今，他的名字已经跟世博会一样闻名于全世界了！此外，他自己也曾使用许多品牌的海报与广告来制作立体主义作品（如保乐力加、可优比、巴黎乐蓬马歇百货……）。我相信，当他作为观众，看到由他的名字延伸出来新的创意和产品，他一定会非常开心的。这一切并未偏离毕加索的特质与个性。毕加索本人，就是将艺术品与广告联系在一起的这一极具现代性的行为的参与者。广告往往不就是处于创意的最前沿吗？

毕加索知识产权的"多位继承人共有"，依然掌控了毕加索的命名权和作品权的授予与使用。但此时，他们已经获得了强大的合作伙伴的支持。与雪铁龙合作生产"毕加索汽车"所获得的巨大收益，可以用来继续为捍卫毕加索这个名字和关于他的记忆的事业提供资金上的支持。

毕加索管理委员会继续努力维护公众对毕加索的记忆。事实上，在毕加索管理委员会中，管理和出售毕加索知识产权的使用权只是微不足道的一部分，而大部分的时间，都用来与世界各地的人或组织进行关于文化艺术方面的合作与对话。

现在它的日常工作是促进关于毕加索的图书出版、杂志报道、影视节目的制作、多媒体材料的创作，让人们在各种条件和途径之下都可以欣赏到毕加索的作品。毕加索管理委员会就像是一个协调中心，在对资料、信息和图像的需求者和持有人之间发挥作用。毕加索的继承人与全世界举办的大多数毕加索作品展览都有着密切的关系。许多被称为"特别收藏"的毕加索的杰作，经常来自玛雅、克洛德和帕洛玛的私人收藏。

那些属于贝纳德和他经营画廊的妻子阿尔米娜·里琪的毕加索作品，上面署了他们的基金会"FABA"的名称。只有属于玛丽娜的作品，以"玛丽娜收藏系列"冠名，经常出现在日内瓦的克鲁吉尔画廊之中。

那些关于毕加索的回顾展给人们留下了深刻的印象：1980年的《毕加索与立体主义》，1996年的《毕加索与肖像画》，2002年的《马蒂斯与毕加索》，2008年的《毕加索与艺术大师们》，2012年的《毕加索，黑与白》，2015年的《毕加索狂热》（我的妹妹戴安娜是这场展览的合作者），2017年的《毕加索，1932情色之年》，这些展览在法国以及海外的大型机构中展出，如纽约现代艺术博物馆、大皇宫和泰特现代美术馆。

此外，在罗朗·乐朋的领导下，巴黎毕加索国家博物馆采取了积极主动的政策。它制定了一个名为"毕加索——地中海出生"的方案，在欧洲举办了数十次展览和研讨会，并首次在摩洛哥举办了2017年至2019年的展览和研讨会。这些展览只是众多展览中的一部分，因为每年全世界有数十个关于毕加索的展览举行，吸引了数十万参观者，更不用说那些独立画廊举办的活动了。如在纽约、伦敦或巴黎的高古轩画廊中，举办了《毕加索与雕塑，与玛丽-德蕾莎、弗朗索瓦斯和玛雅》的展览活动。

近年来，毕加索的标志性展览和巡回展览，特别是巴黎毕加索博物馆的展览，展出了许多毕加索的杰作，有时还向公众展示了一些之前从未公诸于世的作品。它们的组织安排是一项艰巨的工作。

至于经常举行的一场又一场的作品拍卖，是衡量收藏家对巴勃罗·毕加索的作品以及对作品本身历史的热情的机会，每一次的拍卖品目录，都是经过艺术专家和历史学家严格研究之后的全面展示。在创纪录的销售价格背后，如 2015 年 5 月拍出当时史上最贵价格的《阿尔及尔的女人》（Femmes d'Alger），隐藏着我外祖父非同凡响、极具个人特色的艺术冒险。

毕加索的艺术伴随着二十世纪艺术市场的兴起。然而幸运的是，在艺术作品面前，每一个人都会萌生出无法用金钱衡量的情感，这也令艺术闪耀着人性的光芒：比起金钱、比起理智，我们更应该用心灵去体会艺术的美感。

《朵拉·玛尔和猫》（Dora Maar au chat），1941 年，布面油彩，130 厘米 ×92 厘米，私人收藏。该作品于 2006 年 5 月以超过 9600 万美元的价格在苏富比被拍卖。

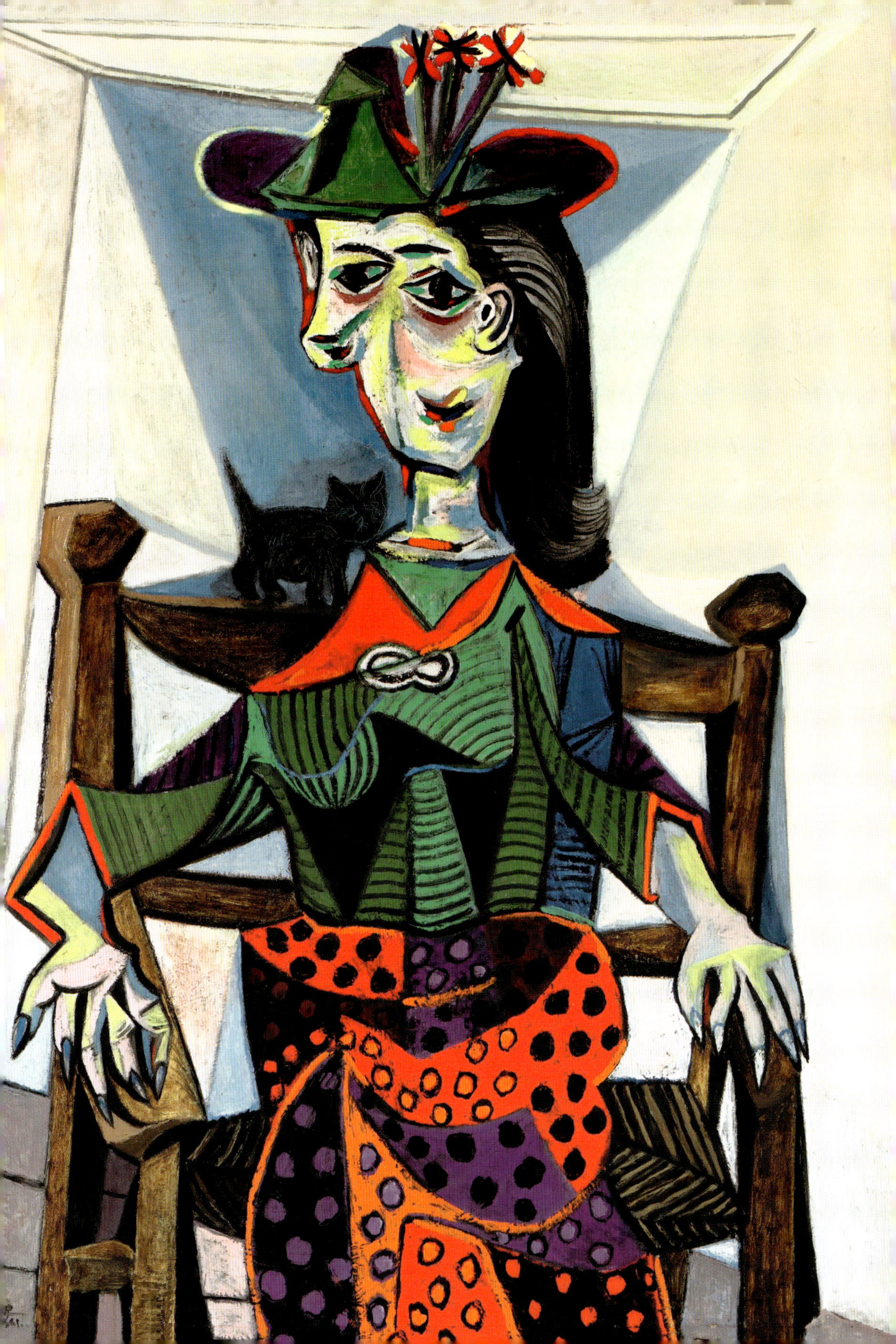

5
毕加索 与 **死亡**
PICASSO ET
LA MORT

"每个人都是单独来到这个世界上，然后单独离开。"[94]

——巴勃罗·毕加索

在我外祖父所获得的各种名声中，一定会有一个名声，那就是"迷信"。

他出生在十九世纪的西班牙，此时西班牙的民风依附于最为正统的中世纪天主教，在梵蒂冈的戒律以外，还要严格地遵守宗教裁判所的条条框框。教会的核心价值观同时也是西班牙社会的价值观：人们在日常生活中小心翼翼地做事，避免任何会导致他们死后下地狱的差错。尽管毕加索一家并不是狂热的教徒，但他们不能逃避迷信的民族传统。这种传统并没有通过日常的教会活动来表达，而是以迷信和谨慎的仪式表现出来。一切不是好，就是坏；不是吉祥，就是不祥；不是上帝，就是恶魔！

对于我的外祖父来说，宗教从来就不是形而上学的问题的答案。他从不认为向上帝祈祷和皈依是解决人类问题的办法。面对死亡和恐怖，他通过他的艺术创作表达了自己的疑问。

毕加索是从死亡里出生的。1881年10月25日，23点左右，唐娜·玛莉亚生下了一个看上去已经死亡的男孩。经过几分钟的抢救之后，这个毫无生气的小尸体被放在了桌子上。

毕加索的叔叔唐·萨尔瓦多是一位杰出的医生，他怀疑地注视着这个新生儿良久，在他的脸旁点燃了一根雪茄。此时，令人吃惊的是，这个看似已经死去的孩子，竟然在"愤怒的嚎哭中复活了"。

这是一个奇迹吗？还是他的叔叔，三年前去世的神学博士、马拉加大教堂的法政牧师唐·巴勃罗的一次显灵？这个家族为他做了虔诚的祈祷，并决定以他叔叔的名字来为他取名，他成了鲁伊斯家族唯一的男性继承人。

两周后，1881年11月10日，毕加索在马拉加的圣地亚哥教堂受洗，并收到了一个神圣的、遵从圣人意愿的、极其冗长的名字：巴勃罗·迭戈·荷瑟·山迪亚哥·弗朗西斯科·德·保拉·居安·尼波莫切诺·克瑞斯皮尼亚诺·德·罗斯·瑞米迪欧斯·西波瑞亚诺·德·拉·山迪西玛·特立尼达·玛利亚·帕里西奥·克里托·瑞兹·布拉斯科·毕加索。

然而，对他而言，"巴勃罗·毕加索"这个名字就够了。

毕加索与死亡的第一次真正冲突发生在 1895 年 1 月 10 日。她的小妹妹孔奇塔因患白喉而在 8 岁时夭折。那时的毕加索仅仅只有 13 岁，迷恋画画，却没有正式决定当画家。他不太喜欢上学，真诚地希望受到关禁闭的惩罚，当他被关在一个小的"牢房"中时，他终于安静了！他可以利用这个机会，投入画画之中。

在妹妹弥留之际，他向着天空发起挑战：他愿意用自己画画的天赋和成为画家的机会换取小孔奇塔的痊愈。

然而，孔奇塔没能活下来。上帝并没有听取小毕加索的祈祷。此外，他无礼地将自己的才华与妹妹的性命相提并论，必然导致神对他进行惩罚。从这方面看来，他似乎要对妹妹的死亡负责。另一方面，也许这是上帝不允许他停止画画的征兆。这种绘画的天赋，让他未来的成就超乎常人，这是以小孔奇塔的生命换来的。

如果我们不相信这种超自然的说法，不承认有神的旨意，也能从这件事中发现某些神奇的魔法：这个近乎神圣的交换赌誓，以画家命运交换妹妹的生命，也可以解释为，当时的毕加索，已经将绘画当成了一种真正的、严肃的使命。从那之后，他就永远将自己的艺术创作放在了第一位，比任何其他事或人都更重要。

从这件小事上，能够看出毕加索的宿命论，他一生都秉持了这种态度：一切都不采取主动，让命运来做主。

他的朋友让·雷玛里说："毕加索严格地遵照着某种他从未违反过的纪律生活着。他喝汤，吃一些清淡的食物来保证他进行艺术创作的活力。正是因此，我明白了他为何不想要见他的那些朋友们，虽然他很爱他们，很想见他们。朋友们认为他任性妄为，或者非常无情……但他不能见朋友，仅仅是因为他在进行创作。想要理解毕加索，这一点至关重要。"

马克斯·雅各布曾对毕加索这样清苦的生活印象深刻。从 1910 年至 1912 年，毕加索已经可以过上舒适的生活，然而他仍然对那些物质财富并不关心。

除了与奥尔加在一起的时间之外，他一直是简单、节制的生活的信徒，这种生活始终以一种精神目标为导向，即以艺术的方式积极地投入生活之中。

毕加索把上帝和"神圣"区分开来。虽然他一直宣称自己是无神论者，

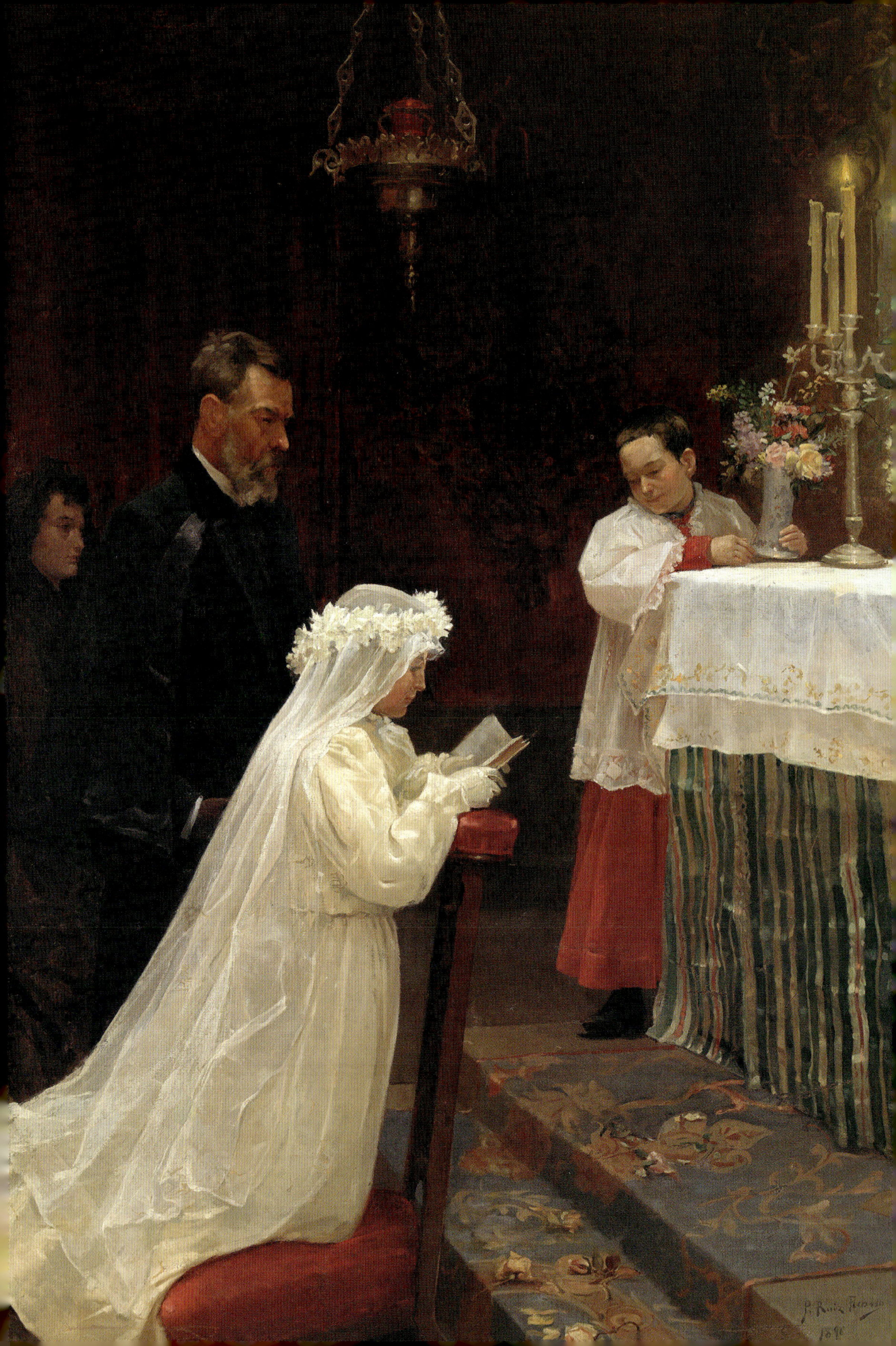

《第一次圣餐》（La Première Communion），1896 年，巴塞罗那，布面油彩，116 厘米×118 厘米，巴塞罗那毕加索博物馆，毕加索于 1970 年捐赠。

这幅毕加索保存了一生的油画，是他青年时期绘画才能的见证。它象征着十九世纪末宗教对西班牙社会的影响，也象征了学院派风格在当时的美术学院中的压倒性地位，这幅画也是毕加索对他的父亲及其小妹妹萝拉的致敬。它于 1896 年在巴塞罗那的美术展上，与巴塞罗那毕加索博物馆中的伟大杰作《科学与慈善》（Science et charité）共同展出。巴塞罗那毕加索博物馆除了拥有珍藏的杰米·萨巴特的捐赠（572 件艺术品和文献）和毕加索本人的捐赠（将近 3000 件艺术品和文献）之外，还有毕加索继承人的额外捐赠（1979 年捐赠了 157 件雕刻作品，1983 年捐赠了 63 件雕刻作品）。

但他经常在作品中涉及宗教的主题。他青少年时期在西班牙接受过学院派绘画训练，尽管他努力抵制其中的"压迫"，但这对他的创作产生了不可否认的影响。戈雅、格雷科或委拉斯开兹画了许多宗教场景，这给毕加索的创作带来了非常大的影响，将他的绘画引向宗教主题。因此，他刚到达巴塞罗那，就画了一幅基督祝福恶魔的图画，这是他内心深刻冲突的明显表现。此后，他又创作了许多宗教主题的画：《出埃及记》（La Fuite en Égypte）、《圣母玛利亚祭台》（L'Autel à la Sainte-Vierge）、《耶稣降临在修女面前》（le Christ apparaissant à une religieuse）、《被天使爱戴的耶稣》（Le Christ adoré par les anges）、《天神报喜》（L'Annonciation）、《耶稣复活》（La Résurrection）。这些绘画已经超越了简单的学院派风格，它们是带领毕加索进入绘画世界的密道，是一种咒语。

当然，宗教主题对于著名的艺术学院的考试来说是至关重要的，艺术学院的绘画学生，如果不会画宗教画，那跟自杀没有什么区别。但是，天主教过度的规矩和威胁，对毕加索而言，不是获救的希望，反而更像是一把令他扭曲的钳子。对于自由，毕加索满怀着热情。

因此，在 1896 年，在创作完成大型油画《科学与慈善》之后，他就算是圆满地结束了自己学院派风格的绘画，并开启了一扇崭新的大门。那时的他只有 15 岁。

《科学与慈善》这幅画，其主题是矛盾的，既有修女向神的祈祷，又有医生的科学知识（医生的脸是毕加索按照自己父亲的面孔绘制的），这本身就是一种大胆行为。

用亵渎神明的方式将"宗教式的希望"和"科学式的确定"并置而立，这是毕加索的一种"信仰的声明"，或者，更确切地说，是他不信神的声明。看来祈祷不再是人类唯一仰赖的手段了，科学终于带来了治愈的奇迹。

随后，毕加索开始了一种颠覆性的、不走常规路线的、富有创意的表达方式，而与他同时代的人很难理解他的这种风格，因为这种方式让他们的信仰受到质疑。

1899 年 2 月底，巴塞罗那的政治形势迫使他创作了一些阴暗主题的绘画。死神在这个备受蹂躏的城市里逛来逛去。无政府主义的诱惑与对美国在古巴发动的无谓战争的抗议混在一起。

1901年2月，当听说朋友卡萨吉玛斯在巴黎自杀时，毕加索在马德里。这个消息让毕加索难过不已，为了驱除他的痛苦和对此无能为力的懊悔，他立刻回到了巴黎。他之前已经亲眼目睹过他的朋友为了这个无法接近的女人受尽了折磨！这场悲剧给予毕加索灵感，让他创作出作品《卡萨吉玛斯的葬礼》（*L'Enterrement de Casagemas*）。这是一幅具有高度象征意义的图画，是他自己阴暗思想的"驱魔"，这幅画表达了生活、死亡、童年、爱情，以及与内心不可避免的绝望愁苦之间的密切联系。

1903年，毕加索的作品《生活》（*La Vie*）穿越人与人之间的荒凉，象征了一场创作的奇迹。这是他"蓝色时期"的最后一张作品。我曾经说过毕加索很不想与自己的作品分开，然而对于这幅作品，他很快就卖掉了，似乎是想要与一个悲惨的时代告别。他已经准备好迎接新的挑战，使用新的颜色。

四年后，他在特罗卡德罗的人类博物馆遇见了令他颠覆所有艺术观念的艺术品：他在那里发现了非洲的雕刻和面具。那个年代，黑人艺术在欧洲正值兴旺发展的时期，特别是在艺术家们的心中。毕加索在"洗衣船"的邻居弗拉曼克拥有达荷美和科特迪瓦的一些雕塑，他将一个面具卖给朋友德兰，德兰将它拿给马蒂斯和毕加索看。兴奋的马蒂斯又购买了一个非洲雕像（他认为是埃及雕像），然后拿给格特鲁德和雷昂·斯坦看。毕加索也看到了这个雕像。

于是争论就出现了，毕加索看到这些雕像的时候，究竟是在创作《阿维尼翁的少女》之前，还是之后？我决定引用马尔罗在《黑曜石之首》中记载的毕加索本人的话：

"人们总是谈论'黑人艺术'对我的影响。黑人艺术究竟是如何影响我的呢？我们每个人都是拜物教的信徒。凡·高说过'日本艺术是我们的共同点'。不，不是日本艺术，而是黑人艺术。这些艺术形式影响了我，也影响了马蒂斯和德兰。但是，对他们来说，这个非洲面具跟其他的雕塑作品没什么两样。当马蒂斯将他购买的第一件黑人艺术的雕像给我看时，他说这是埃及艺术……但是，这些黑人艺术，并不跟其他的艺术一样，一点都不同。它们具有神奇的力量。为什么不是埃及艺术？或者迦勒底艺术？我们之前没有意识到，真正神奇的，是那种原始的力量。'黑人'，他们是代祷者（*intercesseur*），从那时起，我就明白了这个法语词语的意思。他们用原始的力量对抗一切，对抗未知的、带给人威胁的邪灵。在他们的艺术中，我看到了我的拜物教。是的，我全明白了，我也是一样，我对抗一切。我知道，所有的一切，都是未知，都是敌人！所有的一切！并不是那些细节！女人，孩子，野兽，烟草，赌博，所有的这一切！我知道那些'黑人的雕塑'，他们想要做什么。为什么要这样雕刻，而不是别的。他们不是立体主义者！但是，他们利用这些神圣之物，所做的只有一件事，这是他们的武器，帮助人们不再成为邪灵的从属者，而是成为一个独立的人。"[95]

毕加索对非洲艺术的影响做出了一个理智的解释，其他画家感受到的只是一种艺术情绪。毕加索曾经谈论他的朋友布拉克说："他根本不懂这些东西，因为他不迷信！"

在毕加索与马尔罗的另一次谈话中，他说道，完成《阿维尼翁的少女》，是他的第一次"驱魔"。他甚至补充道："这幅画必须存在，以便于人们可以违反它。"

从那时起，毕加索就摆脱了传统的艺术束缚，他对宗教的幻想天马行空，却从不涉及亵渎……他在他的无政府主义的政治信仰中进行反叛，他将无政府主义融入他的艺术，他的创作不再强加任何规则，但他仍然坚定不移地相信和依赖护身符和一些其他的迷信。

根据帕特里克·奥布莱恩的说法，他对教会的反对其实并不那么清晰和明显。"他对那些神圣之物保留了一种深刻的感觉，深刻却黑暗，是摩尼教式的。他在许多方面尽可能地远离那些被称之为'基督式'的思想和行为。"

他说，毕加索讨厌旁人表现出对死亡的惧怕，哪怕只是那种非常表面的害怕，即使毕加索本人非常惧怕死亡，只要有一点身体抱恙，就会十分紧张不安。至于死亡，他尽可能地不去提及，除非偶尔悄悄地在他的作品中表现出来，或者隐藏在他的愤怒里。罗兰·杜马斯也证实说，即使是对《格尔尼卡》这样的作品的归属问题，毕加索都不肯为其写一份遗嘱。哪怕当罗兰·杜马斯不可避免地提起一些跟"死"有关的话题（没有直接讲出"死"这个字），毕加索都会指着嘴唇让他不要再说。

在某些事情上，他违反了自己对上帝一向的不信任，忽然涌现的快乐会让他觉得神迹降临。此外，他还会有无数次的迷信行为：他想要在教堂里，在圣水的祝福下接受弗朗索瓦斯·吉罗对永恒之爱的诺言；或者告诉马蒂斯，在充满麻烦的日子里，他希望上帝能够站在他这一边。

有一天，他对埃莱娜·帕姆兰说："一幅真正优秀的绘画作品，是因为它被上帝的手触摸过。"

但他同时也会时不时很小心地否认上帝的存在。

他在传统的天主教的氛围中长大，然而，他与天主教之间最明显的关系，就是他对此保持沉默。

不过，毕加索却于1942年6月21日成为女儿玛雅（生于1935年9月5日）的教父。即使这样的宗教形式主要是由于玛丽-德蕾莎的意愿以及玛雅所在的圣路易岛上的天主教学校的要求，但对于毕加索来说，这也是一种正式宣布他父亲身份的方式。"教父"，在词源上说，就是"父亲"。尽管当时在法律上毕加索无法离婚，也无法承认他的私生女玛雅，但是他想要建立一种联系，即使这种联系跟"洗礼"一样，都是"虚构"出来的。因此，教会在某种程度上帮助了他们。

应当指出，玛雅实际上的名字为"玛莉亚·康赛西翁"，这个名字具有高度的宗教色彩，毕加索的西班牙家庭对此非常满意。认为这表达了他对教会的虔诚，至少表面看上去是这样的。

然而令人困惑的是，这是玛雅的第二次洗礼！事实上，玛雅刚出生时，跟她父亲一样，是个"死胎"。在布洛涅-比扬古的"望远台"医院，玛丽-德蕾莎在分娩的时候完全昏迷了，这在当时的医学条件下是十分危险的。因此，玛丽-德蕾莎仿佛没有经历过分娩一样，在生产的时候没有任何感觉，但随后出现了一些并发症。

玛雅出生之后完全没有动弹，与死婴无异。毕加索悲痛欲绝，他亲自为"死去"的女儿做洗礼，根据牧师的指导，把水洒在这个没有生命的小身体上，给她第一次和最后一次的圣礼。而此时，玛雅竟然活了过来！

尽管毕加索不信宗教，但他在危急情况下，仍然不能放弃祖先的传统，也不能擅自剥夺他的孩子受到圣礼仪式的洗礼。

帕特里克·奥布莱恩明确指出："在毕加索的作品中，除了儿童时期的一些学院派的作品，例如《第一次圣餐》和《一位年老的妇女从合唱团的孩子手中领取圣油》（*La Vieille Femme recevant les saintes huiles des mains d'un enfant de chœur*），或青少年时期绘制的一些圣经场景（特别是《出埃及记》），还包括他画过的几幅似是而非的表现圣徒传记的画作，他几乎没有创作过什么带有宗教痕迹的作品。直到 1927 年，他画了一些《耶稣受难像》的素描，1930 年画了许多奇怪的受难十字架，1932 年受到伊森海姆祭坛画启发画了素描。随后，在创作中，他又对宗教主题重新保持缄默，直到 1959 年，他在表现斗牛的雕刻作品中描绘出了耶稣的身影，然而在这段期间，有不少其他的画家，有的是无神论者，有的是不可知论者，有的是犹太人，有的是基督教或天主教的忠实信徒，都在教会的要求下，创作出了不少的宗教画。许多艺术界的权威人士认为，毕加索的《耶稣受难像》并没有任何宗教的含义，其他人则认为这是对宗教的一种亵渎……我认为，毕加索在《受难像》中表达的宣言，是有根据且令人激动的，这是一种强烈抗议的呼声，一种强烈情感的表达，而这一切绝对没有超越天主教的范畴。"[96]

毕加索在 1971 年所画的《年轻的尼古拉斯·普桑》（*Jeune Nicolas Poussin*）中，将这位画家描绘成了类似于耶稣的样子，围绕着神圣之光的光环，似乎表达了他对这位画家无上的崇拜。确实，这幅迟来的绘画作品，是在我的外祖父无法逃避死亡即将来临的想法的时候创作出来的。

这幅华丽的肖像是一个谨慎的致敬吗？还是一种忏悔呢？

1973 年 3 月，他自己选择了在次年 5 月举行的阿维尼翁教皇宫中的作品展览的目录封面。他本人却并没有出席这次展览。

我的外祖父还是一直保持谨慎。如果说他在内心深处并没有信仰的话，但他却无法摆脱信仰的外部形式，也无法摆脱自己那些最迷信的表达。在毕加索眼中，与其他人的心意相通，不是通过宗教式的祈祷，而是通过他所创作的作品。他在作品中表达人间的恶，同时又使得作品传递出希望与和平。他对自己的创作有很高的理念，这种理念甚至超越了他自己的存在。

"任何真正的创造者，总有一天会提出一个挑战，打倒风格！上帝有风格吗？他创造了吉他、小丑、短腿猎犬、猫、猫头鹰、鸽子。如果他只创造了大象和鲸鱼，那还好，但是他不仅创造了大象，还创造了松鼠！他创造了一个多元的集合，就像我一样！他创造出不存在的事物，我也是这样！他创造了绘画！我也是！"[97]

毕加索以一种非宗教的方式，将他的作品"神化"了。在他的作品中，正义战胜了道德、平等和自由，战胜了我们文明中的基督教和犹太教原则。毕加索将那些无法形容的、骇人的事物表达了出来。他是"真实"的代言人，而不是天堂理想的拥护者。

他从一切事物中都看到了美与恐怖。甚至在战后的和平愿景中出现的著名的和平鸽——这个和平至上的理想世界的完美隐喻——也成为了一种武器，是在人类失去理智时提醒人们的最后一道防线。它们的目的不是为了让观看者陷入美好的梦境，而是为了唤醒他们。这是和平主义者的武器，是艺术家唯一可用的武器。

总的说来，毕加索并不是宗教徒，他在宗教的环境中长大，又亲手抛弃了这个宗教，只将其中的迷信成分保留了下来。尤其是当他在故乡西班牙感受到如此严苛而不近人情的宗教形式的时候，他内心的抵触又更深了一层。

在西班牙，教会无处不在，控制着所有的教育系统和大部分的农村。但是，这个宗教在毕加索这里却不能提供真正的帮助，此外，毕加索有其他的信仰，它来自远古的一些异教徒式的迷信。最微不足道的迷信都会使毕加索感到恐惧，正如我母亲告诉我的那样，与一只黑猫交错而过，把一把打开的伞放在屋中，或者把一把剪刀放在床上，或者给自己买一块布（这预示着要为自己"擦眼泪"……），所有这些对他而言都是一种威胁。弗朗索瓦斯·吉罗还提到他对桌子上倒置的面包的迷信。

在毕加索的所有物品崇拜情节中，还有钥匙情节。毕加索常说："那些钥匙确实常常缠绕在我心中。在'沐浴的男女'系列作品中，画布上常常会出现一扇门，画中人物想要用一把大钥匙打开这扇门。"[98]

很明显，人们使用钥匙开门，就像人们使用语言交流。钥匙有的时候是坏的，就像语言有的时候是难以理解的、会产生歧义的。

而毕加索的绘画，不也是这样的一把钥匙吗？

玛雅经常跟我讲，尽管她的母亲玛丽-德蕾莎很会缝衣服，然而毕加索"从来不把自己的裤子拿给她缝补。他也从不让别人去清洗他的裤子，因为他害怕别人将他口袋里的好运洗掉"。

毕加索经常把自己剪下的指甲或头发交给玛丽-德蕾莎，让她悉心保管，防止它们落入心怀恶意的黑魔法师或巫毒教的巫师手中。当玛丽-德蕾莎于1977年去世时，女儿玛雅发现了这些母亲用纱纸珍贵保存着的遗物。

下：《男人的肖像》（Portrait d'homme，即年轻的普桑），1971 年，布面油彩，73 厘米×60 厘米，私人收藏。

后页：《斗牛，斗牛士之死》（Corrida, la mort du torero），1933 年 9 月 19 日，布瓦热卢城堡，布面油彩，31 厘米×40 厘米。

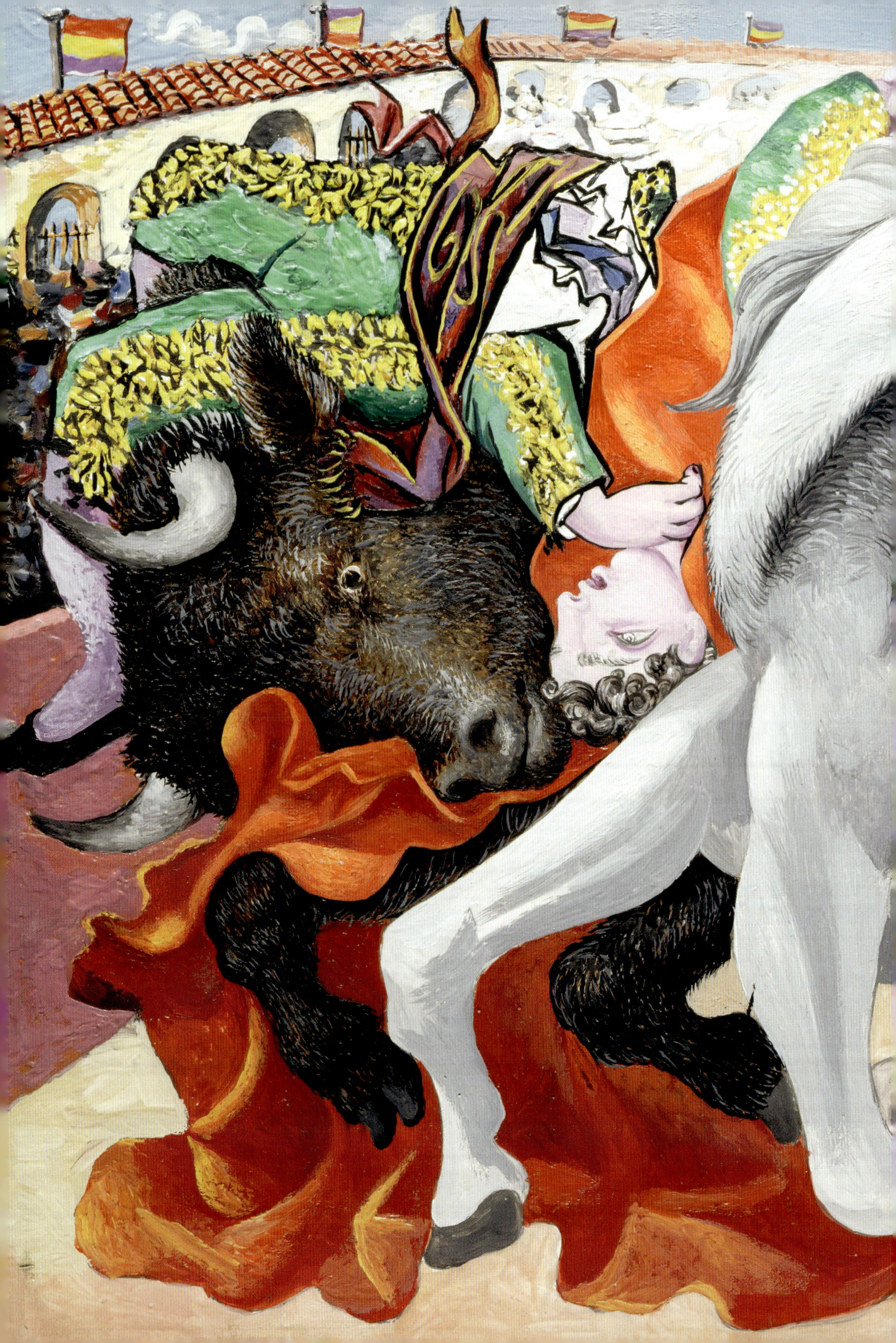

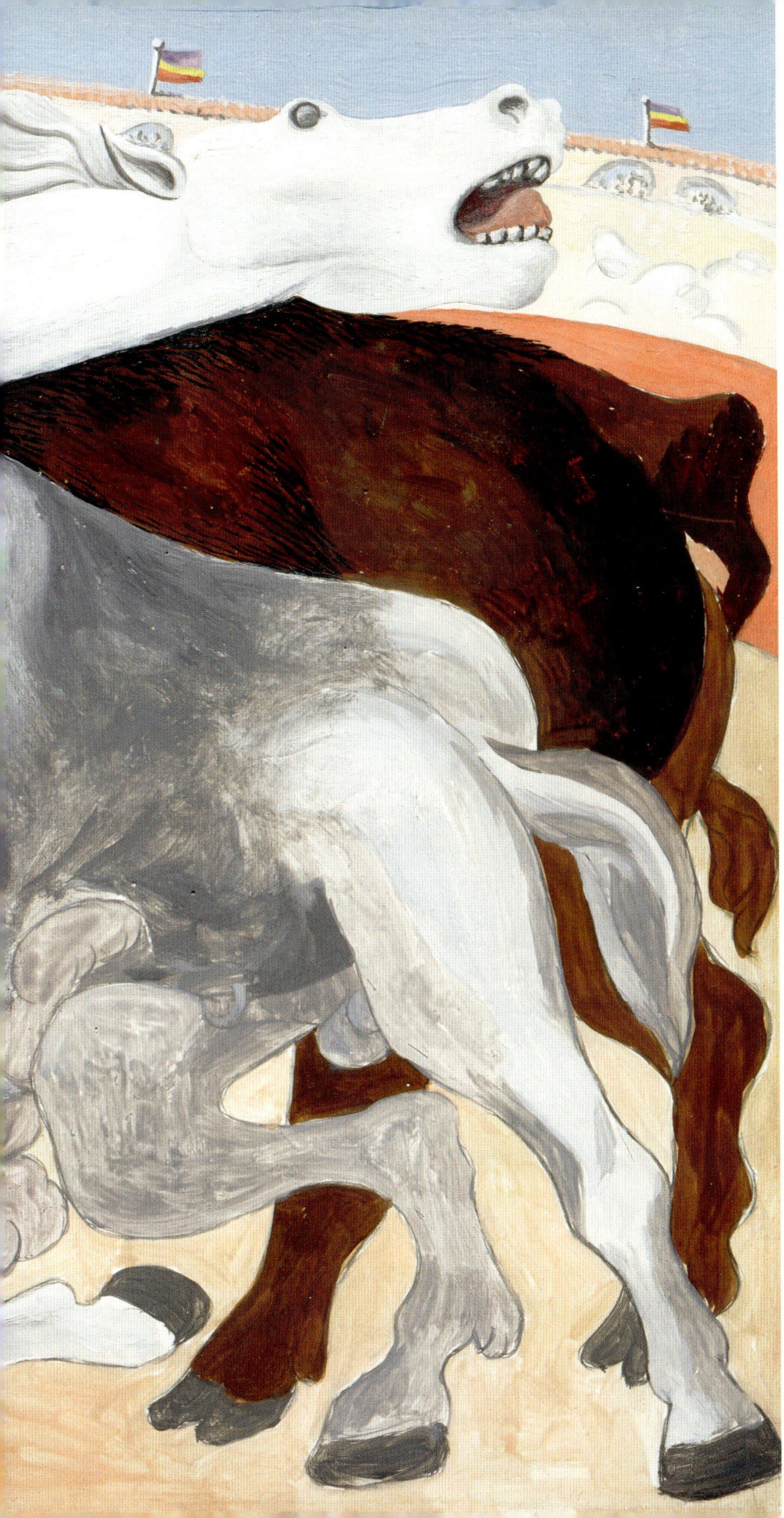

弗朗索瓦斯·吉罗也证实了这一迷信："最安全的办法，是把剪发时剪下的头发茬装在小袋子里，带到一个秘密地点安全地处理。因为对头发的迷信，毕加索会整整几个月都留着过长的头发，不去理发店剪发。如果我们胆敢对此稍有提及，他就会非常生气……"[99] 他的这种恐惧在他终于找到一位信任的发型师后结束了，这位发型师叫作阿里亚斯，毕加索此后终生让这位发型师剪发，每次剪完头发，都会把剪下的头发妥善处理。

弗朗索瓦斯·吉罗还讲述了毕加索在出发远行之前要做的仪式："每当我们要去旅行时，无论旅行多么短暂，我们都必须在一个房间里聚集，坐在那里，至少两分钟不能说话，然后才能心平气和地离开。倘若在这个仪式中，其中一个孩子（克洛德或帕洛玛）笑了或说了话，仪式就必须重新开始。否则的话，毕加索会拒绝出发。他曾经笑着说："哦！我这么做只是为了好玩。我知道这没有意义，但是就是忍不住想做……"[100]

更令人吃惊的是，毕加索竟然曾经独自去参加过通灵仪式！这可能是我外祖父最不为人知的方面之一，阿德里安·麦特曾向我透露："1947年，玛格丽特·本·胡拉（毕加索母亲的一位朋友）组织了一个招魂之夜，在招魂仪式中，她让一些碟子不停转动。毕加索对这些仪式既感到恐惧，也印象深刻……"

毕加索的终极迷信，就是他拒绝写遗嘱，他对那些敢于向他询问原因的人解释道："遗嘱会把死神吸引过来。"此外，毕加索从来都不愿意在婚约上签字，他与奥尔加和杰奎琳的婚姻都是如此，因为签订婚约有不好的预兆，意味着这场婚姻将会以离婚为结局。

如同其他的迷信一样，为了避免对夫妻施加不好的咒语，也尽量不要提到分居或分手。这就是毕加索的乐观主义！不签订婚约，意味着一切都会良好地进展。

值得一提的是，这种不签订婚约的行为，有力地反驳了人们对毕加索"贪财"的毁谤。不签订婚约，也就是不签订财产归属权，即意味着遵循夫妻共同拥有所有财产的法则。

所以，这样的情况下，倘若两人离婚，就要心平气和地平分财产。

事实上，毕加索讨厌一切程序，他经常说："我们在这里的时候，什么都不会碰，什么都不会改变，至于继承的程序，那要到我死后再说，而我并不想死。"

后页：《洞穴前的牛头怪和死马》（*Minotaure et jument morte devant une grotte*），1936 年 5 月 6 日，胡安莱潘，水粉和墨汁的纸质画，50 厘米 ×65 厘米。

罗兰·杜马斯说，杰奎琳遵循了毕加索的这种哲学，对之后会发生什么，既不想要听，也不想要说。"她同意毕加索的这种迷信。我想她爱毕加索爱得实在太深了，因此不想要为他逐渐老去而担忧。"

在最后的几年里，毕加索一直生活在对时间的忘却中。除了杰奎琳的女儿、青少年卡特琳娜之外，他再也不见孩子们，因为孩子们的存在每天都会让他感到自己的青春已经不再。

皮埃尔·戴解释说："继承意味着他的死亡，他不感兴趣，他唯一感兴趣的，是活着。对于问他遗产分配问题的人，毕加索总是回答，'我已经做得够多了，我的遗产对每个人来说都足够了！'"

总之，千万不要提及他的死亡。

与此同时，毕加索却不得不直面死亡。在他生命的最后几个月里，他画了一些自画像，在画中，他的眼睛透出了一种别样的力量，这种力量似乎是死亡给予他的，他好像正在进行着自己与自己的战斗。

这是一种西班牙传统上典型的面对死亡的态度，以男子汉的积极态度去直面死亡。死亡是一个需要面对的现实，同样也是应当拒绝的现实。

皮埃尔·戴还记得他于 1972 年 6 月去穆然看望毕加索。毕加索把他带到了有名的《彩铅笔自画像》（*Autoportrait aux crayons de couleur*）前。这是一个人类的头像，两只巨大的眼球即将夺眶而出，在最后的色彩喷射之中，惊慌失措地寻找生命。当他 10 月份再次来到这里的时候，毕加索仍在画室里作画，仍然带着"死亡警告的预感"在绘制这幅自画像。此时，毕加索再一次将皮埃尔·戴领到了画像面前，对他说："我真的感觉到，这也许是我最后一次看到这幅画了。"

事实上，我的外祖父并没有逃避死亡。他想了解它，但不想吸引它的到来。因此，他使用这种几乎幼稚的迷信，通过各种手段，淡化了死亡这个主题。

摄影师吕克·福尔诺尔回忆起一件事：他们有一个共同的朋友去看望毕加索，他发现毕加索正在看着一只在楼梯上腐烂的山羊头颅！"我认为，"他说，"他对死亡非常感兴趣。"

更令人印象深刻的一件事，是圣保罗 - 德旺斯的"黄金哥伦比亚"餐厅的老板法郎西斯·鲁科斯所叙述的。1953 年，法郎西斯的父亲去世后，他将棺材安放在餐厅入口处酒吧门前的壁龛中。他回忆道："我一个人在棺材旁

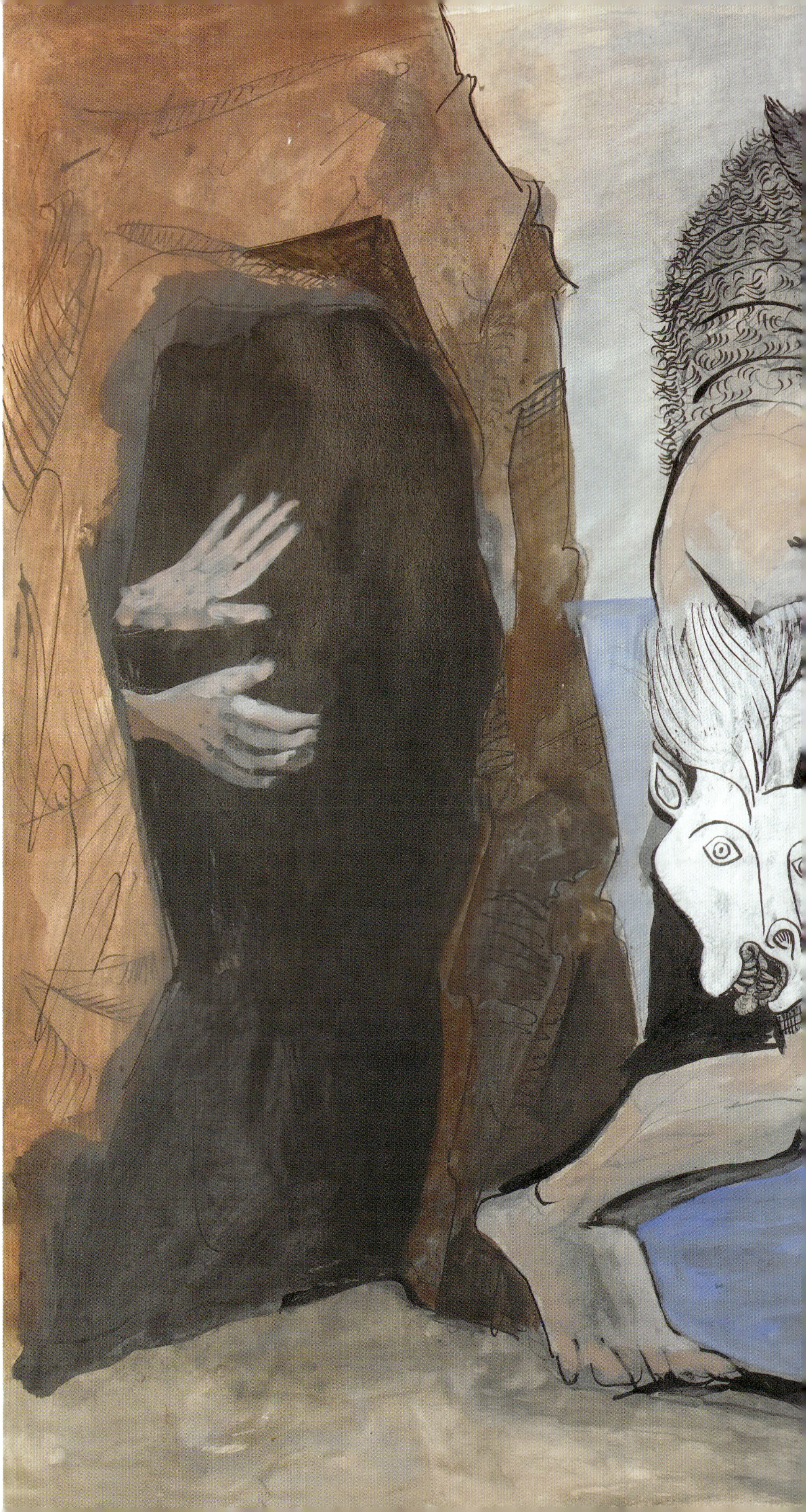

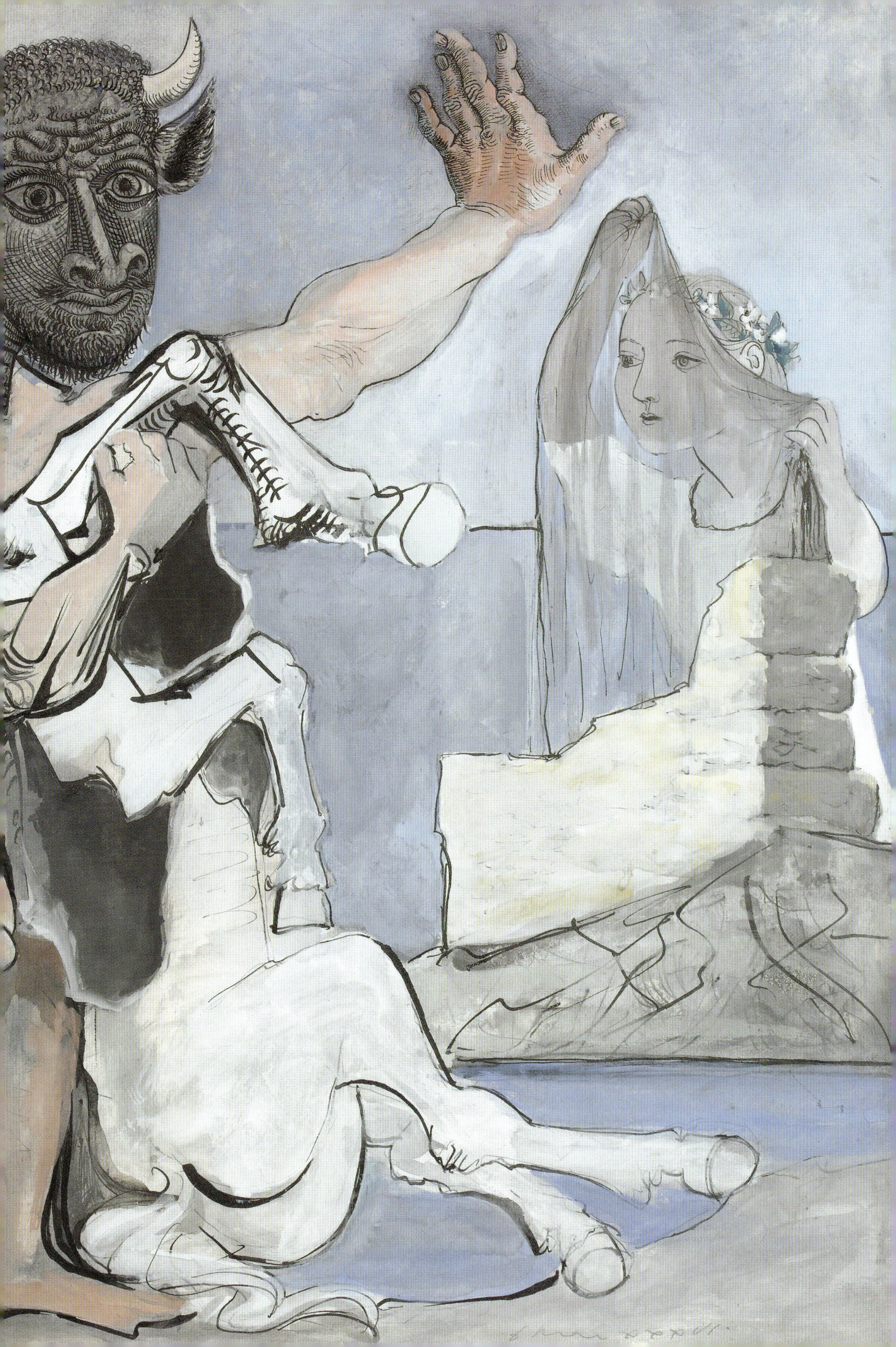

边，看到的唯一一个人竟然是毕加索。他站在离棺材三米外的地方，静止不动，一句话也不说，在那里待了足足二十分钟。"

这是对死者的一种敬意，当然，也是毕加索所做的一种实验，就好像他想要感受一下死亡、体会一下死亡。

外界有一个经久不息的谣言，声称我的外祖父之所以不参加葬礼，是因为对死亡的恐惧。然而，他其实参加了许多场葬礼，并自愿地为许多葬礼提供了帮助。他去了父亲唐·何塞在巴塞罗那举行的葬礼，还根据从 1913 年 5 月 3 日（他父亲去世的日期）的《精益求精报》上剪下来的父亲的照片而绘制了一幅父亲的肖像，这是毕加索在父亲过世后对他的致敬，也证明了他对死亡根本不忌讳。1915 年，他的挚爱艾娃去世之后，他也参加了葬礼，怀着对这段短暂爱情的悲伤与痛苦。随后是他的朋友纪尧姆·阿波利奈尔的葬礼，他于 1918 年 11 月死于流感。由于佛朗哥的掌权和对巴塞罗那的戒严，他无法参加 1939 年母亲的葬礼。但是我们不能忘记毕加索参加了他的共产党同志让 - 理查德·布洛赫 1947 年的葬礼和 1952 年保罗·艾吕雅的葬礼。1958 年，他向去世的政党领袖马赛尔·加香致以敬意。

关于死亡，他曾对他的摄影师朋友安德烈·维莱说过："我从早上到晚上都在思考这个问题，它是一个永远不会离开你的支配者！"

这一宿命论体现在他与马尔罗的谈话中："在过去的一段时间，当我辛勤创作时，那些图像都是自己出现的，画作是自行出现的，我不需要费心处理它……所有的一切都是自行出现的。死亡也是！"

斗牛之所以吸引毕加索，是因为它象征着死亡的超自然力量：人类主宰着公牛，公牛显然是死亡的工具。在斗牛中，人类杀死了死亡。当然，一切都取决于斗牛士的天分，他分析对手，诱惑它，欺骗它，最终击败它。死亡难道不可以也这样吗？

毕加索的创造力是他生活的驱动力。他毋庸置疑的能量消除了他的疲劳，让他没有衰老的感觉。在整个童年时期，他都喊着想要铅笔，他甚至在会叫"妈妈"之前，就已经学会叫"*Piz, piz*"（西班牙语 *lapiz*，意思为"铅笔"）。甚至在他去世的那个早上，他还向秘书要铅笔和纸张。艺术就是他的全部生活。他用艺术自我表达，用艺术与时间抗衡，一切离不开艺术。他的一生，就是在用艺术不断自我表达的过程。

后页:《公牛》(*Le Taureau*),1945年12月18日,木版画,32.5厘米×44.4厘米,巴黎毕加索博物馆。明斯特艺术博物馆馆长马基斯·穆勒回顾说:"毕加索在整个创作生涯中都在不断地尝试雕刻绘画技术。"

然而,毕加索并没有试图想象未来。他始终活在当下。当下的他,无论是快乐还是忧虑,他都将这一切丢在画布之上。

皮埃尔·戴告诉我,第二次世界大战结束时,他与毕加索的第一次会面,是多么令他惊讶。

"我并不是一个乐观主义者。毕加索也看到了即将到来的灰色时代。画作《墓穴》(*Le Charnier*)是毕加索对自己的忧虑的表达。此后,他举办了'艺术与抵抗'展览,创作了《向为法国牺牲的西班牙人致敬》(*L'Hommage aux Espagnols morts pour la France*),这是一个讽刺性的致敬。其实,我们之间有某种相通,我们处于同一个波长之上,这与那些觉得毕加索的作品太过阴暗的法国共产党员不同。"

而几个月后,毕加索又创作出了油画《生活之乐》,他又对生活恢复了希望。

时间的流失让他生病。如果死亡位于跑道的尽头,那么,疾病,或者更确切地说,对疾病的恐惧,早就成为一种日常的心魔。这种恐惧可追溯到毕加索小的时候妹妹孔奇塔的夭折。在西班牙,致命传染病曾经是很常见的。流行病常常让一个家庭失去至亲。死亡是日常生活的一部分。

费尔南德——毕加索在二十世纪初的伴侣,毕加索在看到她病卧在床的时候,曾经表现出非常不开心的情绪,这令费尔南德很难过。那时的他们,因为旅店老板的女儿感染了伤寒,匆匆离开田园诗般的戈索尔村庄。毕加索对可能蔓延到整个伊比利亚半岛的流行病感到不安,他坚持当天返回巴黎。

皮埃尔·戴说,每当毕加索身体稍有不适,他就会像个诗人一般伤怀不已。这是在他身上反复发作的一种多愁多虑的性格。从青年时代对死亡的自然焦虑,到老年时期恐惧死亡的内心顽念,他建立了一种生活纪律,一种饮食上的禁欲主义,他常常向别人大力宣传这种规律饮食的美德。绝不大肆地吃美食,不饮酒,但是他爱抽烟,这个恶习除了生命的最后时刻外,奇迹般地没有影响他的健康。是的,这真是个奇迹!

除了85岁时曾经做过一次胆囊手术外,他从来没有遇到过真正的健康问题。当时,他去讷伊的美国医院做手术。那个时候,他很荣耀地认为自己不存在任何"缺陷",特别是身体方面的缺陷。在这种情况下,他的这次住

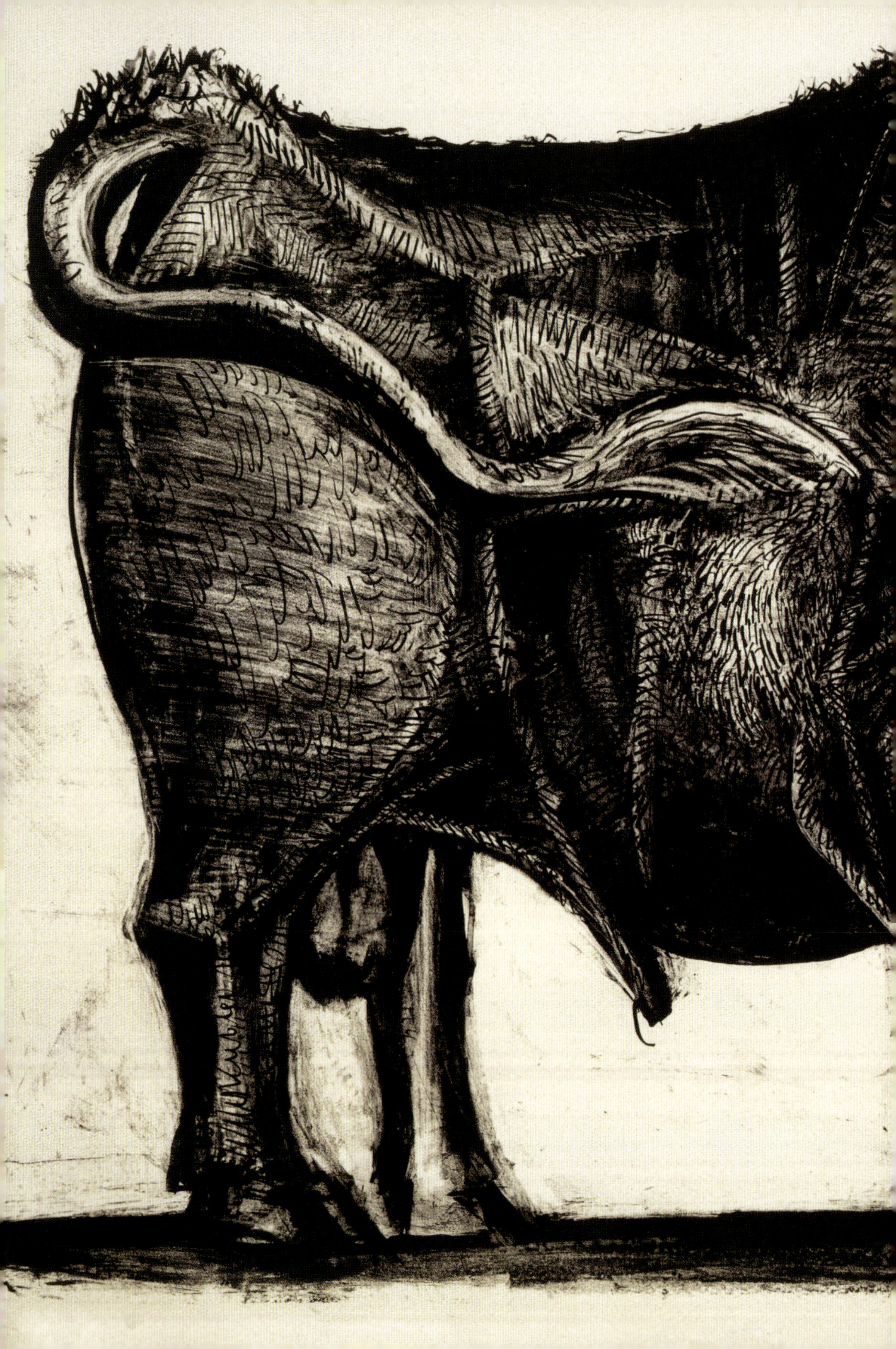

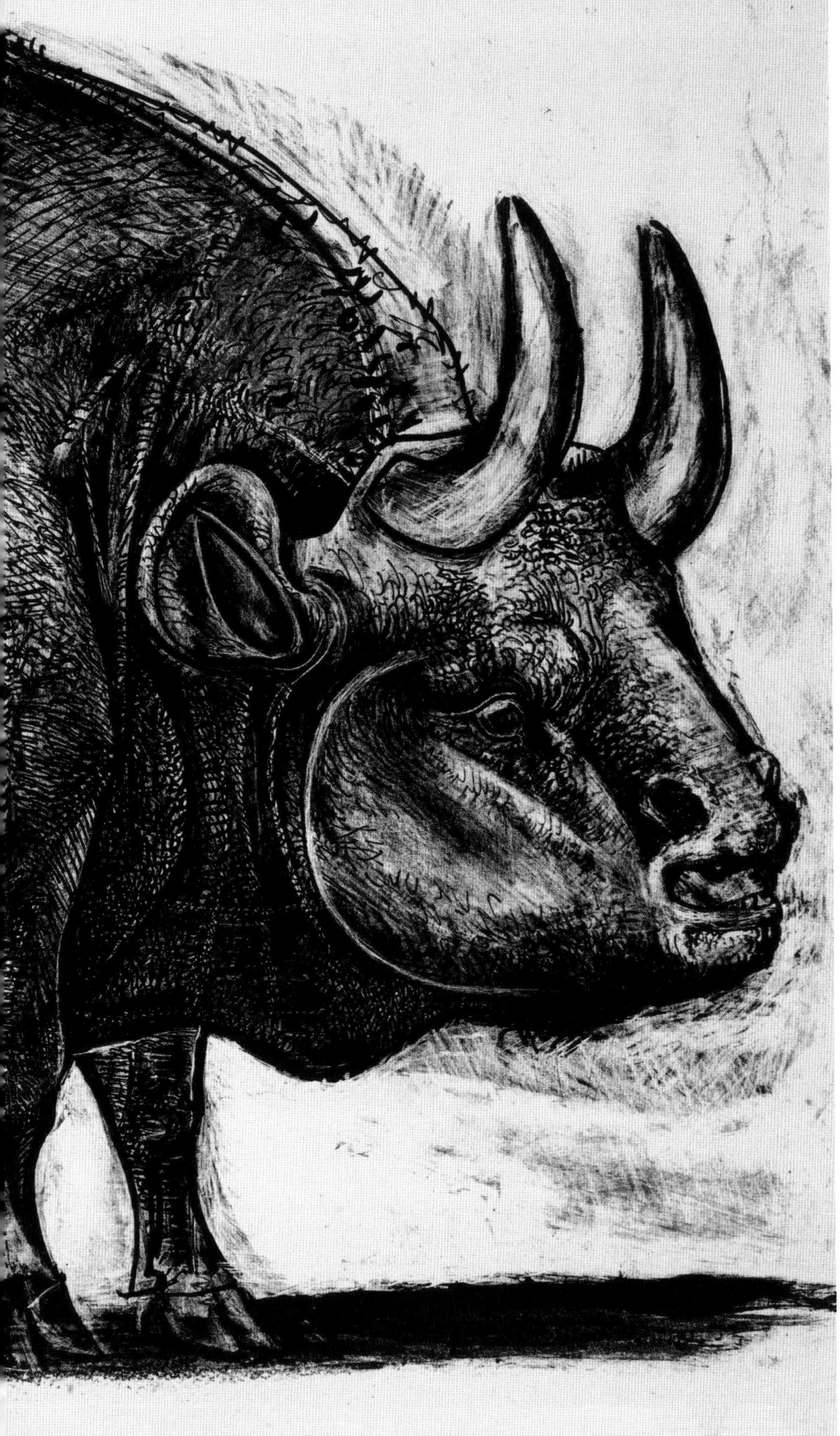

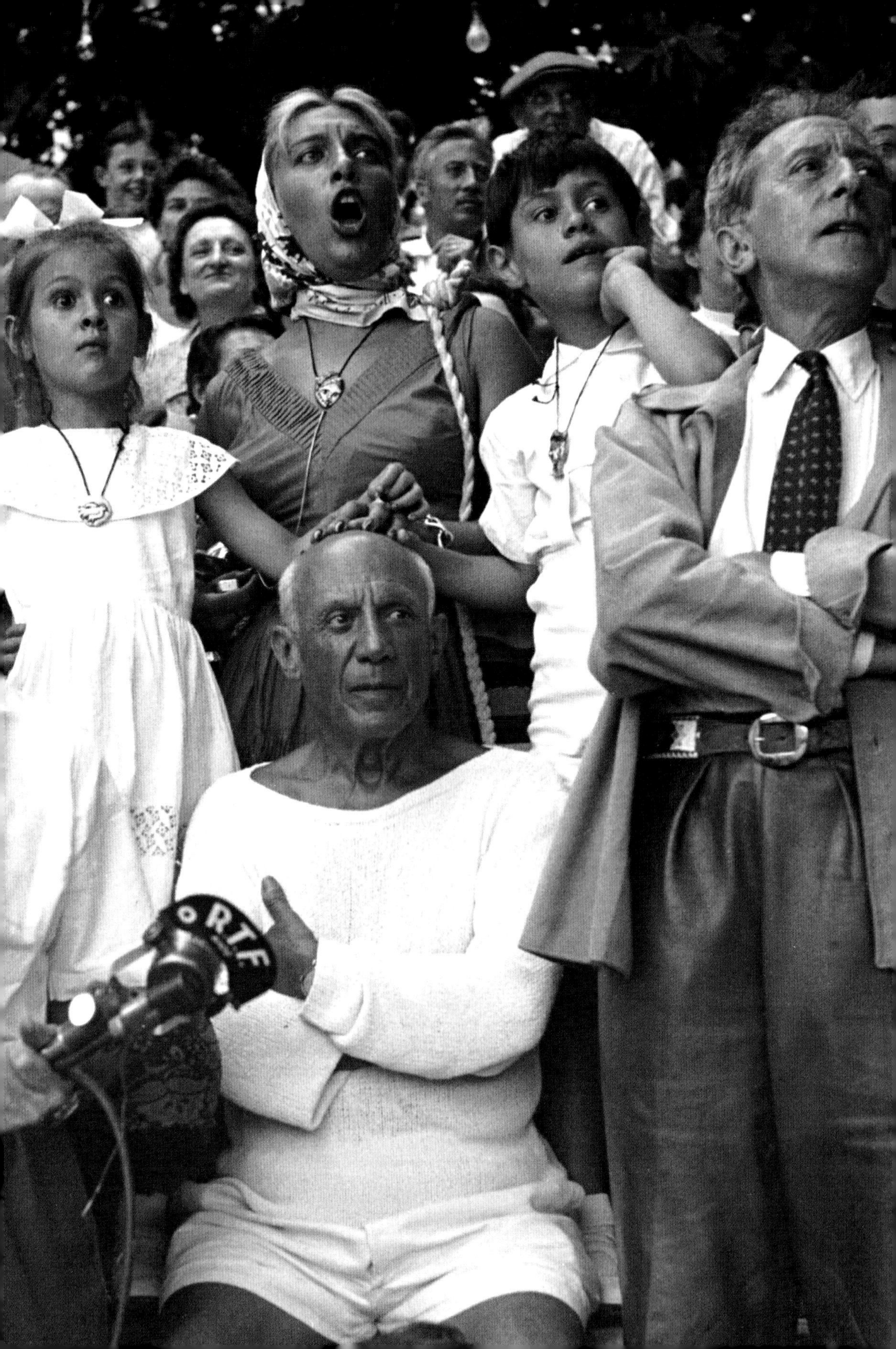
RTF

左：帕洛玛、玛雅、克洛德和他们的父亲毕加索，与让·科克托在一起，在瓦洛里小镇观看斗牛表演，1955 年由爱德华·奎因拍摄。

右：毕加索，他的侄子哈维尔·维拉托（左二）和他的儿子保罗（在后排），1952 年 6 月在阿尔勒的斗牛场。毕加索经常光顾阿尔勒和尼姆的斗牛场观看斗牛表演，这让他想起了家乡西班牙。佛朗哥掌权以后，毕加索决定再也不返回那里。

院，对他而言，就是去死神的候客厅走了一遭。

虽然毕加索年纪大了，也有不可避免的衰老感，但他依然还是精力十足，他掌控了一切。

当恩斯特·贝耶勒向毕加索谈论一个"90 岁，90 件作品"的展览计划时，我的外祖父在他离开之前对他丢出了一句话："我 100 岁的时候，我们会再见，那时要展出我的 100 件雕塑。"

1972 年的秋天，他开始咳嗽，感染了严重的感冒，导致他的支气管炎发作。他不得不随身携带一个人工呼吸器，这个可移动的设备与他形影不离。他甚至不得不在好几个星期内中断了画画，直到圣诞节才感觉好了一些。

于是，他人生中的最后一个春天到来了。

1973 年 4 月 8 日，他的魂魄离开了身体。

而他则走向了永生。他终于战胜了死亡。

6
毕加索 与 永恒
PICASSO ET L'ÉTERNITÉ

"我画画，就像别人写自传一样……未来的人们，会自行选择他们喜欢哪几幅画。"[101]

——巴勃罗·毕加索

"巴勃罗"去世了，然而"毕加索"却得到了永恒，他战胜了时间。

在他去世四十多年后，没有人怀疑他的名字和他的作品还将继续存活无数个世纪。他为了与时间赛跑而努力搏斗，这极大地延长了他的艺术生命，最终，他与人们的集体记忆相互融合，从而获得永生。

在他生命的最后几年，他向他的朋友埃莱娜·帕姆兰透露："在我看来，我终于能够达到某种状态了……我只是刚刚开始而已。"[102]

因此，他需要时间，更多的时间，去完成一幅画，再完成另一幅画。

他的世界就是他的画布。

他全身心地投入画画之中。如今的毕加索，存活在他的作品中，他的名声赋予了他不朽的生命。这样的名声，来自他的努力和执着，以及对艺术永不放弃的探索。就好像他天生带着一项使命，拒绝这个世界的规则，拒绝一切静止的安排，拒绝事物平庸的运作。

什么规则？对毕加索而言，不存在任何的规则。他必须发明属于他自己的语言，来对这个世界进行改写。有的人在毕加索一生的事业中发现了神秘的一面：他有一个使命，迫切想要揭示某种全新的现实。

他体内，仿佛有个弥赛亚的存在。"画家真正的使命，是寻找到事物的天然本性……绘画这项事业充满了智慧，以至于成为了生命本身。"[103]

毕加索对这项事业的大胆与狂妄，令他的同时代人、他的追随者们和即将追随他的人们深深着迷。

我使用"事业"这个词，因为巴勃罗·毕加索从未将他的艺术认为是娱乐或对现实的逃避。

对他来说，画画就是一份事业。

当我的外祖父去世，他的遗产浮出水面时，我们才知道，他的创作像是潜在海中的巨大冰山，而之前仅仅露出一角而已。一旦他所有房子里的全部

后页：1961 年 7 月 13 日，毕加索根据马奈的《草地上的午餐》而创作的画，穆然，布面油彩，60 厘米×73 厘米。

从毕加索早年接受学院派风格的绘画训练开始，一直到他晚年创作的对伟大的艺术家们的致敬作品（塞尚、马奈、德拉克洛瓦、委拉斯开兹、安格尔和戈雅……），他总是与艺术史紧紧联系在一起。

作品都被清点出来，人们发现，这简直是一座宝库，它向全世界揭示了毕加索生前留下的不同时代的数以千计的作品，以一种超越了我们所称之为"混乱"的"秩序"存放着。这些"藏宝洞"为世界彰显了一个非凡天才的存在。

与那些梦想着成为"不朽"的人不同的是，巴勃罗·毕加索从来没有想过要成为一个名人。

曾经流传着一个传说，毕加索还是小孩的时候，有一次，父亲的一个名叫安东尼奥·穆尼奥斯的画家朋友，从罗马回到马拉加。当时毕加索只有 3 岁，那位画家回到马拉加的那天，刚好是国王阿尔方斯十二世拜访马拉加的时间。这座城市装饰着旗帜，欢腾的人群等待国王的通过。安东尼奥刚好和官员乘坐的车队同时到达。小毕加索就以为，这么盛大的仪式是在欢迎这位画家，并且相信成为画家会获得莫大的荣耀。

这仅仅是个传说，并不是真的，我的外祖父并不是那种贪慕虚荣的人。他最需要的是对自我的完成。"实现自我"，这是一种无法抑制的需要，这令他能够忍受贫穷，甚至更糟糕的，让他忍受虚荣。

当他拒绝父亲在巴塞罗那为他安排的命运——成为一名美术老师和肖像画家，他远远不会想到，我们今天所了解的"艺术市场"将会使他成为举世瞩目的名人。

在十九世纪末，艺术市场并不存在，尤其是在西班牙更是这样……1880 到 1900 年在伊比利亚半岛的艺术世界里，是艺术学院和救济院颁发给他们认为"优秀"的艺术家荣誉证书，离开这个机构，就根本不会有任何的恩典。很少有艺术家敢于偏离这个系统，没有人真的想过发财，他们要靠一些沙龙和资助人才能过活。

印象派是一种新的艺术形式的先驱，是一种新的经济，当然也是一种新的成名方式。库尔贝、马奈和雷诺阿成为新的参照榜样。商人保罗·丢朗-吕厄是他们的良师益友，是他为他们建立了收藏家和评论家的网络。于是，金钱和名望接踵而至。在十九世纪末，大型画廊主宰了整个艺术圈。

而二十世纪，则是艺术家说了算的时代。毕加索，感觉到了世界正在变化。从十九世纪到二十世纪的转变，让人们精神亢奋：一定会发生一些事情。毕加索正是作为一个冒险家，前往巴黎这个最有前途的城市，开始了他的穷

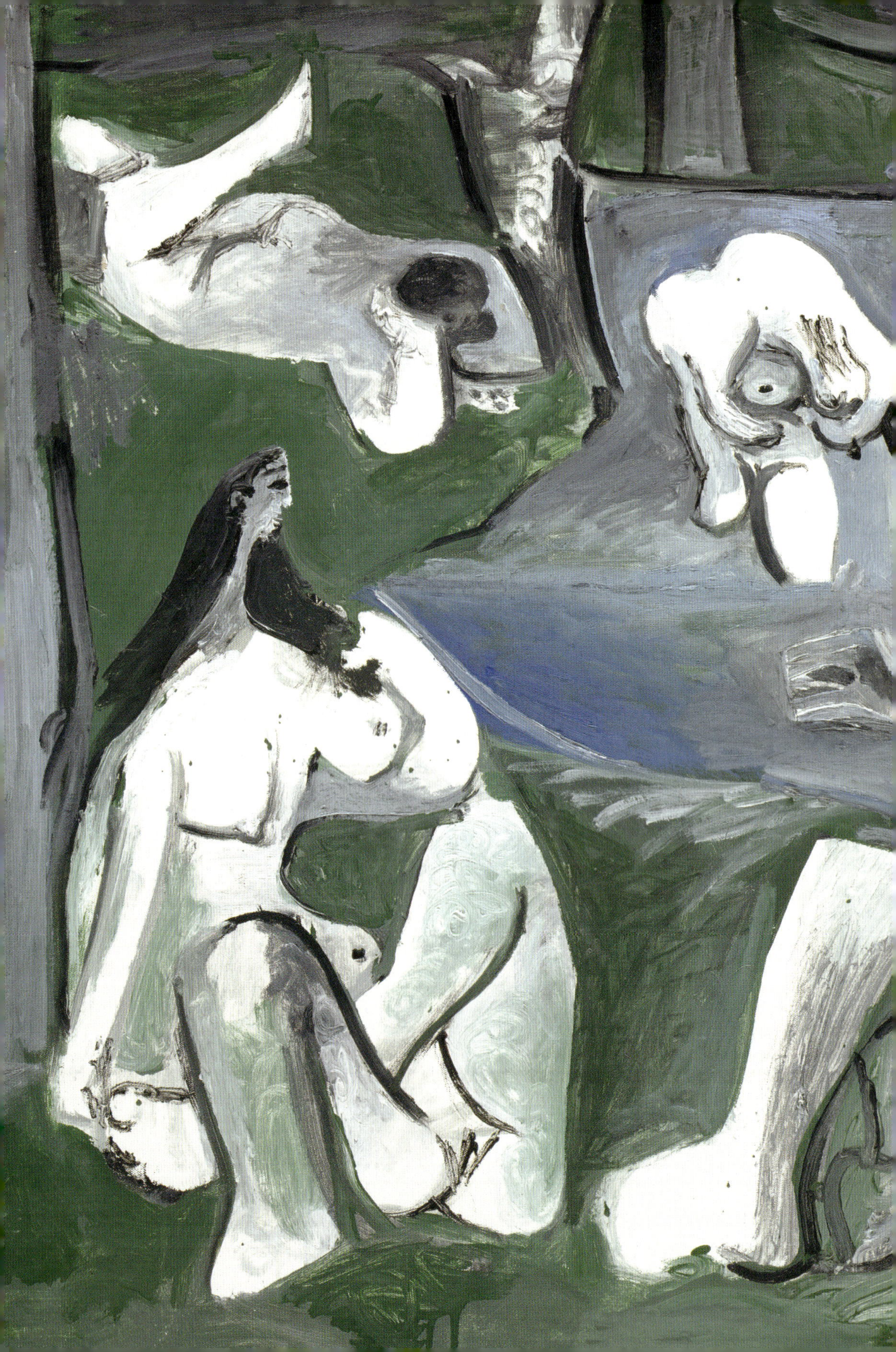

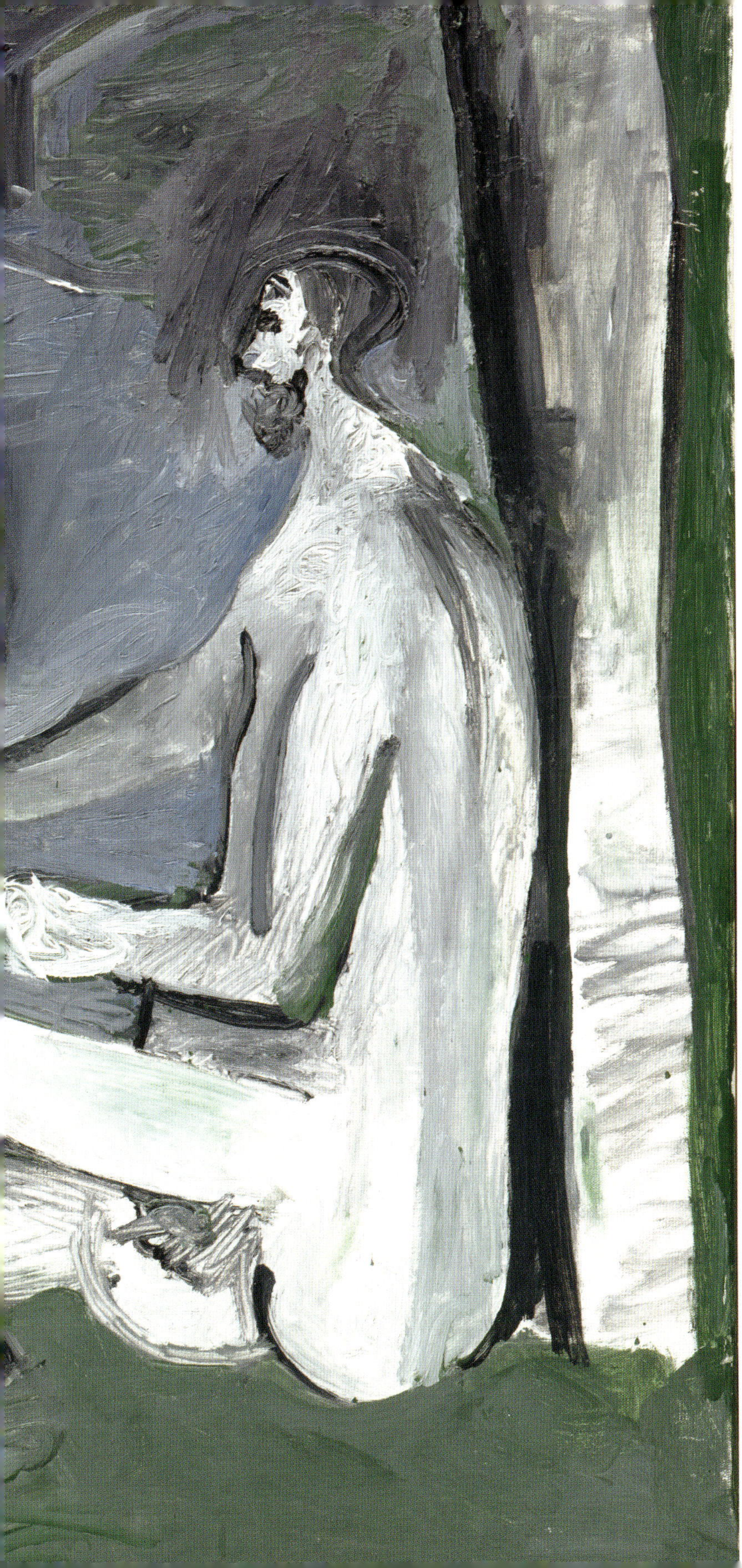

困但充满希望的艺术家生活。

他明白，他的第一次成功是在一种不妥协的方式下获得的，这为他打造了在艺术界的声誉。但是他那时仅仅在一个艺术的小圈子中、在一些画家和商人中有点名气。

接下来，他迎来了以技术进步为特征的世纪大动荡，新闻、广播和电视的出现，改变了整个世界。一个表演型的社会诞生了。直到 1945 年，毕加索依然可以在街上散步，在圣日耳曼德佩的花神咖啡馆的露台上喝一杯酒，而不被人认出。但在巴黎解放后，他不会再这样无忧无虑了，他变成了一个世界名人。

当然，自二十世纪三十年代初以来，许多人既不知道他的名字，也不了解他的作品，直到他在美国开始扬名，但那时大家还不熟悉他的长相。

在没上年纪之前，谨慎的毕加索不会用各种方式冒险地滥用自己的名誉（1945 年他 64 岁），并能够对自己的处境进行充分地控制。那个时候，还没有像今天一样的 20 岁就全球爆红的流行明星或者缺乏深度的空洞偶像。毕加索性格中的成熟，让他将个人性格与媒体在一夕之间赋予他的名气结合起来。他并不依靠媒体，没有任何的炒作或谋划。但他天生就懂得如何吸引媒体，也就是说，他自然而然地"发现了"如何去"自我推销"的技巧，而其他艺术家对此还摸不清门道。

他为后来的通过媒体展示自己的伟大艺术家们开辟了道路，如达利、安迪·沃霍尔、杰夫·昆斯、达明安·赫斯特和其他许多人。

他对自己的名气有怎样的意识？以及他是什么时候意识到自己出名了的？我在书中曾经讲述过，在巴黎解放的时候，许多美国大兵争先恐后地去看望他。那个时候，他和我的外祖母玛丽-德蕾莎以及他们的女儿玛雅在圣路易的亨利四世大道上居住。巴黎刚刚获得解放，那些路障被突破，纳粹的狙击手被捉或被杀，美国大兵的脚步踏上巴黎的街头，他们手中握有一份巴黎名胜的参观名单，其中重要的一项，就是去拜访毕加索！一份报告中说，当时还是士兵的马龙·白兰度，跟其他人一样，也去拜访了我的外祖父。欧内斯特·海明威没有在大奥古斯丁街的画室中找到毕加索，就给他留了一个手榴弹壳作为纪念。

正是在这个关键的时刻，毕加索在世界知名人士中占据了独一无二的位

后页：毕加索在纪录片《毕加索的秘密》的拍摄中，安德烈·维莱摄于 1955 年。

置，媒体经常报道他的各种新闻。以前的毕加索，总是知道如何保护好他的秘密小世界，而如今，他的那些幸福与悲伤，都袒露在了大众的面前。毕加索的生活包含了所有受公众欢迎的成分：恋爱、女人、孩子、荣耀、财富、原创性，以及他身上的那些带有贬义的"魅力"和"诱惑"。此外，还有他那些超乎常人的品质：创造力，灵感，撩拨、激发情绪的能力，以及能够将任何东西"化腐朽为神奇"的才华。

我们不能认为他滥用了自己的才华。他的创作，即使是仅仅在几秒钟内画出的四条线，也不应该视作他的收入来源。对毕加索来讲，创作是一项使命，而不是赚钱的方式。否则的话，他不会将他将近一半的作品都藏在家中不肯出卖了。他已经不需要为了生活而画画，反而，他活下去的理由，是能够继续不断地画画。

他必须通过艺术创作完成对自我的实现,他要加速创作,比时间更快……直到时间将他追上。

与此同时，他也知道如何巧妙地保持他的知名度和受欢迎的程度。

如何才能成名？首先，需要一个朗朗上口的名字，很容易被媒体记住，也能很快被公众记住。然后，制造一些冲突。最后，还要精心打磨自己的形象。无疑，毕加索很讨人喜欢！他按照自己想要的方式生活。他就是一个著名的成功范例。他是灰色的无趣世界中的一抹亮色。

他积极地参与政治，是一个革命者，打破了艺术上的固有观念和惯例。

谁能想象得出来，这个战后在沙滩上携全家度假的成熟男人，他的身上有那么多的能量和精力，还如此地热衷于恶作剧！我的外祖父，在自己不知情的情况下，成为了一位伟大的"沟通者"。他有着很强的本能，知道如何配合摄影师，做出他们想要的动作，成为人们欣赏的焦点。罗伯特·杜瓦诺拍摄到了他与两个小面包的画面，安德烈·维莱拍摄到了他与一把枪和一顶牛仔帽，罗伯特·卡帕拍摄到了他举着阳伞，吕西安·克雷格拍摄到了他正在喊着加油，爱德华·奎因拍摄到了他戴着神职人员的帽子、穿着斗篷、戴着红鼻子，还有那件他总是穿着的海军套头衫。

他教给人们：沟通的精髓，就是传递本质，并搭配使用一些小道具。那些相片中被拍摄的瞬间，好像被施了神奇的魔法，成为了永恒。

毕加索不喜欢自己的声音，他害怕讲法语的时候出现语言错误。他深受

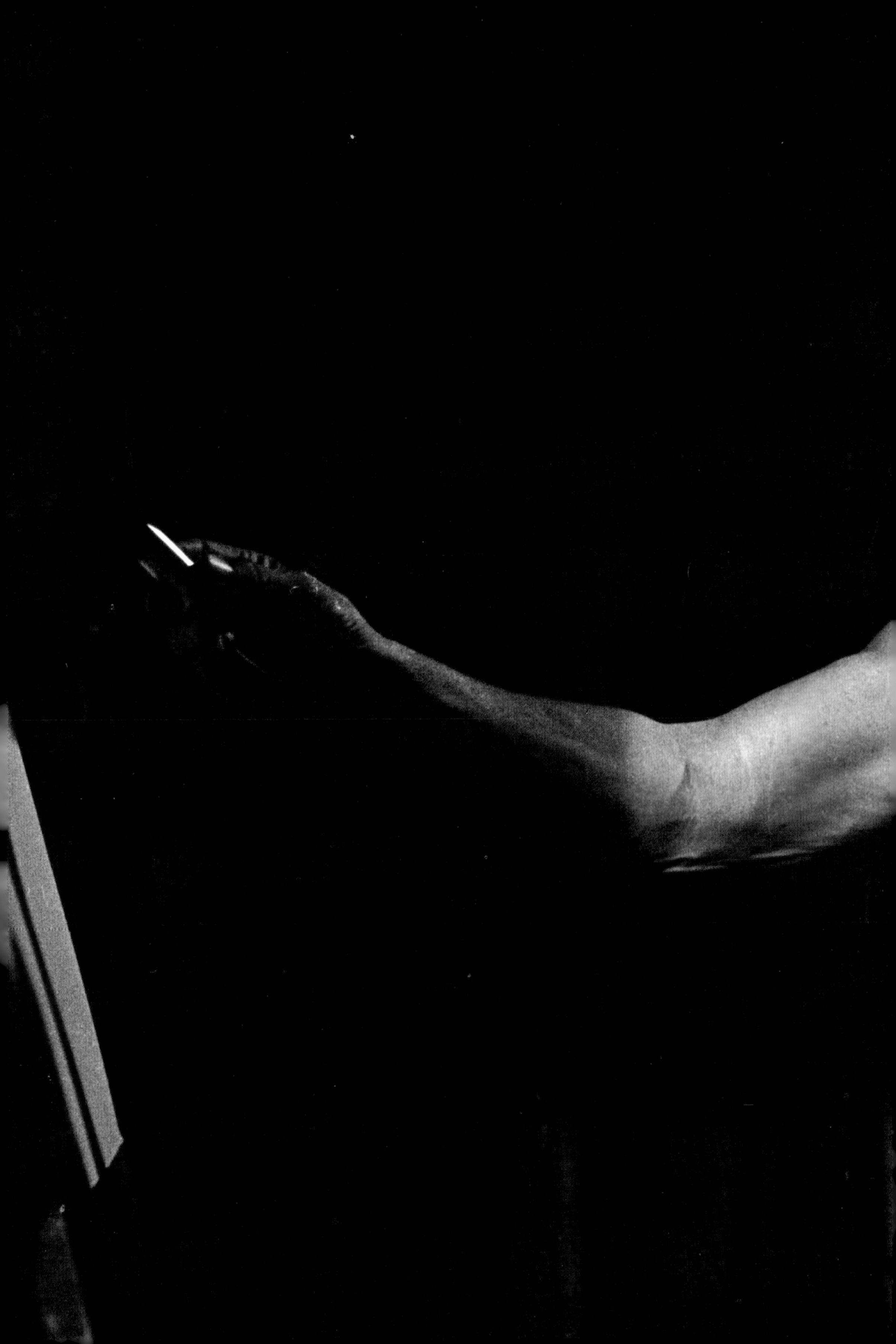

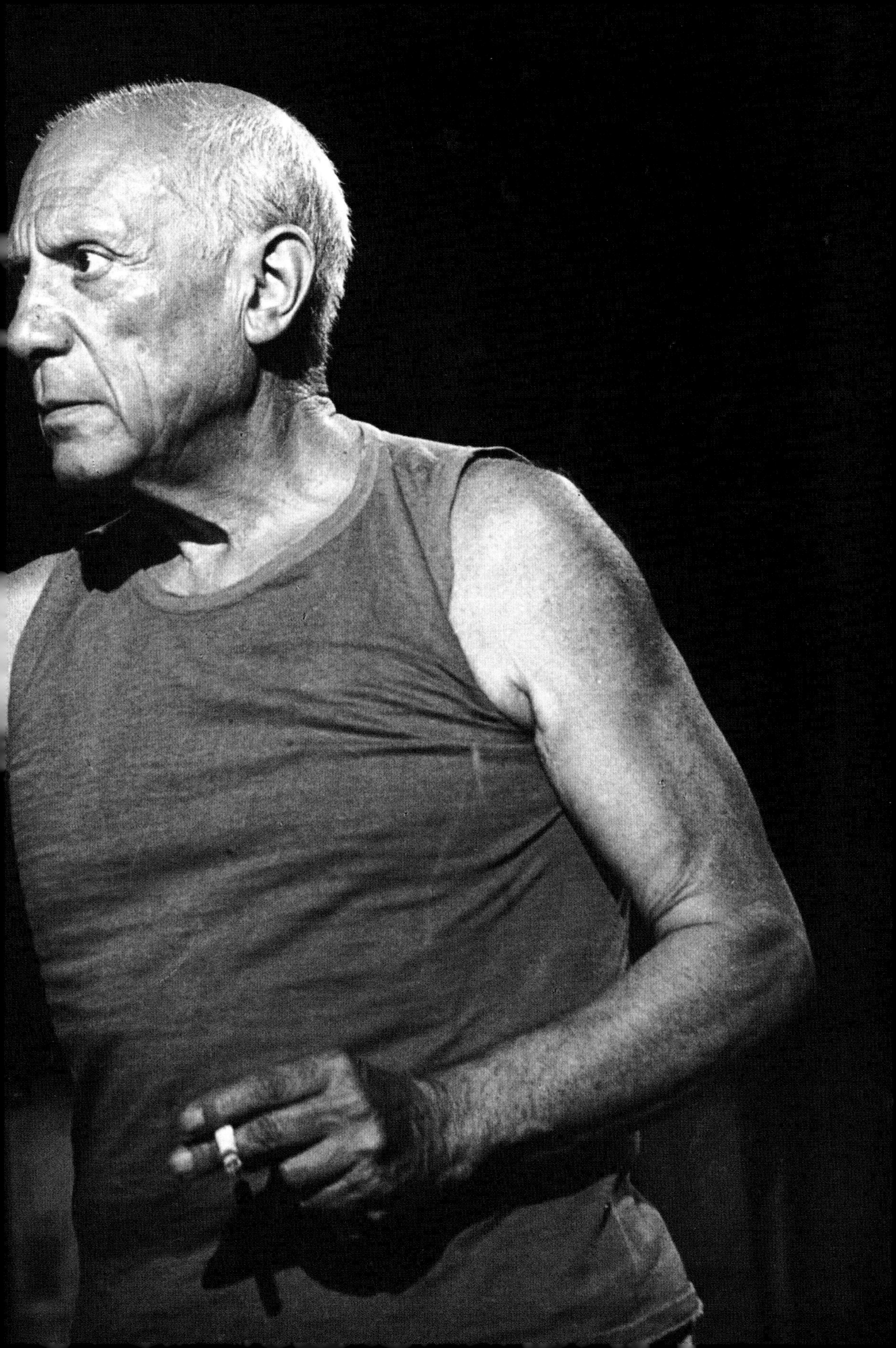

人们加诸于他身上的言论所苦，也害怕他讲出的话遭到误解和过分解读。

皮埃尔·戴说："他喜欢玩笑、幽默或类似的东西。"但是，这种喜欢恶作剧的性格，总是被夸大、被炒作、被误读。这让有关他的各种八卦甚嚣尘上，他讨厌外界流传的关于他的各种传闻逸事，无论是在政治上还是在个人生活上。他对自己的口音也非常不自信，在麦克风前，他处于自卑的状态。"

虽然不喜欢自己的声音，但是他还是去拍了电影，几乎没有台词，不用出声的电影！1950年，他在保罗·海瑟特的镜头下，在透明的玻璃上画了一幅画，但没有人真正了解画中的内容。1953年，在卢西亚诺·埃默拍摄的纪录片中，毕加索静默地活跃着，时不时向摄像机投去一个恶作剧的眼神。同时，他在瓦洛里小镇的一座小教堂的穹顶上绘制了著名的《战争与和平》。在位于福尔纳的画室中的一个大房间的地上，他创作了一个雕塑作品，这件作品是由几件回收来的不规则形状的物体排列而成的，组成了一个令人迷惑的形状，只有他了解其中的要义。福尔纳的画室，我太了解它了，因为我的青少年时期就是在这里度过的，后来它成为了我妈妈继承的遗产，她令这里的一切保持了原貌。然后，1955年，亨利-乔治·克鲁佐拍摄了著名的纪录片《毕加索的秘密》，他自认为能够揭露一些毕加索的秘密，然而毕加索却掌控了镜头的主导权，令这部纪录片什么"秘密"都没能揭露，甚至让自己天才的神秘色彩和魔法光环更加浓重了。这是毕加索的才华所在。克鲁佐的纪录片获得了1956年戛纳电影节的评委会大奖，随后于1959年获得了威尼斯电影节的最佳纪录片奖。

我认为，如果我的外祖父晚生几年，在七十年代电视真正迅速发展的时

路易斯·米格尔·多明金、毕加索、让·科克托、谢尔盖·里法尔、杰奎琳和鲁西亚·博斯在拍摄《奥菲斯的遗嘱》，1959 年由吕西安·克雷格拍摄。

代，他会"迅速找到"如何使用这个媒体的方法。六十年代末他在比利时电视台接受的唯一一次采访是以一种出乎意料的方式进行的，但他在采访中说的几句话的确非常准确、令人着迷，我在电影《毕加索》的开场白中使用了这些话，这部电影是我与于格·南希导演一起创作的一份毕加索的生活记录，于 2014 年制作完成。如今，随着技术的突破，网络虚拟现实高速发展，如果毕加索活到现在的话，那将是另外一番光景。如今在网上输入"毕加索"的名字，能搜索到上亿个答案！

毕加索这个伟大的"沟通者"的秘诀是，做到极致，保持神秘。

在他生命即将结束的时候，当他开始计算自己还有多少年可以活时，他拒绝了一切外界的访问。这个决定是他自己做出的，但是杰奎琳要为他在人生最后阶段的与世隔绝负责。通过避不见人，毕加索保持着自己的声望，而承受外界怨恨的那个人却是杰奎琳。

然而，我的所有采访对象都向我保证，杰奎琳在此事上是无辜的，她并不是刻意独占毕加索，她只不过太完美地执行了丈夫的命令。不管她在处理毕加索的事务上有着怎样的权威，她都是在忠实地执行着毕加索的决定和命令。毕加索想要安静，而杰奎琳保证他不受任何人打扰，就是这样。

然而，毕加索不能忽视一个事实，他的作品享有巨大的知名度，并且越来越受到欢迎。当然，是专业人士、收藏家、画廊经营者发现了毕加索，赞美他，向他做出承诺和保证，但与此同时，他自然而然地走出了艺术的小圈子，进入了大众的视野。正如他宣称自己是人民中的一员、人民的同胞一样，他是一个大众的人，他与公众非常靠近。在这种大众的支持下，他没有被困在"专业人士"的框框中，这对一个艺术家来说是种罕见的现象。他已经不受艺术市场的行情表的控制，因为他的作品的每次销售，都会创下新纪录。

我的母亲曾听到他说："不管人们说好还是说坏，至少他们在谈论！"

必须明白，这只适用于别人谈论他的创作，而不是八卦新闻。这些八卦包括：家庭琐事、政治轶事。名人到丑闻主角之间的距离只有一步。在漫不经心的态度的掩护下，我的外祖父恰如其分地在公众面前展现，他知道这样会有助于塑造属于他的传奇。

出于几乎是生理性的需要，他创作了《阿维尼翁的少女》。尽管一开始受到了讽刺，甚至有些讽刺来自他的朋友，他仍然坚持自己的艺术姿态，并赢得了最终胜利。

他是现代艺术的发明者，他缔造了现代艺术中的毁灭的特性。《阿维尼翁的少女》算是他人生中的第一件"丑闻"。

时间的流逝迫使他对更多令人震惊和必要的艺术"丑闻"进行探索。然而，除了艺术之外，我们知道他对被曝光隐私是多么的憎恶，那些私生活的八卦对他来说没有任何的价值。

我认为，在毕加索这里，有一个独一无二的特点，即他作为一个男人的生活，以及作为一个艺术家的生活，错综复杂、难解难分地混了一起。但如果人们将他的这两种生活区分对待，就会崇拜作为艺术家的他，并且诋毁作为男人的他。譬如有一本名叫《毕加索，创造者与毁灭者》的书，这是一部完全虚构的传记，没有什么意义。

在毕加索这里，艺术家的生活和男人的生活之间并没有任何区别。难道他能在没有感受到奥尔加或玛丽-德蕾莎肉体的温柔和宁静的情况下，就绘制出她们美妙的肖像吗？如果他没有经历妻子奥尔加的愤怒和情人玛丽-德蕾莎的庇护，他能够描绘出画布上的纠结与对抗吗？另一方面，朵拉·玛尔给予了他莫大的智识上的启发，他们的关系既有迷人的表象，也有折磨却刺激的内在精神。蓝色海岸和弗朗索瓦斯难道不是他的作品《生活之乐》的现实体现吗？如果没有成为保罗、玛雅、克洛德或帕洛玛的父亲，他能在作品中如此精准地描绘出童真的神韵吗？

毕加索痛苦地忍受了别人对他隐私权的侵犯。相反，他是否能够禁止身边的人谈论关于他的记忆、在讲话中引用他的轶事呢？他们毕竟一起度过了如此多的重要时刻，分享过如此多难忘的记忆。我认为，这一切都取决于那个讲述者与他的关系。这些关系是真实存在的，还是并不存在的；是忠于事实，还是胡编乱造。

他在二十世纪初的伴侣费尔南德曾经写了一本关于毕加索的书[104]，书中提到了两人的许多往事。这令毕加索恼怒异常，曾经想要阻止此书的出版，但无济于事。当我浏览这本书时，我发现它其实并不太能打动读者，书中都是一些微不足道、无关痛痒的回忆。但是，对我外祖父来说，这是不能接受的。之后弗朗索瓦斯·吉罗撰写的书籍《与毕加索一起生活》[105]的出版，也同样大大激怒了毕加索。他坚持要上诉至法国法院，要求禁止这本几个月前在美国出版的书，尽管罗兰·杜马斯建议他不要这么做。

毕加索的上诉申请最终被驳回。在我看来，这本书在我们家庭内部真正地变成了一个禁忌，一件绝对禁止提起的事情。

当我长大之后，我谨慎而小心地翻阅过这本书，想要从中找到一些答案。然而，我最终认为，这本书并没有写什么过分的内容，围绕它产生的争议其实是无谓的，毕加索因为这本书的出版而发起的甚嚣尘上的论战，其实是反应过度了。杜马斯当时对他的阻止是对的。

因为闹得沸沸扬扬，这本书在当时的销量出乎意料的好。倒霉的毕加索为这本他厌恶至极的书做了很好的宣传，又一次将自己的丑闻暴露在大众面前。

不幸的是，毕加索与弗朗索瓦斯的孩子克洛德和帕洛玛，成为了这场事件的无辜受害者。闹得这么严重，其实本无必要。产生这么多痛苦，也完全没有必要……在生命的最后时刻，我的外祖父很为他的名声所苦。自1954年以来，由于冷战和媒体对于他曾参加过共产党的过度报道，他接受采访的次数越来越少。不过，他每年都接待一个法国共产党派来的代表团，并收到该党派颁发的战斗证书。他始终坚持缴纳党费，并将这些证书好生保存。他坚持不懈地从事他的事业，绘画、构图，持续创作出受欢迎的作品。

这次从公众面前的撤退，刚好是他与杰奎琳新生活的开始。这一情况越来越明显。从1965年起，他几乎不再出门，他年事已高，更重要的是，自从弗朗索瓦斯著书的丑闻发生以来，他一直是记者和摄影师们的猎物。任何偷拍到的毕加索的照片，对于全世界的编辑来说，都是一个莫大的福音。在毕加索居住的"生活圣母院"前，看热闹的人和记者络绎不绝。

在他生命最后几年的照片中，我们可以看到他的身体是如何恶化的。他的面部没有怎么变，但瘦了很多，脸上的皱纹很深，左脸上还有一个面积很大的老年斑。从吕西安·克雷格拍摄的许多照片中，我们可以猜测出，他已经不再是那个年轻的毕加索，很多时候，他只是在旁观，并不参与其中。

他当时的整个身心都集中在他生命的本源，即艺术创作上。他完全脱离了物质上的所有制约，他对身边的人的要求，就是能够带给他额外的刺激与

《玛丽-德蕾莎与花冠》(Marie-Thérèse à la couronne de fleurs)，1937年2月6日，布面油彩，62厘米×46厘米，私人收藏。

灵感。他最后日子里的那些密友，如埃莱娜·帕姆兰和她的丈夫、画家爱德华·比农，以及记者乔治·达帕洛、泽特和米歇尔·赖瑞斯，在他们之间，毕加索常常燃起争论的火花，这刺激了他的精神，给他带来许多灵感。人们能做的，就是跟毕加索谈论他感兴趣的话题，因为他们早就知道，毕加索不喜欢对无聊的话题进行没有意义的对话。对他而言，无聊，就是死亡。毕加索和这些朋友进行着真正的智性的交流。

毕加索的与世长辞，在全世界的媒体上掀起了浪潮。各个杂志分别出版特刊和专辑来纪念他，介绍他特殊的艺术旅程，揭开他生活的神秘面纱。玛雅、克洛德和帕洛玛与毕加索的认亲程序，在他们父亲去世之后不久就满怀悲伤地展开了，一切都是公开的。

全世界都在谈论这位"二十世纪独有的画家"的溘然长逝，许多人表达了对他的敬佩和爱戴。甚至毕加索的宿敌——佛朗哥统治下的西班牙电视台，也简要地宣布了"伟大的西班牙画家巴勃罗·鲁伊斯·毕加索"的去世。《真理报》仅在内页，用了18个单词，简要地报道了塔斯社的短讯，宣布了这位"世界知名的西班牙画家"的去世。只有苏联电视台骄傲地说他是共产主义者。

与此同时，谣言之门洞开，各种各样的毁谤，甚至是那些最恶毒的，都纷至沓来。但是毕加索本身的传奇，始终在保护着他本人的声誉。他好像一个光芒四射的太阳。如今的世界，安迪·沃霍尔曾经说过的那句"在未来，每个人都能成名十五分钟"成为了现实，在这个注重形象的文化中，在"知名度"比实际做的事情更加重要的时代，一则广告这样说："毕加索，时代的宠儿。"

然而毕加索的成功，并不是时代带给他的好运。他通过自己的艺术创作，将自己也变成了一件艺术作品。

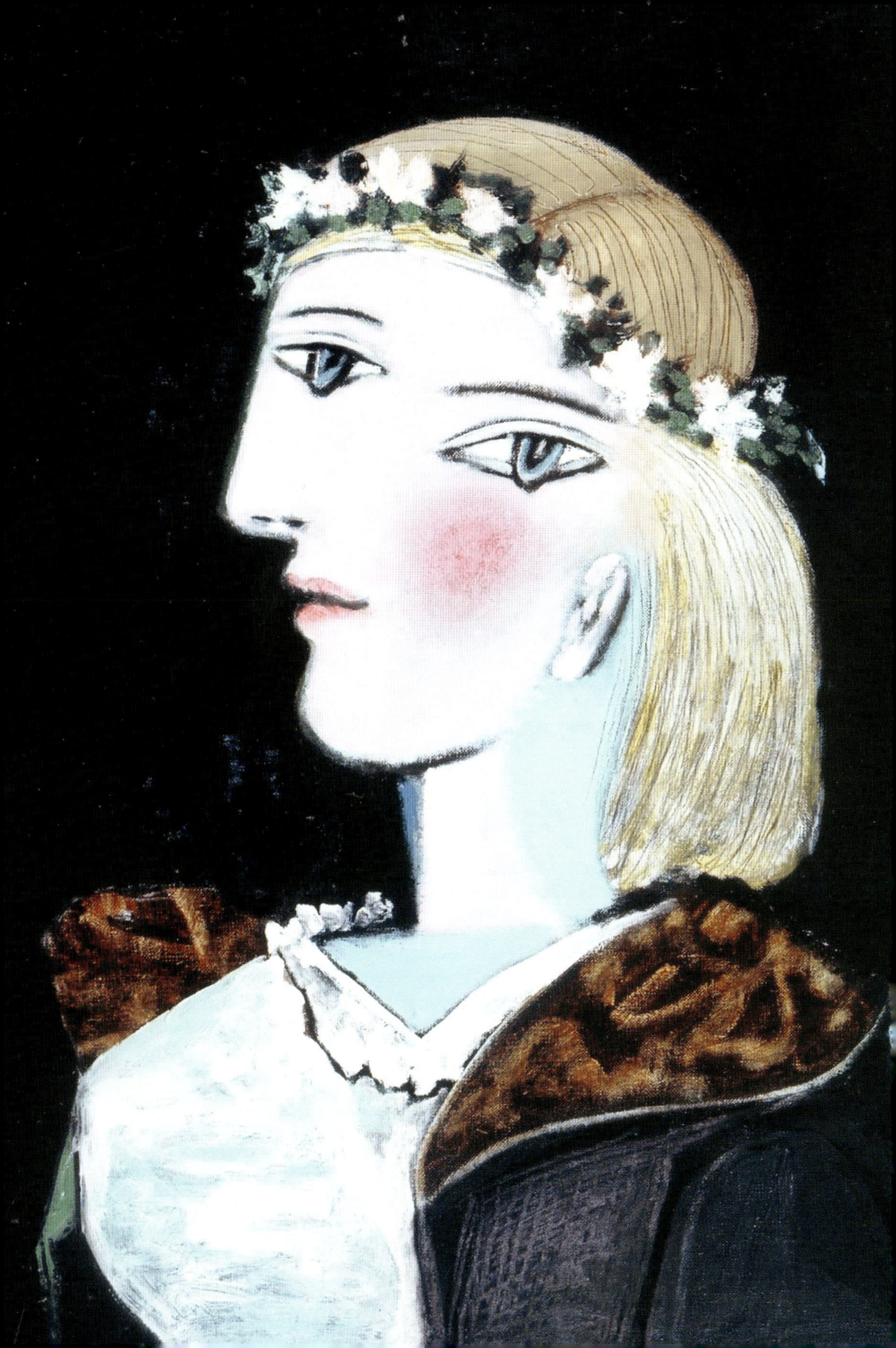

名字

  我的外祖父毕加索决定用他喜欢的名字为自己命名。根据西班牙的传统和法律，孩子的姓氏由父亲姓氏的一部分和母亲姓氏的一部分组成。

  在这种情况下，父亲唐·何塞和母亲唐娜·玛莉亚·毕加索·洛佩兹生下了巴勃罗·鲁伊斯·Y·毕加索，后来就是巴勃罗·鲁伊斯·毕加索。

  应该指出，毕加索（*Picasso*）拼写中的双写 *s* 是西班牙名词中罕见的

《朵拉·玛尔与绿色指甲》（*Dora Maar avec les ongles verts*），1936 年，布面油彩，65 厘米 ×54 厘米，伯格鲁恩博物馆，柏林。

2013 年，于 1996 年开办的伯格鲁恩博物馆进行扩建，馆内藏有 69 件巴勃罗·毕加索的作品。这是一个毕加索作品的新的收藏地，主要收藏了毕加索的代理商海因茨·贝格鲁恩的藏品，这些作品是由画商的后代尼古拉斯和奥利维耶捐赠的。

拼写。而我的外祖父选择了他母亲的唯一姓氏，作为他的作品的署名。这是不是因为"鲁伊斯"是一个普遍存在的名称，而"毕加索"却比"鲁伊斯"更独特呢？这是很有可能的。

很快，人们就记住了"毕加索"这个独一无二的名称。这个名字听起来不错，它极具原创精神。毕加索认为，"鲁伊斯"从发音上来说，不是很悦耳，但他觉得，*Picasso* 和其拼写中的双写 s 更奇怪、更响亮。他告诉布拉塞："你有没有注意到，马蒂斯（*Matisse*）、普桑（*Poussin*）、卢梭（*Rousseau*）的名字中都有双写的 s？"

他的朋友杰米·萨巴特在西班牙第一次见到他时就立即称呼他为"毕加索"。格特鲁德·斯坦也觉得这个名字非常有趣。布拉克只称呼他为"毕加索"，而不是"巴勃罗"。

尽管毕加索很爱他的母亲唐娜·玛莉亚·毕加索，但是我并不认为是"恋母情节"导致毕加索将自己父亲的姓氏删除。对于他的父亲，毕加索一直毕恭毕敬，并且在多幅作品中绘制出了父亲的样貌，他说，当他想要表现一个真正的男人的样子的时候，他总会想到父亲。

此外，他还写信给母亲，以确保父亲不会误解他将"毕加索"选为自己姓氏的决定，并请她向父亲转达他的保证，他对父亲的爱和尊敬永不会变。

在法律上，他从不觉得改名字会有什么问题。法律是法律，生活是生活。他的正式文件是以巴勃罗·鲁伊斯·毕加索的署名签发的，但从他的职业生涯开始，他的作品在被创作完成、离开画室之后，只署名为"毕加索"。

从某种意义上说，他是法国姓氏改革的先行者，而这项改革直到 2001 年才投票决定生效，从此改变了法国的以父系姓氏命名的惯例。自该法颁布以来，子女可以冠父亲的姓氏，也可以冠母亲的姓氏，也可以按父母双方姓氏的顺序来取自己的姓氏。法律规定了姓氏的多种情况，包括对法律生效之前出生的儿童也有效力。

自 1972 年关于亲子关系认定的改革以来，非婚生子女按照率先承认他们亲子关系的父母一方的姓氏来取名（即使父亲或母亲在怀孕或分娩时与其他人保持结婚状态）。具有讽刺意味的是，非婚生子女意外地可以根据父母的选择来决定自己的姓氏，而直至 2001 年，合法的婚生子女却只能冠以父亲的姓氏。

我的情况是非典型的。在我上学的时候，我唯一的姓氏来自我的父亲，叫作维德迈尔，这是一个来自贝尔福地区的姓氏。但从 1973 年起，我在中学里被人发现是毕加索的外孙，并被贴上了"毕加索外孙"的标签。这给了我一个双重的身份，而我毫不费力地将二者结合在一起。1985 年 12 月 23 日颁布的《姓氏法》使我得以正式确定我与父亲和母亲的双重归属关系，我的名字变成了奥利维耶·维德迈尔·鲁伊斯·毕加索。在生活中，我有时被叫作维德迈尔，有时被叫作毕加索。

关于名字的曲折典故，迎来了尾声。2003 年初，法国总理让 - 皮埃尔·拉法兰根据司法部长的提议，决定将我们惯用的著名姓氏"毕加索"，正式用于我兄弟理查德、妹妹戴安娜和我本人的家族姓氏。今天，在法国，每一个孩子都可以用父亲或母亲的姓氏命名，或者按照父姓在前或母姓在前的顺序，将父母的姓氏连用。

然而，在这一时刻到来之前，以及在新法律得到人们的认同之前，许多人对我们家庭使用"毕加索"这个我母亲的姓氏感到惊讶。这其实没什么奇怪的，巴勃罗·毕加索用他母亲的姓氏命名；我用我母亲的姓氏命名；玛丽娜的孩子盖尔和弗洛尔只用母亲的姓氏命名，而不使用父亲勒内医生的姓氏。

属于"毕加索"家族的人，从来不会隐匿这个姓氏。面对这样一个姓氏的力量，接受它的好处也意味着要承担它的责任。我尊重所有这一切，这就是属于我的权利和义务。

对于一般人来说，长辈过世，哀悼期过去之后，长辈的影响就会在现实

"在我工作的时候，我将我的身体留在了画室门口，就像穆斯林在进入清真寺之前要脱鞋子一样。在这种状态下，身体以纯植物的方式存在，这就是为什么我们这些画家通常可以活得这么久。"

生活中渐渐地消失了。世代之间的交替就这样完成了。而对于我们家族，情况则是特殊的，毕加索的影响依然在持续。无论我们每个人的努力和成就如何，毕加索的存在及其形象，仍然标志了我们的命运，我们无法摆脱这一点。艺术家永恒不灭的荣耀，给他一代又一代的后人带来相同的困境。与毕加索一起生活，通过毕加索而生活，没有毕加索的生活。

当你备受媒体关注，仅仅只因为你是名人的后代之一，又怎么能不保持谦虚呢？

毕加索因为辛勤创作、爱好收藏，才留给我们如此丰富的遗产，我们要如何去庆幸和开心呢？

巴勃罗·毕加索如今长眠于圣维克多山脚下的沃韦纳尔盖城堡，面对着地中海的阳光，这与他在南方出生的身份完全吻合。他的作品在世界各地展出，特别是在许多博物馆里展出，让数百万的游客一饱眼福。

其中，巴黎的毕加索国家博物馆占据了一个特殊的位置。

在这里，保留了毕加索一生中所有时期、所有主题和技巧的完整作品脉络，这也是毕加索为这些作品赋予的命运。这座建筑物曾是巴黎最漂亮的酒店之一，拥有雄伟的设计、优雅的风格、广阔的面积。这座曾经的"盐酒店"将毕加索作为它最后一个真正的住客。这位叫作毕加索的客人，在二十一世纪依然活跃着，并且会一直活下去。

"神圣的魔鬼！" [106]

在我即将写完这本记录我外祖父一生的书的时候，我发现有一点我没有提到，而这一点却在毕加索的形象上有很大的体现：他是一个"操纵者"。

首先，他是否利用了自己的魅力，"操纵"了他的每一段爱情？作为艺术家，他是否"操纵"了艺术市场？最终的问题是，他是否"操纵"了大众呢？

其实，这样的说法，与现实相去甚远。

我们是否还记得，他是在一穷二白的状况下来到巴黎的，并且在贫困线上挣扎了很久。

经过了很长的时间，他的天空才开始转晴。

他是否勾引了费尔南德和艾娃？他是否因为有钱有名才娶到了奥尔加？

《年轻的画家》（*Le Jeune Peintre*），1972 年 4 月 14 日，穆然，布面油彩，130 厘米 ×162 厘米，巴黎毕加索博物馆。

这是毕加索在去世的前一年创作完成的画作，也是毕加索画的最后一幅自画像。这好像是一个隐喻，象征了毕加索逝去青春的梦境，在这样的梦里，一切皆有可能。

我的外祖母玛丽 - 德蕾莎遇见他的时候，甚至不知道毕加索是谁！

如果说他向费尔南德隐瞒了与玛德莱娜的关系，那是因为那时他与费尔南德还没有正式确定恋爱关系！在与奥尔加的婚姻中，他与玛丽 - 德蕾莎相遇，他向奥尔加隐瞒了玛丽 - 德蕾莎的存在，这是不是他欺骗和利用了奥尔加呢？不，刚好相反。那时的他与奥尔加的感情已经破裂，而西班牙的法律禁止他与奥尔加离婚，因此，他向奥尔加隐瞒玛丽 - 德蕾莎的存在，是为了保护这段婚姻，以及他们的儿子保罗。

那他是否欺骗了玛丽 - 德蕾莎和朵拉呢？他从未向她们隐瞒自己的已婚身份，当他一获自由身，就向玛丽 - 德蕾莎求婚，而那时的玛丽已经不想嫁给他了……

我们说到"操纵"，首先的意义是"算计"。而毕加索从来没有算计过任何人，他做什么事都是心灵的指引。

他最大的愿望，从来都是不想任何人受到伤害，难道这就是人们称之为"精明"的"伎俩"吗？

同样，在他与艺术代理商的交往中，他表现得非常大胆。但这只代表了他想要掌控自己作品的命运，这难道是不合理的吗？他经历过苦难的生活，他全心全意地致力于自己的事业，只是要求获得应有的报酬，是否能说这是不合理的呢？

此外，毕加索在多大程度上掌握了他自己的命运呢？他一贯的宿命主义论调表明，他不做任何的预设，他任凭各种事件的发生。他跟随自己的直觉，很少提出什么问题。由于他坚持不懈地追求无法想象和无法实现的目标，他明白，最好的做法，就是不去计划将来，任由自己与命运不期而遇。这样的相遇是幸福的，同时也是非同凡响的。

他最终逃离了我们，回归永恒。世人对他理解与否，那又有什么重要？他将永远是一个谜！他的作品为我们打开了另一个世界，他的作品属于我们所有人。因此，让我们接受他生活上未知的部分，以换取他艺术创作的无上光辉。

就像我的外祖母玛丽 - 德蕾莎所说的那样，毕加索是个"神圣的魔鬼"，因为他"既令人赞叹，又令人恐惧"。[107]

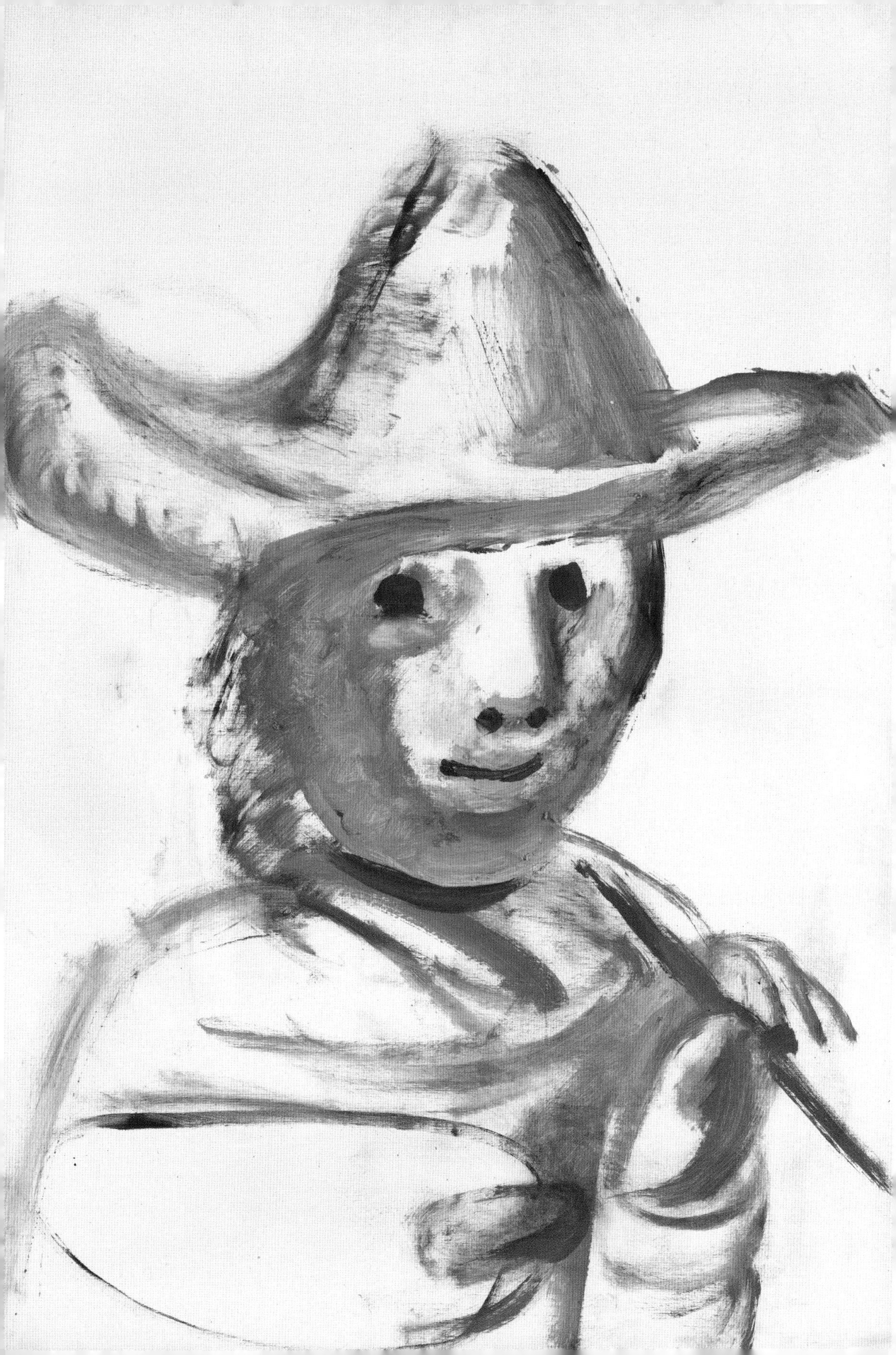

附录
ANNEXES

原文注解

1. 毕加索作品的"精神权利共有",指的是毕加索作品的精神权利,由毕加索的三位子女玛雅、克洛德、帕洛玛,毕加索长子保罗(1975 年逝世)的两位子女玛丽娜、贝纳德共有。具体参见本书第四章。

2. « Lettre sur lArt », in *Ogoniok*, Moscou, n° 20, 16 mai 1926; trad. du russe par C.Motchoulskky, in *Formes*, n° 2, février 1930.

3. Arianna Stassinopoulos-Huffington, *Picasso créateur et destructeur*, Paris, Stock, 1988.

4. "洗衣船"是位于巴黎蒙马特的破旧建筑,毕加索曾多次在这里定居。

5. John Richardson, Vie de Picasso, Paris, Le Chêne, 1992.

6. 同上。

7. Pierre Daix, Dictionnaire Picasso, Paris, Robert Laffont, 1995.

8. Patrick O'Brian, Pablo Ruiz Picasso, Paris, Gallimard, 1979.

9. Fernande Olivier, Picasso et ses amis, Paris, Stock, 1945.

10. 欧仁·苏里耶,旧货商和油画商。正是由于他,毕加索才得以在刚到巴黎的时候生存下去。毕加索向他出售了一些画作,用于购买食品、油漆、帆布、油灯和煤炭。毕加索一直对他非常感激。

11. 如今这幅画在巴黎的毕加索博物馆中展出。

12. Fernande Olivier, Souvenirs intimes, Paris, Calmann-Lévy, 1988.

13. P. Daix, op. cit.

14. 同上。

15. « Le néoclassicisme et les portraits d'Olga Khokhlova », in Picasso et le portrait, Paris, RMN-Flamma- rion, 1996.

16. 毕加索在婚礼结束仅一个月后,通过邮件向她宣布他与奥尔加结婚。

17. 拍卖目录:《朵拉·玛尔的毕加索》,马科维奇女士(即朵拉·玛尔)的遗产,于 1998 年 10 月 27 日到 28 日,在巴黎举行拍卖。

18. 在安德烈·布勒东的推荐下,他立刻赊账购买了这幅画。后来《阿维尼翁的少女》由雅克斯·杜塞特的遗孀出让给雅克·塞里格曼,又在 1937 年被纽约现代艺术博物馆购得。该博物馆为了购买此画,卖出了德加的《赛跑的场地》(*Le Champ de courses*),由此筹得了部分资金。

19. 1974 年 4 月 13 日,皮埃尔·卡巴纳对玛丽 - 德蕾莎·沃特进行的采访,在法国国际电台的节目"艺术在场"上播出。

20. 根据与商人安伯斯·瓦拉德订立的合同,毕加索为巴尔扎克的几部小说自由地创作插图,有 13 幅铜版画、67 幅雕版画。

21. 皮埃尔·卡巴纳对玛丽 - 德蕾莎·沃特进行的采访(同 19)。

22. 同上。

23. 同上。

24. 今天成了拉斯维加斯赌场之王史蒂夫·怀恩的著名财产。

25. P. Daix, op. cit.

26. 这些照片是为超现实主义杂志《弥诺陶洛斯》而拍摄的,于拍摄的次年在该杂志上发表。

27. 皮埃尔·卡巴纳对玛丽 - 德蕾莎·沃特进行的采访（同 19）。

28. 同上。

29. F. Gilot, op. cit.

30. « Per Dora Maar tan rebuffon, Les portraits de Dora Maar », in Picasso et le portrait, op. cit.

31. 皮埃尔·卡巴纳对玛丽 - 德蕾莎·沃特进行的采访（同 19）。

32. F. Gilot, op. cit.

33. 根据皮埃尔·戴所说："就像毕加索的诗一样，这部戏剧在自动写作的边缘，可能是超现实主义梦幻剧场的最佳典范之一。"

34. 毕加索与商人安伯斯·瓦拉德订立了一项十年期协议（1927—1937），根据合约，他要向瓦拉德提供 100 幅图画（雕刻和印版画）。这套"古典主义"式的素描受到神话的启发，构成了著名的《瓦拉德系列》。

35. 伯纳德·盖瑟（1981—1967），瑞士艺术史学家，于 1928 年开始整理毕加索雕刻作品和石版画作品的目录，这项工作一直持续到 1964 年。

36. F. Gilot, op. cit.

37. 1950 年，在弗朗索瓦斯不在的情况下，他们再次见面，成了关系断断续续的情人，这种情形出现在巴黎，后来又出现在圣特罗佩的保罗·艾吕雅的家中。热内维耶芙·拉波尔在 1973 年和 1989 年出版了她的回忆录：《夜晚深处，阳光闪耀》（*Si tard le soir, le soleil brille*）和《毕加索的一段秘密恋爱》（*Un amour secret de Picasso*）。

38. F. Gilot, op. cit.

39. 同上。

40. 皮埃尔·卡巴纳对玛丽 - 德蕾莎·沃特进行的采访（同 19）。

41. F. Gilot, op. cit.

42. 《年轻的尼古拉斯·普桑》，布面油画，73×60cm，创作于 1971 年 7 月 31 日。

43. Hélène Parmelin, Voyage en Picasso, Christian Bourgois éditeur, 1994.

44. 同上。

45. Georges Tabaraud, Mes années Picasso, Paris, Plon, 2002.

46. Pablo Picasso cité dans Picasso à Antibes de Dor de La Souchère, Paris, Éditions Fernand Hazan, 1960.

47. Hélène Parmelin, Voyage en Picasso, Paris, Christian Bourgois, 1994.

48. P. O'Brian, op. cit.

49. Raymond Bachollet, « Picasso à ses débuts », dans Picasso et la presse, un peintre dans l'histoire, Paris, L'Humanité & Éditions Cercle d'Art, 2000.

50. "九八年一代"，指的是 1898 年西班牙在美西战争被美国打败后出现的一代知识分子。

51. 他签署了 1901 年的《在巴黎的西班牙移民宣言》，支持因反对 1889 年对古巴战争而被监禁的无政府主义者。

52. Gérard Gosselin, « Picasso, la politique et la presse », dans Picasso et la presse, un peintre dans l'histoire, op. cit.

53. 13 journées dans la vie de Picasso, DVD, Paris, Arte Éditions, 2000.

54. « Picasso, la politique et la presse », in Picasso et la presse, un peintre dans l'histoire, op. cit.

55. 同上。

56. Cité in Daniel-Henry Kahnweiler, Mes galeries et mes peintres, entretiens avec Francis Crémieux, Paris, Gallimard, 1961.

57. P. O'Brian, op. cit.

58. Picasso and the War Years 1937-1945, Steven A. Nash avec Robert Rosenblum (éd.), Londres, Thames and Hudson, 1998.

59. P. Daix, op. cit.

60. André-Louis Dubois, Sous le signe de l'amitié, Paris, Plon, 1972.

61. F. Gilot, op. cit.

62. P. O'Brian, op. cit.

63. 同上。

64. G. Gosselin, op. cit.

65. 事实上，那年 5 月沙龙展出的画作很不受欢迎，因为画上的士兵不是美国人，正如"同志们"所希望的那样，他们只是无国籍的面目模糊的人。

66. In « Picasso at Auschwitz », Art News, septembre 1993.

67. Qui raconte ses rencontres et conversations avec Picasso, Paris, Gallimard, 1974.

68. Roland Dumas, Dans l'œil du Minotaure.Le labyrinthe de mes vies, Paris, Le Cherche-Midi, 2013, p.92.

69. In Efstratios Tériade, « En causant avec Picasso », L'Intransigeant, 15 juin 1932.

70. P. O'Brian, op. cit.

71. Brassaï, Conversations avec Picasso, Paris, Gallimard, 1997.

72. F. Gilot, op. cit.

73. 同上。

74. Brigitte Léal, Picasso et les enfants, Paris, Flammarion, 1998.

75. F. Gilot, op. cit.

76. 毕加索制作了这些纸质塑像，他的收藏家朋友莱昂内尔·普拉杰把这些雕塑用金属复制了出来。

77. In B. Léal, op. cit.

78. 包括《山羊》（La Chèvre，1951 年）、《玛丽 - 德蕾莎的头像》（Tête de Marie-Thérèse，1932 年）和《一个伟大的女人》（1943—1944）。《怀孕的妇女》（La Femme enceinte,1950 年）很快就加入了它们的行列，以便腾出室内空间。

79. 在 1961 年被转移到穆然之前，就像《花瓶中的女人》和《牧羊人》一样。

80. 亨利 - 乔治·克鲁佐（1907—1977）希望了解毕加索作品的创作过程。艺术家通过在框架上的透明纸和毛毡油墨，然后再在底部大框和油画上张贴透明纸，在观众眼前制造了一个作品的漩涡，表明了他的疑虑与确定。克鲁佐拍摄的长达一个半小时的纪录片电影获得了 1956 年戛纳电影节评审团特别奖和 1959 年威尼斯电影节最佳纪录片金奖。

81. F. Gilot, op. cit.

82. Nice-Matin, 19 janvier 1974.

83. F. Gilot, op. cit.

84. Marina Picasso, Grand-père, Paris, Denoël, 2001.

85. F. Gilot, op. cit.

86. 同上。

87. P. O'Brian, op. cit.

88. In Heinz Berggruen, J'étais mon meilleur client, souvenirs d'un marchand d'art, Paris, L'Arche, 1997.

89. G. Tabaraud, op. cit.

90. D.-H. Kahnweiler, op. cit.

91. 最后一次与还活着的毕加索一起准备的展览，于1973年5月在教皇宫举行（如同1970年的展览一样）。这次展览大获成功，以至于展期被延长。1976年1月，展出的118幅画作被盗。次年10月，马赛警察找到了所有被偷的作品。

92. In Le Point, n° 251, 11 juillet 1977.

93. Hélène Demoriane, Ibid.

94. In A. Malraux, op. cit.

95. 同上。

96. P. O'Brian, op. cit.

97. A. Malraux, op. cit.

98. Antonina Vallentin, Picasso, Paris, Albin Michel, 1957.

99. F. Gilot, op. cit.

100. 同上。

101. In F. Gilot, op. cit.

102. H. Parmelin, op. cit.

103. 同上。

104. F. Olivier, Picasso et ses amis, op. cit.

105. F. Gilot, op. cit.

106. 皮埃尔·卡巴纳对玛丽-德蕾莎·沃特进行的采访（同19）。

107. 同上。

年表

1881 10月25日巴勃罗·毕加索在马拉加（安达卢西亚省）出生，他是唐·何塞·鲁伊斯·布拉斯和唐娜·玛莉亚·毕加索·洛佩兹的儿子。

1884 毕加索的妹妹萝拉诞生。

1887 他的妹妹孔奇塔出生（1895年因白喉死亡）。

1891 全家搬迁到加利西亚的拉科鲁尼亚。

1896 全家在巴塞罗那定居。

毕加索通过考试，进入巴塞罗那拉隆加美术学院学习。

他独自住在普拉塔街的画室中。

1897 毕加索独自到马德里定居。他在圣费尔南多皇家学院上课，学习并不努力。

随后回到巴塞罗那。

1898 患猩红热之后，在朋友帕利亚雷斯位于奥尔塔的家中疗养几个月。

回到巴塞罗那。

1899 与杰米·萨巴特相遇。

1900 与朋友卡萨吉玛斯一起住在巴塞罗那的一个大型画室中。

在四只猫咖啡馆中举行人生第一次画展。

10月，与卡萨吉玛斯和帕利亚雷斯一起出发去巴黎参观世界博览会。

第一次遇到热尔曼。与加泰罗尼亚人曼尼亚克会面，曼尼亚克成为了毕加索的中间人，将他介绍给商人安伯斯·瓦拉德和画廊主贝尔特·韦尔，后者向毕加索买了三幅画。

圣诞节的时候返回巴塞罗那，然后去马德里，在那里毕加索参与筹备《年轻的艺术》杂志，而卡萨吉玛斯则回到巴黎。

1901 在瓦拉德画廊举办展览。与批评家、诗人和作家马克斯·雅各布相遇。

卡萨吉玛斯在巴黎自杀。

毕加索回到巴黎。"蓝色时期"的开始。

回到巴塞罗那。

1902 和画家塞巴斯蒂安·比达尔在物质条件特别困难的情况下返回巴黎。

1903 再次回到巴塞罗那。

1904 最终定居在蒙马特拉维尼昂大街13号的"洗衣船"。

和费尔南德·奥利维耶相遇。

1905 加入巴黎艺术圈：认识了纪尧姆·阿波利奈尔、安德烈·萨尔蒙、胡安·格里斯、玛丽·劳伦森、雷昂·斯坦。

在敏捷的兔子酒馆和蒙马特的餐厅里度过一个又一个夜晚。

夏天去荷兰旅行。

1906 和费尔南德在巴塞罗那与家人一起住了一阵子。

和费尔南德一起去戈索尔旅行。

格特鲁德·斯坦将马蒂斯介绍给毕加索认识，毕加索开始在作品中表达欲望。

发现非洲雕塑和部落艺术，创作格特鲁德·斯坦的肖像，为《阿维尼翁的少女》设计最初的草稿。

1907 创作《阿维尼翁的少女》。

与丹尼尔-亨利·康维勒相遇。

秋季沙龙举办塞尚的回顾展。

1908-1909 夏天，在埃斯塔克咖啡馆，研究几何形状和布拉克创作的作品。

艺术评论家路易·沃克塞尔的批评中谈到了"立方体"，"立体主义"由此得名。

收养13岁左右的小蕾蒙。几个月之后，孩子被费尔南德送回了科兰古街的孤儿院。

1910 在克里希大街11号定居。与费尔南德一同前往西班牙的卡达克斯。

9月，回到巴黎。

1912 与费尔南德分手。

与艾娃·古尔（真名马塞尔·亨伯特）相遇。

1913 带着艾娃一起去塞雷旅行。

毕加索的父亲唐·何塞·鲁伊斯·布拉斯可去世。

葬礼在巴塞罗那举行。

1914 夏天在阿维尼翁和艾娃以及朋友们一起度过。法国和德国开战。毕加索是西班牙籍,作为中立国的公民,留在巴黎。

1915 马克斯·雅各布受洗。毕加索是他的教父。和让·科克托相遇。

和尤金尼亚·埃拉朱里兹相遇。开始上流社会的生活。

12月,艾娃死于癌症。

1916 10月,搬到蒙鲁日。

1917 1月,在巴塞罗那短暂停留,与家人相会。

参与让·科克托的芭蕾舞剧《游行》的布景和服装设计工作。

与科克托一起前往罗马,加入狄亚基列夫和他的俄罗斯芭蕾舞团。

与伊戈尔·菲德洛维奇·斯特拉文斯基相遇。

与该剧团的舞者之一奥尔加·霍克洛瓦相遇。

参观那不勒斯和庞贝。

4月下旬,回到巴黎。

5月18日芭蕾舞剧《游行》在夏特莱掀开帷幕,引发恶评。

5月,与俄罗斯芭蕾舞团一起出发前往马德里和巴塞罗那。

将奥尔加介绍给母亲唐娜·玛莉亚。

回到巴黎,并于11月与奥尔加在蒙鲁日定居。

1918 "新古典主义"时期。

7月12日与奥尔加结婚。纪尧姆·阿波利奈尔、让·科克托和马克斯·雅各布是证婚人。

前往比亚里茨进行蜜月之旅,住在尤金尼亚·埃拉朱里兹家里,后者向毕加索介绍了商人保尔·罗森博格。

11月9日阿波利奈尔逝世。11月底搬到巴黎波蒂埃大街23号,这是一套两层的公寓,一间画室位于豪华套房的楼上。

1919 与奥尔加待在伦敦三个月,以便为狄亚基列夫的舞剧《三角帽》工作。

8月,和奥尔加在圣拉斐尔度假。

在保尔·罗森博格的画廊展览作品。

1921 保罗2月4日出生。

第一个对毕加索的专题研究问世。

7月,毕加索、奥尔加和保罗在枫丹白露度过夏天。

1923 与奥尔加、保罗在蓝色海岸和昂蒂布海角酒店的上流社交圈生活。

奥尔加在毕加索的画作中以"沉思者"的形象出现。

与莎拉·墨菲相遇。

1924 与超现实主义者建立友好关系,他们在《巴黎日报》上向毕加索表示敬意。

6月,全家去胡安莱潘生活。

购买了一辆汽车,并雇用了一名司机。

1925 春天,在俄罗斯芭蕾舞团巡演期间,与奥尔加、保罗一起出发前往蒙特卡洛。

夏天前往胡安莱潘。

参加11月举办的第一次超现实主义展览。

1926 6月和7月期间,在保尔·罗森博格画廊举办展览。

与克里斯蒂安·泽沃斯相遇。

夏天到胡安莱潘和昂蒂布旅行。

10月,与奥尔加、保罗一起去巴塞罗那旅行。

1927 1月8日在巴黎与玛丽-德蕾莎·沃特相遇。

1928 和奥尔加、保罗在迪纳尔度假,玛丽-德蕾莎秘密随行。

和雕塑家胡利奥·冈萨雷斯一起重新开始创作雕塑。

1929 和家人一起住在迪纳尔,玛丽-德蕾莎秘密地居住在附近。

与达利相遇。

1930 6月,购买了布瓦热卢城堡。

与奥尔加、保罗以及玛丽-德蕾莎一起在胡安莱潘度过夏季。

秋天将玛丽-德蕾莎安置在波蒂埃大街40号。

1931 和玛丽-德蕾莎一起住在布瓦热卢城堡。

1932 全家在布瓦热卢城堡度过夏天。

8月,奥尔加和保罗出发前往胡安莱潘度假。

小乔治画廊的回顾展,展出了一些雕塑作品和玛丽-德蕾莎的肖像（未署名模特）。

克里斯蒂安·泽沃斯在10月出版了毕加索1895—1906年作品的第一卷整理目录。

西班牙（共和国政权）投票通过《离婚法》。

1933 费尔南德的书《毕加索与他的朋友们》出版，奥尔加唆使毕加索阻拦这本书的出版，然而未能成功，这本书还是顺利出版。

与律师亨利·罗伯特见面，考虑离婚。

1934 夏天，和奥尔加与保罗一起去马德里、托莱多和萨拉戈斯。和玛丽-德蕾莎一起待在巴塞罗那。

12月25日玛丽-德蕾莎宣布怀孕的消息。

第一次见到朵拉·玛尔。

1935 递交离婚申请。

春天举行的听证会，以不可调解结束。

6月29日，颁布"不可调解"的判决。

奥尔加与保罗搬出了波蒂埃大街23号，住进了位于巴里街的加利福尼亚旅馆。

9月5日玛雅出生。

开始与保罗·艾吕雅的友谊。

1936 3月，与玛丽-德蕾莎和女儿玛雅一起出发前往胡安莱潘。

为罗曼·罗兰制作7月14日的舞台幕布。

7月，西班牙内战开始。

8月，出发去穆然见保罗和努什·艾吕雅。

与朵拉·玛尔再度会面，两人第一次见面是前一年夏天在圣特罗佩，由艾吕雅介绍两人认识的。

发现历史悠久的陶器小村瓦洛里小镇。

秋天，放弃了布瓦热卢城堡，这里变成了奥尔加的正式居所，然而奥尔加从未在这里住过。与玛丽-德蕾莎和玛雅来到勒特朗布莱，租住在瓦拉德的带有画室的房子里。

1937 1月，在巴黎大奥古斯丁街7号的新画室落脚。

2月和3月，在勒特朗布莱逗留。完成玛丽-德蕾莎的一系列肖像。

4月，西班牙共和政府要求毕加索绘制一幅壁画，作为7月巴黎世界博览会中的西班牙馆的装饰。

从4月26日起，格尔尼卡惨遭轰炸。

从5月1日到6月4日，完成壁画《格尔尼卡》。

7月12日，世界博览会西班牙馆落成典礼。

请求展开与奥尔加的离婚诉讼调查。

1938 夏天，与朵拉·玛尔住在穆然。

9月底，回到巴黎。

1939 毕加索的母亲唐娜·玛莉亚在巴塞罗那逝世。

佛朗哥一党进驻巴塞罗那。

由阿尔弗雷德·巴尔发起的毕加索大型回顾展，其中包括《格尔尼卡》，在纽约现代艺术博物馆以及美国其他十个城市举行。

7月，安伯斯·瓦拉德逝世。西班牙再一次禁止离婚。

要求与奥尔加合法分居。

9月，法国同纳粹德国开战。

出发去鲁瓦扬与玛丽-德蕾莎、玛雅相会。朵拉秘密陪伴着他。

1940 获得了与奥尔加法律上的分居判决。

法国签署休战协议。

维希政府成立。

在巴黎和鲁瓦扬之间往返。

秋天，在战争期间，毕加索离开波蒂埃大街的公寓，住在大奥古斯丁街的画室和小公寓中。

1941 创作完成剧本《抓住欲望的尾巴》，由伽里玛出版社出版。

玛丽-德蕾莎和玛雅回到巴黎，居住在亨利四世大道。

法院的判决确认毕加索与奥尔加分居的合法性。

1943 5月，与弗朗索瓦斯·吉罗相遇。

法院驳回奥尔加的上诉。

1944 巴黎解放。

加入共产党。

参加秋季沙龙。

1945 与费尔南德·姆尔罗第一次尝试石版画。

1946 3月，与弗朗索瓦斯一起在蓝色海岸和普罗旺斯旅行。

4月，和弗朗索瓦斯同居。

在昂蒂布博物馆工作。

纽约现代艺术博物馆举行毕加索作品的最新回顾展。

弗朗索瓦斯宣布怀孕。

1947 克洛德 5 月 15 日出生。

6 月，与弗朗索瓦斯和儿子一起居住在戈尔夫瑞昂。

在瓦洛里小镇的苏珊娜和乔治·哈米耶的陶艺工坊开始了大量的陶艺创作。

在蓝色海岸度过冬天。

1948 搬到位于瓦洛里小镇的威尔士女人别墅。

4 月，在巴黎，为和平大会的海报创造了和平鸽的图案。

8 月，前往波兰，与艾吕雅一起参加和平大会。参观克拉科夫和奥斯威辛。

9 月，回到瓦洛里小镇。

10 月，弗朗索瓦斯再次宣布怀孕。

1949 4 月 19 日，帕洛玛出生。

在瓦洛里小镇购置福尔纳画室。

1950 11 月，获得列宁和平奖。

1951 离开巴黎波蒂埃大街的公寓，购买了两套位于盖－吕萨克街的公寓。

1952 在位于瓦洛里小镇市场广场附近的十四世纪的废弃小教堂中，完成了壁画《战争与和平》。

1953 1907—1914 年在巴黎现代艺术博物馆举行立体主义展览。

《阿维尼翁的少女》也位列其中。

斯大林去世，斯大林肖像事件。

共产党对毕加索创作的发表于《法国文学》的斯大林肖像感到不满。

弗朗索瓦斯与孩子们一同离开毕加索，回到巴黎，定居在盖－吕萨克街。

1954 在意大利的罗马和米兰举行作品回顾展。

6 月，在玛都拉陶艺工坊遇见杰奎琳·洛克。

1955 奥尔加去世。

法院指定毕加索为克洛德和帕洛玛的代位监护人。

在巴黎装饰艺术博物馆举行回顾展。

购置位于戛纳的加利福尼亚别墅。

杰奎琳、玛雅住进加利福尼亚别墅，随后克洛德和帕洛玛在暑假也住了进来。

在 7 月和 8 月期间，参与拍摄了亨利－乔治·克鲁佐导演的纪录片电影《毕加索的秘密》。

1958 购置了普罗旺斯的沃韦纳尔盖城堡。

1959 毕加索向司法部长提出申请，在保罗的同意下，让毕加索的孩子玛雅、克洛德和帕洛玛冠以"毕加索"这个姓氏。

1961 3 月 2 日与杰奎琳在瓦洛里小镇结婚。

购买位于穆然的别墅"生活圣母院"。

在瓦洛里小镇庆祝 80 岁生日。

1962 第二次获得列宁和平奖。

1963 巴塞罗那开设毕加索博物馆（由杰米·萨巴特捐赠）。

与克罗默兰克兄弟合作，他们在穆然创建了铜版画的工作室。

1964 布拉塞的书《与毕加索对话》出版问世。

弗朗索瓦斯·吉罗在美国出版《与毕加索一起生活》。

1965《与毕加索一起生活》在法国出版。

毕加索对这本书提出禁止发行的申请，最终失败。

在加拿大和日本举行作品回顾展。

1966 庆祝 85 岁生日。

11 月，在巴黎的大皇宫和小皇宫举行作品回顾展，展出了许多从未面世的雕塑。

1967 因为《巴黎空置房屋管理法》的缘故，被迫将大奥古斯丁街的公寓腾空并交还给国家。

拒领荣誉勋章。

1968 杰米·萨巴特去世。

1970 向巴塞罗那的毕加索博物馆捐赠自己年轻时代的作品。

在阿维尼翁的教皇宫举行最新作品展。

"洗衣船"毁于一场火灾。

1971 庆祝 90 岁生日。

在巴黎卢浮宫博物馆的大画廊中展出八幅画作。

1972 1 月，政府对《亲子关系法》进行改革，并于 8 月颁布。

12月，玛雅申请确认与父亲毕加索的亲子关系。

1973 2月，克洛德和帕洛玛申请确认与父亲毕加索的亲子关系。

4月8日毕加索在穆然的宅邸"生活圣母院"中去世，在沃韦纳尔盖城堡下葬。

5月，在阿维尼翁的教皇宫举办毕加索作品展览。毕加索的亲属向国家捐赠他收藏的其他艺术家的作品：塞尚、马蒂斯、卢梭、巴尔蒂斯……

遗产继承工作正式展开。

1974 法院的最终裁决正式承认了毕加索的非婚生子女玛雅、克洛德和帕洛玛。

在遗产继承工作中，任命皮埃尔·雷克里为司法行政官，任命莫里斯·莱姆斯先生为遗产鉴定专家。遗产盘点开始。

1975 6月，保罗去世，留下三个继承人：遗孀克里斯蒂娜和他们的儿子贝纳德（1959年出生），以及他的大女儿玛丽娜（1950年出生）。

保罗的遗产继承工作开始了。

1976 签署继承协议（3月和12月分别为"优先选择"时期）。

1977 遗产全部清点完毕，并同时宣布毕加索和保罗的遗产获得继承。

10月，玛丽-德蕾莎自杀身亡。

1978 正式提交"遗产捐赠"提案（遗产继承人以向国家捐赠遗产的方式来抵消应支付的税费）。

1979 国家正式接收继承人捐赠的毕加索作品（大部分于秋季在大皇宫展出）。

开始进行继承人之间的遗产分割。

1985 巴黎毕加索博物馆开幕。

1986 10月，杰奎琳自杀身亡。

2003 在贝纳德和他母亲克里斯蒂娜、妻子阿尔米娜·里琪的发起之下，在马拉加建成了毕加索马拉加博物馆。

2014 经过四年的翻新和重建，巴黎毕加索博物馆重新开放。

参考资料

ANDRAL Jean-Louis, catalogue de l'exposition *La Joie de Vivre 1945-1948* au Palazzo Grassi/ Musée Picasso d'Antibes, Skira/Palazzo Grassi, octobre 2006.
ANDRAL Jean-Louis, catalogue de l'exposition *Picasso 1945-1949, l'ère du renouveau au Musée* Picasso d'Antibes, Snoeck éditions, octobre 2009.
ASSOULINE Pierre, L'Homme de l'art :
Daniel-Henry Kahnweiler, 1884-1979, Paris, Balland, 1988.
AVRIL Nicole, *Moi, Dora Maar,* Paris, Plon, 2001.
BALDASSARI Anne, *Le Miroir noir, Picasso sources photographiques 1900-1928,* Paris, RMN, 1997.
BALDASSARI Anne, *Picasso photographe,* Paris, RMN, 1995.
BALDASSARI Anne, Picasso, papiers journaux (catalogue de l'exposition), Paris, Tallandier, 2003.
BALDASSARI Anne, *Picasso, papiers journaux,* Paris, Tallandier, mars 2003.
BALDASSARI Anne et LEHNI Nadine, *Picasso/ Berggruen : une collection particulière,* Paris, Flammarion/RMN, 2006.
BALDASSARI Anne et BERNADAC Marie-Laure, catalogue de l'exposition *Picasso et les maîtres, au Grand-Palais,* Paris, RMN, septembre 2008.
BARR Alfred H. Jr., Picasso : *Forty Years of His Art,* New York, Museum of Modern Art, 1939. BARR Alfred H. Jr., *Matisse, His Art and His Public,* New York, Museum of Modern Art, 1951.
BARR H. Alfred Jr., *Picasso, Fifty Years of his Art,* New York, Museum of Modern Art, 1946. BARTHES Roland, *Mythologies,* Paris, Le Seuil, 1957.
BERGGRUEN Heinz, *J'étais mon meilleur client, Souvenirs d'un marchand d'art,* trad. de l'allemand Hauptweg und Nebenwege par Laurent Mulhleisen, Paris, L'Arche, 1997.
BERNADAC Marie-Laure et ANDROULA Michael, *Picasso, propos sur l'art,* Paris, Gallimard, 1998.
BERNADAC Marie-Laure et DU BOUCHET Paule, *Picasso, le sage et le fou,* Paris, Gallimard, coll. « Découvertes », 1986.
BERNADAC Marie-Laure et PIOT Christine, *Picasso, écrits : Picasso et la pratique de l'écriture,* Paris, Gallimard-RMN, 1989. BERNADAC Marie-Laure, MARCEILLAC Laurence, RICHET Michèle et SECKEL Hélène, Musée Picasso. *Catalogue sommaire des collections,* Paris, ministère de la Culture- RMN, 1985.
BERNADAC Marie-Laure, MONOD-FONTAINE Isabelle et SYLVESTER David, *Le Dernier Picasso,* 17 février-16 mai 1988, Paris, Centre Georges-Pompidou, 2000.
BERTRAND Dorléac Laurence et MUNCK Jacqueline, catalogue de l'exposition *L'Art en Guerre, France 1938-1947,* Musée d'Art Moderne de la Ville de Paris, Paris-Musées, 2012.
BRASSAÏ, *Conversations avec Picasso,* Paris, Gallimard, 1964.
CABANNE Pierre, *Le Siècle de Picasso,* Paris, Denoël, 1975 ; rééd. Gallimard, coll. « Folio », 4 vol., 1992.
COOPER Douglas, *Picasso-Théâtre,* Paris, Le Cercle d'Art, 1967.
COOPER Douglas, *The Cubist Epoch,* Oxford, Phaidon, 1971.
DAIX Pierre et BOUDAILLE Georges, *Catalogue raisonné des périodes bleue et rose, 1900-1906,* Neuchâtel, Ides et Calendes, 1966 ; révisé en 1989.
DAIX Pierre et ROSSELET Joan, *Catalogue raisonné du cubisme de Picasso, 1907-1916,* Neuchâtel, Ides et Calendes, 1979.
DAIX Pierre, « Picasso et l'art nègre », dans *Art nègre et civilisation de l'universel,* Dakar-Abidjan, Les Nouvelles Éditions africaines, 1975.
DAIX Pierre, *Dictionnaire Picasso,* Paris, Robert Laffont, coll. « Bouquins », 1995.
DAIX Pierre, *La Vie de peintre de Pablo Picasso,* Paris, Le Seuil, 1977.
DAIX Pierre, *Picasso créateur,* Paris, Le Seuil, 1987.
DAIX Pierre, *Picasso Life and Art,* New York, Harper and Row, 1993.
DAIX Pierre, *Picasso, la Provence et Jacqueline,* Arles, Actes Sud, 1991.
DAIX Pierre, *Picasso,* Paris, Somogy, 1964.
DAIX Pierre, *Tout mon temps,* Mémoires, Paris, Fayard, 2001.
DE LA SOUCHERE Dor Jules, *Picasso* à Antibes, Paris, Fernand Hazan, 1960.
DOMENECH Silvia, *50 Years of the Museum Picasso in Barcelona, Origins,* Museu Picasso de Barcelone, 2013.
DUMAS Roland, *Le Fil et la Pelote, Mémoires,* Paris, Plon, 1996.
DUMAS Roland, *Dans l'œil du Minotaure, le labyrinthe de mes vies,* Paris, Cherche-Midi, avril 2013.
DUNCAN David Douglas, *Les Picasso de Picasso,* Lausanne, Édita, 1961.
DUNCAN David Douglas, *Picasso et Jacqueline,* Genève, Albert Skira, 1988.
DUNCAN David Douglas, *Picasso and Lump : une histoire d'amour,* Paris, Éditions du Chêne, 2007.
DUNCAN David Douglas, *Picasso à l'œuvre- Dans l'objectif de David Douglas Duncan,* Gallimard, février 2012.
ELUARD Paul, *À Pablo Picasso,* Genève, Trois Collines, 1944.
ÉLY Bruno, catalogue de l'exposition *Picasso-Cézanne,* au Musée Granet, Paris, RMN, mai 2009.
FITZGERALD Michael C. *Making Modernism, Picasso and the Creation of the Market for the Twentieth Century,* Berkeley-Los Angeles-London, University of California Press, 1995. FRY Edward, Le Cubisme, Genève, Éditions

de la Connaissance, 1966.
GAUDICHON Bruno, *Picasso et la céramique,* Paris, Gallimard, mars 2013.
GAUDICHON Bruno, catalogue de l'exposition *Picasso à l'œuvre, dans l'objectif de David Douglas Duncan,* à la Piscine de Roubaix, Paris, Gallimard, 2012.
GAUTIER Pierre-Yves, *Propriété littéraire et artistique,* Paris, PUF, coll. « Droit Fondamental/Droit Civil », 1991.
GIDEL Henry, *Picasso,* Paris, Flammarion, 2002.
GILOT Françoise et LAKE Carlton, *Life with Picasso,* New York, Virago Press, 2001 ; première édition aux États-Unis établie par Mc Graw-Hill Inc. en 1964.
GILOT Françoise et LAKE Carlton, *Vivre avec Picasso,* Paris, Calmann-Lévy, 1965.
GIMENEZ Carmen, catalogue de l'exposition *Picasso, Black & White,* au Guggenheim Museum de New York, Delmonico Books/Prestel, 2012.
GOMBRICH Ernst H. *Histoire de l'art,* Oxford, Phaidon, 2001.
GOMBRICH ERNST H. *Ré exions sur l'histoire de l'art,* Nîmes, Jacqueline Chambon, 1992.
JACOB Max, *Souvenirs sur Picasso contés par Max Jacob,* Paris, Les Cahiers d'Art, 1927.
JOBERT Véronique et DE MEAUX Lorraine, catalogue de l'exposition *Intelligentsia, entre France et Russie, archives inédites du xxe siècle,* Beaux-Arts de Paris et Institut français, 2012.
JOUFFROY Jean-Pierre et RUIZ Édouard, *Picasso, de l'image à la lettre,* Paris, Messidor, 1981.
KAHNWEILER Daniel-Henry, *Entretiens avec Francis Crémieux, Mes galeries et mes peintres,* Paris, Gallimard, 1961.
L'Art dans la pub, Musée de la publicité, Paris, Union centrale des Arts décoratifs, 2000.
LAPORTE Geneviève, *Si tard le soir, le soleil brille,* Paris, Plon, 1973 ; édition revue et augmentée, *Un amour secret de Picasso,* Monaco, Le Rocher, 1989.
LEAL Brigitte, *Picasso et les enfants,* Paris, Flammarion, 1996.
Les Picasso de Dora Maar, catalogue de la vente aux enchères des 27 et 28 octobre 1998, organisée par l'étude Pisa et Me Mathias, succession de Mme Markovitch (dite Dora Maar), à la Maison de la Chimie, Paris.
LEBRERO Stals José, catalogue de l'exposition *Pablo Picasso Family Album,* Museo Picasso de Malaga, 2013.
LEYMARIE Jean, Picasso, *Métamorphoses et unité,* Genève, Albert Skira, 1971.
MALRAUX André, *La Tête d'obsidienne,* Paris, Gallimard, 1974.
MC CULLY Marilyn, « Picasso und Casagemas. Eine Frage von Leben und Tod », dans *Der junge Picasso,* Berne, Kunstmuseum, 1984.
MC CULLY Marilyn, *A Picasso Anthology,* Londres, Art Council of Great Britain, 1981.
MC CULLY Marilyn, Els Quatre Gats : *Art in Barcelona around 1900,* Princeton, The Art Gallery, 1978.
MC CULLY Marilyn et RAEBURN Michael, *Picasso Ceramics. Jacqueline's Gift to Barcelona,* Museu Picasso de Barcelone, 2012.
MC CULLY Marilyn, RAEBURN Michael et ANDRAL Jean-Louis, catalogue de l'exposition *Picasso Côte d'Azur,* Hazan, 2013.
MCKNIGHT GERALD, *Bitter Legacy, Picasso's disputed millions,* Londres, Bantam Press, 1987.
MENNOUR Kamel, catalogue de l'exposition *Objectif Picasso,* Paris, Éditions Mennour, 2001.
MIGUEL MONTAÑES Mariano, *Les Dernières Années,* Paris, Assouline, 2004.
MOURLOT Fernand, *Picasso lithographe,* Monaco, Sauret, 1970.
NASH Steven A. et ROSENBLUM Robert (dir.), *Picasso and the War Years 1937-1945,* Londres, Thames and Hudson, 1999.
Et, dans cet ouvrage, les articles suivants :
– Nash Steven A. « Picasso, War and Art » ;
– Nash Steven, « Chronology » ;
– Rosenblum Robert, « Picasso's disasters of War : The Art of Blasphemy » ;
– R. Utley Gertje, « From Guernica to the Charnel House : The Political Radicalization of the Artist » ;
– Fitzgerald Michael C. « Reports from the Home Fronts, some Skirmishes over Picasso's Reputation ».
O'BRIAN Patrick, *Pablo Ruiz Picasso,* trad. de l'anglais par Henri Morisset en 1976, Paris, Gallimard, 1979.
OLIVIER Fernande, *Picasso et ses amis,* Paris, Stock, 1933 ; rééd. Pygmalion, 2001.
OLIVIER Fernande, *Souvenirs intimes,* édité par Paris, Gilbert Krill, Calmann-Lévy, 1988.
PALAUI FABRE Josep, *Academic and Anti-academic (1895-1900),* New York, catalogue de l'exposition à la galerie Yoshii, 1996. PALAUI FABRE Josep, *Picasso vivo (1881-1907),* Barcelone, Poli'grafa, 1980; trad. anglaise, *Life and Work of the Early Years 1881-1907,* Oxford, Phaidon, 1981.
PAPIES Hans Jürgen, *The Berggruen Collection* (Museum Guide), Berlin, Prestel Verlag, 2003.
PARMELIN Hélène, *Picasso dit...,* Paris, Gonthier, 1966.
PARMELIN Hélène, *Picasso sur la place,* Paris, Julliard, 1959.
PARMELIN Hélène, *Voyage en Picasso,* Paris, Christian Bourgois, 1994.
PENROSE Roland (texte) et QUINN EDWARD (Photos), *Picasso à l'œuvre,* Zürich, Manesse-Verlag, 1965.
PENROSE Roland, *Picasso, his Life and Work,* Londres, Gollancz, 1958.
PENROSE Roland, *Picasso,* Paris, Flammarion, 1982.

Picasso and Braque : A Symposium, organisé par William Rubin, présidé par Kirk Varnedoe, édité par Lynn Zelevansky, New York, Museum of Modern Art, 1993.
GOSSELIN Gérard et JOUFFROY Jean-Pierre (dir.), *Picasso et la presse, Un peintre dans l'histoire,* L'Humanité/Cercle d'Art, 2000.
Et, dans cet ouvrage, les articles suivants :
– Bachollet Raymond, « Picasso à ses débuts » ; – Daix Pierre, « L'art dans la presse » ;
– Gosselin Gérard, « Picasso, la politique et la presse » ;
– Jouffroy Jean-Pierre, « Un fondateur de la deuxième renaissance » ;
– Tabaraud Georges, « Picasso et Le Patriote ».
Picasso et le portrait, exposition au Grand Palais, Paris, Flammarion-RMN, 1996.
Et, dans cet ouvrage, les articles suivants :
– Brigitte Léal, *« Per Dora Maar tan rebufon/* Les portraits de Dora Maar » ;
– Fitzgerald Michael C. « L'art, la politique et la famille durant les années d'après-guerre avec Françoise Gilot », « Le néoclassicisme et les portraits d'Olga Khokhlova » ;
– Rubin William, « Réexions sur Picasso et le portrait ».
PICASSO Marina et VALLENTIN Louis, *Grand-Père,* Paris, Denoël, 2001.
PICASSO Marina, *Les Enfants du bout du monde,* Paris, Ramsay, 1995.
Picasso, documents iconographiques, préface et notes de Jaime Sabartés, Genève, Pierre Cailler éditeur, 1954.
Picasso, œuvres des musées de Leningrad et de Moscou, introduction de Vercors, suivie d'un entretien entre Daniel-Henry Kahnweiler et Hélène Parmelin, Paris, Le Cercle d'Art, 1955.
RAMIE Georges, *Céramique de Picasso,* Paris, Le Cercle d'Art, 1974.
RICHARDSON John, *Picasso, aquarelles et gouaches,* Bâle, Phœbus, 1984.
RICHARDSON John, *Vie de Picasso,* vol. I, 1881-1906, Paris, Le Chêne, 1992.
RICHARDSON John et GILOT Françoise, *catalogue de l'exposition Picasso and Françoise, Paris-Vallauris 1943-1953,* New York, Gagosian Gallery, 2012.
RICHARDSON John et WIDMAIER PICASSO Diana, catalogue de l'exposition *Picasso and Marie-Thérèse : l'amour fou,* New York, Gagosian Gallery, 2011.
RUBIN William, « La Genèse des *Demoiselles d'Avignon* », dans *Les Demoiselles d'Avignon,* 2 vol. Paris, RMN, 1988.
RUBIN William, *Picasso in Primitivism in Twentieth-Century Art,* New York, Museum of Modern Art, 1984.
RUBIN William, *Catalogue de l'exposition : Pablo Picasso, A Retrospective,* New York, Museum of Modern Art, 1980.

RUBIN William, *Picasso in the Collection of the Museum of Modern Art,* New York, Museum of Modern Art, 1972.
SALVAYRE Lydie, *Et que les vers mangent le bœuf mort,* Paris, Verticales, 2002.
SECKEL Hélène, *Max Jacob et Picasso,* Paris, RMN, 1994.
SINCLAIR Anne, *21, rue La Boétie,* Paris, Le Livre de poche, avril 2013.
SPIES Werner et CHRISTINE PIOT, *Picasso, Das Plastische Werk,* Stuttgart, Gerd Hatje Verlag, 1984.
SPIES Werner et DUPUIS-LABBE, *Picasso sculpteur,* Paris, centre Georges-Pompidou, 2000.
SPIES Werner, Welt der Kinder, *Picasso et les enfants,* introduction de Maya Picasso, Stuttgart, Prestel, 1995.
STASSINOPOULOS-HUFFINGTON Arianna, *Picasso, créateur et destructeur,* Paris, Stock, 1989 ; trad. de l'américain, Picasso, Creator and Destroyer, par Jean Rosenthal, New York, Simon and Schuster, 1988.
TABARAUD Georges, *Mes années Picasso,* Paris, Plon, 2002.
VALLENTIN Antonina, *Picasso,* Paris, Albin Michel, 1957.
VALLES Eduard et CENDOYA Isabel, *catalogue de l'exposition Yo Picasso. Self-Portraits,* Museu Picasso de Barcelone, 2013.
WEILL Berthe, *Pan ! Dans l'œil, Ou trente ans dans les coulisses de la peinture contemporaine 1900-1930,* Paris, Librairie Lipschutz, 1933.
WIDMAIER PICASSO Diana, « La rencontre de Picasso et Marie-Thérèse. Réexions sur un revirement historiographique », dans *Picasso et les femmes,* Chemnitz, catalogue de l'exposition du Kunstsammlung, 2002.
WIDMAIER PICASSO Diana, catalogue de l'exposition *The Sculptures of Pablo Picasso,* New York, Gagosian Gallery, 2003.
WIDMAIER PICASSO Diana, catalogue de l'exposition Picasso, *« L'art ne peut être qu'érotique »,* Paris, Assouline, avril 2004.
WIDMAIER PICASSO Olivier, *Picasso-l'ultime demeure,* Paris, Archibooks, 2016.
WIDMAIER PICASSO Olivier and NANCY Hugues, *Picasso, l'inventaire d'une vie (Picasso, the legacy),* Dvd, Arte/Gedeon Programmes/Welcome/RMN-Grand Palais, 2014.
ZERVOS Christian, *Catalogue général illustré de l'œuvre de Picasso,* 33 vol. Paris, Cahiers d'Art, 1932-1975.
ZERVOS Christian, *Dessins de Picasso, 1892-1948,* Paris, Cahiers d'Art, 1949.

版权声明

Couverture : plat 1 de couverture © Time Life Pictures / Gjon Mili ; rabat de couverture, photo : © Joshua Kogan, 2015 ; **p. Ⅱ** : © Collection particulière / Succession Picasso, 2013 **p. 7** : © RMN-Grand Palais / Franck Raux / Succession Picasso 2013 **p. 9** : © RMN-Grand Palais / Béatrice Hatala ; **p. 10** © RMN-Grand Palais / Jean-Gilles Berizzi / Succession Picasso, 2013 ; **p. 11** : © RMN-Grand Palais / Jean-Gilles Berizzi / Succession Picasso, 2013 ; **p. 13** : © RMN-Grand Palais / Jens Ziehe. Nationalgalerie, Musée Berggruen, Berlin, Allemagne / Succession Picasso, 2013 ; **p. 14** : © RMN-Grand Palais / Béatrice Hatala / Succession Picasso, 2013 ; **p. 15** : photo de Joan Vidal-Ventosa © RMN-Grand Palais / Franck Raux ; **p. 16** : © RMN-Grand Palais ; **p. 17** © RMN-Grand Palais / René-Gabriel Ojéda / Succession Picasso, 2013 ; **p. 18** : © RMN-Grand Palais / René-Gabriel Ojéda / Succession Picasso, 2013 ; **p. 19** : © RMN-Grand Palais / D.R ; **p. 20** : © The Museum of Modern Art, New York / Succession Picasso, 2013 ; **p. 22** : © RMN-Grand Palais / Béatrice Hatala / Succession Picasso, 2013 ; **p. 23** : © RMN-Grand Palais / Daniel Arnaudet / Succession Picasso, 2013 ; **p. 24** : © bpk / Nationalgalerie, Museum Berggruen, SMB / Jens Ziehe / Succession Picasso, 2013 ; **p. 26** (h. à g.) : © RMN-Grand Palais / D.R / Succession Picasso, 2013 ; **p. 26** (h. à d.) : © RMN-Grand Palais / René-Gabriel Ojéda / Succession Picasso, 2013 ; **p. 27** : © RMN-Grand Palais / René-Gabriel Ojéda / Succession Picasso, 2013 ; **p. 29** : © RMN-Grand Palais / D.R. ; **p. 30** : © RMN-Grand Palais / Thierry Le Mage ; **p. 31** : épreuve gélatino-argentique © RMN-Grand Palais / D.R. / Musée Picasso, Paris (don de Roland Penrose) / Succession Picasso, 2013 ; **p. 34-35** : © Rue des Archives / Tallandier ; **p. 36-37** : © Centre Georges Pompidou, MNAM-CCI / RMN-Grand Palais / Georges Meguerditchian / Succession Picasso, 2013 ; **p. 41** : © Rue des Archives / Tallandier ; **p. 42** : © RMN-Grand Palais / René-Gabriel Ojéda / Succession Picasso, 2013 ; **p. 43** : © RMN-Grand Palais / Madeleine Coursaget ; **p. 44** (h. à g.) : © Musée Picasso, Paris (Don de M. Gilbert Jacques Boudar, neveu de Jacqueline Apollinaire) / photo RMN-Grand Palais / Thierry Le Mage ; **p. 44** (h. à d.) : © Archives Olga Ruiz-Picasso, Courtesy Fundación Almine y Bernard Ruiz-Picasso para el Arte. Photographe inconnu, Tous droits réservés ; **p. 46-47** : © The Museum of Modern Art, New York. Mrs. Simon Guggenheim Fund / Succession Picasso, 2013 ; **p. 48-49** : © RMN-Grand Palais / Jean-Gilles Berizzi / Succession Picasso, 2013 ; **p. 51** : © RMN-Grand Palais / Jean-Gilles Berizzi / Succession Picasso, 2013 ; **p. 53** © Collection particulière / Succession Picasso, 2013 ; **p. 54** : © collection Maya Picasso ; **p. 56** : © RMN-Grand Palais / René-Gabriel Ojéda / Succession Picasso, 2013 ; **p. 60-61** :© Kunstmuseum Pablo Picasso de Münster, Allemagne / Succession Picasso, 2013 ; **p. 63** : © Collection particulière / photo Christie's Images Limited, 2013 / Succession Picasso, 2013 ; **p. 65** : © Collection particulière / Duncan 288 / Succession Picasso, 2013 ; **p. 66** : © Archives Javier Vilató, Paris ; **p. 67** (h. à g.) : © collection Maya Picasso ; **p. 67** (h. à d.) : © collection Maya Picasso ; **p. 69** : © Rue des Archives / Tallandier ; **p. 70** : © Musée Picasso, Paris, Zervos VIII, 331 / RMN-Grand Palais / Jean-Gilles Berizzi / Succession Picasso 2013 ; **p. 71** :© RMN-Grand Palais / Jean-Gilles Berizzi / Succession Picasso, 2013 ; **p. 75** : © RMN-Grand Palais / D.R. / Succession Picasso 2013 ; **p. 76-77** : © RMN-Grand Palais / Jean-Gilles Berizzi / Succession Picasso, 2013 ; **p. 80** : Photo de Marie-Thérèse Walter © collection Maya Picasso ;**p. 82** : © Michel Sima/Rue des Archives ; **p. 83** : © collection particulière / Photo de Maurice Aeschimann. Gagosian Gallery, New York / Succession Picasso, 2013 ; **p. 84-85** : © Michel Sima/Rue des Archives ; **p. 86** : © Collection particulière, Zervos XIV, 16 / Courtesy Thomas Ammann Fine Art, Zürich / Succession Picasso 2013 ; **p. 87** : © Musée Picasso d'Antibes / imageArt, photo Claude Germain / Succession Picasso, 2013 ; **p. 88** : © Galerie Madoura, Vallauris / Succession Picasso 2013 ; **p. 89** : © André Villers ; **p. 91** : © Galerie Madoura, Vallauris / Succession Picasso 2013 ; **p. 92** : © collection particulière / Succession Picasso, 2013 ; **p. 93** : © RMN-Grand Palais / Jean-Gilles Berizzi / Succession Picasso, 2013 ; **p. 94** : © collection particulière. Zervos XV, 202 / Bridgeman Art / Succession Picasso, 2013 ; **p. 95** : © Edward Quinn Archive ; **p. 97** : © André Villers ; **p. 99** :© David Douglas Duncan ; **p. 100** : © David Douglas Duncan ; **p. 101** : © David Douglas Duncan ; **p. 102** : © RMN-Grand Palais / Jean-Gilles Berizzi / Musée Picasso, Paris, Zervos XVI, 324 / Succession Picasso, 2013. **p. 104** : © David Douglas Duncan ; **p. 105** : © Lucien Clergue ; **p. 106** : © David Douglas Duncan ; **p. 110-111** : © Edward Quinn Archive ; **p. 112** : © collection particulière / Succession Picasso, 2013 ; **p. 113** : © David Douglas Duncan. **p. 114** : © David Douglas Duncan. **p. 115** : © David Douglas Duncan. **p. 116-117** : © David Douglas Duncan. **p. 118** (h. à g.) : © David Douglas Duncan. **p. 118** (h. à d.) : © Lucien Clergue. **p. 119** : © Fondation Jean et Suzanne Planque, en dépôt au Musée Granet d'Aix-en-Provence / cliché Luc Chessex / Succession Picasso, 2013. **p. 120-121** : © David Douglas Duncan. **p. 123** : © Gjon Mili. **p. 128** : © RMN-Grand Palais / D.R. **p. 136** : © Collection particulière, New York / Sotheby's. / Succession Picasso, 2013. **p. 140-141** : © RMN-Grand Palais / Georges Meguerditchian / Centre Georges Pompidou, MNAM-CCI / Succession Picasso, 2013. **p. 142** : © Lucien Clergue / Succession Picasso, 2013. **p. 144** : © RMN-Grand Palais / Béatrice Hatala / Succession Picasso, 2013. **p. 145** : © collection Maya Picasso / Succession Picasso, 2013. **p. 146** : © collection Maya Picasso. **p. 149** : © Musée d'art et d'Histoire de la Ville de Saint-Denis (INV. 2010.0.1) / cliché : Grégory Moricet / Succession Picasso, 2013. **p. 150** : ©

André Villers. **p. 151** : © Les Lettres françaises / Succession Picasso, 2013. **p. 155** : © The Museum of Modern Art Archives, New York. Réf. : RGB Digital File – M3155 – MMA 15.621. Photographer : Barry Kramer, New York. **p. 156** : © André Villers. **p. 158-159** : © Museo Nacional Centro de Arte Reina So a, Madrid / Succession Picasso, 2013. **p. 166** :© Musée Picasso, Paris, Zervos V, 177 / RMN-Grand Jean-Gilles Berizzi / Succession Picasso, 2013. **p. 169** :© Musée Picasso, Paris, Zervos V, 38 © RMN-Grand Palais / D.R. / Succession Picasso, 2013. **p. 174** : Photo de Marie-Thérèse Walter © collection Maya Picasso. **p. 175** : © collection particulière / Succession Picasso, 2013. **p. 176** : © collection particulière, Duncan 405 / Succession Picasso, 2013. **p. 177** : © collection Maya Picasso. **p. 178** (h. à g.) : © Collection Maya Picasso. **p. 178** (h. à d.) : © collection Maya Picasso. **p. 179** : © Man Ray Trust/ADAGP. **p. 181** :© David Douglas Duncan. **p. 182-183** : © Musée Picasso d'Antibes / imageArt, photo Claude Germain / Succession Picasso, 2013. **p. 185** : © David Douglas Duncan. **p. 186** (h.) : © Edward Quinn Archive. **p. 186** (b.) : © Collection Gérard Sassier. **p. 187** : © Edward Quinn Archive.**p. 188** : © David Douglas Duncan. **p. 189** : © Collection Maya Picasso. **p. 190** : © Edward Quinn Archive. **p. 191** : © Collection Gérard Sassier. **p. 192** : © Collection Gérard Sassier. **p. 193** : © Michel Sima/Rue des Archives. **p. 194-195** : © David Douglas Duncan. **p. 196** (h.) : © Galerie Madoura, Vallauris / Succession Picasso, 2013. **p. 196** (b.) : © Collection Maya Picasso. **p. 198** : © David Douglas Duncan. **p. 199** : © Collection Maya Picasso. **p. 200** : © David Douglas Duncan. **p. 201** : © The Museum of Modern Art, Mrs. Simon Guggenheim Fund, 611.59. / Succession Picasso, 2013. **p. 202-203** : © David Douglas Duncan. **p. 204** : © David Douglas Duncan. **p. 206-207** : © Jerome Brierre/Rue des Archives. **p. 210-211**: © Edward Quinn Archive. **p. 225** : © Collection Maya Picasso. **p. 237** : © Collection privée, New York / Sotheby's / Succession Picasso, 2013. **p. 242-243**: © Michel Sima/Rue des Archives. **p. 247** : © International Center of Photography / Magnum Photos. **p. 250** : © Archives Lucien Clergue. **p. 255** : © Archives André Villers. **p. 261** : © Archives François Bellet. **p. 265** : © Collection Pierre Zécri / Éric Beaudoin/D.R. **p. 268-269** : © RMN-Grand Palais/Jean-Gilles Berizzi / Succession Picasso, 2013. **p. 278** : © photo Christie's Images Limited, 2013 / Succession Picasso, 2013. **p. 283** : © Collection privée, New York / Sotheby's / Succession Picasso, 2013. **p. 288** : © Musée Picasso de Barcelone, don de Pablo Picasso, 1970 / © Gasull photography MPB 110.001 / Succession Picasso, 2013. **p. 295** : © collection particulière / Succession Picasso, 2013. **p. 296-297** : © RMN-Grand Palais/René-Gabriel Ojéda / Succession Picasso, 2013. **p. 300-301** : © RMN-Grand Palais / Thierry Le Mage / Succession Picasso, 2013. **p. 304-305** : © RMN-Grand Palais / René-Gabriel Ojéda / Succession Picasso, 2013. **p. 306** : © Edward Quinn Archive. **p. 307** : © Archives Javier Vilató, Paris. **p. 312-313** : © RMN-Grand Palais/Jean-Gilles Berizzi / Succession Picasso, 2013. **p. 316-317** : © André Villers. **p. 318** : © Lucien Clergue. **p. 323** : © Collection particulière, Duncan 106 P. / Succession Picasso, 2013. **p. 324** : © bpk / Nationalgalerie, Museum Berggruen, SMB / Jens Ziehe / Succession Picasso, 2013. **p. 329** : © RMN-Grand Palais / J.G Berizzi / Succession Picasso, 2013.

主要的毕加索博物馆

Musée national Picasso, Paris (France)

www.musee-picasso.fr

Musée Picasso, Antibes (France)

www.antibes-juanlespins.com/les-musees/picasso

Musée Picasso, Münster (Allemagne)

www.kunstmuseum-picasso-muenster.de

Musée Picasso, Barcelone (Espagne)

www.museupicasso.bcn.cat

Musée Picasso, Málaga (Espagne)

www.museopicassomalaga.org

致谢

我要感谢那些从 2000 年以来一直持续与我对话的采访对象，他们不断为我重建我的外祖父活着时的样子，为我提供了珍贵的信息，这些信息对于更好地了解毕加索的遗产十分有用。毕加索的遗产，首先是他的艺术作品中的表达。

他们是：

让 - 路易·安德拉尔、阿尔芒·安特比律师（已故）、弗朗索瓦·比莱、海因茨·贝格鲁恩（已故）、 恩斯特·贝耶勒（已故）、吕西安·克雷格（已故）、皮埃尔·戴（已故）、大卫·道格拉斯·邓肯、罗兰·杜马斯律师、布鲁诺·伊莱、吕克·福尔诺尔(已故)、弗朗索瓦斯·吉罗、卡门·吉门尼斯、保罗·伊尼律师、让·雷玛里(已故)、保罗·隆巴尔律师(已故)、格兰·洛瑞、阿德里安·麦特、阿尔贝托·米格尔·蒙塔内斯、马库斯·穆勒、露赛特·佩莱格里诺（已故）、阿兰·拉米耶、莫里斯·莱姆斯律师（已故）、罗斯托波维奇（已故）、法郎西斯·鲁科斯、伊奈斯·塞希尔（已故）、杰拉德·塞希尔、沃纳·史毕斯、安德烈·维莱（已故）、皮埃尔·雷克里律师（已故）。

尤其要感谢我的母亲玛雅，她用全部的真诚向我还原了她所知道的珍贵的真相。

此外，还要感谢以下人士或部门的帮助：

勒内·阿布吉赖姆医生（已故）、多丽丝·阿曼、安娜·巴达萨里、尼古拉·贝格鲁恩、曼纽·博加 - 维勒、索菲亚王后艺术博物馆、吉尧姆·塞鲁迪、佳士得集团、让 - 保罗·克拉夫利、酩悦·轩尼诗 - 路易·威登集团、安妮·戴维、奥利维亚·德法耶特、乌苏拉·弗雷与沃尔夫冈·弗雷、爱德华·奎恩档案有限公司、拉里·高古轩、西尔维·冈萨雷斯、圣 - 但尼艺术与历史博物馆、奥戴尔·哈克特、法国国家博物馆联合会、贝尔纳多 - 拉尼亚多 - 罗梅罗、马拉加毕加索博物馆、何塞·雷布罗·斯塔勒、巴塞罗那毕加索博物馆、安娜 - 玛丽·勒沃、苏朗日·缪斯与达尼埃尔·缪斯、克里斯蒂娜·皮诺、毕加索管理委员会、诺埃尔·培杰、戴安娜·普灵、纽约现代艺术博物馆、贝纳德·鲁伊斯 - 毕加索、阿尔米娜和贝纳德·鲁伊斯·毕加索艺术基金会、克里斯蒂娜·鲁伊斯 - 毕加索、泽维尔·维拉多、我的妹妹戴安娜·维德迈尔·毕加索，还要感谢阿尔卑斯滨海省档案文件管理委员会和巴黎毕加索国家博物馆。

感谢德法公共电视台出版社的编辑伊莎贝尔·巴耶尔和尼古拉·德古安特，感谢负责文献搜集和艺术研究的伊丽莎白·马克思，感谢所有的毕加索研究者、历史学家和传记作家，他们已经建立起庞大的毕加索知识大厦，并让我为这座大厦增添了一些家庭的回忆、文献的记忆和搜证。

图书在版编目（CIP）数据

毕加索：伟大而隐秘的一生 /（法）奥利维耶·维德迈尔·毕加索著；胡博乔译. -- 长沙：湖南美术出版社，2020.9
ISBN 978-7-5356-9257-3

Ⅰ.①毕… Ⅱ.①奥…②胡… Ⅲ.①毕加索 (Picasso, Pablo Ruiz 1881-1973) – 传记 Ⅳ.① K835.515.72

中国版本图书馆 CIP 数据核字 (2020) 第 141163 号

PICASSO, PORTRAIT INTIME
By Olivier Widmaier Picasso
©2013 Albin Michel，Simplified Chinese edition arranged by Dakai Agency

本书中文简体版权归属于银杏树下（北京）图书有限责任公司。
著作权合同登记号：图字 18-2020-083

毕加索：伟大而隐秘的一生
BIJIASUO: WEIDA ER YINMI DE YISHENG

出 版 人：黄　啸
著　　者：[法] 奥利维耶·维德迈尔·毕加索
译　　者：胡博乔
出版策划：后浪出版公司
出版统筹：吴兴元
特约编辑：王轶华
责任编辑：贺澧沙
营销推广：ONEBOOK
装帧制造：墨白空间·李　易
出版发行：湖南美术出版社（长沙市东二环一段 622 号）
　　　　　后浪出版公司
印　　刷：北京盛通印刷股份有限公司
　　　　　（亦庄经济技术开发区科创五街经海三路 18 号）
开　　本：720×1000　　1/16
字　　数：390 千字
印　　张：22.25
版　　次：2020 年 9 月第 1 版
印　　次：2020 年 9 月第 1 次印刷
书　　号：ISBN 978-7-5356-9257-3
定　　价：122.00 元

读者服务：reader@hinabook.com 188-1142-1266
投稿服务：onebook@hinabook.com 133-6631-2326
直销服务：buy@hinabook.com 133-6657-3072
网上订购：https://hinabook.tmall.com/（天猫官方直营店）

后浪出版咨询（北京）有限责任公司 常年法律顾问：北京大成律师事务所　周天晖 copyright@hinabook.com
未经许可，不得以任何方式复制或抄袭本书部分或全部内容
版权所有，侵权必究
本书若有印装质量问题，请与本公司图书销售中心联系调换。电话：010-64010019